Migraciones raciales

La ciudad de Nueva York y la política revolucionaria en el Caribe español, 1850–1902

Jesse E. Hoffnung-Garskof
Traducción por Alberto Arce

Copyright © 2020 by Jesse Hoffnung-Garskof
Some rights reserved

This work is licensed under the Creative Commons Attribution-NonCommercial-NoDerivatives 4.0 International License. To view a copy of this license, visit http://creativecommons.org/licenses/by-nc-nd/4.0/ or send a letter to Creative Commons, PO Box 1866, Mountain View, California, 94042, USA.

Published in the United States of America by
Michigan Publishing
Manufactured in the United States of America

DOI: http://dx.doi.org/10.3998/mpub.11611583

ISBN 978-1-60785-613-9 (paper)
ISBN 978-1-60785-614-6 (e-book)
ISBN 978-1-60785-615-3 (open-access)

An imprint of Michigan Publishing, Maize Books serves the publishing needs of the University of Michigan community by making high-quality scholarship widely available in print and online. It represents a new model for authors seeking to share their work within and beyond the academy, offering streamlined selection, production, and distribution processes. Maize Books is intended as a complement to more formal modes of publication in a wide range of disciplinary areas.

http://www.maizebooks.org

Para Paulina, compañera, colega, amor.

Contenido

Los protagonistas	vii
Imágenes	xv
Mapas	xxi
Prólogo: Líneas radiales	xxxiii
Capítulo Uno: Los comienzos	1
Capítulo Dos: La plaza pública	54
Capítulo Tres: Comunidad	112
Capítulo Cuatro: Convergencia	158
Capítulo Cinco: Cruzamiento	210
Capítulo Seis: ¿Victoria?	268
Puntos finales	325
Agradecimientos	345
Una nota sobre las fuentes	349
Notas	353
Bibliografía	429

Los protagonistas

en orden aproximado de aparición

Principales

Rafael Serra. Político, activista por los derechos civiles, periodista, educador, tabaquero. Fundador de La Liga. Nacido en La Habana, Cuba, en 1858.

José Martí. Poeta, político, periodista y diplomático. Fundador y líder del Partido Revolucionario Cubano (1892–1895). Nacido en La Habana, Cuba, en 1853.

Sotero Figueroa. Periodista, editor y tipógrafo. Nacido en San Juan, Puerto Rico, en 1853.

Gertrudis Heredia de Serra. Comadrona y lideresa comunitaria. Casada con Rafael Serra. Nacida en Matanzas, Cuba, en 1856.

Manuela Aguayo de Figueroa. Costurera. Casada con Sotero Figueroa. Nacida en Toa Baja, Puerto Rico, en 1855.

Juan Gualberto Gómez. Político, maestro, líder en la lucha por los derechos civiles y periodista. Nacido en Sabanilla del Encomendador, Matanzas, Cuba, en 1854.

Juan Bonilla. Periodista, miembro de la orden Odd Fellow, activista por los derechos civiles y tabaquero. Nacido en Cayo Hueso, Florida, en 1869.

Gerónimo Bonilla. Tabaquero, miembro de la orden Odd Fellow y revolucionario. Nacido en La Habana, Cuba, en 1857.

Francisco Gonzalo (Pachín) Marín. Poeta puertorriqueño, periodista y tipógrafo. Cofundador, junto a Sotero Figueroa, del club

Borinquén. Corresponsal de guerra de *La Doctrina de Martí*. Nacido en Arecibo, Puerto Rico, en 1863.

Sus familias

Cayetano Heredia y María del Socorro del Monte. Padres de Gertrudis. Residentes de Matanzas. Él, de nación carabalí. Ella, hija mayor de Rita del Monte.

Rita del Monte y Sebastián Campos. Líderes del cabildo lucumí Fernando VII. Padrinos de más de 20 personas en Matanzas. Dueños de, al menos, una persona esclavizada.

Marcelina Montalvo y Rafael Serra (Padre). Padres de Rafael. Residentes de La Habana. Nacidos en Cuba.

Chuchú Serra. Costurera y maestra. Tía de Rafael Serra.

María Rosendo Fernández y José Mercedes Figueroa. Padres de Sotero Figueroa.

Dolores Herrera y Francisco Bonilla. Ama de casa y zapatero. Padres de Juan, Gerónimo y Francisco Bonilla

Francisco Bonilla. Tabaquero, masón y empresario. Hermano de Juan y Gerónimo.

Ramón Marín. Editor y educador liberal. Propietario del establecimiento tipográfico El Vapor en Ponce, Puerto Rico. Tío de Pachín Marín.

Figuras clave

En Puerto Rico

Rafael Cordero. Maestro y tabaquero.
Alejandro Tapia y Rivera. Escritor e historiador liberal.
José Julián Acosta. Editor liberal, escritor, político.
Román Baldorioty de Castro. Maestro liberal. Fundador del Partido Autonomista de Puerto Rico.
Pascasio Sancerrit. Escritor Liberal. Encargado de la imprenta de Acosta. Mentor de Sotero Figueroa.
Juan Morel Campos. Músico y compositor asociado con el estilo musical conocido como *danza*. Autor, junto a Sotero Figueroa, de *Don Mamerto*.

En Matanzas

Gabriel de la Concepción Valdés ("Plácido"). Artesano y poeta, acusado de conspiración y ejecutado por la Comisión Militar en 1844.

Pilar Poveda. Comadrona y lideresa comunitaria. Sentenciada a un año de trabajos forzados por la Comisión Militar en 1844. Suegra de Plácido.

Miguel Failde. Sastre, compositor y músico asociado con el estilo musical conocido como *danzón*.

Martín Morúa Delgado. Artesano, periodista y político. Aliado y mentor de Rafael Serra, con quien acabaría rivalizando.

En La Habana

Saturnino Martínez. Líder sindical nacido en España, tabaquero y periodista. Editor de *La Aurora*. Empleado en el mismo taller que Rafael Serra.

Nicolás Azcárate. Abogado y político liberal. Aliado de Saturnino Martínez y de Juan Gualberto Gómez.

Conde de Pozos Dulces (Francisco de Frías). Aristócrata, agrónomo, intelectual y periodista cubano. Editor de *El Siglo*.

Gonzalo Castañón. Periodista conservador y coronel de la milicia proespañola los Voluntarios. Asesinado en Cayo Hueso en 1871.

Fermín Valdés-Domínguez. Médico, socialista y amigo de la infancia de José Martí. Jefe de despacho del general Máximo Gómez durante la guerra final por la independencia.

Antonio Bachiller y Morales. Profesor de la Universidad de La Habana. Secretario de la Sociedad Económica Cubana. Fue miembro de la Junta Cubana en Nueva York.

Benjamín Céspedes. Médico. Autor de *Prostitución en la ciudad de La Habana*.

En Cayo Hueso

Salomé Rencurrel. Líder de una logia y tabaquero. Vecino de los Bonilla y residente en la casa de los Sandoval en Nueva York. Patrocinador de *La Doctrina de Martí*.

Juan María Reyes. Lector en una tabaquería, periodista y político. Colaborador en *La Aurora* y *El Siglo* en La Habana. Editor de *El Republicano* en Cayo Hueso.

José Margarito Gutiérrez. Tabaquero, líder sindical y periodista. Autor principal de la "Protesta de los cubanos de color en 1881 en Key-West". Corresponsal de *La Fraternidad*.

La comunidad

Lorenza Geli y Magín Coroneau. Cubanos que llegaron a Nueva York como criados en casas de ricos. Después formarían parte de La Liga y serían testigos de boda de Gerónimo Bonilla e Isabela Acosta.

Lafayette Marcus. Marino, camarero y empleado en comedores. Uno de los primeros cubanos de origen africano que se instaló de manera independiente en Nueva York. Fundador de la logia masónica Sol de Cuba.

Magdalena Sandoval. Migrante cubana. Miembro de la Iglesia Episcopal St. Philips. Matriarca y encargada de la vivienda de la calle Thompson, número 89.

Germán Sandoval. Tabaquero cubano y líder comunitario. Fundador de la logia San Manuel. Residente del número 89 de la calle Thompson y, más tarde, en el 231 de la calle 75 Este. Casado con Magdalena Sandoval.

Philip White y Elizabeth Guignon. Miembros relevantes de la iglesia episcopal St. Philips. Anfitriones de veladas literarias y representaciones públicas. Philip era farmacéutico y miembro del Consejo de Educación de Brooklyn.

Carlos y Sarah Crespo. Empleado de una tienda de tabaco y costurera, cubanos los dos, vivieron en casa de White y Guignon. Miembros de la iglesia episcopal St. Philips

Charles A. Reason. Grabador, miembro de Los Hijos de Nueva York. Sobrino de Charles L. Reason.

Harriet Reason. Propietaria de varias viviendas en la calle 3 Oeste. Tras la muerte de su marido, Charles A. Reason, se casó con el violinista cubano Alfredo Vialet.

Charles L. Reason. Matemático, educador y líder en la lucha por los derechos civiles. Director de una escuela para estudiantes de color al oeste de Manhattan.

Bibián Peñalver y Carolina Roger. Pastelero y costurera. Padres de Pastor Peñalver, a quien enviaron a Nueva York para que estudiara en la escuela de Charles L. Reason en 1876.

Pastor Peñalver. Violinista y líder de un grupo que tocaba en clubes y sociedades cubanas y afroamericanas. Miembro fundador de La Liga.

Pantaleón Pons. Tabaquero que vivió y trabajó con Germán Sandoval y Salomé Rencurrel. Miembro fundador de la logia Sol de Cuba.

Agustín Yorca. Tabaquero. Fue testigo de la adquisición de nacionalidad de más 200 cubanos que se convirtieron en ciudadanos de Estados Unidos entre 1870 y 1900.

La expedición

Francisco Adolfo (Flor) Crombet. General de la insurgencia cubana nacido en el este de la isla. Hijo de un propietario de plantación francés y de una mujer afrodescendiente.

Máximo Gómez. General de la insurgencia cubana nacido en la República Dominicana. Comandante en jefe del Ejército de Liberación en la Guerra de Independencia.

Antonio Maceo. General de la insurgencia cubana nacido en el este de la isla. Aclamado por algunos como "el Titán de Bronce" estuvo sometido a las continuas sospechas de los separatistas blancos y los propagandistas españoles debido al color de su piel.

Agustín Cebreco. General de la insurgencia cubana nacido en el este de la isla. Político aliado con Rafael Serra en los primeros años de la República Cubana.

Pedro Prestán. Abogado y propietario en Colón, Panamá. Participó en el levantamiento liberal del Caribe colombiano en 1885. Fue ejecutado por rebelión racial y un supuesto delito de piromanía.

De vuelta en Nueva York

La Liga y los clubes políticos

Manuel de Jesús González. Escritor y tabaquero de Santiago de Cuba. Tesorero de La Liga y camarada de Serra y los Bonilla.

Rosendo Rodríguez. Tabaquero y revolucionario puertorriqueño. Dirigente de La Liga. Presidente del club Las Dos Antillas. Miembro del Cuerpo de Consejo del Partido Revolucionario Cubano en Nueva York.

Augusto Benech. Tabaquero y revolucionario cubano. Miembro de La Liga. Fundador del club Las Dos Antillas y del club Guerrilla de Maceo.

Modesto Tirado. Tipógrafo, editor y político puertorriqueño. Miembro de La Liga. Dirigente del club Borinquén. Político en el este de Cuba tras la guerra.

Silvestre Pivaló. Tabaquero y revolucionario cubano. Casado con una mujer puertorriqueña, Pilar Cazuela. Miembro de La Liga y dirigente del club Las Dos Antillas.

Pedro Calderín. Dueño de un restaurante cubano y líder comunitario. Presidente de La Liga, representante de *La Igualdad* y líder de otros clubes y asociaciones.

Arturo Schomburg. Revolucionario, masón e historiador puertorriqueño. Secretario del club Las Dos Antillas. Fundador, con John Bruce, de la Sociedad Negra para la Investigación Histórica.

Josefa Blanco de Apodaca. Comadrona y revolucionaria cubana. Lideresa, junto a Gertrudis Heredia, del grupo de mujeres asociado a La Liga. Suegra de Juan Bonilla.

Isidro Apodaca. Tabaquero y revolucionario. Líder de los clubes Las Dos Antillas y Manuel Bergues Pruna. Marido de Josefa Blanco.

Pilar Cazuela de Pivaló. Revolucionaria y lideresa comunitaria puertorriqueña. Integrante de La Liga y dirigente del club José Maceo. Casada con Silvestre Pivaló.

Dominga Curet de Muriel. Revolucionaria puertorriqueña y lideresa comunitaria. Dirigente del club José Maceo.

Dionisia Apodaca de Bonilla. Revolucionaria cubanoamericana. Hija de Isidro Apodaca. Hija adoptiva de Josefa Blanco. Integrante de La Liga. Casada con Juan Bonilla.

Manuel Bergues Pruna. Periodista y oficial insurgente. Líder del movimiento abstencionista de 1893. Primer hombre de color que ejerció como procurador en Santiago. Miembro del club Las Dos Antillas.

Antonio Vélez Alvarado. Editor y agente publicitario puertorriqueño. Cofundador del club Borinquén.

Otros neoyorquinos

T. McCants Stewart. Pastor religioso y abogado que litigó importantes casos de derechos civiles. Miembro del Consejo Escolar de Brooklyn. Defensor de la independencia política de los afroamericanos.

T. Thomas Fortune. Periodista, editor y activista en defensa de los derechos civiles. Editor de *New York Globe*, *New York Freeman* y *New York Age*. Fundador de La Liga Afroamericana.

Rev. William Derrick. Pastor religioso y político nacido en las Indias Occidentales. Pastor de la Iglesia Bethel A.M.E. en la calle Sullivan. Dirigente del Partido Republicano.

Henry George. Periodista, economista y escritor. Escribió el libro ampliamente divulgado *Progreso y miseria* (1879). Candidato a alcalde de Nueva York en 1886 por el Partido del Trabajo.

Rev. Ernest Lyons. Pastor de la Iglesia Metodista Episcopal de St. Mark en el lado oeste de Manhattan. Defensor de los derechos civiles y líder del Partido Republicano.

La Jurídica

Enrique Trujillo. Editor, periodista y publicista cubano. Editor de *El Avisador Cubano* y *El Porvenir*. Opositor público a José Martí.

Fidel Pierra. Abogado y empresario. Autonomista que se sumó al Partido Revolucionario Cubano tras la muerte de Martí. Defensor de la causa cubana ante la opinión pública de Estados Unidos.

Gonzalo de Quesada. Abogado y político educado en una acomodada familia en el exilio. Maestro en La Liga. Secretario de José Martí. Estuvo al frente de la misión diplomática cubana en Washington.

José Enrique Varona. Filósofo cubano. Editor de *Patria*. Firme opositor de Figueroa y Serra. Líder del Grupo de Estudio.

Emilio Agramonte. Abogado cubano, músico y hombre de mundo.

Tomás Estrada Palma. Abogado, maestro y político cubano. Delegado del Partido Revolucionario Cubano y ministro plenipotenciario del Gobierno Provisional de Cuba en Estados Unidos. Presidente de Cuba entre 1902 y 1906.

Manuel Sanguily. Periodista y político cubano. Miembro de la Jurídica.

Eduardo Yero. Periodista y político cubano. Aliado de Manuel Bergues Pruna, Rafael Serra y Sotero Figueroa. Secretario personal de Tomás Estrada Palma y editor de *Patria*.

Puntos Finales

Evaristo Estenoz. Ingeniero civil, militar y político cubano. Fundador del Partido Independiente de Color y líder de una rebelión en el este de Cuba en 1912. Miembro de número de la Sociedad Negra para la Investigación Histórica.

John Edward Bruce. Periodista e intelectual afroamericano. Fundador, junto a Arturo Schomburg, de la Sociedad Negra para la Investigación Histórica.

Imágenes

Figura 1 De izquierda a derecha y de arriba a abajo, Rafael Serra, Sotero Figueroa, Juan Gualberto Gómez (The New York Public Library Digital Collections) y José Martí (University of Miami Library, Cuban Heritage Collection, Cuban Photograph Collection).

Figura 2 De izquierda a derecha y de arriba a abajo, Juan Bonilla, Germán Sandoval, Antonio Maceo y Agustín Cebreco (The New York Public Library Digital Collections).

Figura 3 La Liga: 1. Santos Sánchez, 2. Justo Castillo, 3. Olayo Miranda, 4. Aquiles Brane, 5. Isidoro Apodaca, 6. Luis Vialet, 7. Enrique Sandoval, 8. Modesto Tirado, 9. Juan Román y 10. Gerónimo Bonilla (Serra, *Ensayos políticos, sociales y económicos*).

Figura 4 La Liga: 11. Ana M. de Benavides, 12. Dionisa Apodaca de Bonilla, 13. Josefa Blanco de Apodaca, 14. Lorenza Geli de Coroneau, 15. Carmen Miyares de Mantilla, 16. Isabel V. de Bonilla, 17. Mariana Rivero de Hernández, 18. Candelaria de Graupera, 19. Josefa N. de Cárdenas y 20. Pilar Cazuela de Pivaló (Serra, *Ensayos políticos, sociales y económicos*).

Figura 5 La Liga: 21. Sixto Pozo, 22. Eligio Medina, 23. Pastor Peñalver y 24. Rosendo Rodríguez (Serra, *Ensayos políticos, sociales y económicos*).

Figura 6 La directiva del club Guerrilla de Maceo: 1. Benito Magdariaga, 2. Olayo Miranda, 3. Antonio Gomero, 4. José Fernández Mesa, 5. Dámaso Callard, 6. Joaquín Gorosabe y 7. Pedro Calderín (Serra, *Ensayos políticos, sociales y económicos*).

Figura 7 Consuelo Serra (arriba) y Arturo A. Schomburg (The New York Public Library Digital Collections).

MAPAS

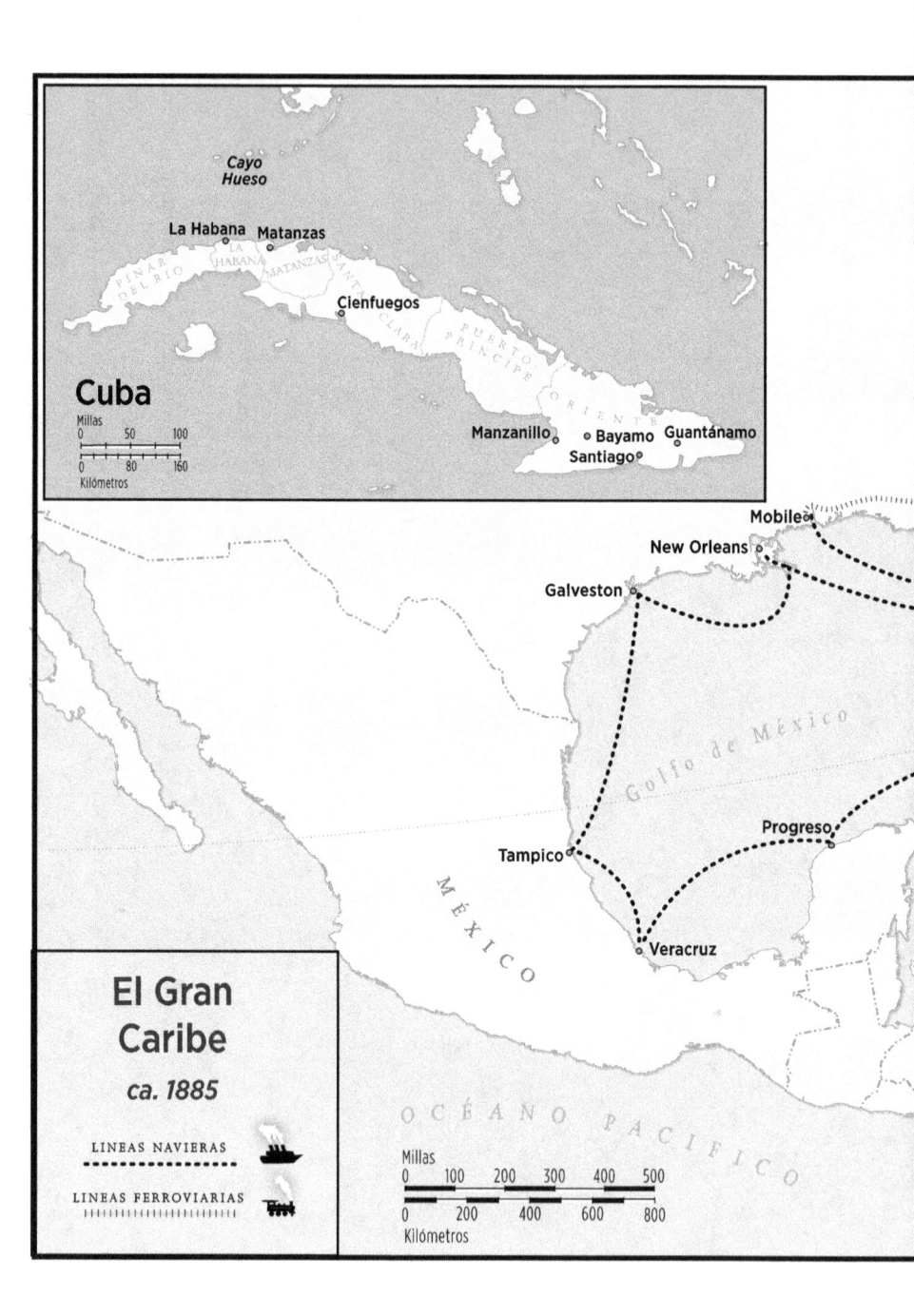

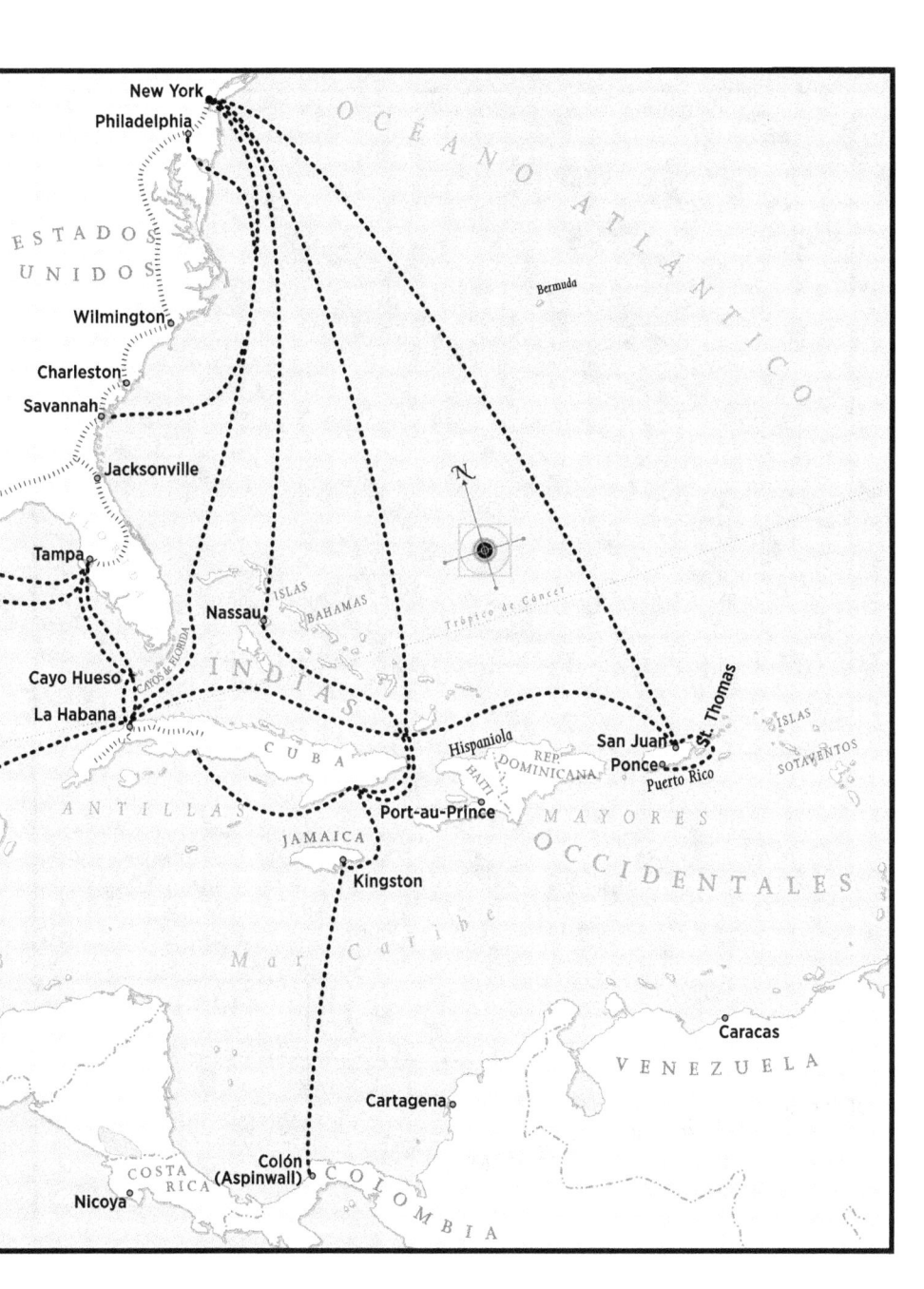

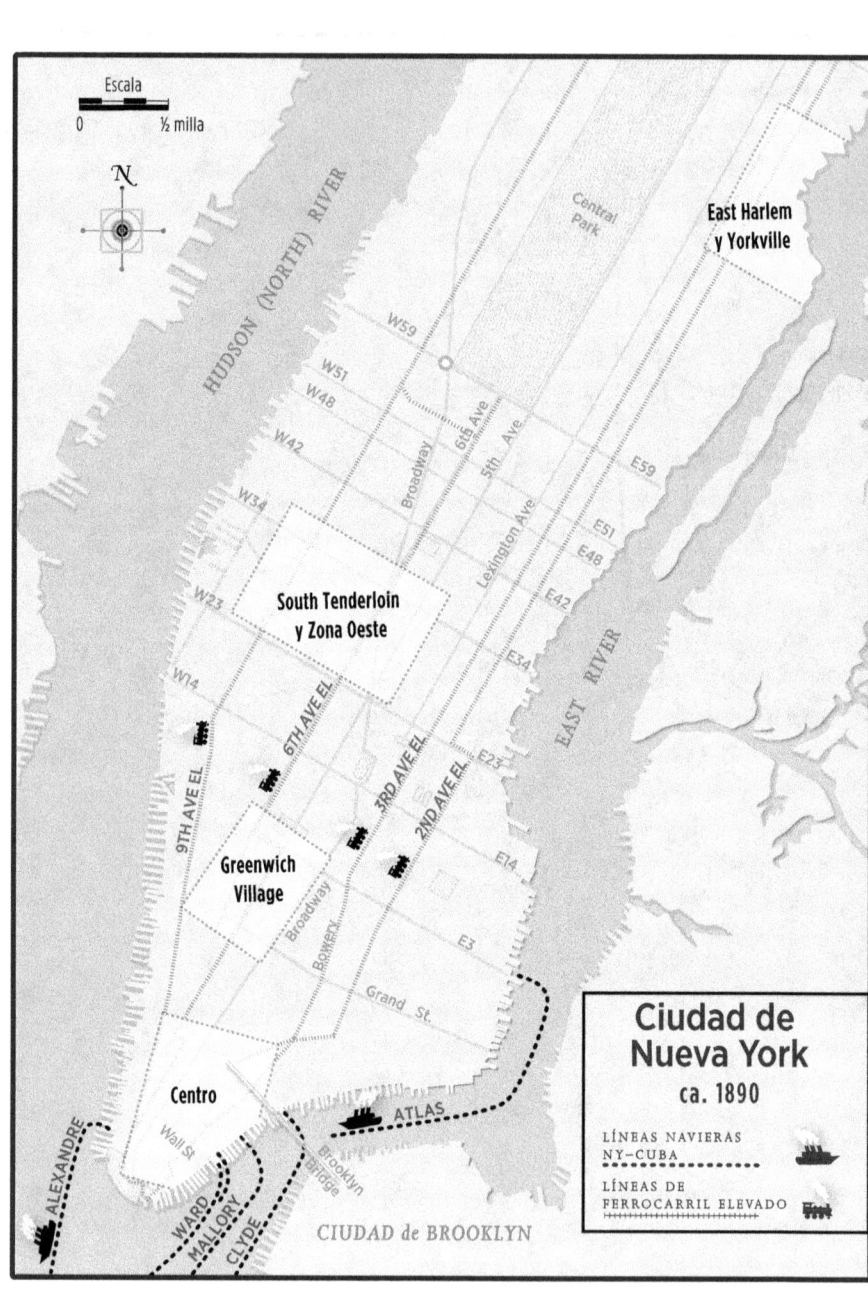

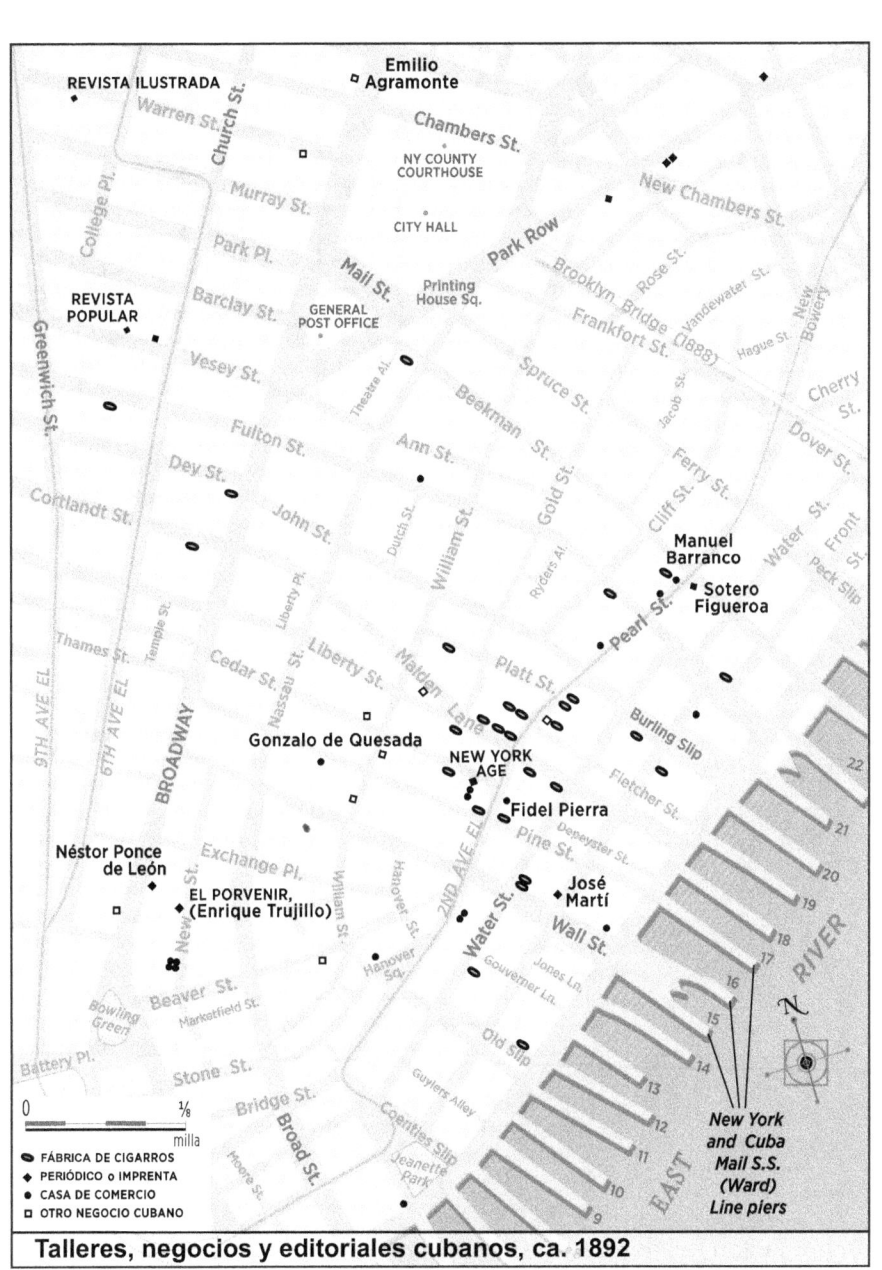

Talleres, negocios y editoriales cubanos, ca. 1892

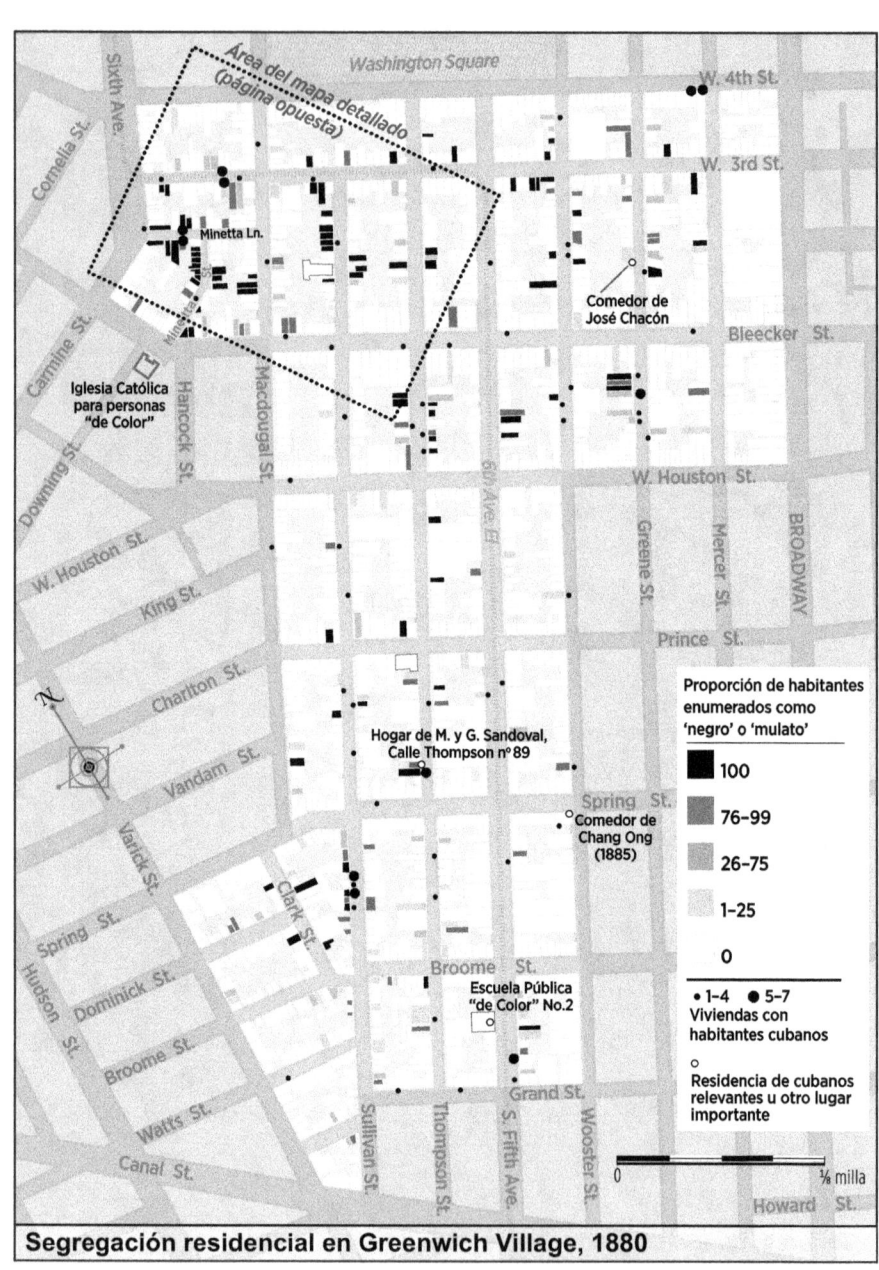

Segregación residencial en Greenwich Village, 1880

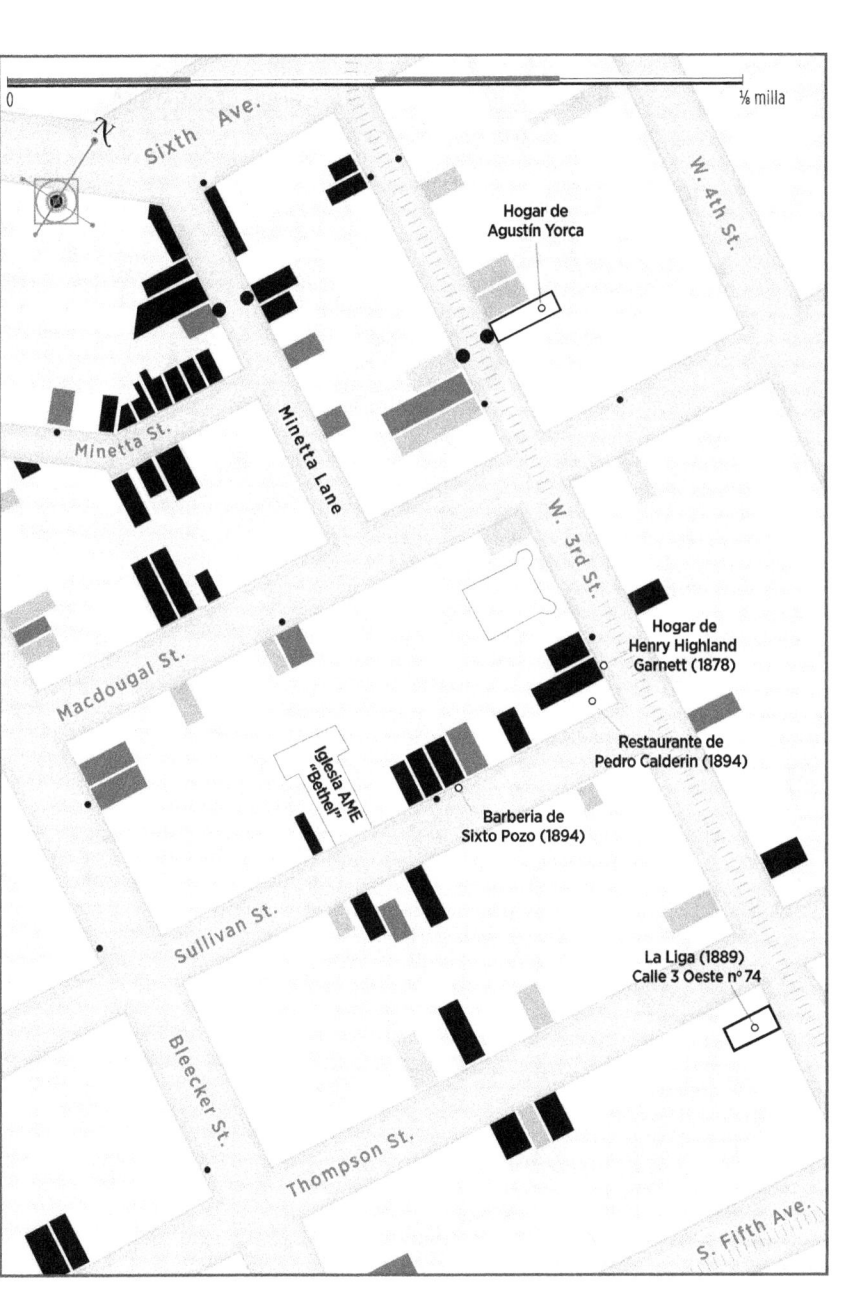

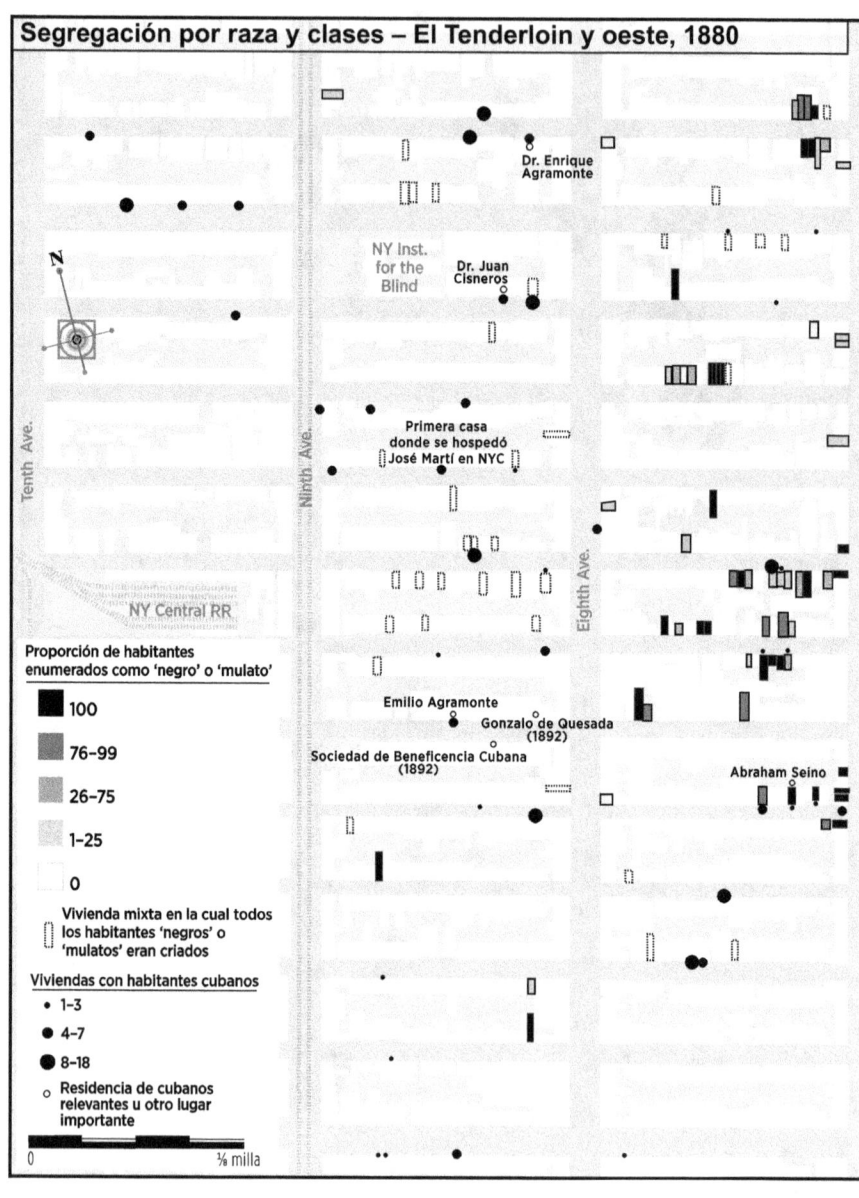

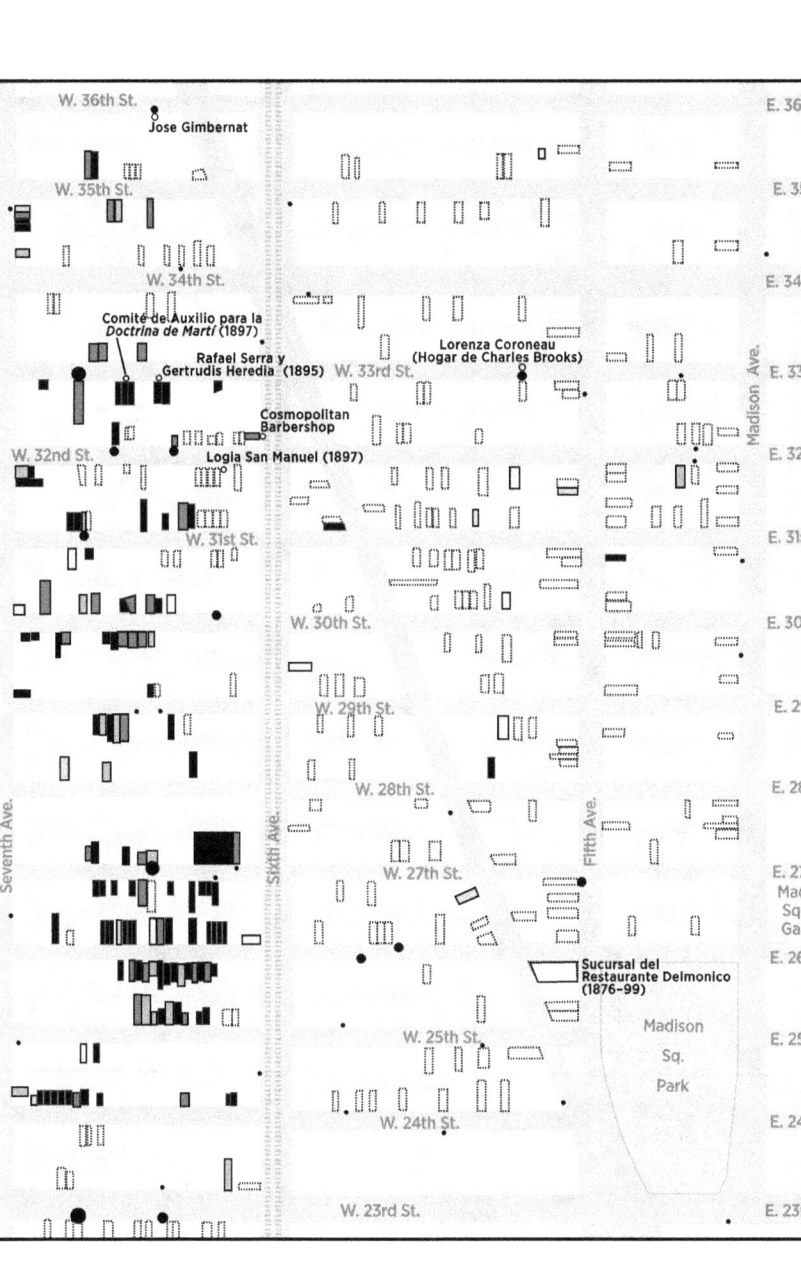

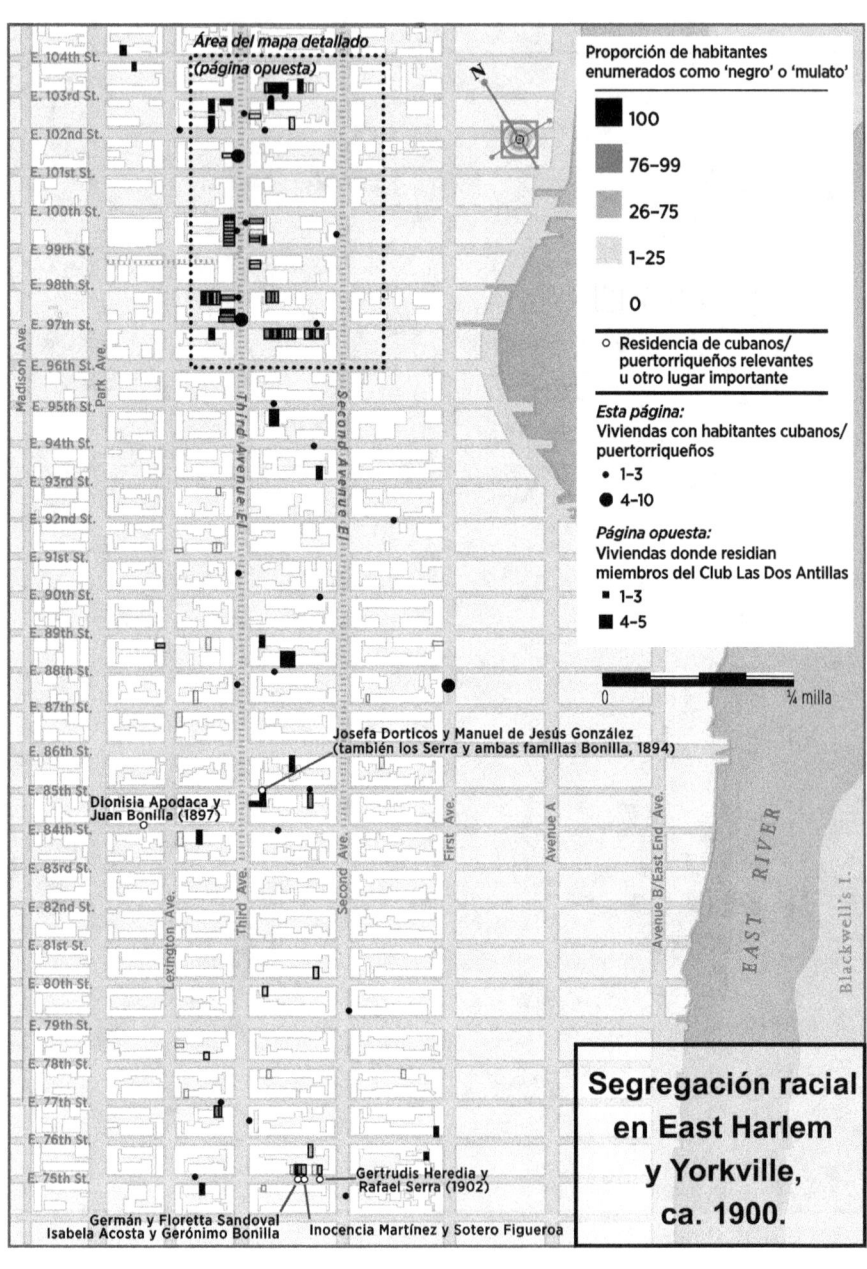

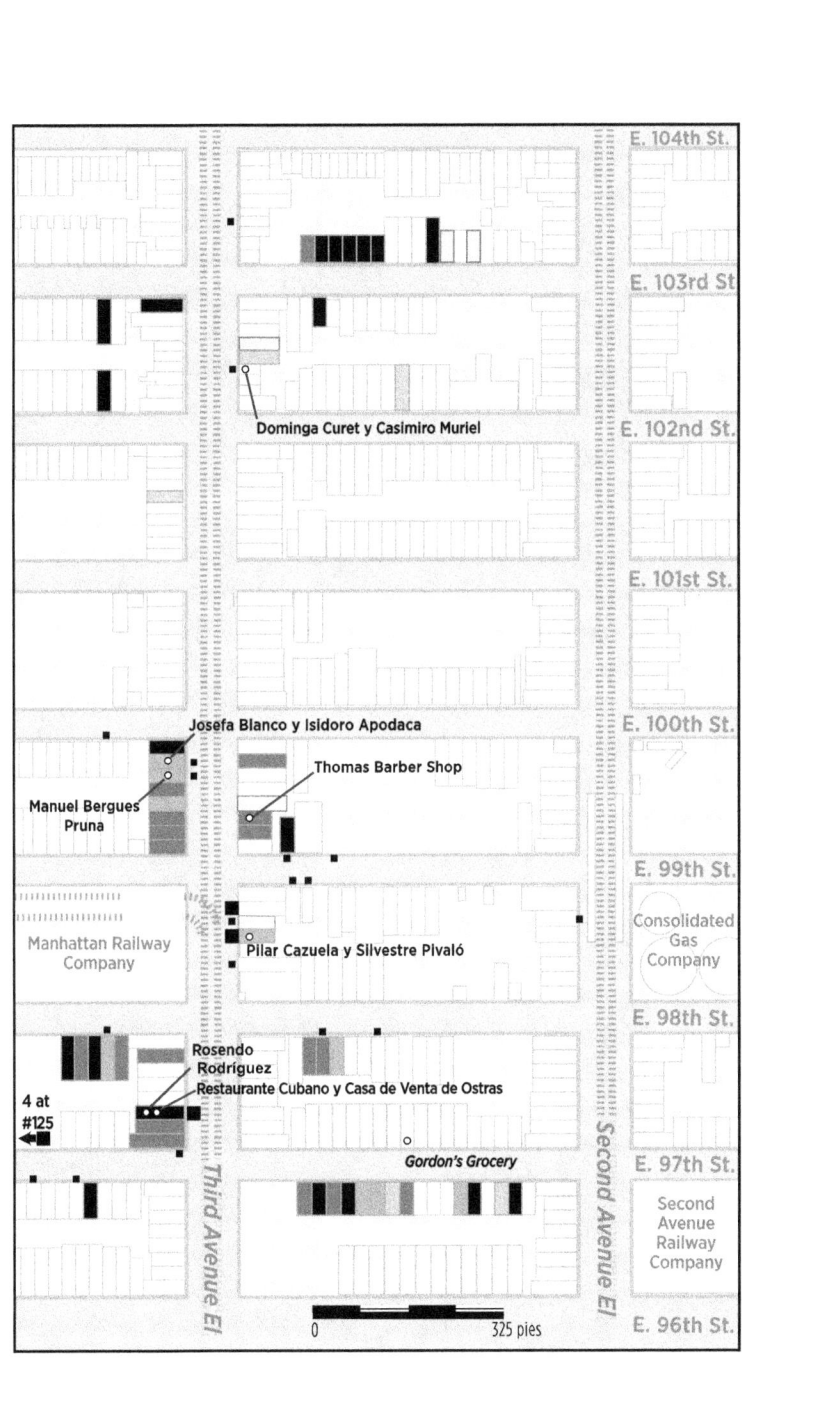

Prólogo: Líneas radiales

El frío calaba hasta los huesos aquella tarde de enero de 1890 en Greenwich Village. En dos habitaciones empapeladas elegantemente del primer piso de una casa en la calle 3 Oeste se reunía un grupo de inmigrantes cubanos y puertorriqueños. La mayor parte de los hombres había pasado el día torciendo tabaco en las fábricas de cigarros de Nueva York, o cocinando y sirviendo mesas en los restaurantes donde comían esos tabaqueros. Las mujeres habían pasado las largas horas del día cosiendo, lavando, limpiando las casas y atendiendo a los niños que ahora sujetaban en sus regazos. En su tiempo libre, y gracias a reuniones como esta, esos hombres y mujeres habían encontrado el modo de aprender a leer, escribir y tocar música, convertirse en maestros, poetas, periodistas, en revolucionarios. El apartamento, iluminado con luz de gas y calentado por una pequeña estufa de carbón, contaba con un piano, mesas, sillas y una estantería con obras de Plutarco, Spencer y Renan, además de poesía en español. Las puertas entre las dos habitaciones estaban bien abiertas para hacer espacio al público que se acomodaba en las filas de asientos extendidos de una sala a otra. Como era habitual en aquellas veladas, los presentes escuchaban a un orador. Era un hombre atractivo, de tez morena y patillas tan cuidadas como elegantes. Al lado de la puerta principal colgaba su retrato enmarcado. Se llamaba Rafael Serra. Suya había sido la iniciativa que había desembocado en la creación, en ese mismo apartamento, de una organización llamada La Liga. Una sociedad "protectora de instrucción", consagrada al auxilio y el adelanto intelectual de los cubanos y puertorriqueños pertenecientes a la "clase de color", la clase a la que Serra y la mayoría de los que participaban en la reunión pertenecían con orgullo.[1]

Nadie utilizaba entonces los términos "afrolatino" ni "afrodescendiente".[2] Tanto en Cuba, donde la esclavitud se había abolido hacía solo cuatro años, como en Puerto Rico, donde lo mismo había sucedido trece años antes, las autoridades se referían a ellos como negros, morenos, pardos y mulatos, palabras que describían diferentes grados de negritud. Los neoyorquinos de habla inglesa solían llamarlos "Cuban Negroes" si es que llegaban a percibir su existencia, algo que no siempre sucedía. A fin de cuentas, se trataba de apenas un puñado de personas cuya presencia quedaba diluida en el flujo de los cientos de miles de migrantes que llegaban a Nueva York a finales del siglo XIX. Es, por tanto, comprensible que sus experiencias no formen parte de los relatos más clásicos sobre migraciones, raza o políticas urbanas de ese periodo. Aun así, las historias de estos revolucionarios nos abren una ventana al mundo por el que transitaron. Como migrantes, viajaron a bordo de barcos de vapor para recorrer la estrecha franja de mar que separaba las islas del Caribe entre sí y, a su vez, del poder imperial que emergía al norte. Experimentaron en carne propia los diversos sistemas de dominación racial de la era de la posesclavitud en cada una de las sociedades en las que desarrollaron sus actividades. Como colonos, supieron abrirse paso entre la cada vez más rígida "línea de color" neoyorkina y las porosas fronteras de dos comunidades: la de los migrantes latinoamericanos y la de los afroamericanos. Los intelectuales afroamericanos del momento usaban la expresión "línea de color" (*color line*) para describir el sistema de segregación racial imperante en la sociedad. Como exiliados, se sirvieron de los recursos, las redes y los conocimientos adquiridos como migrantes y colonos para intervenir en las políticas nacionalistas, especialmente en la lucha por la independencia de Cuba y Puerto Rico, ambas, por entonces, colonias españolas. Este libro cuenta su extraordinaria historia.

Una historia que no ha sido olvidada del todo. La presencia de un segundo orador aquella fría tarde de enero garantizó que Serra y los demás organizadores de La Liga no fueran olvidados, al menos por los historiadores cubanos. Se trataba de un hombre blanco: el poeta, periodista y diplomático José Martí. Su retrato colgaba junto al de Serra en la entrada de la casa. Martí crearía después el Partido Revolucionario Cubano y lideraría el movimiento que organizó la rebelión contra España. Moriría al principio de la guerra que ayudó a desencadenar y se convertiría en la figura más celebrada de la historia cubana: el Padre de la Patria, el Apóstol de la Libertad, el Mártir de Dos Ríos.[3] Pero aquella noche de 1890 la posibilidad de lograr la independencia de España parecía remota y Martí aún estaba lejos de ser el héroe nacionalista en que llegaría a convertirse. La Guerra de los Diez Años, el primer intento de alzamiento contra España, entre 1868 y 1878, había fracasado en sus objetivos de lograr la independencia y de abolir la esclavitud en la isla. Una segunda guerra, la Guerra Chiquita, entre 1879 y 1880, también fracasó en su lucha separatista, pero estimuló la abolición gradual de la esclavitud, algo que sucedería finalmente en 1886. Las heridas abiertas durante esas guerras –desacuerdos entre artesanos e industriales, entre veteranos de las campañas militares y civiles, entre negros y blancos– aún sangraban entre los exiliados cubanos en Nueva York. Martí, pese a sus credenciales como intelectual, no era una figura con muchos seguidores en ninguno de estos colectivos. Pero la comunidad organizada en torno a La Liga era una excepción. Martí había contribuido a juntar los recursos con los que se había creado este grupo. No solo se había ofrecido a dar clases en aquella sede de la calle 3 Oeste, sino que además reclutó a otros profesionales y empresarios blancos para que enseñaran con él. Junto a esos maestros, Serra y sus aliados conformaron el círculo más cercano de Martí a medida que este organizaba su base de apoyo entre los exiliados de clase obrera, para luego reconstruir el Movimiento Independentista.[4]

De esta forma, los protagonistas de este libro participaron en la organización y contribuyeron a dar forma a una de las luchas por la libertad más importantes del siglo XIX. Sotero Figueroa, un tipógrafo puertorriqueño, fue el encargado de llevar a la imprenta los manuscritos de Martí. Fue propietario de un establecimiento tipográfico y uno de los editores de *Patria*, el periódico fundado por el líder independentista. Otro puertorriqueño, Pachín Marín, pronunció discursos atronadores en las reuniones de los nacionalistas antes de ofrecerse como voluntario en una expedición a Cuba, donde moriría luchando en las filas de los insurgentes. Juan Bonilla, un tabaquero nacido en el enclave cubano de Cayo Hueso, Florida, era francmasón y espiritista. Escribió para *Patria*, para uno los periódicos negros más importantes de La Habana y para la prensa afroamericana de Nueva York. Rafael Serra, el fundador de La Liga, también era tabaquero y de La Habana. Tras la muerte de Martí, Serra fundó su propio periódico en Nueva York. Cuando terminó la última Guerra de Independencia, los cubanos lo eligieron en dos ocasiones para la Cámara de Representantes de Cuba. Una comadrona, Gertrudis Heredia, dirigió varios grupos de mujeres dentro de La Liga. Fue una de las primeras mujeres afrodescendientes que estudió obstetricia en la Universidad de La Habana. En Nueva York, ayudaba a traer niños al mundo en las comunidades de inmigrantes. Era la esposa de Serra. Aunque se ganaban la vida como obreros y artesanos, este grupo de revolucionarios tuvo acceso a publicaciones e imprentas, y se sirvió de ellas para dejar un registro detallado de su pensamiento. Fueron observadores elocuentes del tiempo que les tocó vivir y de las comunidades de inmigrantes a los que ayudaron a formarse y educarse.[5]

Las vidas y escritos de estos pioneros de la comunidad afrolatina de Nueva York nos brindan una oportunidad para reconsiderar la historia de la raza y las revoluciones en el Caribe hispánico. Gracias a su relación con estos hombres y mujeres, y retomando la ideología popular que había surgido en las anteriores luchas por la independencia, José Martí repudió el consenso científico internacional sobre la inferioridad negra. Junto a Martí, los líderes de La Liga proclamaron que la división entre razas y la desigualdad que acarreaba eran producto de los prejuicios sociales, sin relación alguna con la naturaleza. La revolución, según su punto de vista, terminaría con el conflicto racial y de clases al garantizar la inclusión de todos los cubanos en un orden social más justo. La lucha contra España era parte del esfuerzo por conseguir una república, en palabras de Martí, "con todos y para el bien de todos". Serra y sus aliados también trabajaron junto a Martí para garantizar a los cubanos blancos de mejor posición económica –preocupados porque imaginaban que una revolución podría desencadenar una revuelta negra en la isla– que los negros estaban dispuestos a perdonar los pecados de la esclavitud y "olvidar su color". El cubano, según Martí, era "más que blanco, más que mulato, más que negro".[6]

La idea de una nación capaz de trascender el concepto de raza dejó un legado ambiguo. Como proyecto, ese ideal, esa república "con todos y para el bien de todos" se erigía con claridad frente a la política de segregación y supremacía blanca que se potenciaba en Estados Unidos en la misma época. Todavía hoy un siglo después, la idea de una nación sin divisiones raciales continúa siendo emblema de una alternativa, o incluso de una resistencia, a las ideas sobre la raza que terminaron por imponerse en Estados Unidos. Invocando el principio de una nación para todos, los cubanos lograron defender el sufragio universal masculino tras la invasión estadounidense y la derrota de los españoles, e incluso contra las preferencias de los líderes de las fuerzas de ocupación estadounidenses. Esta alternativa ha sido de particular importancia para mucha gente del Caribe que vivió, y vive, dentro de la órbita estadounidense, ya sea como sujetos coloniales en Puerto Rico o como migrantes y minorías racializadas en el continente.

Sin embargo, las ideas de trascender la raza que surgieron en las luchas por la independencia de Cuba y Puerto Rico, como sus variantes que aún persisten en muchas partes de las Américas, fueron un arma de doble filo. Como proyecto revolucionario común, construir una nación sin divisiones raciales podía proveer de un capital político útil a las luchas contra el racismo y la desigualdad racial. Pero la convocatoria de participar en un movimiento que superase la raza podía ser utilizado también para desautorizar las demandas a favor de intereses considerados como "particulares" (como el bienestar y los derechos de las personas afrodescendientes) en pos de un supuesto interés "colectivo". Peor aún, muchos cubanos y puertorriqueños optarían después por una interpretación del legado de las luchas independentistas –particularmente en contraste con la violencia de la segregación y la privación de derechos en Estados Unidos– que sugería que los países caribeños ya habían superado cualquier historia de opresión racial desde el momento de su fundación, calificando de este modo toda discusión sobre la desigualdad racial como innecesaria e, incluso, racista.

Durante décadas, los activistas y los académicos especializados en estudios sobre América Latina han participado en intensos debates sobre los diversos "mitos" de la armonía racial en Cuba y otros países de la región. ¿Deberíamos celebrar la promesa de una sociedad que trascienda la raza como una estrategia efectiva en la búsqueda de la justicia social, o deberíamos desmitificarla y presentarla como una herramienta cínica para abochornar al activismo antirracista independiente? Los investigadores han tratado de alejarse progresivamente de un enfoque basado en una contraposición tan radical. El ideal de una nación sin razas no se corresponde más que de refilón con la descripción de la realidad social cubana, pero no fue solo un mecanismo para imponer los intereses de la clase dominante. La ideología defendida por Martí se convirtió en terreno fértil para que una pluralidad de actores, entre los que se encontraban personas de origen africano, se posicionara sobre la forma que debía tomar el movimiento de emancipación y la sociedad que resultaría del mismo.[7]

El interés en retomar las historias de quienes se reunieron en torno a Martí en La Liga no radica, pues, en resolver el eterno debate sobre si las promesas de inclusión racial de Martí fueron más útiles para la consecución de la igualdad racial y la justicia social o, por el contrario, sirvieron a los intentos de preservar un *statu quo* desigual e injusto. Este interés radica en preguntarse qué fue lo que impulsó a Rafael Serra, Sotero Figueroa y los demás exiliados afrodescendientes en Nueva York a dedicar tanto esfuerzo a su relación con Martí. ¿Por qué aceptaron el planteamiento que les pedía que perdonaran a sus agresores y que tuvieran paciencia frente la obstinada persistencia del racismo dentro de la sociedad cubana en nombre de la unidad nacional? ¿Por qué eligieron agruparse tras la idea de una nación para todos y con todos como si la idea la hubiera tenido Martí y no ellos? ¿Cómo lograron ubicarse y ganar espacio en el combate nacionalista sin renunciar a su derecho a formar asociaciones independientes o exigir un tratamiento igualitario como personas "de color"? Pero, sobre todo –dado que las comparaciones con la política racial de Estados Unidos son la base de la mayor parte de lo escrito sobre raza en Puerto Rico y Cuba– ¿qué papel jugaron sus experiencias en Estados Unidos en la formación de la política de coalición que ellos mismos ayudaron a crear con Martí? Esas son las preguntas que podemos tratar de responder si nos detenemos de nuevo en las vidas, los viajes y los escritos de Serra, Marín, Heredia, los Bonilla y Figueroa de la comunidad que ayudaron a organizar.

Muchos años después de aquellos primeros encuentros de La Liga, uno de los seguidores de Serra describió así aquella vivienda de dos habitaciones de la calle 3 Oeste: "fué como un punto céntrico de una vasta esfera á donde convergieron todos los radios del patriotismo renaciente".[8] En realidad muchos de los participantes más activos de la lucha revolucionaria nunca cruzaron las puertas de La Liga y La Liga fue solo una de varias instituciones importantes creadas por esa comunidad de exiliados. Pero la idea de un núcleo irradiador en el que convergieron líneas radiales –o trayectorias de vida– nos permite imaginar la interconexión entre las historias de migración, escritura y política que este libro trata de reflejar. Al seguir las trayectorias tortuosas de un puñado de inmigrantes revolucionarios desde sus lugares de origen hasta el momento en que convergieron en La Liga y se cruzaron con Martí, para luego seguir adelante tras la muerte de este, trato de reconstruir la cosmovisión de un grupo de migrantes sobre el mundo que les tocó vivir y, al hacerlo, ofrecer una mirada a los orígenes y la evolución de su pensamiento revolucionario. El método elegido es una variante de lo que los historiadores conocemos como "microhistoria" y se enfoca en detalles de las vidas de personas que no son necesariamente típicas ni representativas desde un punto de vista estadístico. La atención detenida a las experiencias personales y a los pensamientos de unos pocos individuos puede ayudarnos a esbozar los contornos de una época y un lugar que de otro modo serían muy difíciles de aprehender y narrar. La microhistoria puede ser de especial utilidad para los que queremos iluminar los límites, los silencios, los miedos y los espacios de negociación experimentados por individuos marcados por la diferencia racial en el contexto de sociedades organizadas según criterios de dominación racial.[9]

Este libro presenta varias microhistorias que, si bien comenzaron por separado, terminaron por enlazarse. La idea de una "clase de color" invocada en los reglamentos y estatutos de La Liga expresó de manera intencionada el ideal de unidad de un grupo de orígenes diversos. Los cubanos y los puertorriqueños utilizaban a veces los términos "clase de color" y "raza de color" para expresar (o descartar) el miedo a que las personas de ascendencia africana, los pardos y morenos libres y los esclavizados pudieran unirse en una rebelión. En otras ocasiones, el término "clase de color" sirvió como eufemismo para referirse a las personas quienes, según sus propios criterios, representaban la parte mas digna de la población afrodescendiente. Los fundadores de La Liga, junto a otros activistas por los derechos civiles en Cuba, se apropiaron de ambos significados. Se enfrentaron a la división tradicional que se establecía entre pardos y morenos en función de un color de piel más o menos oscuro, proponiendo la unión de todos, bajo el liderazgo de la "clase de color", honrada y digna, en la lucha contra el racismo. Sin embargo, quienes participaron de este concepto de unión habían desarrollado sus identidades raciales en contextos muy distintos. Los padres de Sotero Figueroa fueron descritos como "pardos" en San Juan, la pequeña capital administrativa de Puerto Rico; Rafael Serra era el hijo legítimo de padres calificados como "morenos" en la opulenta Habana de la época del auge de la explotación azucarera; Juan Bonilla nació en el seno de una familia originaria de La Habana establecida en Cayo Hueso. Creció en barrios en los que convivían cubanos blancos, cubanos afrodescendientes y afroamericanos. Gertrudis Heredia era nieta de líderes de un cabildo de nación, una asociación comunitaria creada por africanos libres, en el boyante puerto azucarero de Matanzas. Pachín Marín era hijo de un pequeño comerciante mulato y nieto reconocido de una importante familia blanca de Arecibo, un enclave conservador en el norte de Puerto Rico. Siguiendo el modelo de un punto central en que convergieron trayectorias diversas, este libro comienza por situar a sus protagonistas en sus contextos de origen, donde nacieron, donde intervinieron por primera vez en la esfera pública y donde comenzaron a articular sus ideas sobre la raza.

La historia de las personas y las trayectorias que se cruzaron en la calle 3 Oeste, por tanto, comienza con un intento de comparación cuidadosa. Nos ofrece la oportunidad de ilustrar las dos tesis centrales sobre la raza que con tanta facilidad afirman los historiadores, pero pueden resultar más complicadas para el lector no familiarizado con el mundo académico. La primera, que la raza no es un fenómeno natural sino una invención social. La esclavitud basada en la raza existió en muchos lugares de América, y acarreó consecuencias muy similares en cada una de las sociedades que, tras la emancipación, trataron de integrar a los antiguos esclavizados como trabajadores libres y ciudadanos. Pero eso no significa que los límites dentro de los cuales actuaba el concepto de raza –por ejemplo, el modo en que se clasificaba a cada persona y las consecuencias legales y sociales que eso implicaba– no pudieran ser muy diferentes en función de diferentes contextos locales. La segunda, que los sistemas de organización social en torno a la raza se cruzaron en cada uno de esos contextos con otras jerarquías sociales como clase, género y sexualidad. Entender las particularidades de la política racial que articuló este grupo de migrantes y entre las que se incluye el autodenominarse "clase de color" o que, en otras ocasiones, pretendieran que los considerasen cubanos o puertorriqueños sin otro calificativo, e incluso cuando decidieron apoyar a José Martí, exige ubicar esas decisiones en el marco de las estructuras de raza, género y clase con las que cada uno de estos individuos se encontró en su lugar de origen.[10]

Pero si esta historia comienza con comparaciones, es solo para luego cambiar de tercio. Los hombres y mujeres que escucharon los discursos de aquella gélida tarde de enero en Nueva York habían comenzado sus vidas con identidades sociales diferentes formadas en contextos locales que divergían entre sí, pero no permanecieron aislados los unos de los otros y tampoco se confinaron en sistemas raciales claramente demarcados. Transitaron por múltiples espacios de negociación y conflicto en las postrimerías de la esclavitud: por las diversas provincias de Cuba y Puerto Rico, por la colonia británica de Jamaica, por la república independiente de Haití y por la zona del Canal de Panamá. Recopilaron observaciones sobre las consecuencias de la dominación racial en cada uno de esos contextos y, en respuesta, ajustaron sus propias percepciones sobre la raza y la ciudadanía. Reflexionaron sobre sus sociedades de origen desde un punto de vista ventajoso, el del viajero. Más importante aún, llegado el momento de colaborar con José Martí en la construcción de una idea de nación que trascendiera el concepto de raza, lo hicieron en tanto colonos instalados en la Nueva York de la *Gilded Age* (un periodo de crecimiento económico, urbanismo y extrema desigualdad paralela a la *Belle Epoque* en Europa y Latinoamérica), una ciudad segregada, y en el momento exacto en que los políticos blancos de Estados Unidos corrían para desdecirse de sus promesas previas de democracia interracial.[11]

En una carta a su compatriota Tomás Estrada Palma, Rafael Serra, el fundador de La Liga, escribió: "No sabe Ud., ni puede suponerse lo duro que es esta tierra norteamericana para vivir el hombre de color".[12] Estrada Palma sustituiría más tarde a Martí a la cabeza del Partido Revolucionario Cubano y acabaría convirtiéndose en el primer presidente de Cuba. Según Serra, aunque Estrada Palma también vivía en Estados Unidos, como no era un hombre de color no tenía la misma información con la que contaban los miembros de La Liga sobre el funcionamiento de la línea de color en Nueva York. Estrada Palma tampoco era consciente de hasta qué punto Serra y otros miembros de La Liga habían socializado y compartido ideas políticas con activistas y periodistas afroamericanos de su ciudad adoptiva. Los historiadores tampoco han prestado mucha atención a la experiencia de "migrar siendo negro" en Nueva York. Sin embargo, la política racial que se desarrolló durante la lucha por la independencia cubana y puertorriqueña, que tantas veces ha sido comparada con las políticas de segregación racial aplicadas en la época de Jim Crow, nació en realidad como fruto de las experiencias de hombres y mujeres afrodescendientes que vivían en esa "tierra norteamericana" y que participaban de manera activa en la política de corte racial y en la vida social segregada de su país de adopción. Junto a los afroamericanos con los que vivieron, bailaron, se casaron, formaron logias, o comentaron la política del momento, los miembros de la comunidad reunida en torno a La Liga comenzaron a desarrollar la sensibilidad, la política y las instituciones de una diáspora africana. Empezaron a imaginar y a construir lazos entre los descendientes de africanos que traspasaban las fronteras nacionales y lingüísticas. Esos lazos contribuyeron al refuerzo más que a la debilidad del empeño por conseguir una ciudadanía plena en cada una de sus comunidades nacionales. De hecho, estos vínculos proporcionan el marco necesario para comprender la convergencia, tan notable, de un "patriotismo renaciente", en las reuniones de aquella casa en la calle 3 Oeste. Y cobran mayor importancia a la hora de comprender la etapa que se abre tras la muerte de Martí, cuando Serra, Figueroa y Bonilla trataron de preservar su influencia a medida que el Partido Revolucionario Cubano se reconfiguraba alrededor de Tomás Estrada Palma y que la lucha revolucionaria sufría reveses debido a la invasión de Cuba y Puerto Rico por parte de Estados Unidos. Por último, los episodios de encuentros cercanos entre los intelectuales y los activistas afrodescendientes a través de las fronteras lingüísticas y nacionales ponen de relieve la considerable dosis de incertidumbre que cundía acerca del modo en que la política racial podía o debía desarrollarse en Estados Unidos y el Caribe hispano a finales del siglo XIX.[13]

Este libro es un ejemplo de historia narrativa. A menudo, los historiadores organizamos nuestros libros en torno a un conjunto de argumentos, generalmente cuestionando las afirmaciones de otros historiadores y reuniendo pruebas para apoyar nuestras afirmaciones. Cuando escribimos para nuestro círculo profesional nos detenemos a examinar y explicar nuestros métodos, sobre todo cuando hemos encontrado una fuente nueva o una manera diferente de usar fuentes ya conocidas y hemos encontrado nuevas respuestas a preguntas persistentes. Por el contrario, en este texto he elegido construir una interpretación basada en historias entrelazadas sin traer al primer plano debates, teorías o métodos. El resultado, espero, es algo que se lee más como una novela que como un ensayo técnico. Me he beneficiado, por supuesto, de las influencias de otros historiadores y estoy en deuda con ellos. Me ha desbordado la emoción consultando archivos y me ha conmovido esa minuciosidad del detective sin la cual sería imposible que todo encajase. Comparto el deseo común entre casi todos los autores, de que los lectores sean conscientes del gran trabajo y reto que este libro ha supuesto y la novedad del enfoque que plantea. Sin embargo, creo que vale la pena tratar de escribir una historia que atrape la imaginación de lectores que no pertenecen a este ámbito de estudio. Para quienes estén interesados en los detalles más precisos del método del historiador hay respuestas detalladas en las notas al final del libro, en una breve explicación sobre el uso de las fuentes y en un artículo independiente publicado específicamente para historiadores sobre métodos de investigación digital. Un novelista decimonónico –como los que Serra y sus compañeros se leían unos a otros en voz alta mientras torcían hojas de tabaco– se detendría aquí, apelaría a su paciencia, lector querido, mientras se manifiestan, una a una, las piezas individuales de este rompecabezas, que irán encajando a medida que avanzan las páginas, revelando una imagen completa. Pido la misma paciencia cuando la historia circule por diferentes escenarios y adopte las perspectivas de personas diversas. Trataré, cuando eso suceda, de ofrecer recapitulaciones de lo ya leído y pistas de lo que quede por leer para facilitarle el recorrido al lector. Solo muy de vez en cuando me detendré para ofrecer comentarios historiográficos o sobre metodología.[14]

Y, para concluir, pido paciencia a la hora de enfrentarse al mayor de los retos inherentes a la escritura de este libro. La extensa obra que Serra, Figueroa y algunos de sus colegas dejaron tras de sí ofrece un resquicio apasionante para entender su pensamiento y su vida social, pero también refuerza una gran desigualdad en el texto. Los escritores que dejaron este recuerdo detallado de su propio ideario eran, casi sin excepción, hombres. Y, en cierto modo, eso es un problema que no tiene solución. Los proyectos diseñados por hombres de color cubanos y puertorriqueños para insertarse en un ámbito político dominado casi exclusivamente por hombres blancos dependieron casi siempre de una expresión asertiva de su hecho de ser hombres, de su derecho a ser tratados como hombres. Esta expresión de masculinidad sin restricciones a menudo implicaba la imposición de nuevas formas de exclusión para las mujeres afrodescendientes, o el mantenimiento de las ya existentes. Al escribir este libro, como ha sucedido antes a tantos otros historiadores, me he encontrado con dificultades evidentes. ¿Cómo contar la historia de proyectos tan ambiciosos sin volver a repetir el error de borrar a las mujeres afrodescendientes del registro público de la historia? No tengo la respuesta perfecta para este dilema más allá de intentar resaltar el papel de esas mujeres siempre que sea posible y poner foco en la importancia de los significados de género y sexualidad en las historias tanto de hombres como de mujeres. En algunas ocasiones, cuando no he tenido acceso a fuentes, he optado por usar la especulación, aunque solo hasta cierto punto. He marcado esos pasajes como interrogantes y haciendo uso de expresiones como "quizás" o "puede que" o "pudo haber" y, cuando he dispuesto de pruebas circunstanciales, he optado por "probablemente" o "casi con toda seguridad". No lo hago por azar ni extravagancia sino como consecuencia de la investigación. Estas formulaciones me permiten introducir datos nuevos, necesarios para el relato, sin presentar personajes inconexos. No se trata de poner palabras en boca de nadie, ni insertar ideas en las cabezas de personas cuyas vidas fueron tan radicalmente diferentes de la mía, ni de abandonar la responsabilidad del historiador respecto a la documentación y las fuentes, sino de invitar a los lectores a participar en un acto consciente de imaginación histórica. Este es el método que subyace a la narrativa histórica empleado en las páginas que van a leer. Comencemos por imaginar los lugares donde nacieron estas historias.[15]

1
Los comienzos

Confundidos, acechando la ocasión para poner en juego las ideas y asegurar el triunfo, ahora aquí, luego allá, por todas partes, revueltos como joyas perdidas entre arenales, van los héroes verídicos y los libertadores del futuro, desconocidos a veces y, a veces, desdeñados en la indiferente multitud.
Rafael Serra, "Nadie lo sabe", 1894

¡Cuántas contrariedades no arrostraría, y cuánta firmeza no tendría que desarrollar antes de abrirse paso, y ascender, ascender mucho para hacerse admirar de una sociedad que era refractaria a todos los de su raza!
Sotero Figueroa, Ensayo biográfico, 1888

Años después, Lorenzo Despradel describió La Liga, aquella "famosa" sociedad de instrucción y recreo ubicada en la calle 3 Oeste, número 74, como el lugar de encuentro en el que se cruzaron a principios de la década de 1890 todos los componentes fundamentales del movimiento nacionalista cubano y puertorriqueño.[1] Para comenzar el relato de esa convergencia planteo una pregunta aparentemente sencilla: ¿dónde nacieron esas "líneas radiales"? Varias generaciones de biógrafos, que se han acercado a su estudio desde una pluralidad de agendas políticas, han ofrecido versiones ricas y detalladas de la niñez y los primeros años de la carrera de José Martí. Pero las preguntas relativas al origen de las otras personas que se congregaron para escucharlo en la casa de la calle 3 Oeste son más difíciles de responder. Los escritores nacionalistas –especialmente los escritores afrodescendientes– publicaron numerosas descripciones centradas en las hazañas, tanto políticas como literarias, de hombres de orígenes "humildes" entre quienes incluían a algunos de los que pasaron por La Liga. Pero en su deseo de enfatizar los importantes logros alcanzados –el triunfo del hombre hecho a sí mismo– se enfrentaba con la posibilidad de que una descripción completa de su origen deshonrara o empañara su reputación. Así, en su recopilación de relatos biográficos de hombres afrodescendientes que habían vivido en Estados Unidos, el periodista cubano negro Teófilo Domínguez solo señalaba, en el caso del fundador de La Liga, Rafael Serra, que había nacido en La Habana en 1858 y que tras terminar su educación primaria entró a trabajar en una fábrica de cigarros donde "empezó a ganarse el sustento cuando apenas contaba 13 años de edad". Después pasaba a la acción narrativa más importante: "Por sus propios esfuerzos fue adquiriendo variados conocimientos".[2]

Ese énfasis en hacerse a uno mismo –que sirve para pasar velozmente de un origen "oscuro" a la reseña de triunfos literarios y políticos– contribuye a expresar el principio que los logros de un hombre eran más importantes que las circunstancias de su nacimiento. Y en lugar de detallar estas circunstancias, estos escritores preferían utilizar una serie de frases corteses como "de la nada", "de cuna humilde", "hijo del pueblo", "oscuro" o "entre los desheredados de la tierra".[3] Apenas escribieron sobre las mujeres. Su visión de la unidad de hombres de todos los colores en un proyecto nacional estaba basada en la posibilidad de una experiencia compartida de la masculinidad. En las pocas excepciones a la regla que se registran, los escritores nacionalistas optaron por alusiones de la misma vaguedad. El propio Martí escribió sobre una reunión de mujeres afrodescendientes organizada por Gertrudis Heredia en estos términos: se escuchaban "los discursos sentidos y modestos, dichos, con miedo de novia, por las mujeres que, en la otra vida de que vienen, la vida de la tiniebla y la impiedad, no aprendieron las artes de asociación".[4] Este modo de referirse a los orígenes de alguien no detallaba los obstáculos específicos a los que se enfrentaron Serra, Heredia y sus colegas antes de convertirse en "algo". Tales detalles podían ser embarazosos para los biografiados durante sus vidas, pero son esos mismos detalles los que serían imprescindibles a la hora de mirar atrás, más de un siglo después, para comprender en su totalidad el punto de partida de las vidas que convergieron en La Liga, de los diferentes contextos de dominación racial que permitieron la emergencia de la visión de la justicia racial y de clase con la que se comprometieron estos hombres y mujeres.

Pese a esta dificultad, es posible adentrarse un poco más en las circunstancias de esos puntos de partida "humildes". Y para que la tarea sea más manejable, aquí me centro en los primeros años de tres de las personalidades más importantes del libro. El primero es Rafael Serra, tabaquero, poeta y político. La segunda es Gertrudis Heredia, una comadrona que llegaría a convertirse en una de las pocas mujeres afrodescendientes en obtener un certificado en la Universidad de La Habana antes de viajar a Nueva York para reunirse con su marido, Rafael Serra. Una vez allí, la pareja educaba a su hija y Gertrudis, junto a otra comadrona, dirigió las organizaciones de mujeres vinculadas a La Liga. El tercero es Sotero Figueroa, un tipógrafo y periodista puertorriqueño. Figueroa compuso los moldes, corrigió los textos y supervisó la impresión del periódico de José Martí, *Patria*. Ocupó un cargo electivo dentro del Partido Revolucionario Cubano en Nueva York y pronunció discursos junto a Martí y Serra en muchos actos políticos. Al igual que Serra, sirvió como puente entre el liderazgo del partido en Nueva York y la base del partido, en su mayoría emigrados de la clase trabajadora y muchos de ellos afrodescendientes. También contribuyó a que la comunidad de puertorriqueños exiliados, relativamente pequeña, se uniera bajo el paraguas del Partido Revolucionario Cubano. Tras la muerte de Martí, Figueroa y Serra dirigieron una ofensiva en defensa de una visión radical del legado del "apóstol".[5]

Las experiencias de otras tres figuras históricas contribuyen a completar los cruciales vacíos sobre las historias de los tres primeros. Manuela Aguayo se casó con Figueroa a finales de la década de 1870, pero murió de tuberculosis varios años antes de que él se mudara a Nueva York. Juan Gualberto Gómez, un periodista afrodescendiente, fue uno de los más importantes líderes de la lucha de los derechos civiles en Cuba entre la década de 1870 y finales de siglo. Fue también un estrecho colaborador de Martí, Serra y Figueroa. Y el propio Martí, nacido en La Habana solo unos pocos años antes que Serra pero educado en circunstancias completamente diferentes.

Estas personas –cuatro hombres y dos mujeres; cuatro cubanos y dos puertorriqueños; dos personas identificadas como morenos, tres como pardos o mulatos, y una considerada blanca; una comadrona, una costurera, un tipógrafo, dos periodistas y un cigarrero– no representan la totalidad del espectro de diversidad que posteriormente confluiría en La Liga. Pero sus historias son lo suficientemente diversas como para ofrecer un punto de partida, un boceto de las diferencias entre los sistemas raciales que prevalecían en sus lugares de origen. De hecho, las diferencias entre sus historias de vida son lo que se revela de mayor importancia. Como casi todos los asociados a La Liga, estas personalidades, excepto Martí, se identificaban como pertenecientes a la clase "artesana" (trabajadores cualificados urbanos) y personas "de color". Y aún así, describir su estatus racial y de clase de este modo ofrece poca información más allá de una alusión de naturaleza eufemística a su "origen humilde". Es por eso, por la aparente familiaridad que invoca el uso del concepto "de color", que limitarnos a llamarlos intelectuales y líderes "de color", o afrodescendientes, conlleva el riesgo de camuflar la diversidad de sus experiencias en torno a la raza. Ser un artesano "de color" en San Juan, la pequeña capital administrativa de Puerto Rico (donde Figueroa nació y creció), implicaba enmarcarse dentro una gama de experiencias similares, pero no idénticas, a las de las personas descritas como "de color" en La Habana, capital de la boyante economía de la esclavitud cubana (donde nació Serra). Ser la nieta de dos líderes de un cabildo de la nación lucumí en Matanzas, otra rica ciudad azucarera en Cuba (el caso de Heredia), no era lo mismo que ser la hija ilegítima de un político blanco en el modesto pueblo de Toa Baja, Puerto Rico (el origen de Aguayo). Ser un hombre significaba experimentar los sistemas jerárquicos del color y la clase de una forma muy distinta a la experiencia de las mujeres. Los relatos de estas personas, quienes desarrollaron sus identidades y formaron sus ideas en estos diversos contextos caribeños, comparten muchas características, pero difieren también de modo crucial.

DE CUNA HUMILDE

En 1856, la pareja formada por Cayetano Heredia y María del Socorro Del Monte tuvo una hija a la que bautizaron en la Catedral de Matanzas. El párroco, previo pago, siguió el ritual requerido, ungiendo los santos óleos en la cabeza de la niña para limpiar el pecado original con el que había nacido, y advirtiendo al padrino y la madrina sobre sus obligaciones espirituales con la niña. Le puso el nombre elegido por sus padres, María Gertrudis. Después, aquel mismo día, o quizás unos días más tarde, abrió el libro parroquial y registró los detalles de la ceremonia. Cuba, una de las últimas dos colonias españolas en el Nuevo Mundo, era un territorio sin registro civil y con una población de escasa alfabetización. Los libros parroquiales eran lo más parecido a un registro oficial de las identidades y linajes de los habitantes que vivían en la isla. Al registrar los bautismos, los párrocos anotaban, con letra deliberada y prosa formulista, la fecha, el nombre y el sexo del recién nacido, así como los nombres de padres, abuelos y padrinos. También averiguaban o determinaban aspectos importantes sobre el estatus social de los recién bautizados: si eran libres o esclavos, si eran blancos o no.

En el caso de María Gertrudis, el sacerdote copió todos los detalles en el libro de bautismos que mantenía solo para las partidas de los "pardos y los morenos". Escribió que su padre era Cayetano Heredia, "nativo de África" y su madre María del Socorro del Monte, nacida en Matanzas.⁶ Copió los apellidos y otros detalles en el margen del folio, como índice y devolvió el libro al santo repositorio. Otro sacerdote hizo una inscripción similar en 1858 cuando Rafael Serra y Marcelina Montalvo "negros libres, habaneros" fueron a una parroquia de la ciudad para inscribir a su hijo. También inscribió a José Rafael Simón Agapito Serra en un libro aparte, reservado para bautismos de "pardos y morenos".⁷

En la Cuba de mediados del siglo XIX quedar inscrito en uno de esos libros parroquiales segregados indicaba que uno habitaba un estatus social abiertamente inferior. En ese momento, las ideas sobre las diferencias de raza servían como un eje ideológico en que se apoyaba la más importante maquinaria de la vida social, política y económica cubana: la esclavización y la brutalización sistemática de los africanos y sus descendientes. Incluso para quienes eran formalmente libres, que los marcasen al nacer como pardos o morenos implicaba una importante barrera para su posición social. Por ejemplo, aunque no hubiera ninguna ley que impidiera el matrimonio interracial en el imperio español, en Cuba, los funcionarios utilizaban leyes pensadas para impedir que menores de edad o personas de origen noble contrajeran "matrimonios desiguales" sin consentimiento de las respectivas familias para impedir matrimonios que cruzaran las líneas de color. Este impedimento solo podía superarse al obtener permiso de un representante de la Corona.⁸ Esas prácticas provenían de una limitación legal española para con los cristianos descendientes de judíos y musulmanes a partir de un concepto de diferencia racial heredada conocido como "limpieza de sangre". En las sociedades esclavistas del Caribe se aplicaban esas mismas restricciones a personas con otro tipo de "mancha," la de negritud. Estas restricciones raciales sobrevivieron tiempo después de que el concepto de limpieza o pureza de sangre cayera en desuso en la propia España. Más allá de la cuestión del matrimonio, para ser aceptado como persona de rango, para ocupar ciertos puestos, para desempeñar ciertas profesiones y para recibir un trato digno y con honor por parte de otras personas de "calidad", se requería la reputación pública de ser blanco.⁹

Sus partidas de bautismo ofrecen una señal evidente de que Gertrudis y Rafael, que años más tarde se convertirían en migrantes y líderes comunitarios en Nueva York, no nacieron con esa reputación. Tampoco parece probable que los sacerdotes tuvieran muchas dudas a la hora de determinar el lugar que esos dos bebés ocupaban en la jerarquía racial local. Como tampoco las tendría el párroco en otra iglesia de La Habana, al bautizar en 1853 a José Martí y ubicarlo en el libro de bautismos correspondiente a las personas blancas. Los padres de Martí fueron emigrantes españoles a Cuba que no tenían propiedades significativas ni gozaban de distinción aristocrática alguna. Incluso llegaron a pasar por momentos difíciles. Pero el padre de José era militar profesional, una posición reservada a hombres que pudieran probar su pureza de sangre. Esa idea de la pureza de sangre tenía su origen en un intento de gestionar la diversidad étnica de España pero, una vez en las colonias, la familia Martí, al igual que otros recién llegados de España, recibían inmediatamente el beneficio de la blanquitud.[10]

El color era también un elemento fundamental en la jerarquía social en la otra de las dos colonias que conformaban el muy reducido imperio español en las Américas, la pequeña isla de Puerto Rico. Pero el sistema de asignación de estatus en función del color no se articulaba del mismo modo en ambas. Esa diferencia se hace evidente en un documento de 1853 que registra que José Mercedes Figueroa y María Rosenda Fernández llevaron a su hijo Sotero a la Catedral de San Juan para su bautismo. El sacerdote siguió, paso a paso, el mismo ritual: ungimiento con aceite, admonición a los padrinos, entrega de una cantidad de dinero por parte de los padres e inscripción del acto en un libro de partidas de bautismo. Pero allí el criterio de segregación de esos libros era diferente. De hecho, menos de un año antes de que naciera Figueroa, el obispo de Puerto Rico había revisado los libros que recogían las partidas de bautismo y había ordenado a los sacerdotes que dejaran de segregar por raza. El obispo no sugirió que estuviera a favor de la eliminación de toda distinción racial ni que creyera que todas las razas fueran una. Tampoco explicó los motivos de su decisión. Apenas especificó que todas las personas libres deberían aparecer en un mismo libro y que solo los esclavizados deberían ser registrados en un libro aparte. Siguiendo las órdenes del obispo, los sacerdotes de la catedral tacharon las palabras "de blancos" del título del libro de registro reservado hasta entonces para los blancos e insertaron "de todas las clases". Así fue como quienes confeccionaban los registros de Puerto Rico movieron la línea de separación de las razas al estatus legal (libres o esclavizados) y silenciaron la raza o, al menos, comenzaron a tratarla de manera indirecta, en claro contraste con quienes confeccionaban los registros cubanos.[11] Por ello, pese a que los bautismos de sus hermanos mayores habían quedado anotados en el registro de "pardos y morenos", en 1853, la iglesia registró el nacimiento de Sotero en un libro nuevo, no segregado, donde no se mencionaba ni su raza ni la de sus padres.[12]

En los tres casos, los sacerdotes registraron la situación de las familias con una mínima variación de la fórmula "naturales de La Habana", "vecinos de esta feligresía", "de esta naturalidad y vecindario" o "de esta ciudad". Estas frases eran, probablemente, un detalle menor para los implicados, pero significativo para los historiadores que buscan comprender con exactitud el lugar que esas familias ocupaban en la sociedad. En la década de 1850, la mayor parte de los descendientes de africanos en ambas islas vivía en un entorno rural, ya fuera como campesinos o como esclavizados. Pero, tanto Cuba como Puerto Rico contaban con comunidades urbanas de artesanos, vendedores ambulantes, pequeños comerciantes, lavanderas o costureras de origen africano establecidas mucho tiempo atrás. Los artesanos de color libres, junto a sus familias, habían logrado, a través del éxito económico, el reconocimiento de un cierto nivel de honor. La participación en milicias también sirvió para que algunos hombres de color libres obtuvieran privilegios, como pensiones y la inmunidad ante los tribunales y prisiones civiles. Asimismo, las autoridades permitían, e incluso promocionaban, la creación de asociaciones de personas de color libres entre las que se incluían las hermandades católicas. No está claro si alguno de los progenitores que aparecían en estas partidas bautismales había alcanzado un estatus tan honorable, pero sí resulta cierto que eran "de la ciudad" lo que ya de por sí implica una cierta distinción.[13]

No obstante, existían diferencias claras entre las circunstancias de los afrodescendientes libres en ambas islas. El puerto de La Habana, en Cuba, era parada obligatoria para la flota del imperio español en su apogeo y allí se alojaron durante siglos un importante destacamento militar y un centro burocrático. Puerto Rico, en cambio, quedaba fuera de las principales rutas del comercio imperial. Como en otras partes remotas del imperio, el nivel más modesto de la actividad económica relacionada con el sistema imperial abrió un espacio relativamente más amplio que en otros lugares para que las personas de origen africano o mixto vivieran fuera de las ataduras de la esclavitud al mismo tiempo que se reducía el número de personas que podían considerarse blancas. Por eso, en el último tercio del siglo XVIII, las personas censadas como libres de color constituían la mitad de la población de Puerto Rico, pero solo una quinta parte de la población de Cuba estaba censada en esa categoría.[14] Y esta diferencia se incrementó a lo largo de las décadas siguientes cuando las economías de Puerto Rico y Cuba cambiaron para centrarse en la producción de tabaco, café y, sobre todo, de azúcar para la exportación. Tanto en Cuba como en Puerto Rico ese dinamismo dependía en gran medida de un nuevo flujo de cautivos africanos.[15] Pero las dos islas difirieron notablemente en cuanto a la escala de esta transformación. Cuando Sotero Figueroa era niño, el número de personas esclavizadas en Puerto Rico ascendía a 41.378, en comparación con las 241.037 personas de color libres. En Cuba, cuando Heredia, Serra y Martí eran niños, 370.553 personas vivían en la esclavitud frente a 232.493 personas de color en libertad. El contraste es aún más marcado si desglosamos esta cifra por regiones. San Juan, el lugar donde Figueroa nació y creció, era una pequeña capital política, administrativa y militar; la mayor parte de la producción de azúcar, y la esclavitud que de ella se derivaba, se concentraba en los puertos de Ponce, Guayama y Mayagüez, al sur y al oeste de la isla. La Habana y Matanzas no solo eran ciudades modernas y grandes y los principales puertos del occidente de Cuba, sino que esta modernidad dependía, casi en su totalidad, de su situación geográfica dentro de la región más productiva para el azúcar de Cuba (y del mundo).[16]

El incremento masivo de la producción de azúcar y el crecimiento consiguiente de La Habana y Matanzas dio lugar a un escenario de nuevas oportunidades económicas para algunas personas de color libres. Pero esa floreciente economía exportadora también permitió la emergencia de una creciente y, cada vez más poderosa, clase de plantadores azucareros, y que los intelectuales cubanos blancos se mostrasen cada vez más preocupados por la "africanización" de la isla. Los pensadores cubanos eran muy conscientes de las revueltas que acabaron destituyendo el sistema de plantaciones de la colonia francesa de Santo Domingo, en la isla de La Española conocida por los cubanos como Guárico. Allí los esclavos africanos habían superado en gran número a los colonos blancos. De hecho, los cubanos se habían aprovechado con entusiasmo de las rebeliones de esclavizados en Santo Domingo, en la última década del siglo XVIII, para levantar su propia industria azucarera. Y luego, reaccionaron con horror cuando los que antes habían sido esclavizados ahora lanzaban con éxito una revolución anticolonial y establecían una república independiente negra, Haití. En este contexto, los intelectuales blancos mostraron ambivalencia, cuando no hostilidad abierta, hacia los milicianos pardos y morenos que defendían el imperio. Les preocupaba también que la presencia de tantos afrodescendientes en los oficios manuales en la colonia, y el desprecio que ésta generaba hacia estos oficios entre los blancos, desincentivase la inmigración de trabajadores blancos y la "mejora" de la clase artesana. Mostraron también su preocupación por el hecho de que las personas de color libres albergaran aspiraciones que borraran las líneas de la jerarquía social y eso supusiera una amenaza para la estabilidad del sistema esclavista. A los pardos y morenos libres los consideraban posibles aliados de las personas esclavizadas, si formaban todos ellos una "raza africana" o "raza de color".[17]

Esta evolución de las políticas en torno a la raza llegó a su punto culminante cuando en 1844 las autoridades cubanas descubrieron que se estaban planeando varios levantamientos en la zona rural alrededor de Matanzas. Una comisión militar condujo una investigación en la que se usó la tortura para destapar, o quizás inventar, una conspiración liderada por personas de color libres que estaría planeando lanzar un ataque coordinado contra la esclavitud. La comisión ejecutó a una docena de aquellos a quienes consideraron líderes del movimiento, entre los que se encontraba el poeta, tipógrafo, carpintero y platero de Matanzas Gabriel de la Concepción Valdés ("Plácido"). Las autoridades también desterraron a más de 400 hombres de color y encarcelaron a más de 1000. Además, confiscaron las propiedades de los acusados para cubrir el coste de la investigación, el proceso judicial y sus propias detenciones. El ejercicio de la violencia por parte del estado tuvo un efecto demoledor en la situación económica de las mismas familias de afrodescendientes que, en las décadas previas, habían gozado de una posición relativamente cómoda en las provincias del oeste de Cuba.

Aunque no está claro si algún pariente cercano de Gertrudis y Rafael estuvo alguna vez bajo sospecha, los niños nacidos de las familias libres de La Habana y Matanzas en la década de 1850 crecieron a la sombra de esa violencia. Además, la suegra de Plácido, la comadrona Pilar Poveda, continuó ejerciendo su papel de lideresa comunitaria en Matanzas durante buena parte de la infancia de Gertrudis. La viuda de Plácido se casó de nuevo con un violinista de la ciudad que había sido encarcelado durante el proceso de investigación y que logró salvar la vida. El hijo de la pareja, Enrique, llegaría a ser buen amigo y aliado de Rafael y de Gertrudis.[18]

Así que las dos parejas cubanas, Rafael Serra (padre) y Marcelina Montalvo, y Cayetano Heredia y Socorro del Monte bautizaron a sus hijos en un momento de la historia de sus ciudades, La Habana y Matanzas, en el cual la sociedad blanca se esforzaba en reforzar las líneas divisorias entre personas blancas y no blancas eliminando, por ejemplo, los batallones de hombres libres de color y estableciendo una política de segregación en lo referente a los servicios públicos. Además, las élites cubanas se organizaron para promover la inmigración blanca a la isla con la esperanza de aislarse de la rebelión negra y prepararse para la transición de la esclavitud al trabajo libre. En 1854 se extendió el rumor de que la jerarquía católica y un gobernador liberal tenían planes de relajar las restricciones en torno al matrimonio interracial (como parte de un proyecto para promover el matrimonio sacramental y disminuir el amancebamiento). Eso provocó una furiosa reacción y un decreto oficial que reinstauró la interpretación más abierta posible de las leyes españolas sobre el matrimonio entre personas de diferente condición. El principio que se discutía ya no era la "pureza" de las familias blancas sino la seguridad pública entendida de manera más amplia. El matrimonio entre razas diferentes, desde el punto de vista de quienes se oponían al mismo, incitaba las aspiraciones peligrosas de las personas de color. Ya para el año 1860, las autoridades dejaron de expedir licencias para esos matrimonios. Es probable que algunos sacerdotes tuvieran un punto de vista diferente, pero cumplieron con su deber y continuaron segregando los registros parroquiales, manteniendo así las divisiones, tanto espirituales como administrativas, en el único sistema de registro oficial que existía en la isla.[19]

La infancia de Sotero Figueroa, en cambio, se desarrolló en un ambiente de relativo aislamiento respecto a la afluencia de cautivos africanos y la ola represiva que se abatió sobre el oeste de Cuba. No cabe duda de que Puerto Rico era una sociedad profundamente marcada por la esclavitud. Había pasado ya medio siglo desde que un visitante había comentado: "Con todo no hay cosa más afrentosa en esta isla que el ser negro ó descendiente de ellos; un blanco insulta á cualquiera de estos impunemente con las expresiones más vilipendiosas."[20] Pero esos prejuicios persistían. Entre las familias blancas, los representantes del gobierno y los de la Iglesia aún existía el consenso generalizado de que debía evitarse la "mancha" del matrimonio desigual. Pero la cuestión del matrimonio interracial continuó considerándose más como algo privado –algo que afectaba la integridad y el honor de la familia– que como un problema político que podía llevar a la rebelión y aumentar la inseguridad.[21] La inquietud causada por las rebeliones de esclavos, especialmente tras lo sucedido en St. Croix y Guadalupe en 1848, trajo consigo un decreto de nuevos castigos que serían aplicados a las personas de "raza africana" que se "levantaran" contra los blancos en Puerto Rico (el famoso Bando contra la Raza Africana). Queda claro, entonces, que la idea de una amenaza proveniente de una raza africana unificada no era algo completamente ajeno en la isla. De cualquier modo, parece que estas medidas nunca llegaron a aplicarse y fueron rápidamente derogadas.[22] En comparación con sus homólogos cubanos, los puertorriqueños adinerados no estuvieron tan preocupados con la segregación del espacio público ni con el menoscabo sistemático del estatus de las personas afrodescendientes libres. O quizás simplemente no contaron con el poder suficiente para poner en vigor tales medidas.[23] Tuvieron, también, mucho menos éxito que sus vecinos en Cuba a la hora de atraer migrantes desde España, lo que trajo como consecuencia que la blanquitud en Puerto Rico fuera algo más ambiguo. Como veremos, eso no quita que la blanquitud fuera un componente importante de la jerarquía social en Puerto Rico. Pero sirve para explicar el motivo por el cual a mediados de siglo la segregación de los documentos de registro en la iglesia no parecía tan necesaria en Puerto Rico como lo era en Cuba.

Además de la segregación de las partidas de bautismo en diferentes libros de registro, los sacerdotes en Cuba y Puerto Rico (antes de 1852) asignaban a menudo otro tipo de distinciones en función de los diferentes grados de negritud usando términos como "pardo" (para gente de tez más clara o con ancestros mixtos), "moreno" (un modo más respetuoso de referirse a alguien percibido como negro) y "negro" (un modo mucho menos respetuoso). Las autoridades y los notarios también aplicaron estas categorías en documentos oficiales. Los padres de Rafael Serra fueron "morenos". Los padres de Sotero Figueroa no fueron inscritos en el momento de su bautizo junto a ninguna categoría racial, pero en el registro de bautismo de dos de sus hermanos mayores, nacidos antes de la unificación de los libros parroquiales, los sacerdotes los habían descrito como "pardos libres de esta ciudad". Parece casi seguro que ellos y sus hijos continuaron recibiendo tratamiento de pardos en su vida diaria, incluso tras el cambio de la política de la Iglesia.[24] La distinción no era trivial. El gobierno español, por ejemplo, dividía las milicias en ambas islas en tres batallones: el de blancos, el de morenos y el de pardos. Especialmente en Cuba, las cofradías religiosas también segregaban a menudo entre pardos y morenos.

Estas categorías de color no se definían solo, ni siquiera principalmente, por la apariencia física. Los términos relativos al color reflejaban percepciones respecto al comportamiento público, la posición económica, las relaciones sociales de una persona y el posicionamiento dentro de la jerarquía racial del resto de miembros de la familia. También dependían de cuán lejos se veía a una persona del cautiverio en África. "Negro" por ejemplo, era una palabra reservada en la mayor parte de los casos, a las personas mantenidas en régimen de esclavitud o que habían sido liberados recientemente. En el lenguaje coloquial existían aún más palabras para combinaciones específicas de complexión, textura del pelo y rasgos faciales. Sobre todo, en el caso de las personas libres de ascendencia africana, estos elementos no tenían por qué coincidir de modo coherente o predecible. La adscripción de una persona a un estatus de color y no a otro, ya fuera en el momento del bautismo o por la acción de un notario más tarde, era significativa pero no indeleble. De hecho, las adscripciones a un color asignadas a una familia concreta en diversos documentos oficiales podían cambiar a medida que pasaban las generaciones o en el transcurso de la vida de un solo individuo. En unos pocos casos los individuos eran capaces de movilizar y ejercer la presión suficiente para convencer a un sacerdote para que modificara un registro de bautismo.[25]

Pese a las similitudes básicas entre los usos de los términos relativos al color en Cuba y Puerto Rico, el sistema de gradaciones funcionaba de manera diferente en distintos lugares del Caribe hispánico. Los responsables del censo en ambas islas se preocupaban por la cuestión de la raza a la hora de confeccionar estimaciones estadísticas de la población por el mismo motivo: creían que la superioridad numérica de los habitantes blancos era importante, quizás el más importante de los factores, para el éxito de sus aspiraciones de estabilidad social, crecimiento económico y libertad política. Pero discrepaban, como lo hacían las sociedades en las que trabajaban, en el modo de comprender y representar las categorías raciales. Las estadísticas oficiales recopiladas por alcaldes, párrocos o comisarios de barrio (en las ciudades más grandes) indicaban, de manera continuada, que el número de personas censadas pertenecientes a estatus intermedio constituía la mayor proporción de la población en Puerto Rico. Los censos cubanos en estos años señalaban que el número de pardos libres superaba mínimamente el número de morenos libres, pero concluían que la cifra de "negros" esclavizados duplicaba la de personas libres de color. En contraste, quienes realizaban el censo de Puerto Rico consideraban que la población de pardos libres multiplicaba por siete a la de morenos libres y era también muy superior a la de personas esclavizadas en la isla.[26]

Teniendo en cuenta las repercusiones del impacto que tuvo el *boom* del azúcar en Cuba y Puerto Rico, era de esperar que los censos marcaran la diferencia entre una isla en la que la mayoría de los afrodescendientes estaba separada de la condición de esclavitud por varias generaciones y podía considerarse como mixta, y la otra isla, en la que la mayor parte de sus habitantes afrodescendientes eran negros y tenían vínculos más cercanos con la esclavitud. Pero los censos jugaban un papel más allá del de mero recuento neutral de los grupos raciales existentes. Obligaban a la toma de ciertas decisiones sobre el modo de contar y distribuir en categorías raciales a personas cuya diversidad se podía entender de múltiples formas. En Puerto Rico, las autoridades solían contar de un modo que ampliaba las categorías intermedias y describían lo que ellos consideraban como una población, no solo pequeña sino menguante, de morenos. Ya para mediados del siglo, las comisiones censales cubanas solían optar por no contar por separado a los pardos y los morenos incluyendo a ambos grupos en una sola categoría: personas libres "de color".[27] Esto ahondaba en la idea de una "clase de color" que, según el punto de vista de las autoridades, estaba lista para "alzarse contra los blancos". Ya para la década de 1860, incluso los intelectuales de ascendencia africana y los activistas usaban los términos "raza de color" o "negro" para referirse a la colectividad de afrodescendientes, sin dejar de identificar a individuos como pardo, mulato, africano o moreno en muchas circunstancias.[28] El concepto de "clase de color" o "raza de color" también apareció en la plaza pública puertorriqueña pero su uso fue menos frecuente. Quizás más importante, aunque muchos puertorriqueños entendían la ascendencia africana como una mancha indeleble en el linaje familiar que no podía mitigarse de ningún modo, en una sociedad con poca inmigración europea la línea divisoria entre pardo y blanco solía ser una cuestión de reputación y estaba, por tanto, sujeta a bastante flexibilidad.

Las diferencias en el modo de registrar y hacer recuento de la raza entre Cuba y Puerto Rico, junto al estatus diferenciado que se otorgaba a las personas de raza mixta en ambas sociedades, dan sentido a los orígenes "humildes" de los tres niños que se encuentran en el centro de esta historia. Figueroa era hijo de "pardos" libres y urbanos cuya raza no quedó registrada en el documento que marca la primera entrada en la vida en sociedad, en una época en la que los sacerdotes dejaron de referirse abiertamente a la raza. Alcanzaría la madurez en una época en la que las autoridades que recopilaban datos raciales, incluyendo el comisario y celadores de su barrio, tendían a ver a la mayor parte de puertorriqueños de ascendencia africana como personas mestizas más que como negros. Mientras tanto, Heredia era la hija de un hombre nacido en África y Serra lo era de "morenos" libres en el oeste de Cuba, donde las autoridades ya no distinguían tanto entre pardos y morenos, fundiéndolos en la categoría "de color" o simplemente "negro" y, al mismo tiempo, separaban rigurosamente a los blancos de los no blancos.

En Cuba siguieron existiendo las categorías intermedias. Pero muchas personas de ascendencia africana, entre las que se incluían Gertrudis y Rafael, vivían en uno de los extremos del espectro racial y gran parte de los inmigrantes más recientes, entre quienes estaban los miembros de la familia de Martí, se encontraban en el extremo opuesto. De hecho, el padre de Martí fue uno de los responsables del recuento y asignación racial de los habitantes de La Habana. Tras una carrera militar mediocre, se empleó como celador de barrio, responsable de vigilar y censar a la población.[29] En las ciudades que crecían en el centro de la zona azucarera, la negritud de Gertrudis y Rafael no parecía algo cuestionable, ni nada que fuera a negociarse durante el transcurso de sus vidas. Por otra parte, Sotero, ya era tratado como "no negro" en el momento de su nacimiento y, como veremos, su estatus racial continuó evolucionando durante el resto de su vida.

Pero la historia tiene más recovecos. El sacerdote que bautizó a Gertrudis Heredia describió a su padre, Cayetano, como "nativo de África" y en la partida de bautismo de su hermana menor, Cayetano aparece como miembro de la "nación carabalí". Aunque no todos, muchos de los identificados como carabalíes llegaron a Cuba en barcos que habían zarpado del puerto de Calabar y recibieron sus descripciones étnicas a través de los documentos de embarque y venta. La identificación étnica de Cayetano en el bautismo de su hija abre la posibilidad de que hubiera nacido en una de las pequeñas comunidades del delta del río Cross cerca de lo que hoy es la frontera entre Nigeria y Camerún, el lugar de origen de muchas de las personas que fueron enviadas a América a través de Calabar. De uno u otro modo, llegó cautivo a Cuba y su destino era la esclavitud.[30] Los detalles de su transformación de persona libre a cautivo, la suerte y fuerza que le permitieron sobrevivir a la captura, el movimiento hacia y dentro de la costa africana, la separación de sus familiares y del lugar donde descansaban sus ancestros, el trauma del viaje a través del Atlántico y los peligros de sus primeros años de esclavitud en Cuba, son procesos que hoy solo podemos imaginar. Es probable que Cayetano tejiera lazos con otras personas que llegaron a Cuba en el mismo barco. Es probable que recibiera su nombre cristiano y apellido de quienes lo compraron por primera vez en Matanzas.[31] Puede que participara en la sociedad Abakuá, una fraternidad masculina en La Habana y Matanzas muy próxima a las sociedades secretas masculinas que operaban en la región del río Cross.[32] Los registros bautismales no lo reflejan, como tampoco dan detalles sobre el modo en que logró forjarse una extraordinaria historia de superación entre su llegada a Cuba y el nacimiento de su hija. ¿Cómo es posible que alguien definido como propiedad de otro dentro de este brutal sistema de extracción llegara a convertirse en un hombre libre?

Esa pregunta es pertinente en el caso de algunos miembros del árbol genealógico de cada uno de los protagonistas afrodescendientes de esta historia. En algunos casos, el último miembro esclavizado de la familia se remontaba a varias generaciones atrás. En las dos islas habían vivido personas libres de ascendencia africana desde la llegada de los primeros barcos cargados de cautivos en el siglo XVI. Pero puede que, para Rafael Serra como para Gertrudis Heredia, la frontera entre esclavitud y libertad no estuviera tan lejana. En un poema publicado en 1880, Serra afirmó que había nacido dentro del sistema de la esclavitud: "Esa es la esclavitud abrumadora/En que nació, lector, el que esto escribe".[33] Bien puede ser una figura retórica más que un detalle autobiográfico, ya que contradice la información que aporta su partida de bautismo. Quizás solo era una expresión figurativa de un nacimiento que sucedió mientras existía la esclavitud. Quizás ese "yo" que hablaba en primera persona en el poema no era Serra sino un personaje inventado. En un momento posterior de su vida, Serra se definió como "hijo de padres esclavos".[34] Otra vez, es posible que la referencia fuera metafórica. Los participantes en el movimiento independentista solían usar el término "esclavitud" como sinónimo de opresión colonial. O quizás sus padres ya fueran libres en el momento de su nacimiento pero, al igual que en el caso de Cayetano Heredia, habían sido anteriormente esclavizados. La única pista que añadir para descifrar la posición legal y económica de su familia es la breve referencia a una tía, Chuchú Serra, a quien Serra describió como costurera y maestra de "muy humilde cuna". El énfasis que da la palabra "muy" a este habitual eufemismo puede sugerir que también fue esclavizada y logró la libertad en algún momento de su vida.[35]

¿Cómo era posible que sucediera algo así? Quizás, y a veces sucedía, las personas que mantenían a Cayetano y a Chuchú en cautiverio concedían el regalo de la libertad a cambio de lealtad o por algún servicio extraordinario. Era más común, no obstante, que las personas esclavizadas en Cuba compraran su propia libertad. Los que fueron esclavizados en contextos urbanos y domésticos podían llegar, en Cuba, a una situación en la que se les consentía mantener algún tipo de actividad económica independiente. Eso permitía que algunos compraran su libertad con ahorros o en pagos fraccionados. El proceso se llamaba coartación.[36] Para comprenderlo mejor, podemos poner un ejemplo sobre que los historiadores saben más (y presentar una figura histórica que jugará un papel importante en este relato a medida que avanza). Juan Gualberto Gómez fue el escritor y político afrodescendiente más famoso en Cuba entre 1870 y 1920. Estrecho aliado de Martí, Figueroa y Serra, y miembro del senado cubano tras la independencia, Gómez nació en una plantación en la Matanzas rural en 1854. Sus padres, Fermín Gómez y Serafina Ferrer eran sirvientes domésticos esclavizados, pardos y nacidos en Cuba. Aparentemente, eran los favoritos de la familia que los mantenía en la esclavitud, que les permitió casarse, que Serafina trabajase como costurera, que Fermín mantuviera un huerto y que vendiera sus productos en el mercado. Consiguieron ahorrar dinero suficiente para comprar la libertad de Juan Gualberto, antes de que naciera, por la suma de 25 pesos. El sacerdote dejó registro de este acuerdo en su partida de bautismo. Cuando el niño cumplió diez años, Fermín y Serafina ya habían comprado su propia libertad, se habían mudado a La Habana, donde ella abrió una lavandería y él vendía fruta y verdura.[37]

Puede que Cayetano Heredia hiciera algo similar, que ganara el dinero para comprar su propia libertad mientras aún estaba esclavizado. Quizá la tía de Rafael Serra, Chuchú, hiciese lo mismo. Como costurera habría tenido los conocimientos necesarios para llevar a cabo ese proyecto. O quizás fueran "esclavos alquilados", que vivían independientemente de sus amos, entregando parte de sus ingresos y conservando otra parte para sí mismos. O quizás lograron préstamos de parientes o miembros de una sociedad de socorro mutuo, posiblemente de alguien que compartiera su identidad africana, a quien podrían devolverle el dinero una vez libres y capaces de manejar sus propios ingresos. Quizás dependieran de parientes (de sangre, o compañeros de barco, o relacionados por el padrinazgo) que ya eran libres y podían ayudar a hacer frente al coste de la compra. Quizás una vez que fueron libres hicieron lo mismo para ayudar a otros familiares.[38]

En general, quienes habían nacido libres disfrutaban de un estatus social más alto que aquellos que se habían liberado en el transcurso de su vida. Quienes habían nacido a varias generaciones de distancia de la esclavitud disfrutaban de un estatus más alto que aquellos cuya conexión con esa institución era más fácil de recordar. Incluso en un contexto en el que la categoría de personas "de color", entendida en su sentido más amplio, estaba adquiriendo una mayor relevancia, parece probable que Gertrudis perteneciera al estrato más bajo de estos tres niños debido a su relación más cercana con África y la esclavitud. Rafael pudo haber tenido un estatus un poco superior porque sus padres eran criollos, nacidos en Cuba y posiblemente libres desde la cuna. Sotero pudo haber tenido un estatus más alto al ser miembro de una familia identificada como parda y sin vínculos próximos con la esclavitud. Es más, su padre, José Mercedes, había nacido en Venezuela. El hecho de que fuera inmigrante creó una distancia, no solo generacional sino geográfica, con la esclavitud, impidiendo que sus vecinos puertorriqueños pudieran acceder a ninguna información sobre el modo en que la familia llegó a ser de raza mixta o cuánto tiempo hacía que eso había sucedido.[39]

Pero las cosas nunca eran tan sencillas. Es probable que el sacerdote que bautizó a Gertrudis en Matanzas en 1856 conociera a la familia, especialmente a los abuelos maternos, Rita del Monte y Sebastián Campos. Tanto del Monte como Campos fueron identificados en varios documentos como parte de la "nación lucumí". Esa calificación y la fecha del bautismo de Rita, sugiere la que abuela de Gertrudis pudo haber nacido en el golfo de Benín, cerca del imperio Oyo, y que pudo haber sido capturada y vendida como cautiva durante las guerras civiles que azotaron esa región en la década de 1820.[40] La partida de bautismo de su hija mayor (la madre de Gertrudis) identifica a Rita en 1831 como mujer lucumí y "esclava del capitán José del Monte". Luego, en el momento del bautizo de su segunda hija en 1843 aparecía como "morena libre" y, más o menos al mismo tiempo, tanto ella como su marido, Sebastián Campos, aparecían por primera vez como padrinos del hijo de otra mujer. Para cuando nació Gertrudis, trece años después, al menos otras veinte personas habían conseguido que Rita y Sebastián ejercieran como sus padrinos. Algunos eran niños, otros adultos, algunos esclavizados, otros eran libres. Y lo más digno de reseñar, cuando Rita llevó a una integrante de la nación mandinga para bautizarla, el sacerdote informó no solo que Rita era la madrina de la mujer sino también su dueña.[41]

Cuando nació Gertrudis, las autoridades de la colonia habían reconocido a su abuelo, Sebastián Campos, como capataz del cabildo Fernando VII. Los cabildos eran sociedades formadas por personas que, tras ser arrancadas de sus comunidades de origen, encontraron otras personas cuyo idioma y costumbres eran inteligibles, y reconstruyeron los lazos comunales y las prácticas espirituales bajo el paraguas de las "naciones" africanas. En su papel de capataz, Sebastián gestionó fondos y propiedades, organizó bailes y reuniones rituales y fue el encargado de mantener las relaciones con la iglesia local. Cuando Gertrudis tenía ocho meses, su abuelo recibió permiso para que su cabildo participara en la procesión del Rosario, desfilando tras el estandarte de Santa Bárbara, su patrona. Como los miembros del cabildo Fernando VII eran lucumíes, identificaron a esta santa como el *alter ego* del orisha Changó, dueño del fuego, del rayo, la percusión y la danza, relacionado con la poderosa ciudad estado de Oyo. El año que Gertrudis cumplió ocho años, Sebastián pidió permiso, y lo obtuvo, para organizar no menos de 45 bailes en la sede del cabildo en la calle Daoíz. Gertrudis, al igual que otros descendientes nacidos en Cuba de miembros del cabildo, no fue autorizada –oficialmente– a participar en esos eventos.[42]

Pero no hay evidencia de que el estado colonial tuviera éxito en erigir líneas divisorias estrictas entre la generación africana y sus hijos y nietos criollos en familias como la de Sebastián y Rita.

El liderazgo de Sebastián y Rita pudo reflejar un estatus social alto o un poder espiritual del que ya hubiesen disfrutado en África. Quizás se debiera a su inventiva y capacidad económica una vez llegado al entorno de Matanzas o quizás tan solo a su buena suerte (en relación con otras personas que llegaron cautivas a Cuba). Como responsable del cabildo, Sebastián también habría tenido que mantener buenas relaciones con las autoridades civiles, especialmente con el celador de barrio. Es aquí donde aparece una vez más el agudo contraste entre las maneras que los personajes de esta historia se insertaron dentro de un mismo sistema de relaciones sociales. El padre de José Martí, Mariano Martí fue uno de esos celadores en varios barrios de La Habana. Mariano fue, según recuerda uno de los amigos de infancia de Martí, "uno de aquellos agentes de la autoridad que al pasar por las calles con sus dos salvaguardias detrás, dejaban el espanto en los malvados, cuando estos no eran sus colaboradores en la persecución de algún cubano contrario al déspota o enemigo de los negreros".[43] Entre las tareas de Mariano estaban las de ser testigo y certificar la elección de las directivas de los cabildos bajo su supervisión y las relaciones con esos líderes en lo vinculado con la aprobación de solicitudes para celebrar bailes, cobrar impuestos, multar e, incluso, mediar en los conflictos entre los miembros de cabildos. No queda claro si la abuela de Gertrudis, Rita del Monte ocupó alguna posición oficial en el cabildo Fernando VII. Pero sí que las mujeres tuvieron un papel en los asuntos prácticos del gobierno y la vida espiritual de los cabildos lucumíes de Matanzas. Dentro de las prácticas rituales y filosóficas que Rita debe haber conocido como la Regla de Ocha (posteriormente conocida como santería), los linajes espirituales, con frecuencia, pasaban por la línea femenina, de madrina a ahijada.[44]

Esto adquiere gran importancia a la hora de pensar en la inserción de Gertrudis y su familia en su contexto social. En general, para la sociedad cubana, ser hija y nieta de alguien que una vez fue esclavizada debió constituir un gran "defecto". Pero es probable que, en el círculo más cercano de Gertrudis y el entorno social en el que creció, ser la primogénita de la primogénita de Rita del Monte, le confiriera bastante prestigio. Para José Martí, hijo de alguien que había formado parte del aparato que supervisó las organizaciones étnicas afrocubanas, el hecho de que Gertrudis viniera "de aquella vida", del mundo de la "oscuridad y la impiedad", servía como un indicio de que no gozaba de las condiciones necesarias para participar en la vida asociativa. Pero parece probable que, para los habitantes de Matanzas nacidos en África, especialmente para los ahijados de Rita y Sebastián y, en definitiva, para los miembros del cabildo Fernando VII, Gertrudis hubiera nacido con aire de liderazgo.

Un último dato crucial sobre los registros sacramentales complica aún más lo relativo al estatus. Los sacerdotes hicieron constar que Rafael Serra y Gertrudis Heredia (incluso Juan Gualberto Gómez, hijo de personas esclavizadas) eran hijos legítimos. Por otra parte, Figueroa fue hijo natural, ilegítimo. Serlo en San Juan, Matanzas o La Habana, no era digno de mención en la mayoría de los casos. El matrimonio era algo caro y difícil, fuera del alcance de una gran parte de la población de Cuba y Puerto Rico.[45] Los hijos fuera del matrimonio eran una consecuencia habitual de la pobreza. El matrimonio legítimo era uno de los modos en los que una pequeña élite en el Caribe español imaginaba que la distancia que le separaba de los demás era una muestra de una superioridad moral inherente y no el resultado de un sistema de explotación brutal. En este sentido, ser hijo ilegítimo era, en Puerto Rico y Cuba, un impedimento parecido al de tener sangre "impura". Quienes gozaban de un rango social alto o "calidad" consideraban a los hijos naturales como personas sin honor, lo que los convertía en inelegibles para los títulos honoríficos de "don" y "doña", en candidatos inaceptables para el matrimonio con personas de alto rango y los excluía del sacerdocio, la educación secundaria y los cargos públicos.[46]

La ilegitimidad no era solo un "defecto social" que operaba en paralelo al de no ser blanco. De hecho, en gran medida los dos "defectos" se solapaban en cuanto a los grupos que englobaban y las actitudes de las élites hacia ellos. Para comprender esto, puede ayudar remitir al momento, en 1855, en que Don Manuel Aguayo, propietario de una hacienda de arroz y alcalde de Toa Baja, un pueblo pequeño en Puerto Rico, llevó a bautizar a su hija Manuela (que posteriormente se casaría con Sotero Figueroa). Don Manuel no estaba casado con la madre de la niña, una mujer identificada por el sacerdote como Doña Ezequiela Pulido.[47] Eso convirtió a Manuela en hija natural. Su linaje, en el lado maternal, también podía levantar sospechas. Ezequiela Pulido había sido hija natural de una mujer con la reputación de parda y de un hombre con la reputación de blanco.[48] Pero difícilmente el cura o los residentes de Toa Baja pudieron viajar a San Juan para revisar los libros de bautismo. Y el hecho de que Don Manuel apareciera en la partida de bautismo de Manuela dejó el estatus racial de madre e hija en la ambigüedad. Cuando hombres de estatus alto confirmaban sus relaciones con las madres de sus hijos a través del matrimonio rescataban a esas mujeres del deshonor y a los niños de la ilegitimidad. Los libros de bautismo de Puerto Rico están repletos de anotaciones al margen señalando matrimonios que legitimaron a hijos naturales *post facto*. Por ello, cuando Manuel apareció para reconocer a su hija, el vínculo de Ezequiela con el alcalde del pueblo parece haber influenciado al sacerdote, que la registró como "Doña Ezequiela Pulido," concediéndole el trato honorífico que sugería que era una mujer de calidad: legítima y blanca.

Si el alcalde se hubiera casado con Ezequiela, ese estatus se habría asegurado. Pero menos de un año después, Don Manuel se casó con otra mujer, perteneciente a una importante familia local y con quien luego tendría más hijos.[49] Con este hecho, anunció al mundo de que con Ezequiela Pulido se podía desarrollar una relación sexual pero no un matrimonio. En la compleja lógica que atravesaba sexo y raza en el Caribe español, ese tratamiento daba el mensaje que Ezequiela no era de sangre pura. Los miembros de las clases dominantes consideraban que las mujeres afrodescendientes no tenían honor sexual. Sus relaciones con hombres fuera del matrimonio, incluso con hombres blancos con poder, eran presentadas como producto de una naturaleza intrínsecamente deshonesta. Cuando las mujeres blancas eran "seducidas" y quedaban embarazadas, según esa lógica, la respuesta justa era que el padre legitimara al hijo y restaurara el honor de la madre mediante el matrimonio. Cuando pasaba lo mismo con una mujer que no era blanca, incluso si había sido forzada, no había honor que restaurar. La culpa, según la ideología racista y sexista del momento, la tenía ella por haber tratado de "atrapar" a un hombre y mejorar su posición social. En consecuencia, en una sociedad en la que la reputación pública sobre quién era blanco era más importante que los registros parroquiales, el matrimonio (o su ausencia) se convirtió en un "mecanismo de racialización" que fijaba el estatus de las mujeres y sus hijos en función del tratamiento otorgado por los hombres con poder. La decisión de Manuel de no casarse con Ezequiela estampó en Manuela el defecto de la ilegitimidad y la sospecha de sangre impura, una sospecha reforzada más aún cuando Ezequiela, todavía soltera, llevó a un segundo bebé a bautizar sin que Manuel o ningún otro hombre dieran un paso al frente para reconocerlo. Cuando años más tarde Manuela y su marido, Sotero Figueroa, llevaron a sus propios hijos a la iglesia para bautizarlos, los sacerdotes reconocieron a la mujer como la hija de Don Manuel Aguayo, pero ni a Manuela ni a su madre les otorgarían el título honorífico.[50]

La relación entre la ilegitimidad y el estatus racial funcionaba de modo diferente en los casos de unión consensual entre personas de un estatus relativamente parejo, como era el caso de los padres de Sotero Figueroa. No obstante, en tales casos la raza y el sexo también estaban vinculados. La Iglesia y las autoridades civiles consideraron que la ilegitimidad (que veían como muestra de la falta de civilización de los pobres en Cuba y Puerto Rico) era un gran problema que, según ellos, surgía del comportamiento sexual escandaloso de las mujeres afrodescendientes. De este modo, el sacerdote que registró el nacimiento de Sotero, si bien no marcó su estatus como pardo ni lo inscribió en un libro segregado cuando le asignó una identidad social por escrito, lo hizo de modo que sugería su estatus racial al negar a sus padres los títulos de "Don" y "Doña", y señalando al párvulo como hijo natural. Cuando años más tarde se acercó a la iglesia junto a su esposa Manuela Aguayo para bautizar a sus hijos, el sacerdote registró a Sotero sin el título honorífico de Don en tanto "hijo natural de José Mercedes y María Rosenda", ninguno de los cuales gozaba de honoríficos.

Pero si los prejuicios contra la ilegitimidad funcionaban como un instrumento de refuerzo de la desigualdad racial, la legitimidad y la institución del matrimonio eclesiástico pudieron ser mecanismos útiles para reducir la mancha de la diferencia racial o para acceder a un mínimo de trato honroso pese a una diferencia racial imborrable. Algunas personas libres afrodescendientes en Cuba, sobre todo aquellos que sirvieron en la milicia o trabajaban en profesiones manuales cualificadas, se esforzaron mucho para crear y mantener linajes y redes de parentesco legítimo "densas" a través del matrimonio y el compadrazgo. Aunque esas redes estuvieran compuestas exclusivamente por personas no blancas, si estas estaban casadas de manera legítima existía la posibilidad de atenuar su exclusión de la vida pública en las ciudades en las que vivían.[51] Por ello es notable que los Serra y los Heredia no solo lograran la libertad sino también casarse. Quizás se beneficiaran de alguna de las campañas que la Iglesia lanzó con cierta periodicidad en la década de 1850 para incentivar la legitimación de uniones consensuales, reduciendo las tasas a pagar por el sacramento. Por algún motivo, los padres de Sotero Figueroa no buscaron, o no lograron, ese reconocimiento oficial de su matrimonio, aunque vivieron juntos y bautizaron juntos a cuatro hijos (tres de los cuales, casados, pasarían más tarde a formar parte de la respetable clase artesana). Como consecuencia de esto, Sotero dio sus primeros pasos en la vida no solo como pardo sino como hijo natural, aunque su adscripción a este estatus también evolucionaría a lo largo de su vida.

LA ESCUELA

Es evidente que ninguno de estos niños surgió "de la nada". Sus proyectos de triunfar gracias a sus propios esfuerzos comenzaron con unos abuelos que crearon redes de personas dependientes muy amplias (y que incluso compraron a otros seres humanos); con unos padres que emigraron, que sobrevivieron a la travesía del océano en barco esclavista, que compraron su propia libertad, que bautizaron a sus hijos y que se casaron o vivieron como si estuvieran casados. Con todo, en cada caso, el paso que marcó el rumbo que permitiría que sus descendientes acabaran convertidos en escritores, personajes públicos o profesionales fue la educación, algo que podía lograrse solo enfrentándose a un contexto de circunstancias muy adversas.

Desde 1844 la ley española obligaba, técnicamente, a que cada municipio de Cuba y Puerto Rico abriera escuelas públicas.[52] Pero la cantidad de personas que asistía a escuelas primarias en las colonias, especialmente en Puerto Rico, era minúscula. Los puertorriqueños adinerados se negaban a pagar los impuestos que habrían sido necesarios para mantener un sistema educativo público, especialmente en la zona rural donde las élites estaban más interesadas en que los hijos de las familias pobres se encaminaran hacia el trabajo en el campo.[53] Las autoridades crearon un número de escuelas insuficiente y pagaban bajos salarios a los maestros que, a cambio, con frecuencia pagaban parte de sus salarios a sustitutos, en cuyas manos dejaban el peso de la instrucción. Además, los profesores de la educación pública solían enseñar solo a los alumnos que podían pagar y convertían al resto, los que no podían pagar, en "espectadores" más que en estudiantes.[54] Las consecuencias de esta política fueron funestas. Cuando Sotero Figueroa alcanzó la edad escolar a principios de la década de 1860, las estadísticas oficiales mostraban que solo el 8,3% de la población de Puerto Rico sabía leer o escribir. Las cifras eran mucho peores entre la población identificada como no blanca, entre quienes solo el 2,3% estaba alfabetizada frente a un 14,9% de los que fueron censados como blancos[55]. La educación era un privilegio reservado a quienes podían pagarla y la educación secundaria y universitaria eran, en la mayoría de los casos, un coto reservado a personas consideradas blancas.

Por vivir en San Juan y porque sus padres no le exigieron comenzar a ganar dinero a edad temprana, Sotero Figueroa pudo estudiar en una escuela gratuita dirigida por un torcedor de tabaco llamado Rafael Cordero. Cordero, identificado como moreno por sus contemporáneos, no fue el único maestro afrodescendiente en Puerto Rico. Tampoco fue el único que aceptaba niños que eran, en palabras escritas por el propio Figueroa años después, "desheredados por la fortuna". Ya mediado el siglo, la enseñanza fue una profesión al alcance de hombres de familias plebeyas (o de hombres con vínculos no reconocidos con familias patricias) que querían alcanzar el estatus de profesional.[56] Sin embargo, cuando Cordero abrió su escuela en 1810 fue una de las primeras instituciones de instrucción en toda la ciudad. Durante 58 años educó a múltiples generaciones de chicos mientras seguía ganándose la vida torciendo cigarros. Taller y escuela eran una sola. Cuando murió, en 1868, y en palabras condescendientes de un escritor que lo elogiaba, era, en gran medida, responsable de "los pocos conocimientos que en la clase de color descubre el observador tenaz".[57] Hasta mediados del siglo, su escuela era una de las mejores opciones incluso para alguno de los hijos de las familias blancas bien situadas. Como el propio Figueroa dejó escrito, Cordero había enseñado también a "gran parte de las personas que hoy dan brillo á esta sociedad".[58]

Eso supuso una oportunidad significativa para Sotero Figueroa. Cuando entró en la escuela, a comienzos de la década de 1860, Cordero era un hombre de edad avanzada muy querido y respetado por las autoridades de la colonia, los sacerdotes y vecinos de todas las clases. Tres hombres que habían estudiado con él en la década de 1830, Alejandro Tapia y Rivera, José Julián Acosta y Román Baldorioty de Castro eran, cuando Figueroa estudiaba, los líderes de un movimiento creciente en defensa de ideas liberales, reformistas y abolicionistas. También defendían la educación popular. Tapia y Acosta disfrutaban del privilegio de ser blancos sin que nadie los cuestionase. Baldorioty, como veremos más adelante, era hijo ilegítimo y tuvo que lidiar durante toda su vida con los rumores sobre su pureza racial. Estos tres hombres estaban en el núcleo de la pequeña comunidad de escritores, profesores e intelectuales que nacía en San Juan, una élite urbana sin vínculos con la propiedad de la tierra o títulos heredados. Habían estudiado o viajado por Europa y habían desarrollado lo que la historiadora Silvia Álvarez Curbelo ha llamado un "militante deseo y voluntad de modernidad", que ejercitaban a través de su participación en actividades de gobierno y una de las pocas instituciones de la sociedad civil permitidas por la monarquía española, la Sociedad Económica de Amigos del País.[59] Centraron la atención en su pequeña ciudad, una cuadrícula de seis por ocho calles de mal pavimento, sin agua corriente, sin tranvía, sin teatro de la ópera, y no les gustó lo que encontraron. Incubaron proyectos para rehacer el centro urbano, para regular el comportamiento ciudadano y desarrollar las instituciones públicas, en un momento en que el crecimiento de la población presionaba al mercado inmobiliario y forzaba a las personas de menos recursos a nuevos barrios que crecían fuera de los antiguos muros.[60]

Pero, sobre todo, los intelectuales de la Sociedad Económica querían fomentar la instrucción en la colonia y para eso publicaron libros de texto, apoyaron la creación de escuelas técnicas y secundarias, y promovieron concursos y premios literarios. Su esfuerzo benefició principalmente a los hijos de los puertorriqueños más acomodados. Pero, al menos en teoría, los reformistas también defendieron una educación que elevaría y civilizaría a los pobres.[61] Eto fue un "apoyo" a las clases populares que se basaba en una concepción de que la variada y extensa cultura popular puertorriqueña, especialmente las prácticas de origen africano, eran un vertedero de ignorancia, barbaridad y superstición.[62] Los reformistas entendían que su propia formación de tradición europea representaba la civilización universal. Cuando Sotero Figueroa comenzó la escuela, esos reformistas ya habían comenzado a presentar a su antiguo maestro, Rafael Cordero, como héroe del reformismo liberal: un hombre de profundo sentimiento cristiano que, desde una rudimentaria formación, había logrado mantener viva la llama de la ilustración pese a la negligencia de la autoridad colonial. En 1858, "un grupo de buenos patricios" propuso otorgarle un reconocimiento a Cordero convirtiéndole en miembro de la Sociedad Económica, aunque la idea nunca fructificó.[63] Aunque listos para reconocer el "generoso esfuerzo" de Rafael Cordero y para regocijarse en sus propias actitudes liberales en lo racial, los reformistas favorecían una sociedad en la que hombres como él cederían su lugar a hombres más preparados, y en la cual ellos ejercerían el control del sistema educativo y lograrían el avance e ilustración de la población puertorriqueña. Eso no menoscababa el afecto por su antiguo maestro, que parece haber sido real, como lo fue el apoyo a algunos de sus alumnos de origen humilde más brillantes. Así que, aunque sus planes para la reforma no tuvieron demasiado impacto en las vidas de los niños de la generación de Sotero Figueroa, para el propio Figueroa la relación cercana entre su maestro y los líderes del movimiento reformista liberal de Puerto Rico sería de gran importancia.

El sistema educativo ya se había desarrollado mucho más en Cuba que en Puerto Rico, especialmente en La Habana, donde las tasas oficiales de alfabetismo alcanzaron el 57% de la población a comienzos de la década de 1860.[64] A inicios de siglo, la mayor parte de los maestros en Cuba, al igual que Rafael Cordero en Puerto Rico, eran personas libres afrodescendientes sin educación formal.[65] La tía de Rafael Serra, Chuchú, fue una de esas maestras. Como en Puerto Rico, a mediados de siglo, un grupo de intelectuales criollos trataba de fomentar y reformar la instrucción pública e incentivar la investigación científica a través de la Sociedad Económica de Amigos del País. La riqueza generada por la industria azucarera y tabaquera permitió que los reformistas cubanos pudieran contar con más recursos en estos esfuerzos que sus homólogos puertorriqueños. Crearon una biblioteca pública, apoyaron sociedades literarias, fundaron escuelas, participaban en la Junta Superior de Instrucción y reclutaban y supervisaban a los maestros. Todo ese trabajo tenía lugar en el contexto, y bajo la influencia, de la sociedad esclavista que florecía en el oeste de Cuba. Al mismo tiempo que los miembros de la Sociedad Económica de Puerto Rico comenzaron a venerar al maestro Rafael, los miembros de la Sociedad Económica de Cuba empezaban a expulsar a maestros como Chuchú de sus puestos. Esos maestros, en palabras de Antonio Bachiller y Morales, secretario de aquella organización, eran "no solo ignorantes hasta la estupidez, sino de costumbres no limpias y de raza equívoca". Y buscaban eliminar "la confusión en un mismo recinto de todos colores y castas". Esto en la práctica significaba excluir a los estudiantes afrodescendientes de la escuela pública. El gobierno español había dado orden a los gobiernos locales de Cuba de crear escuelas segregadas para los estudiantes de ascendencia africana. Pero tanto las autoridades locales como la Sociedad Económica habían ignorado esas directivas. Bachiller explicó que lo hacían porque tenían un "irresistible convencimiento" respecto a los peligros de educar a niños no blancos en el contexto de una sociedad esclavista.[66] Bachiller escaparía más tarde a Nueva York, donde sería miembro relevante de la Junta cubana en la década de 1870.

Tanto José Martí como Gertrudis Heredia alcanzaron la edad escolar a comienzos de la década de 1860, cuando la Sociedad Económica ya había tenido éxito en la imposición de sus reformas. El padre de Martí había perdido su empleo como celador de barrio y la familia dependía casi completamente de los ingresos de la madre y de las hermanas como costureras. Pero un amigo de la familia asumió el gasto de enviarlo a una escuela secundaria en La Habana donde se convirtió en uno de los alumnos preferidos de una de las mayores figuras literarias cubanas, Rafael Mendive, un poeta abolicionista que era, además, el director de la escuela.[67] Para Gertrudis las cosas fueron diferentes. Ya no había más maestros afrodescendientes en Matanzas. El censo informa de 1178 niñas libres de color en la jurisdicción de Matanzas. Aproximadamente la mitad estaban en edad escolar. Solo 40 asistían a alguna escuela.[68] No hay pruebas de que Gertrudis fuera una de las afortunadas. Está claro que esta oportunidad de estudiar, por reducida que fuera, significaba algo diferente para las niñas afrodescendientes que para los niños. La carrera más respetable para una mujer en las Antillas españolas era casarse y dedicarse a las tareas domésticas en su propia casa, ya fuera para sí misma o supervisando a los empleados. Ocuparse exclusivamente de los quehaceres domésticos en una casa propia requería disponer de algo de fortuna o de un hombre que ganara el sustento. Una chica como Gertrudis podía aspirar a ese estatus, pero las autoridades prohibían que se casara con un hombre blanco y los hombres que no eran blancos se enfrentaban a severos impedimentos económicos a lo largo de sus vidas. Por ello, chicas como Gertrudis podían esperar que, durante la mayor parte de sus vidas, tendrían que trabajar fuera de sus casas.[69] Al buscar trabajo, las opciones no eran muchas. Las lavanderas disfrutaban de más independencia que las mujeres que desempeñaban trabajos domésticos en las viviendas de otras familias. Pero que se movieran de manera independiente por el espacio público las convertía en sujetos de deshonor. Por lo tanto, generalmente las mujeres blancas evitaban implicarse en ese tipo de actividades. Las costureras podían aceptar encargos y realizarlos en la seguridad de sus viviendas. Por eso, la ocupación atraía a más mujeres blancas, entre ellas, la madre y hermanas de Martí, que mantenían a la familia mientras el padre estaba casi siempre desempleado. La costura era una de las pocas ocupaciones de mujeres blancas que también podían desempeñar las mujeres afrodescendientes. Así que aprender trabajos manuales como la costura era una de las ventajas de asistir a la escuela para niñas que se enfrentaban a la exclusión social debido a su sangre impura. Manuela Aguayo, que había sido reconocida pero no legitimada por su padre, el alcalde, tuvo la suerte de entrar en ese negocio. Los habitantes de Toa Baja (entre los que estaba su propia familia) podrían haberla visto como una persona no blanca, pero al menos su reputación no se vio perjudicada aún más por la necesidad de transitar por las calles en busca de su sustento y el de su familia.

Las pocas oportunidades para niñas como Gertrudis de asistir a la escuela, a clases manejadas por maestras costureras como Chuchú Serra, se centraban en aprender tareas manuales, la catequesis y las primeras letras. Eran más útiles que las materias académicas a la hora de aumentar las limitadas opciones que ofrecía el sistema económico colonial y patriarcal al que estaban sujetas. Ningún registro muestra que Gertrudis asistiera a una escuela primaria ni que trabajara en alguna de esas ocupaciones. Pero sí aprendió a leer y escribir. Como veremos, Gertrudis logró abrirse paso a través de un camino más complejo hasta llegar a graduarse como comadrona en la Universidad de La Habana y convertirse en lideresa comunitaria.

Serra dio los primeros pasos en la dirección de convertirse en maestro, periodista y político en la ciudad La Habana.[70] Cuando llegó a la edad escolar, ninguna de las más de sesenta escuelas públicas de la capital (incluida aquella a la que asistiría su futuro amigo y aliado José Martí) albergaba a niños afrodescendientes. Es probable que asistiera a una de las 11 escuelas primarias privadas para niños de color que existían en la ciudad o a una de las tres que aceptaban estudiantes blancos y afrodescendientes.[71] Vuelve a resultar útil centrarse en la historia, más conocida, de Juan Gualberto Gómez. Una vez que todos los miembros de su familia fueron libres, se mudaron a La Habana. Juan Gualberto tenía diez años. Asistió a una escuela privada dirigida por Antonio Medina y Céspedes, un hombre identificado como pardo.[72] Medina formaba parte de una generación de intelectuales afrodescendientes que había sobrevivido a la represión desatada contra la supuesta conspiración de personas de color libres y esclavizadas en 1844. Era sastre y había creado elegantes vestuarios para el Teatro Tacón en la década de 1830. Publicó varias obras de teatro y artículos en la prensa antes de la represión. Perteneció al círculo del poeta Plácido. En la década de 1850, cuando los reformistas de la educación trabajaban para imponer nuevas normas, en gran medida, lo hacían para deshacerse de los maestros que consideraban miembros de la "raza equívoca". Medina se examinó y logró el certificado que le permitía dar clases. En 1861 abrió una escuela privada, el Colegio Nuestra Señora de los Desamparados.[73] Medina pasó por el ojo de la aguja durante el periodo de reforma que siguió a la represión y Juan Gualberto recibió su educación en un espacio frecuentado por supervivientes de una época anterior, la de las expresiones literarias pardas de los años 1830.

Es probable que Rafael asistiera a una de las escuelas primarias "incompletas", menos conocidas que la de Medina. Pero es muy posible que su profesor fuese también uno de los supervivientes del periodo de represión paralelo a la ola reformista que trató de "elevar" la profesión. Que su tía Chuchú Serra, costurera de "muy humilde cuna", manejara una de esas rudimentarias escuelas privadas indica que alguno de los adultos de su familia sabía leer y escribir, y que estaban comprometidos con un proyecto de ascenso social a través de la enseñanza y la educación. Esto es crucial. La educación formal de Serra (igual que la de Figueroa o Heredia) solo podría suceder como resultado de una inversión familiar consciente para poder pagar las tasas de la escuela y vestirlo de manera adecuada. Las becas públicas en Cuba estaban dirigidas casi exclusivamente a los niños blancos.[74] Enviar a los niños a la escuela también implicaba el coste de oportunidad, es decir, lo que la familia dejaba de percibir si lo ponía a trabajar a temprana edad. Es muy difícil que un niño de siete años, por más inteligente que fuera, hubiera concebido un plan como este por sí mismo, y menos aún llevarlo a cabo sin el apoyo de sus padres u otros adultos.

ENCONTRAR TRABAJO

Con muy pocas excepciones, en la década de 1860 el desempeño profesional seguía vetado a los hombres de color y a las mujeres, fuera cual fuera su estatus racial, daba igual que fuera en San Juan que en Matanzas, Toa Baja o La Habana. Eso afectaba a aquellos que, como Heredia, Figueroa o Serra sabían leer y escribir, y a aquellos, como Aguayo, que tenían lazos familiares con hombres privilegiados. Los oficios manuales seguían siendo el camino más seguro hacia algún tipo de estabilidad y lugar, aun modesto, en la sociedad. Casi todas las personas de ascendencia africana que luego se convertirían en líderes comunitarios, escritores o intelectuales en ambas islas y en el exilio, comenzaron siendo obreros calificados, que en el Caribe de la época se conocían como artesanos. Figueroa empezó como cajista de una imprenta, Serra torciendo cigarros y Aguayo como costurera. Gertrudis Heredia, la nieta de Rita del Monte de nación lucumí, se convirtió en partera. Comencemos con su historia, que es probablemente la más singular de todas. Al igual que las lavanderas, las comadronas se movían de manera independiente por las ciudades del Caribe español en el ejercicio de su oficio. Como ese movimiento connotaba deshonor o "mala fama", durante gran parte del periodo colonial ese empleo estuvo reservado a mujeres de origen africano, para quienes el trabajo suponía la posibilidad de ganar algo de dinero y un estatus superior a las otras alternativas que la sociedad esclavista les cedía. A finales de la década de 1860, cuando Gertrudis alcanzó la edad de escolarización, una gran mayoría de las comadronas de Matanzas eran mujeres afrodescendientes. La más conocida, Pilar Poveda, era la suegra del famoso poeta y artesano Plácido. Cuando Plácido fue ejecutado como supuesto líder de la rebelión de 1844, Poveda fue condenada a un año de trabajos forzados por, según la comisión militar, haber participado en la conspiración. Tras cumplir su condena regresó a Matanzas y a su profesión. Fue contemporánea de los abuelos de Gertrudis.[75]

Gertrudis llegó a la edad adulta justo en el momento en que Poveda y otras comadronas de su generación se enfrentaron a medidas de represión tanto política como por parte de las autoridades médicas. Del mismo modo que los reformadores educativos se espantaban ante la mera idea de un maestro negro frente a una clase de alumnos blancos, ni el gobierno ni los médicos estaban de acuerdo con la tradición de que mujeres negras asistieran en los partos de mujeres blancas. No es por coincidencia, entonces, que el secretario de la Sociedad Económica, Antonio Bachiller y Morales, equiparara a las maestras que no consideraba aptas para el puesto como "comadronas intrusas". En las postrimerías de la represión de 1844, los reformistas en el campo de la medicina lanzaron un proyecto para "elevar" la profesión de comadrona, ponerla bajo la autoridad de los médicos e intentar atraer a mujeres blancas a la misma. Crearon un programa de formación en la clínica de partos del hospital de La Habana. Además, aprobaron reglas nuevas para conseguir una licencia. Se obligaba a las mujeres a que supieran leer y escribir, fueran legítimas y estuvieran casadas. Esa combinación era algo que convertía el acceso a ese empleo en algo casi imposible para muchas mujeres afrodescendientes. Otro requisito era que las comadronas tuvieran "buen carácter moral" y eso significaba que las mujeres afrodescendientes no solo debían aprender a leer (en la casi total ausencia de escuelas) y casarse por la iglesia (aunque fuera caro, fueran muchas más que los hombres negros en la ciudad y tuvieran prohibido casarse con hombres blancos). También tenían que superar los estereotipos generalizados sobre su deshonor sexual, entre los que se encontraban representaciones en el teatro popular, la literatura y miles de paquetes de cigarros que alentaban las fantasías eróticas de los hombres blancos. Por si no fuera suficiente, las autoridades impusieron firmes medidas relativas a la formación y el pago de tasas por las licencias para trabajar que se convirtieron en auténticas barreras de entrada a la profesión para las mujeres pobres. El resultado fue que en 1869 no había comadronas afrodescendientes con autorización para trabajar en La Habana ni en Matanzas, aunque es probable que muchas siguieran desempeñando sus funciones sin licencia.[76]

Notablemente, Gertrudis logró convertirse en comadrona en ese momento en que los reformistas habían logrado su objetivo de convertir a la profesión en algo respetable, según su criterio, excluyendo a mujeres como ella. Es probable que comenzara trabajando sin licencia como aprendiz de otra comadrona afrodescendiente y que esa formación estuviera marcada por el entorno social en el que nació. En este ámbito, las mujeres dependían de otras mujeres con experiencia práctica y que tuvieran alguna influencia en el plano espiritual (tanto con los santos y vírgenes cristianos como con los orishas lucumíes) para enfrentarse a uno de los momentos más exigentes y peligrosos de sus vidas. Luego, ya a mediados de la década de 1880, logró entrar en el programa de certificación clínica de la Universidad de La Habana, para lo que tuvo que pagar siete pesos y medio y convencer a un médico y profesor de la Universidad que la aceptara durante un periodo de supervisión de tres años. Cuando terminó la formación tuvo que pagar una tasa de 100 pesos con sus correspondientes impuestos adicionales. Finalmente, un comité médico la examinó sobre su "conocimientos anatómico y fisiológico de la pelvis, y los órganos de la generación", los posibles diagnósticos de las presentaciones y posiciones de parto y los cuidados que necesitan tanto la madre como los recién nacidos tras el parto. Después se sometió a un examen práctico, supervisando el nacimiento de un bebé ante la atenta mirada de sus examinadores. La juzgaron siguiendo un estricto régimen de higiene y desinfección de manos, evaluando su actitud correcta (delantal limpio, mangas levantadas hasta los codos), el uso de instrumentos (un estetoscopio, un termómetro, una sonda vesical), ungüentos (vaselina blanca pero bajo ninguna circunstancia aceite de almendras) y el suministro y combinación adecuados de limpieza antiséptica. El tribunal la aprobó con la calificación de "excepcional" y otorgó un título de comadrona a la mujer identificada como "la morena Gertrudis Heredia".[77]

Los archivos de La Habana no conservan casi ningún detalle que nos permita comprender cómo logró llegar a ese momento. No obstante, queda claro que entregó su partida de bautismo a la universidad al pedir su licencia. Que sus padres se hubieran casado décadas antes, una decisión poco común, hizo posible que superara el escrutinio de los funcionarios y pudiera formar parte del curso. También sabemos que entregó copia del acta que demostraba que se había casado con Rafael Serra en 1878. Eso sirvió para probar que encajaba en el concepto de moralidad de las autoridades médicas, y de sus ideas de "buena vida y costumbres" sin las cuales nunca habría podido llegar al examen. Y todo esto marcó la diferencia entre ella y otras mujeres de su comunidad, entre las que se incluía su cuñada María de Jesús Serra, que llevaría a su hija a la pila bautismal pocos años después de que Rafael y Gertrudis se casaran. Es probable que ambas mujeres experimentaran la felicidad y extrañeza de sus primeros embarazos y partos en paralelo, pero el sacerdote registró a la hija de María de Jesús como "parda" hija de una "morena libre" y un padre desconocido. Probablemente no fuera desconocido por María de Jesús, por supuesto, pero no sintió que debiera casarse con ella ni reconocer al bebé porque ella era afrodescendiente.[78] Desde la distancia que da más de un siglo, esos registros nos demuestran la profunda injusticia implícita a los conceptos de legitimidad y honor sexual. En su tiempo confirmaron la creencia generalizada sobre la inmoralidad de las mujeres afrodescendientes, sobre todo en sus relaciones con hombres blancos. Gertrudis se salvó de esto gracias a su relación con Rafael. También tuvo la suerte de que su marido era defensor de la educación de las mujeres y ya había dejado Cuba para trabajar en las fábricas de cigarros de Nueva York, donde se ganaba bien. Es probable que contribuyera a financiar el pago de la formación y licencia de Gertrudis para convertirse en comadrona.

Es imposible saber, aunque no imaginarse, que cuando Gertrudis se presentó ante la universidad por primera vez y cuando tuvo que volver a hacerlo en sucesivas ocasiones, así como en sus relaciones con su supervisor clínico y al regresar para presentarse a su examen final, debió dedicarle una atención extrema a su aspecto. Su ropa, sus movimientos, su habla, sus habilidades fueron juzgadas de manera diferente a las de otras candidatas debido a los prejuicios de los médicos y las pacientes blancas hacia las mujeres negras. Tan solo dos años antes que Gertrudis se examinara, un médico blanco, Benjamín de Céspedes causó revuelo en la opinión pública cubana al publicar una serie de estudios clínicos sobre enfermedades venéreas avanzadas que había realizado gracias a exámenes ginecológicos de prostitutas. El libro, titulado *La prostitución en la ciudad de La Habana* contextualizaba su análisis con un recuento sociológico e histórico de las causas de la prostitución que descansaba principalmente sobre una rabiosa denuncia contra las cubanas afrodescendientes. Concluía que "en el organismo linfático de la sociedad cubana, el absceso purulento de la prostitución radica en las costumbres de la raza de color". Las mujeres negras, y sobre todo las mulatas, representaban una peligrosa fuente de contagio: "su contacto íntimo inficiona todo cuanto toca".[79] Céspedes ofrecía también un relato casi pornográfico de cómo, supuestamente, las mujeres afrodescendientes movían sus cuerpos en los bailes "de color". Nada de ello causó sorpresa entre quienes leían en Cuba, una isla ya inundada con paquetes de cigarrillos decoradas con imágenes que mostraban a mujeres de raza mixta como rameras. El libro se convirtió en un éxito y recibió opiniones positivas de periodistas y críticos blancos mientras escritores de ascendencia africana escribieron para refutarlo.[80] En tanto fue una de las primeras mujeres en recibir formación avanzada en obstetricia en la Universidad de La Habana, Gertrudis combatió los estereotipos levantados por generaciones de reformistas que habían tratado de impedir el acceso de mujeres a la profesión de comadrona asumiendo que eran analfabetas, sucias, escandalosas, e "intrusas". Ahora, mientras Gertrudis se formaba, Céspedes encendía un enconado debate en la comunidad médica con su descripción de la mujer afrodescendiente como "máquina infernal de fornicación que enloquece y enerva".[81] ¿Qué mecanismos de entereza fueron necesarios para que esta mujer joven lograra sobreponerse a la carga de los estereotipos y respondiera con claridad y profesionalidad a las preguntas de los examinadores (todos hombres blancos) sobre la anatomía pélvica o las funciones de los órganos reproductivos?

Por otro lado, el recuerdo de un tiempo cuando las comadronas afrodescendientes atendían todos los partos del oeste de Cuba no estaba lejano. Las mujeres blancas, conocedoras de esta tradición, podrían haberse sentido inclinadas a contratar los servicios de Heredia, y sus recomendaciones pudieron haberle conferido una reputación profesional y de buena vida y costumbres. En ese rol, las clientas le habrían confiado sus secretos más íntimos: embarazos ocultos, intentos de evitar embarazos o de terminar con ellos, adopciones clandestinas, registros de bautismo forjados para ocultar paternidades y hasta maternidades. Probablemente, la discreción era una cualidad tan importante como el carácter moral de quien desempeñara una ocupación así de delicada.

Al mismo tiempo, al atender a mujeres afrodescendientes en esos momentos de dolor profundo y emoción fuerte, comenzaría a forjarse la confianza que la convertiría en lideresa de su comunidad, en heredera de su abuela. Puede que su formación universitaria le diera la satisfacción de proveer información científica sobre la reproducción y la salud sexual a mujeres que vivían en "condiciones humildes", información sobre el parto y los cuidados al recién nacido, y los modos de evitar los embarazos o de terminar con ellos. Puede que al privilegio de la información se le sumara el del consejo, y que mezclara el consejo con la desaprobación condescendiente. Puede que llevara a sus interacciones con pacientes el mensaje, mayoritario entre los médicos de La Habana y Matanzas, de que la higiene maternal y la moralidad victoriana eran lo mismo, y que las mujeres afrodescendientes, como costumbre, no daban la talla en su práctica. Puede que sus pacientes vieran que su esfuerzo por presentarse como alguien de "buena vida y costumbres" en beneficio de su reputación profesional fuera un intento de mostrar cierta superioridad frente a ellas. Puede que creyeran que el ritual de lavado de manos, la aplicación de antisépticos a la paciente y el uso del estetoscopio eran una imposición extraña en lo que ellas imaginaban como rutina de parto, más dependiente de la intercesión de santos y orishas que del poder invisible de los microbios.

Ningún documento oficial puede ofrecer respuestas a esas preguntas así que debemos remitirnos a la imaginación. Podemos discernir alguna pista en un informe sobre las actividades profesionales de Gertrudis en un periódico para la "raza de color", *La Fraternidad*. La mención es breve. La descripción del caso es la siguiente: Concepción Morales, una mujer casada con el editor del periódico, Miguel Gualba, tuvo un parto complicado que requirió de la intervención del Doctor Cándido Hoyos y de dos comadronas. Una fue Gertrudis Heredia, la otra era una mujer a quienes los examinadores médicos de la universidad consideraron blanca. No podemos saber cómo llegó a trabajar en equipo este trío.[82] Quizás Hoyos fuera su supervisor en la universidad, quizás Heredia estuviera asistiendo el parto cuando surgieron complicaciones que provocaron que se llamara a un médico. Eso tendría sentido dados los vínculos sociales y políticos que tuvo ella con la madre. Pero, ¿de dónde sale la segunda comadrona? ¿Trabajaba junto a Gertrudis desde el principio? ¿La trajo consigo el médico cuando respondió a la llamada? ¿Era este un comentario implícito a la confianza que se tenía en Gertrudis, a su actitud respecto a las comadronas negras? No podemos saberlo. Pero llama la atención que el periodista de *La Fraternidad* se refiera a ambas como "la inteligente comadrona Estefanía Barrera de Meirles", y "la no menos estudiosa Sra. Gertrudis Heredia de Serra". Para quienes escribían en el periódico, el hecho de que fuera aplicada en los estudios, su estatus como mujer casada (indicado en el título Señora de Serra) y su capacidad de transitar por el estrecho sendero y las limitadas oportunidades de que disponía para formarse profesionalmente, eran claro motivo de orgullo. ¿Sería muy rebuscado imaginar que se oye un tono de orgullo levemente herido en la impecable descripción de una inteligente comadrona (a quien los médicos trataron como "Doña Estefanía Barrera de Meirles") frente a otra "no menos estudiosa" (a quien trataron como "la morena María Gertrudis Heredia")? [83]

El primer paso que dio Sotero Figueroa para convertirse en escritor profesional en San Juan, cuando terminó la escuela dirigida por el maestro y cigarrero Rafael Cordero a los 12 o 13 años, fue lograr un trabajo como aprendiz. Lo encontró en la imprenta que era propiedad de uno de los más conocidos exdiscípulos de Cordero, el maestro, abolicionista y político liberal José Julián Acosta. Como aprendiz de tipógrafo su primera tarea sería la distribución: desmontar las composiciones al final de cada tirada, clasificar los tipos de letras, limpiarlos y ponerlos en la posición correcta en las cajas para próximas impresiones. Eso implicaba una identificación correcta de los caracteres, las negritas, cursivas, mayúsculas y minúsculas, prestar atención a los errores más habituales como confundir el 6 y el 9, la p y la q, y la n y la u, sin olvidarse de los símbolos técnicos y matemáticos y de los varios tamaños de tipos usados para producir espacios en blanco. Todo eso fue más difícil porque los tipos tienen la forma inversa de la imagen que producen. Una caja mal clasificada o moldes y tipos maltratados o sucios harían que la ira de los cajistas de más experiencia, que memorizaban la posición de todos los tipos para acelerar su trabajo, cayera sobre el aprendiz. Si buscaban una p minúscula en bastardilla, impecablemente limpia, necesitaban encontrar exactamente eso.

Poco a poco, Sotero Figueroa lograría que le permitieran componer, es decir transformar un manuscrito en líneas de letras de molde. Comenzaría componiendo líneas de tres en tres, buscando tipos con la mano derecha y encajándolos, de derecha a izquierda, en un componedor, un pequeño instrumento de hierro en el que entraban, que sostenía con la izquierda. Cada línea preparada tenía que ser verificada y justificada con una inserción de espacios que les dieran la misma longitud a todas. El truco estaba en primero aprender las reglas para la división de palabras que caían al final de una línea y luego en manejar el espacio entre palabras y caracteres, ni demasiado cerca ni demasiado lejos. Tendría que pasar las líneas cuidadosamente a una galera, una tabla de madera o plancha de metal con un listón en la parte inferior del tamaño exacto para que cupiera una página completa. Cuando la página estaba lista, se imprimía una prueba y se entregaba el resultado al corrector que lo revisara. Con las correcciones en la mano (una vez que había aprendido a leer las anotaciones especializadas con las que se editaba) se podía regresar a la página de tipos y ejecutar esas correcciones con el mayor de los cuidados. Eso significaba sacar los tipos mal ubicados, sustituirlos y revisar de nuevo la justificación y ajuste de cada alineación vertical y horizontal. Tras varias rondas de corrección y prueba, página a página, quizás ayudaría el aprendiz con el próximo paso. En el armado, los cajistas aseguraban que todas las páginas tuvieran el mismo tamaño, la misma alineación, el numerado correcto, ponían los títulos de los capítulos, añadían las notas y tras revisar y corregir de nuevo, entregaban las galeras finales a los responsables de la impresión.[84] Solo tras cumplir un periodo como aprendiz y pasar a trabajar como cajista, comenzaría a cobrar. En el mundo de los talleres, ganar un salario por el trabajo realizado era un rito de paso que convertía a un aprendiz en un hombre adulto. El tipógrafo y escritor afrodescendiente Juan Coronel (que posteriormente se mudaría a Puerto Rico) recordaría así el primer pago que recibió como joven impresor en Cartagena: "Más inflado que un pavo real llegué a mi casa para entregar cuanto había ganado en la primera semana. En la calle quería detener a los transeúntes y enseñarles el dinero, diciéndoles: esto he obtenido con el esfuerzo de mis manos".[85]

Como cualquier tipógrafo ambicioso que esperaba poder convertirse algún día en el regente, el responsable de producción, Figueroa debió haber estudiado cada aspecto del proceso de impresión. Les preguntaría a los trabajadores de más edad sobre cómo componer los elementos de mayor complejidad, ya fueran tablas estadísticas, cifras, anuncios, anotaciones matemáticas o musicales, o textos escritos en otros idiomas. Se enorgullecería de sus propias composiciones, con ganas de lograr que el trabajo del corrector fuera más fácil o incluso para ser capaz de desempeñar él mismo esas tareas de corrección (de las que luego se encargaría Figueroa para el periódico *Patria*). Después aprendería el trabajo de los prensistas y se pondría al día con la última tecnología (la mayor parte de las imprentas de San Juan empleaban imprentas cilíndricas a vapor) para llegar a supervisar todos los elementos de la producción. Sería un perfeccionista para poder entregar tanto a autores como a editores productos de bellos acabados, elegantes, de técnica sofisticada y sin erratas, esos errores descubiertos cuando ya es demasiado tarde para repararlos y que aparecen en una lista al final del volumen, la mayor vergüenza de un tipógrafo.[86]

También comenzaría a absorber los compromisos ideológicos que asumían los impresores. Cualquiera que haya empleado una hora dando formato a un trabajo final de trimestre, un cartel o un boletín escolar, conoce el sentimiento que nace de convertir un texto transitorio en algo público y permanente. En el siglo XIX, la transformación de un manuscrito en un texto impreso caía dentro de la responsabilidad exclusiva de los tipógrafos, que tendían a ver todo el proceso como algo trascendente y a sí mismos como los "operarios en la urdimbre de las ideas que toman vida eterna al ser impresas".[87] Dado el nivel de alfabetización y habilidad editorial que se les exigía y el contacto constante con el mundo literario, así como la reverencia con la que se relacionaban con la palabra escrita, no es de sorprender que los operarios en establecimientos tipográficos a menudo trataran de dar el salto a la escritura. Las imprentas se convirtieron en los lugares más habituales para la educación de la clase obrera en San Juan y en otras partes del Caribe, Europa y América del Norte. El propio José Julián Acosta señalaría más tarde, cuando Figueroa ya se había convertido en escritor, que este simplemente había seguido "el hermoso ejemplo que dieron á sus compañeros de arte los Franklyn y Greely en la Unión Americana, Michelet en Francia y Jorge Smith en Inglaterra".[88]

Los escritos posteriores del propio Figueroa ayudan a explicar esta trayectoria en un contexto concreto, el mundo limitado de las imprentas y librerías en el San Juan de la época. Del puñado de libreros y autores de la ciudad, varios habían logrado ascender desde las imprentas, sirviendo de modelos a emular y de mentores en su propio desarrollo como escritor. En su ensayo sobre "los que más han contribuido al progreso de Puerto Rico", Figueroa señaló a Nicolás Aguayo, miembro de una importante familia blanca. Huérfano desde temprana edad y sin apoyo económico, comenzó como aprendiz en una imprenta donde logró seguir estudiando por cuenta propia. Llegó a ser profesor en una escuela secundaria, escritor, miembro de la Sociedad Económica y activista por la abolición de la esclavitud. José González Chaves, otro huérfano, creó el primer taller de encuadernación de San Juan y dirigió una importante librería. En la década de 1870, su hijo, José González Font, se convirtió en editor y librero con un local cercano al lugar en el que trabajaba Figueroa. El editor Pascacio Sancerrit había nacido, en palabras de Figueroa, "entre los desheredados de la tierra". Y aquí la sospecha que surge del uso de ese familiar eufemismo se confirma al consultar su partida de bautismo. Era hijo natural de una mujer identificada como parda libre y de un hombre identificado como blanco, y su bautismo se registró en el libro reservado a pardos y morenos. Sancerrit comenzó a trabajar como guardia de una casa comercial a los 14 años. Autodidacta, aprendió humanidades, matemáticas e idiomas además de tipografía. Acabaría convirtiéndose en maestro, periodista y en un importante editor liberal. Estas trayectorias de vida nos ofrecen pistas sobre los modelos en los que Figueroa quiso verse reflejado durante el periodo de formación de sus propias ambiciones intelectuales y sobre la red de mentores en los que se apoyó.[89]

Sin duda, la figura más importante para Figueroa fue Sancerrit, el regente de la imprenta de Acosta cuando Figueroa entró allí como aprendiz. Figueroa recordaba a Sancerrit como alguien que "fomentó en nosotros las aficiones literarias, cuando dimos los primeros vacilantes pasos en la senda que aún recorremos inseguramente; él nos indicó los autores que debíamos consultar para que formásemos buen gusto; y él por último, con dócil complacencia, examinó más de una mezquina producción nuestra, señalando y aplaudiendo, sin duda para estimularnos, lo que juzgaba de algún mérito".[90] Sancerrit fue, de hecho, parte de un amplio grupo de intelectuales entre los que estaba el propietario de la imprenta, José Julián Acosta, que se interesó personalmente en los progresos de Figueroa como escritor. Acosta había estudiado con Rafael Cordero, una figura central de la reforma educativa. Fue también abolicionista y defendió la educación de los trabajadores. Gracias al esfuerzo de hombres como Acosta y González Font, y gracias al trabajo diligente de sus empleados, la cultura impresa se expandió velozmente en la segunda mitad del siglo XIX y abrió un espacio que permitió la aparición de obreros con aspiraciones intelectuales.[91] La situación de los tipógrafos, en la punta de la pirámide del mundo obrero era similar a la de los maestros, quienes se encontraban en el límite inferior del mundo profesional. En el Puerto Rico de aquel momento, la enseñanza y la tipografía fueron oficios que no requerían de certificados ni de una prueba de pureza de sangre. De hecho, la mayor parte de los hombres de color que llegaron a publicar en Puerto Rico en la época fueron maestros, tipógrafos o ambas cosas a la vez.[92] Una vez establecido como tipógrafo, Figueroa se casó con Manuela Aguayo, la hija ilegítima de un funcionario colonial de un pueblo del interior (no he podido confirmar una conexión familiar con el tipógrafo, escritor y maestro Nicolás Aguayo).

En Cuba, Rafael Serra no podía seguir los pasos de Benjamín Franklin, Horace Greely o Nicolás Aguayo. En las décadas que siguieron a la represión de 1844, las primeras asociaciones de trabajadores creadas por los tipógrafos cubanos, muchos de ellos inmigrantes españoles, ayudaron a limitar las oportunidades en las imprentas para todos los que no fueran hombres blancos. Cuando terminó la escuela a los 13 años, Serra comenzó a trabajar en un taller de fabricación de cigarros. El negocio del tabaco era boyante en aquella época. La Habana tenía algo más de 500 talleres en los que trabajaban más de 15.000 personas. Iban desde los pequeños locales conocidos como chinchales, gestionados de manera independiente por uno o dos artesanos, a las grandes fábricas en las que trabajaban cientos de empleados.[93] Los aprendices llegaban a las fábricas a través de sus padres quienes situaban a sus hijos para que aprendieran a ejercer un oficio. Mientras aprendían, los propietarios muchas veces abusaban de ellos exigiéndoles demasiado trabajo en malas condiciones. Los aprendices a menudo trabajaban junto a obreros esclavizados, sufriendo los mismos castigos a latigazos. Es probable que Serra comenzara su aprendizaje con labores de poca responsabilidad (aquellas reservadas a niños y obreros esclavizados) como despalillar hojas de tabacos, empacar y cargar el producto final, o limpiar. Al finalizar el período de aprendizaje, uno pasaba a torcedor. Aunque era difícil al principio, la experiencia terminaba por convertir el trabajo de torcer en algo repetitivo. Serra y sus compañeros se pasaban horas sentados en filas de bancos frente a mesas de madera, realizando movimientos cuidadosos con sus manos y una chaveta, una cuchilla curva, para dar forma a montañas de hojas de tabaco y convertirlas en pilas de cigarros. Cuando Serra comenzó a trabajar, los trabajadores en La Habana fabricaban cientos de millones de puros habanos, un producto de lujo en el mercado mundial.[94]

Al igual que las imprentas, las fábricas de cigarros del Caribe español desarrollaron una cultura del trabajo en la que sus miembros aprendían por cuenta propia y tenían cada vez más aspiraciones políticas y literarias. Muchos de los maestros de escuela afrodescendientes que llegaron a ser muy numerosos a principios de siglo, y que se habían convertido en el blanco de los ataques de reformistas como Antonio Bachiller y Morales, eran tabaqueros.

Cuando Serra empezó a trabajar estaba naciendo un nuevo movimiento por la educación de los trabajadores dirigido por un cigarrero asturiano llamado Saturnino Martínez que asistía a clases y recitales en el Liceo de Guanabacoa, una sociedad literaria de la élite local. El asturiano también se había convertido en un asiduo asistente de la sala de lectura de la Sociedad Económica. En 1865, Martínez ayudó a crear el primer periódico de trabajadores de La Habana, *La Aurora,* donde, con un tono severo y moralizante, defendía ideas relativas a la educación de los trabajadores y la creación de una sociedad de ayuda mutua para los cigarreros. También reclamaba que los propietarios de las fábricas permitieran que los trabajadores leyeran textos edificantes en voz alta durante las horas de trabajo. En 1865 y 1866 trabajadores de una docena de fábricas comenzaron a contribuir con una pequeña parte de su sueldo para compensar el tiempo de trabajo de aquellos que asumían la lectura para los demás. Los empresarios no tenían que aportar nada, solo su permiso. Apenas les pidieron que construyeran tribunas para los lectores en los espacios de trabajo. También tenían derecho de veto sobre los textos que se leían.[95]

El gobierno colonial y los sectores más conservadores mostraron su preocupación por la lectura en las fábricas, temiendo que se convirtiera en origen de desórdenes y foco de rebelión, por lo que prohibieron esta práctica en 1866 y de nuevo en 1868. Otros se mofaban de los gestos literarios, para ellos presuntuosos, de los cigarreros.[96] Pero algunos intelectuales reformistas, entre ellos el abogado Nicolás Azcárate y el agrónomo Francisco de Frías (conocido también por su título nobiliario, Conde de Pozos Dulces), defendieron la educación de los trabajadores artesanos como modo de infundir ideales de superación individual entre los trabajadores y sustituir con ellos a los del socialismo o la rebelión. El periódico liberal-reformista *El Siglo,* en el que ambos colaboraron, se sumó a *La Aurora* en su apoyo a la lectura en las fábricas y recomendó que los trabajadores leyeran "biografías de hombres útiles y buenos, de artesanos honrados sobre todo, que ofrezcan el ejemplo de un Franklin, impresor, de un Palissy, alfarero, de un Jacquard, tejedor, de un Lincoln, leñador, de un Hartzembusch, ebanista, de un Watt, mecánico, de un Moratín, platero, de un Johnson, sastre". Al mismo tiempo que sus pares puertorriqueños, como José Julián Acosta (a quien conocían de sus días de estudiante en Madrid), estos reformistas cubanos veían la educación como un modo de insuflar sus propios valores en la clase trabajadora. Creían que la lectura en las fábricas pagada por los propios trabajadores ayudaría a promover el ahorro y la disciplina, sin coste para el empleador.[97] En realidad, esta práctica fue campo de entrenamiento para la acción colectiva, algo que no necesariamente estaba en la lista de planes de los escritores liberales. Recoger dinero para apoyar a un lector no era tan diferente de hacerlo para ayudar a un compañero enfermo, apoyar un gremio, o incluso contribuir al socorro de camaradas en huelga. Serra solo tenía siete años cuando se estableció la lectura en las fábricas. Los trabajadores libres afrodescendientes suponían la mitad de los obreros en los talleres del momento, trabajando al lado de personas esclavizadas, trabajadores contratados chinos, y obreros blancos cubanos y españoles. A medida que la lectura en las fábricas se extendía por La Habana, los lectores hablaban a una audiencia heterogénea. Cuando Serra tenía 13 años y comenzó a trabajar a jornada completa se estaba peleando la primera guerra de independencia de Cuba, y la lectura ya estaba prohibida de manera oficial en todas las fábricas.[98]

LIBERALISMO

Rafael Serra en los talleres cigarreros de La Habana, Sotero Figueroa en las imprentas de San Juan y José Martí, que comenzaba su educación secundaria, se encontraban en coordenadas distantes de un mismo territorio intelectual. Mientras los principales pensadores liberales de cada isla comenzaron a extender su mensaje entre los artesanos urbanos, también unían fuerzas entre sí para impulsar reformas en el marco del imperio español. En 1866, el Ministerio de Ultramar invitó a los patricios de ambas islas –un grupo de terratenientes, propietarios de fábricas, comerciantes y profesionales seleccionados en virtud de sus contribuciones a las arcas del Estado– a elegir sus representantes en una comisión que discutiría, en Madrid, la posibilidad de reformas en las colonias. Varios cientos de electores de ambas islas eligieron a un puñado de representantes en los que estaban, nada más y nada menos, Azcárate y Pozos Dulces (aún próximo a su campaña en defensa de la lectura en las fábricas) y José Julián Acosta, el impresor que apoyaba la educación de los trabajadores y se convertirá en el empleador de Figueroa, algunos años más tarde. Esos hombres liberales, que se conocían de sus días como estudiantes en Madrid y se alineaban con los mismos pensadores y políticos peninsulares, unieron fuerzas en contra de los representantes conservadores de las dos islas. En el centro de su posicionamiento prevalecía una doble perspectiva: todos los españoles deberían disfrutar de mayores libertades civiles y ser beneficiarios de una reforma tributaria; y los españoles nacidos en las colonias debían tener los mismos derechos que los españoles nacidos en la península, incluso el derecho a representación en las Cortes españolas. Los conservadores de ambas islas argumentaban que las sociedades esclavistas y las que tenían una gran cantidad de personas libres de ascendencia africana eran demasiado volátiles para ser dotadas de libertades políticas. Eran necesarias, según ellos, "leyes especiales" que diferenciaran las colonias de la península, así como gobernadores militares apoyados por miles de soldados peninsulares para mantener el orden en las Antillas.[99]

Dentro de sus debates con los conservadores, los liberales cubanos y puertorriqueños diferían entre sí sobre las cuestiones centrales de esclavitud y raza, un disenso que reflejaba las circunstancias diferentes en ambas colonias. Acosta y los demás liberales de Puerto Rico proponían el fin inmediato de la esclavitud y sentaron las bases de lo que se conformaría como movimiento abolicionista en España en las décadas posteriores. También defendieron la apertura de la educación superior y las profesiones a las personas afrodescendientes, incluso la extensión de los derechos de sufragio a los hombres adultos que pudieran pagar una tasa de

25 pesos, independientemente de su color. Esta propuesta incluía a libertos, personas que habían sido esclavizadas, mientras pudieran probar que eran libres desde al menos cinco años antes de registrarse como elector. Los puertorriqueños estaban convencidos de que, pese a las advertencias de los conservadores, no había riesgo de convulsión en su isla. El maestro y notario público José Pablo Morales, un aliado de los representantes liberales, explicaba esta posición, "por fortuna como que entre nosotros es donde mejor se han tratado los negros", Puerto Rico "es donde menos odios habrá que extinguir".[100] Los liberales cubanos en la Junta, liderados por Azcárate y Pozos Dulces, estuvieron de acuerdo en que la esclavitud era detestable. Deseaban que los "mercaderes de esclavos" no hubieran poblado nunca la isla con africanos ni que hubieran vinculado la fortuna de la isla con ese negocio. Felicitaban a los puertorriqueños por su propuesta. Pero la abolición inmediata no podía funcionar en Cuba. La supervivencia de Cuba, argumentaban, dependía de una eliminación gradual de la esclavitud, lo que quería decir su completa eliminación en un futuro no muy cercano.[101]

Estos puntos de vista no deben verse como un argumento a favor de una sociedad radicalmente igualitaria por parte de los puertorriqueños. Estos imaginaban una transición al trabajo libre en la que los hacendados e industriales blancos, guiados por profesionales y funcionarios ilustrados, seguirían manteniendo un control firme de una situación en la que la mayor parte de los habitantes de la isla seguirían entregando su trabajo de manera dócil a la economía exportadora y en la que la mayor parte de los trabajadores no serían negros. Creían que esta transición podría gestionarse de manera efectiva debido a su diagnóstico de la situación demográfica de la isla y su optimismo respecto a las personas libres afrodescendientes. Argumentaban que la isla gozaba de una gran cantidad de campesinos libres, muchos de los cuales calificaban de blancos, o al menos no tan negros como para representar un peligro. Estos campesinos podían incorporarse como trabajadores libres a un régimen de plantación revitalizado. El gran número de personas libres afrodescendientes que ya existía en la isla serían, mientras tanto, uno de los elementos que, por su vigor y fuerza, "más grandemente contribuye al bienestar material que hoy disfruta la provincia". Convirtiéndose en aliados cruciales de los dirigentes blancos de la sociedad, que aportaban "su inteligencia, su iniciativa, y sus capitales", los puertorriqueños de color servirían de tapón de contención y contribuirían a integrar a los recién emancipados en un orden social armonioso y estable. Por tanto, desde el punto de vista de los liberales puertorriqueños, debían eliminarse todas las restricciones legales sobre las personas de color para no empujar a ese colectivo hacia el resentimiento. Los cubanos eran mucho menos optimistas sobre la población afrodescendiente de su isla. La abolición de la esclavitud crearía en esa población una situación "menos violenta acaso de la actual, pero no exenta tampoco de peligros". Lejos de imaginar a los afrodescendientes libres como aliados en el proyecto de civilizar a los libertos, esgrimían que solo de los inmigrantes blancos podía esperarse, "órden y estabilidad, ninguna otra población sino ella podrá difundir allí y perpetuar la cultura del espíritu y las excelencias del mundo moral". La inmigración era, para ellos, un elemento fundamental en la evolución de Cuba hacia una sociedad liberal y una abolición gradual.[102]

Estos puntos de vista divergentes expresados en 1866 en Madrid nos ayudan a ubicar la experiencia de Serra como joven cigarrero en La Habana y de Figueroa como joven tipógrafo en San Juan. Aquellos liberales que buscaron alianzas con los trabajadores artesanos a finales de la década de 1860 en San Juan y La Habana y quienes se reunieron para discutir las reformas coloniales en 1866, diferían en sus puntos de vista sobre los trabajadores libres de ascendencia africana. Los reformistas liberales que apoyaban la formación de las primeras organizaciones de ayuda mutua establecidas por los cigarreros en La Habana eran los mismos que consideraban que el blanqueamiento de la clase obrera cubana por medio de la inmigración blanca era urgente. Bajo su influencia, un creciente número de cigarreros peninsulares dominaba los puestos de más prestigio y mejor remunerados en la industria del tabaco como también ocupaban la mayoría de los puestos importantes en los primeros gremios, que no aceptaban como miembros obreros no blancos.[103] Mientras Figueroa se apoyaba en una red de mentores y aliados entre los reformistas liberales de San Juan, Serra dependía de su "propios esfuerzos" a la hora de mejorar su educación. Esos esfuerzos estuvieron influenciados, con certeza, por la práctica de la lectura en las fábricas en las que trabajó y por la manera en que probablemente bebía de la tradición de maestros afrodescendientes autodidactas, personas como su tía Chuchú, que gestionaban escuelas para niños necesitados de todos los orígenes. No parece, en cambio, que para él haya existido la figura de ese pensador liberal que asumiría un papel de mentor para Serra del modo en que Azcárate lo fue para Saturnino Martínez en La Habana y Pascasio Sancerrit o José Julián Acosta lo fueron para Figueroa en San Juan.

Un año después de los encuentros de Madrid, el escritor puertorriqueño Alejandro Tapia (que luego se convertiría en otro soporte del progreso intelectual de Figueroa) publicó una obra de teatro, *La cuarterona,* que a partir de una historia de amor entre un médico criollo blanco y abolicionista y una mujer con una pequeña proporción de herencia africana ofrecía una crítica a los prejuicios raciales en las islas españolas. La obra estaba ambientada en la Cuba contemporánea a su escritura y no en Puerto Rico, un giro rebuscado, ya que había racismo de sobra para exponer en Puerto Rico.[104] No obstante, con todos sus defectos, en la década de 1860 el movimiento liberal puertorriqueño había comenzado a articular su oposición tanto a la esclavitud como a cualquier restricción legal basada en el color. Los cubanos no.

Estas circunstancias cambiarían radicalmente a medida que se desencadenaban una serie de rebeliones en el imperio español en 1868. En especial, una guerra en el este de Cuba que duró una década, la formación de una gran comunidad de exiliados cubanos en Cayo Hueso y una sorprendente, aunque efímera, apertura democrática en Puerto Rico. Estas tres dinámicas crearían una versión nueva, bastante radical, de la ideología liberal y abrirán nuevas oportunidades para que los artesanos afrodescendientes pudieran insertarse en los movimientos liberales. En Cuba, este movimiento se materializaría al terminar el primer conflicto armado insurgente y anticipando un proceso gradual de abolición; un movimiento de creación de sociedades recreativas y educativas para la elevación y la integración de los afrodescendientes libres. Sus líderes crearon los primeros periódicos de y para la "clase de color". Inauguraron, a la vez, un movimiento que reclamaba plenos derechos civiles y políticos sin distinción de color. Fue en el contexto de estas transformaciones que Figueroa, Serra, Gómez y otros artesanos afrodescendientes de su generación –pero muy pocas mujeres– dieron un gran salto a la plaza pública, convirtiéndose en autores.

2

La plaza pública

[S]i considero gran honra para mi nombre pertenecer á la clase obrera y estriba mi mayor satisfacción en ganar el pan á costa de sudores y fatigas, también me seducen –y á ellas llévenme irresistibles corrientes de febril entusiasmo– las luchas encarnizadas de la prensa y las imponentes manifestaciones de la plaza pública.

Juan Coronel, *Un viaje por cuenta del estado*, 1891

Un jueves por la noche, en 1891, un año después de la fundación de La Liga, un grupo de inmigrantes cubanos y puertorriqueños colocaban sillas en semicírculo sobre la moqueta de la sala principal de su sede en Nueva York. Mientras esperaban a que llegara su profesor, se sentaban y charlaban, leían, tocaban el piano, disfrutaban de la compañía de amigos. La Liga era una sociedad de instrucción fundada con la misión de ofrecer oportunidades educativas a los hombres de "la clase de color de Cuba y Puerto Rico". Rafael Serra, el fundador del club, dejó escrito que su objetivo era "levantar con manos puras de su inercia, á la clase postrada".[1] Esta formulación se hacía eco de la lógica, condescendiente, del movimiento más amplio en marcha en Cuba por el que se estaban fundando organizaciones de instrucción caritativas para los artesanos afrodescendientes. La idea era "el adelanto intelectual y la elevación de carácter" de un conjunto de personas a las que se había negado sistemáticamente el beneficio de la educación pública y eran, por tanto, consideradas, por sus propios defensores, como lamentablemente carentes de estas cualidades. En la práctica, La Liga era otra cosa. Más que ofrecer una educación básica, su intención era ofrecer más formación y posibilidades de adelanto para hombres "que ya hubiesen terminado su primera enseñanza y mostrasen aptitudes ostensibles para seguir una de las carreras ú oficios pocos comunes aún en la clase de color".[2]

Más que una institución caritativa para beneficiar a una clase postrada, este fue un espacio de ayuda mutua creado por artesanos ambiciosos que tenían la vocación de dar un salto a ser algo más: convertirse en profesionales, escritores, políticos. Se reunían en la "casa de amor y cariño" varias noches por semana para recibir clases de gramática española, inglés, francés e historia.[3] Durante esas veladas, se esforzaban por modificar su dicción, su ortografía, su vocabulario y su sintaxis, y por solventar las lagunas de su conocimiento sobre historia, ciencia y literatura, todo lo que pudiera dar "margen á los pocos generosos que han tenido los medios ú oportunidades de estudiar más, que se mofen de los que han estudiado menos".[4]

De todos los encuentros semanales en los que participaban, los de los jueves eran los más importantes. Ese era el día que se reunían alrededor de José Martí, el hombre a quien se referían en La Liga tan solo como el "Maestro", el hombre cuyo retrato colgaba en la pared al lado del de Serra. Mientras socializaban y escuchaban música –esperando a Martí– escribían ensayos cortos y preguntas, dejando los "papelitos" anónimos sobre la mesa. A eso de las nueve llegaba Martí, provocando una ola de saludos afectuosos y cálidos a los que este respondía con "la franca mano y una palabra de cariño". Les preguntaba por qué no le visitaban, "¿Cómo, ya no somos amigos?". Observaba con aprobación los libros que leían, recomendaba otros. Les decía que esos jueves eran también el día más importante de la semana para él. "Uds. saben que cuando el mundo me destroza el corazón vengo entre Uds. á que con el cariño me lo curen".[5] Cuando había niños en la sala, repartía caramelos. Después, Martí leía en voz alta aquellos papelitos que los presentes habían dejado sobre la mesa para él y comentaba sobre cada uno de ellos. Comenzaba siempre por las cuestiones de estilo. Debían esforzarse para evitar "palabras feas", advertía. Debían optar siempre por la simplicidad, por un lenguaje directo sin florituras literarias (aunque la prosa del propio Martí fue a menudo densa e intrincada). Respondía también a sus preguntas y propuestas, que podían ser tan simples como: "¿Qué es una península?" A menudo tocaban cuestiones más complejas, filosóficas, de teoría política o historia clásica. "Uno desea saber del Senado, y su necesidad en las repúblicas; otro, que esta leyendo á Marco Aurelio, no lo tiene por bastante, é inquiere sobre el ansia de religión del alma humana?" Cualquiera de ellas serviría para que Martí improvisara una disquisición sobre física, psicología, historia natural, política, arte o economía política.[6]

Con el tiempo, las veladas de La Liga se convertirían en un símbolo útil para los que apoyaban a Martí en su apuesta por liderar el movimiento nacionalista. Sus aliados organizaban la visita de periodistas a esas reuniones de los jueves donde los estudiantes de La Liga desempeñaban el papel de sus solícitos discípulos frente a los observadores, apoyando así la actividad propagandista. En sus escritos, Martí felicitó a sus alumnos a menudo por su desempeño académico y por cómo expresaban sus "quejas viriles".[7] Más tarde escribiría que La Liga "es el hogar de ideas que desde hace años pagan, del sacrificio de sus difíciles salarios, unos cuantos obreros cubanos, obreros de color, de esos obreros nuestros, que aunque parezca burla á algún inútil, tienen abierto en su mesa de trabajar, de ganarse el pan fiero é independiente, *La Educación* de Spencer, ó el *Bonaparte* de Iung ó *La Vida* de Plutarco".[8] Esos "obreros de color", a cambio, se convirtieron en sus evangelistas. Serían defensores, tras la muerte del líder, de una interpretación radical de su legado y argumentarían que la fidelidad a su verdadera doctrina exigía que se cumpliera su promesa de inclusión y justicia social, de una nación "con todos y para todos". Quienes habían estudiado en La Liga se consagraron a la difusión de una imagen mítica de Martí, cuya memoria sin mácula se alineaba a la perfección con los ideales a los que debían haber aspirado los políticos, trágicamente imperfectos, que le siguieron. El recuerdo de las veladas de los jueves con Martí se convirtió en una lección para el "pueblo timorato que no dice lo que piensa" y para los "hinchados y soberbios que quieren que se les ame, y aún no han llegado á comprender por qué el pueblo le tenía tanto amor al Maestro".[9] Sotero Figueroa escribió sobre un Martí que "bajó del pedestal de su grandeza innata para sufrir y luchar con el pueblo", un Martí que se "sentó á nuestra mesa y compartió nuestras miserias, nuestras angustias y nuestras esperanzas".[10]

Fueran o no tan trascendentes aquellas veladas como sugieren estos relatos, los recuerdos de los participantes señalan hacia un detalle indispensable. Quienes estudiaron allí solían destacar los jueves en La Liga –reuniones que tenían como cometido principal apoyarlos en su proceso de superación personal, en su tránsito de trabajadores dignificados a escritores e intelectuales– a la hora de explicar su participación en el movimiento político impulsado por Martí y cuando intentaban describir sus cualidades excepcionales como líder. Ese fue el contexto en el que junto a Martí imaginaron una república "sin que hubiera un solo cubano que no se sintiera hombre".[11] Las políticas respecto a la raza y el nacionalismo cubano implicaban debates sobre una variedad de temas –la esclavitud, el trabajo, la distribución de la tierra, la sexualidad, el servicio militar, el sacrificio– pero para los que participaron en La Liga se trataba sobre todo de su derecho a convertirse en pensadores. Cuando las líneas radiales del movimiento nacionalista renaciente se cruzaron en las salas de La Liga, las políticas respecto a nacionalismo y raza convergieron con un proyecto concreto de autoformación y afirmación literaria e intelectual.

Estos esfuerzos por promover la movilidad social de artesanos a intelectuales no nacieron en Nueva York. Tampoco las tardes con Martí fueron las primeras ocasiones en las que este empeño se había cruzado con la política reformista y revolucionaria. De hecho, mucho antes de que los artesanos de ascendencia africana que crearon La Liga conocieran a Martí, sus actividades políticas y literarias ya estaban moldeadas por los espacios que habían encontrado y construido dentro de los movimientos políticos liberales que habían surgido en el Caribe español en décadas previas. Para entender aquellas noches de jueves en La Liga hay que trazar esas líneas hacia sus orígenes, desde el lugar en el que se convergieron hasta los lugares en los que nacieron.

Y eso significa trazar la historia de Rafael Serra como joven cigarrero en La Habana y de Sotero Figueroa como joven tipógrafo en San Juan en la década de 1870, cuando comenzaron a trabajar en su ruta de transformación de ser honrados artesanos de "cunas humildes" a hombres públicos reconocidos. Aquí es donde sumamos a otros dos personajes a esta historia, los hermanos Juan y Gerónimo Bonilla. Los dos terminarían por convertirse en aliados cercanos de Serra en todas sus actividades neoyorquinas, incluso la creación de la famosa sociedad de instrucción. Fueron, de hecho, los hermanos Bonilla, cigarreros ambos, quienes acogieron las primeras reuniones de La Liga en su casa –el apartamento que compartían en el primer piso de aquel edificio de la calle 3 Oeste, número 74 en Greenwich Village. Juan Bonilla, el más joven, luego llegó a ser el estudiante más célebre de Martí en La Liga, un joven trabajador ejemplar que había logrado convertirse en pensador pese a los prejuicios del mundo que lo rodeaban. *Patria* publicaba con frecuencia sus ensayos y le presentaba así: "Habla y escribe el inglés como habla y escribe el español. Trabaja de tabaquero, y se sabe á los clásicos de memoria, y todo lo contemporáneo. Lo lee todo, pero piensa por si. Es secretario de sociedades, corresponsal de periódicos, lector vehemente, que lleva siempre los bolsillos cargados de libros. Ve un buen estante de libros sesudos y útiles y los acaricia, y se le van los ojos".[12]

Además de Serra y Figueroa, nadie ofrecía pruebas más evidentes dentro del movimiento revolucionario cubano de la capacidad de los hombres negros para ser ciudadanos dignos, ni de su voluntad y capacidad de perdonar los pecados de sus conciudadanos blancos que Juan y Gerónimo Bonilla. Su transformación en pensadores, escritores y ciudadanos, como la de sus camaradas en La

Liga, había comenzado antes de llegar a Nueva York. De hecho, para los hermanos Bonilla, empezó durante su infancia y juventud en la colonia de cubanos exiliados de Cayo Hueso, en Florida. Estos cuatro escritores e intelectuales –Figueroa, Serra y los dos hermanos Bonilla– compartían una ambición descrita por un contemporáneo como "una corriente irresistible" que los sacaba de los talleres y los impulsaba hacia "las luchas encarnizadas de la prensa y las imponentes manifestaciones de la plaza pública". Pero ¿cuáles fueron las luchas, los periódicos y las manifestaciones concretas que permitieron que hombres de evidente ascendencia africana tuvieran la oportunidad de participar en el debate público? ¿Bajo qué condiciones?

Las respuestas van mucho más allá de lo estrictamente biográfico. Las diferencias entre las oportunidades con las que contó Figueroa para convertirse en escritor en Puerto Rico, las que vivieron los Bonilla en Cayo Hueso o las que Serra encontró en la parte occidental de Cuba añaden otra dimensión a nuestro proceso de comprensión de los diferentes contextos de raza y racismo que desfiguraban la región en que se movieron, y nos ayudan a explicar las diferentes estrategias que adoptaron para luchar contra el racismo. Quien falta en esta comparación es el último de nuestros personajes, Gertrudis Heredia, que por entonces aspiraba a convertirse en comadrona. No es casualidad que tanto Martí como sus estudiantes en La Liga pudieran expresar su ideal compartido de igualdad con la frase, "sin que hubiera un solo cubano que no se sintiera hombre". Ninguna de las variantes de la política nacionalista de este momento ofrecía un lugar visible como ciudadanas, soldados, electoras o escritoras, a las mujeres, aunque las mujeres estuvieran presentes en muchas de las manifestaciones de la movilización política. Heredia no se convirtió en escritora. Mientras los hombres de esta historia comenzaron a escribir y publicar narrativas sobre sus propias vidas y a desarrollar una política de la igualdad racial, con frecuencia construyeron argumentos urgentes sobre el comportamiento adecuado, la respetabilidad y la dignidad de las mujeres afrodescendientes en general. Pero tanto las experiencias como las opiniones concretas de Heredia y del resto de mujeres con las que compartieron sus vidas están, en su mayor parte, ausentes.[13]

RAZA Y REVOLUCIÓN

Esa cuestión, la de las luchas encarnizadas, los periódicos y las manifestaciones que abrieron espacios para que los artesanos afrodescendientes lograran situarse, autoafirmarse como intelectuales y sentirse hombres nos lleva, primero, a las rebeliones que se desencadenaron en el Caribe español en 1868. Estas marcaron un punto de inflexión para nuestros protagonistas y para muchos de sus futuros aliados en Puerto Rico, Cuba, Florida y Nueva York. Durante casi un siglo, la idea de que cualquier movimiento anticolonial pudiera impulsar cambios más profundos en la jerarquía social tuvo mucha influencia en el pensamiento político de los cubanos y puertorriqueños adinerados y con un alto nivel de educación. Espantados por el fantasma de un segundo Haití, casi nunca expresaban un deseo de separarse de España, con la excepción de algunos que se mostraban a favor de la anexión a Estados Unidos. Pero tras los encuentros que tuvieron lugar en Madrid en 1866 para discutir la reforma de las colonias, algunos intelectuales liberales junto a unos pocos terratenientes criollos decidieron arriesgar con la formación de nuevas coaliciones con los trabajadores, pequeños propietarios rurales e incluso con personas esclavizadas. En esta decisión confluyeron varios factores. Primero, el gobierno español no solo rechazó las recomendaciones de los representantes reformistas, sino que, en lugar de aceptarlas, lanzó una campaña represiva contra los liberales en Cuba y Puerto Rico (a los que incluso privó de sus empleos como maestros) y contra el movimiento naciente de los trabajadores del tabaco en La Habana (donde ya se había prohibido la lectura en las fábricas). Además, a finales de 1868, el gobierno español se enzarzaba en una guerra comercial con Estados Unidos que privó a los exportadores antillanos de su acceso al mercado de América del Norte. Al borde de la ruina, algunos propietarios de plantaciones se unieron a quienes habían propuesto la reforma de las colonias y comenzaron a cambiar de punto de vista sobre la posibilidad de una rebelión.

El primer levantamiento comenzó en septiembre de 1868 en el pueblo de Lares, en Puerto Rico, donde los cafetaleros se encontraban fuertemente endeudados con los españoles que controlaban el comercio. A pesar de los riesgos, decidieron movilizar a los campesinos y a los obreros esclavizados que trabajaban para ellos para montar una rebelión contra esos comerciantes. Los rebeldes proclamaron el fin de la esclavitud y la independencia de Puerto Rico. Solo un puñado de escritores liberales había participado en la organización del movimiento, entre ellos el conocido médico Ramón Emeterio Betances. Sin embargo, cuando las autoridades descubrieron la trama y sofocaron sin problemas la revuelta, la presentaron como una conspiración siniestra por parte del movimiento liberal y abolicionista. La administración española se embarcó entonces en una ola represiva contra el movimiento liberal en Puerto Rico que, a partir de entonces y durante décadas, se mostraría extremadamente cauto respecto a cualquier posible apoyo al separatismo.[14]

El resultado fue muy diferente cuando, un mes después del levantamiento de Lares, un grupo de hateros (dueños de haciendas dedicadas a la ganadería, hatos) y plantadores azucareros de los distritos de Manzanillo y Bayamo, al sureste de Cuba, declararon la independencia de España. Los hombres que lideraron la revuelta eran terratenientes en aquellas zonas de Cuba donde la esclavitud funcionaba a pequeña escala, donde el liberalismo mantenía bastiones fuertes y donde la mayoría de la población contaba como blanca. Como en Puerto Rico, los criollos ricos en esta zona de Cuba (y sus aliados entre los hateros en el centro de la isla, que no tardarían en sumarse a la lucha) tenían menos miedo a una rebelión de afrodescendientes que sus contrapartes del oeste de la isla o de Santiago. Y al igual que los endeudados cafetaleros de Lares, los líderes de la rebelión no tenían mucho que perder. Una pesada carga impositiva y la pérdida de acceso a los mercados en Estados Unidos estaba llevándolos también al borde de la insolvencia. Los insurgentes adoptaron como plataforma un proyecto liberal ya bien desarrollado: querían aumentar la libertad política, instaurar el libre comercio, reformar el sistema impositivo y proteger la propiedad privada. Pero no eran radicales. Querían el apoyo de los dueños de plantaciones del oeste y querían por lo menos la opción de la anexión eventual a Estados Unidos. Por eso, trataron de evitar cualquier ataque a la propiedad privada. Al igual que los representantes cubanos en Madrid dos años antes, se mostraban reticentes en lo relativo a la esclavitud. Liberaron a sus propios trabajadores con la condición de que se sumaran a la rebelión en un rol subordinado y prometieron abolir la esclavitud cuando la lucha terminara. Pero fueron deliberadamente vagos en los términos y el ritmo en que esto sucedería.[15]

A pesar de ello, el levantamiento dio paso a una larga insurgencia, conocida como la Guerra de los Diez Años (1868-1878), que transformó de manera radical las posibilidades de las personas de ascendencia africana de participar en la política anticolonial. Este cambio comenzó a sentirse cuando los combates se extendieron en dirección este, hacia las jurisdicciones de Santiago de Cuba y Guantánamo, donde conflictos en torno a la propiedad de la tierra y la esclavitud llevaban gestándose casi una década. La estructura social de esta zona era, en muchos aspectos, más similar a Puerto Rico que al oeste de Cuba. Santiago contaba con una gran población de afrodescendientes libres tanto en las ciudades como en el campo. Muchos de ellos eran propietarios pequeños y medianos y otros alquilaban tierras, lo que había permitido la extensión de la agricultura de subsistencia y la producción a pequeña escala de comida y tabaco para su venta en el mercado. Un puñado de familias afrodescendientes había acumulado tanta riqueza que en el transcurso de varias generaciones lograron pasar del estatus de morenos al de pardos, y luego al de blancos. Muchos otros llegaron a vivir en una ambigüedad que les habría resultado familiar a los habitantes de San Juan: su estatus respecto al color no se mencionaba en los documentos oficiales, aunque tampoco se los tratara con los honoríficos Don y Doña. Todo cambió a comienzos de la década de 1850, cuando las plantaciones de azúcar comenzaron a asentarse y a crecer en esta zona del país, monopolizando la tierra y desplazando a los pequeños propietarios. Eso supuso una amenaza para los medios de vida y el estatus social de los campesinos blancos y afrodescendientes, que se vieron forzados en muchos casos a trabajar junto a personas esclavizadas.[16]

La lucha a favor de la independencia lanzada por los hateros y hacendados en Manzanillo y Bayamo se extendió hacia el este, Santiago y Guantánamo, porque hombres que gozaban de un estatus social modesto, entre los que había muchos artesanos y pequeños propietarios que no eran blancos, decidieron sumarse a la lucha y movilizar a la población rural descontenta. Por ejemplo, José y Antonio Maceo, hijos de un miliciano en el batallón de pardos y pequeño propietario rural, reclutaron para el combate una amplia red tanto de trabajadores dependientes como de parientes y familiares. Ascendieron rápidamente hasta el rango de general en el ejército insurgente. Los hermanos Maceo, junto a sus aliados, dirigieron a sus fuerzas en ataques directos contra las plantaciones en la zona de Santiago y Guantánamo, reclutando personas esclavizadas para las filas de la rebelión. La facción del movimiento que encabezaron lanzó un programa político democrático en el que se incluían la abolición inmediata de la esclavitud, la destrucción del sistema de plantaciones, la distribución de la tierra y una ciudadanía igualitaria sin privilegios de raza. Algunos de los comandantes blancos, en particular Máximo Gómez, nacido en la República Dominicana, se sumaron al mismo programa.[17]

Los líderes militares que habían movilizado el levantamiento popular en Santiago y Guantánamo estaban muy en desacuerdo con el gobierno de la República en Armas, dominada por hombres de Bayamo, Manzanillo y Puerto Príncipe, en cuestiones de suma importancia. El gobierno no decretó la abolición general del trabajo forzado hasta finales de 1870, y solo después de un debate largo e intenso. Las dos facciones del movimiento siguieron, además, defendiendo posturas diferentes sobre la propuesta de invadir el oeste de Cuba. El general Máximo Gómez propuso enviar tropas bajo el mando del general Antonio Maceo con el objetivo de detener la producción de azúcar y terminar con la esclavitud golpeando el centro de la estructura colonial: la economía exportadora. Los líderes civiles se opusieron por miedo a un creciente liderazgo militar no blanco y porque no querían destruir el sistema económico imperante en el oeste de Cuba. Todo lo contrario, querían lograr el apoyo de los plantadores occidentales y de los políticos estadounidenses, quienes se espantarían frente a un ataque a la agricultura de plantación lanzado por tropas negras, mulatas y blancas que servían bajo el mando de comandantes afrodescendientes. Las diferencias en cuestiones estratégicas y las enemistades personales provocaban luchas internas entre los líderes civiles y también entre los jefes militares. Mientras tanto, el gobierno español y sus leales se esforzaron por instaurar el miedo a la rebelión y comenzaron a circular rumores sobre oficiales afrodescendientes que mantenían harenes de mujeres blancas y tratarían de controlar toda Cuba buscando el sometimiento de los blancos y la venganza contra ellos. A mediados de la década de 1870, esas divisiones habían paralizado la insurgencia. La facción más cauta y conservadora, cada vez más recelosa del poder de Antonio Maceo y otros comandantes afrodescendientes, comenzó a abandonar la lucha.[18]

SAN JUAN Y PONCE: SOTERO FIGUEROA

La rebelión en Cuba se combinó con una transición política en Madrid para ofrecer nuevas oportunidades de participar en la política reformista liberal a Sotero Figueroa, tipógrafo en San Juan. En 1868, pocas semanas antes de que comenzara la insurgencia en Cuba, en España un grupo de oficiales derrocó a la Reina e inauguró un proceso de reforma política que incluía una nueva constitución liberal, un nuevo rey e incluso una breve república (1873-1874). El cambio liberal en España tuvo consecuencias contradictorias en Puerto Rico. En respuesta a los levantamientos de Lares y Oriente, el gobierno colonial encargó a los conservadores acaudalados y a personas nacidas en la península que armaran un nuevo cuerpo de milicianos conocido como los Voluntarios. Asumieron el papel de la defensa del orden público y acusaron a los liberales de tener tendencias independentistas y de simpatizar con los insurgentes cubanos. Al mismo tiempo, las fortunas ascendentes de liberales y moderados en Madrid y el deseo de flanquear a la insurgencia reabrió la puerta a negociaciones sobre la reforma en Puerto Rico. A principios de la década de 1870, Puerto Rico disfrutaba de nuevas libertades como la de prensa y de asociación y el derecho a elegir consejos locales y enviar representantes a las Cortes en Madrid.[19]

Para Sotero Figueroa, que tenía poco más de veinte años, este momento coincidió con su llegada a la escritura y el periodismo. La libertad de prensa conllevó que el taller donde trabajaba convirtiendo manuscritos en páginas impresas produjera un periódico liberal por primera vez, *El Progreso*, editado por su mentor Pascasio Sancerrit. El auge de las publicaciones liberales permitió a Figueroa aprender el manejo de la técnica para maquetar periódicos, el ritmo de los plazos de publicación y las convenciones de la prosa periodística, habilidades que pondría después al servicio de la fundación de su propio periódico y que le convertirían posteriormente en aliado imprescindible para José Martí en Nueva York. La expansión de la prensa liberal creó un espacio para que los escritores afrodescendientes de Puerto Rico comenzaran a publicar sus propias obras. El más prolífico de ellos fue un hombre llamado Eleuterio Derkes, maestro de escuela en Guayama, que lanzó su propio periódico en este momento de gobierno liberal. También publicó poesía y artículos en *El Progreso* de San Juan y en *La Razón* de Mayagüez al tiempo que publicaba panfletos, obras de teatro y libros.[20]

El nuevo escenario de competición electoral en Puerto Rico sirvió para reforzar la alianza naciente entre los políticos liberales, agrupados ahora en el Partido Laboral Reformista, y los artesanos urbanos. En las primeras elecciones en esta colonia, celebradas en 1869, solo unos 200 hombres en San Juan pudieron hacer frente al pago mínimo de impuestos que les otorgaba el derecho al voto. Otros 400 lo consiguieron gracias a sus "capacidades" (usando el término habitual en esa época). De ellos, alrededor de la mitad eran militares. El resto eran funcionarios y un puñado de farmacéuticos, abogados y médicos. A esto debemos añadir unos setenta hombres que también lograron el derecho al voto gracias a sus "capacidades" por ser miembros de la Sociedad Económica Amigos del País.[21] Hombres de reconocida ascendencia africana quedaban prácticamente ausentes en todas esas categorías de electores. Pese a esto, las elecciones enviaron a Román Baldorioty de Castro, un hombre de origen plebeyo, como representante ante las Cortes en Madrid. Baldorioty era otro de los alumnos de Rafael Cordero. Tras recibir una beca para estudiar en España se había convertido en maestro y fue uno de los fundadores de la Sociedad Económica. Los conservadores puertorriqueños trataron, sin éxito, de impugnar su elección ante las Cortes porque no era hijo legítimo. Luego, representantes conservadores en Madrid comentaban, con tono despectivo, sobre su condición de mulato. Baldorioty respondió así: "Porque el pigmento del cutis no señala diferencias de nobleza y moralidad entre los hombres; obscura es mi tez y yo les aseguro [...] que (señala su frente) hay algo refulgente que sale con mi verbo a iluminar esas conciencias ennegrecidas".[22] Su declaración probablemente tuvo eco entre los artesanos de San Juan, quienes también vitorearon en 1870 cuando la administración liberal en Madrid terminó con la práctica de investigar sobre la "pureza de sangre" de las personas nombradas para cargos públicos en Puerto Rico.[23]

Los artesanos tuvieron la oportunidad de mostrar su apoyo a esas políticas en 1871, cuando un cambio en la ley electoral permitió que todos los hombres libres de más de veinticinco años pudieran presentarse ante las autoridades, demostrar su capacidad de leer y escribir y solicitar que le añadieran al censo electoral bajo el concepto de "capacidad".[24] Los liberales puertorriqueños no tardaron en dirigirse a los artesanos en sus tentativas de creación de una coalición electoral. El mentor de Figueroa, Pascasio Sancerrit dirigió el proceso. Era el intermediario perfecto –miembro de la Sociedad Económica e hijo de una mujer identificada en su partida de bautismo como parda libre–. "Le vimos", recordaría más tarde Figueroa, "no sólo aconsejar á los tardos y perezosos para que se apresurasen á reclamar el derecho electoral, sino en algunas ocasiones llenar las formalidades necesarias á aquellos que aún no estaban habituados á las prácticas del sistema representativo".[25] Desde el punto de vista de la prensa conservadora, el apoyo de los liberales hacia los nuevos electores era un intento de incitar al resentimiento contra los españoles. Los conservadores acosaron a los artesanos cuando se registraban para votar bajo el nuevo reglamento y sus periódicos se referían a estos nuevos votantes como capacidades "nauseabundas" y "vulgares" que habían "aprendido a firmar expresamente para tener voto".[26]

En todo caso, y gracias al apoyo de los nuevos votantes, los liberales ganaron las elecciones de 1871 con claridad. Casi una década más tarde, en una zarzuela que se mofaba de los políticos conservadores, Sotero Figueroa imaginó la experiencia de una victoria liberal desde el punto de vista de un candidato derrotado:

> Pero á la salida del Colegio fué la gorda: se formaron corrillos, hubo insultos, amenazas, y hasta algunos lograron llegar á las manos. Yo, que quise protestar de las elecciones, al igual de mis compañeros, dije que en el escrutinio se habían hecho picardías, y acto instantáneo sentí en (llevándose la mano á la cadera) salvo sea la parte, una expresiva caricia que me hizo venir para casa más que de prisa. ¿Y pude sufrir tal afrenta?"[27]

Esto podría apuntar a la propia experiencia de Figueroa en las elecciones de 1871. Quizás él, al igual que otros artesanos del taller de Acosta, fue parte del grupo de personas que, envalentonadas por el ascenso liberal, "acariciaron" las "caderas" de los funcionarios públicos el día de las elecciones en 1871. Quizás fuera uno de los liberales quien abucheó a los Voluntarios que se atrevieron a aparecer por las calles de San Juan en uniforme.[28]

Participara o no de aquella burla, es probable que no pudiera evitar sus consecuencias. Pocas semanas después de las elecciones, en San Juan estalló un conflicto entre habitantes afrodescendientes y el ejército. Hay versiones contrapuestas acerca del origen de esos hechos violentos. Los periodistas conservadores acusaron a la "facción radical", que acababa de vencer en las elecciones, de fomentar desórdenes entre sus aliados afrodescendientes. La idea de los liberales, según dejó escrito el editor conservador José Pérez Moris (cuya imprenta estaba solo unos edificios más allá de la de Acosta), era tratar de conseguir que sus aliados plebeyos provocaran una respuesta desmedida por parte de los Voluntarios, para después obligar al gobernador general a que suprimiera la milicia.[29] Una noticia publicada en el *New York Times* relataba que la tensión venía calentándose en San Juan hacía semanas y que algunos miembros radicales e impulsivos de entre las filas liberales incitaban a "los negros" a que lanzaran una revolución. Fue así como el 25 de julio alguien comenzó a lanzar piedras contra los soldados españoles durante un concierto en la Plaza de Armas. Un soldado atacó a un hombre descrito en el *New York Times* como "un negro con apariencia de dandi" por considerarlo el autor del acto. Esto dio inicio a disturbios generalizados en los que hubo peleas, según el *New York Times*, "[c]ada vez que un negro se encontró con un soldado o un soldado se encontró con un negro". Al acabar el día, habían muerto tres soldados y cinco hombres "negros".[30] Es imposible saber si la categoría "con apariencia de dandi" describía a alguien vestido con ropa especialmente vistosa, tratando de llamar la atención. Quizás se trataba solo de un hombre que intentaba mostrarse civilizado, íntegro, urbano –un honrado habitante de la ciudad– que, por esa misma apariencia en conjunto con su piel negra, le pareció presuntuoso al reportero. Sotero Figueroa, joven tipógrafo y aspirante a escritor de piel oscura que probablemente fuera siempre tan bien vestido como se lo pudiera permitir y que nunca había presenciado escenas de violencia racial generalizada en su ciudad, interpretó lo sucedido desde otro punto de vista. Lo recordaría así tiempo después: "se extremó la persecución contra la raza de color, echándose sobre ésta el ejército y voluntarios, porque se supo inventar y sostener la especie de que los negros apedreaban á la fuerza armada".[31]

Figueroa no podía votar en 1871 porque no tenía la edad para hacerlo. Pero este fue uno de los momentos formativos de su evolución como orador y escritor liberal reformista. Es posible que los dirigentes liberales de Puerto Rico hubieran tratado de empujar a las personas libres afrodescendientes a la acción, agitando su resentimiento contra los Voluntarios o haciendo referencias a la causa cubana. Pero no era habitual que instigasen a la rebelión. Defendían la igualdad de las provincias de ultramar en una España democrática y pedían igualdad de libertades y derechos civiles para todos los españoles, ya fueran nacidos en España o en las colonias, e independientemente de su raza. En lugar de una lucha de clases o racial, proponían el desarrollo de una relación armoniosa entre intelectuales y trabajadores ilustrados basada en la educación universal y la libertad de asociación. Por lo tanto, hombres como el dueño de la imprenta donde trabajaba Figueroa, José Julián Acosta, ayudaron en la creación de asociaciones de artesanos en San Juan en 1872, que luego tendrían sus réplicas en Ponce y Mayagüez en 1873. Estas organizaciones modelaron sus actividades literarias, bibliotecas, representaciones teatrales y bailes a partir de las instituciones que Acosta y sus colegas habían creado para sí mismos, como el Círculo Artístico y Literario (fundado en San Juan en 1869).[32] Las personas afrodescendientes no se limitaron a sumarse a las organizaciones de artesanos; tuvieron un papel fundamental en su liderazgo.[33] Hasta tal punto que cuando en la década de 1880 uno de esos clubes recibió la visita de un escritor español, la presencia de afrodescendientes era tan amplia que los calificó como "sociedades de negros".[34] Por lo general, las sociedades de los artesanos eran espacios donde hombres blancos y no blancos socializaban juntos, aunque esto no significa que estuvieran libres de racismo. Acosta y sus aliados también invitaron a algunos artesanos ejemplares a sus propias sociedades y les ayudaron a publicar en la prensa liberal que no dejaba de crecer. Sotero Figueroa, por ejemplo, se unió al Círculo Artístico y Literario de San Juan y fue elegido su secretario.[35]

Los liberales lograron otra victoria cuando las Cortes en Madrid abolieron la esclavitud en Puerto Rico en 1873; aunque continuaría en Cuba hasta 1886. Y eso les ofreció a los abolicionistas de San Juan una nueva oportunidad para salir a las calles y celebrar la abolición. Se trató de una gran manifestación, diseñada para enviar un mensaje de paz social y en la que un grupo de personas recién liberadas marcharon tras los abolicionistas victoriosos, dirigidos por Acosta. Otro importante editor liberal se movió entre la multitud que marchaba abrazando a las personas afrodescendientes, besando a sus niños y gritando: "Y á quien diga que esta grandeza no ha sido verdad, que estos esclavos no han entrado en la libertad sin odio, ¡le diré que miente!" En la celebración que siguió a la manifestación, esa misma tarde, Sotero Figueroa, que había cumplido veinte años y trabajaba como tipógrafo, que era el protegido de varios prominentes abolicionistas, un "hombre joven con la frente audaz y la mirada innominable", hizo la presentación formal de agradecimiento al nuevo gobernador liberal de Puerto Rico, Rafael Primo de Rivera, de parte del Círculo Artístico y Literario. Es probable que fuera una de las primeras ocasiones en las que habló en público, su debut en la plaza pública.[36]

Ese paréntesis liberal en Puerto Rico tuvo su punto final de manera abrupta en 1874 con la restauración de la monarquía española y el regreso a las políticas conservadoras en el Ministerio de Ultramar. Ese fue un punto clave en la formación de Figueroa, que describió este periodo como el momento en que "la reacción despótica se entronizó en la Isla". El nuevo gobernador general, Laureano Sanz, depuso los consejos municipales y a los alcaldes electos, y los reemplazó por conservadores leales. Cerró los periódicos liberales y prohibió las logias masónicas. Sanz expulsó a los liberales de los cargos administrativos y de sus puestos como profesores. Al mismo tiempo, "fueron corregidas las listas electorales y eliminado de ellas un número tan crecido de electores, en su mayoría capacidades". Los conservadores aumentaron la cantidad de dinero con la que había que contribuir para poder participar en las elecciones en Puerto Rico y redujeron también la categoría de "capacidades", que durante el periodo liberal había incluido a todo el que supiera leer y escribir, y que ahora solo aceptaba a soldados españoles, funcionarios, profesionales y maestros. La consecuencia fue una reducción del número de personas con derecho a voto, de unos veinte mil en 1873 a tan solo tres mil en 1878. Las nuevas leyes electorales tuvieron consecuencias desproporcionadas para los artesanos que supieran leer y escribir, que acababan de participar en elecciones por primera vez, y entre los que había muchas personas que no eran blancas. Se trataba de los mismos hombres, en palabras de Figueroa, que "algún conservador intransigente había llamado groseramente capacidades nauseabundas".[37] En este grupo se incluía Figueroa, que para esa época ya había alcanzado la edad para votar. La purga generalizada de liberales de sus puestos en la enseñanza fue indigna para aquellos que poseían otros recursos económicos, pero muy dura para personas de un estatus inferior que dependían exclusivamente de sus ingresos como maestros para mantener a sus familias.[38]

Las cosas no iban tan mal para hombres como Figueroa, que se ganaban la vida en empresas privadas. Pese al incremento de la censura, las publicaciones siguieron extendiéndose por la isla, lo que ofrecía oportunidades de movilidad social. En 1880, Figueroa se mudó a la ciudad de Ponce, al sur, con permiso de las autoridades de San Juan para abrir allí su propio periódico, *El Eco de Ponce*. La carta en la que se avisaba a las autoridades de esta localidad de la llegada de Sotero Figueroa y del permiso para publicar un periódico se refería a él como "el vecino de esta Capital D. Sotero Figueroa".[39] El funcionario que la redactó pudo haber elegido no referirse a él como Don, una muestra de respeto, porque Figueroa era pardo, ilegítimo y se ganaba la vida en un oficio manual. Pero las élites puertorriqueñas, incluso las autoridades de la colonia, continuaron siendo bastante laxas respecto a esas formalidades.[40] Sotero Figueroa se mudó habiendo sido secretario del Círculo Literario y Artístico de San Juan y después de asegurar los recursos con los que fundar su propia imprenta y publicar su propio periódico. Eso implicaba que tenía acceso a taller e imprenta, tipos y dinero para comprar papel y tinta. Además, Figueroa estaba vinculado por parentesco con Don Manuel Aguayo, para entonces el secretario del gobierno local de

Bayamón (era el padre de su mujer) y era amigo de varios liberales de prestigio.[41]

Ponce era el centro comercial más importante de Puerto Rico en aquella época, el foco de la industria azucarera y de una floreciente industria de exportación de café. Aunque la producción de azúcar iba en declive, los cañaverales aún rodeaban la ciudad. Los más cercanos estaban a menos de quince minutos caminando desde la catedral y el Ayuntamiento. Y esa ciudad, aún pequeña, albergaba una sociedad civil en ebullición, dominada por los hacendados y comerciantes que aspiraban a un modelo de riqueza y modernidad inspirado por otras ciudades del Atlántico. Los hombres más ricos de Ponce, afiliados en gran medida al Partido Conservador, se reunían cada tarde en un café que daba al cruce entre las calles Luna y Marina para hablar de sus negocios.[42] Tras las purgas de las listas electorales, el poder político local estaba en manos de unos seiscientos hombres que aún podían votar en calidad de propietarios o de funcionarios públicos.[43] Mantenían un control férreo sobre el gobierno local. Pero eso no impidió que Ponce se convirtiera en foco de atracción para el reformismo liberal. Incluso con más éxito que sus contrapartes de San Juan, los habitantes más adinerados de Ponce se aliaron con los intelectuales de la ciudad para crear un centro urbano moderno, con calles pavimentadas, plazas iluminadas, arquitectura elegante y el majestuoso Teatro La Perla. Fundaron escuelas, periódicos, asilos, una biblioteca con sala de lectura, una caja de ahorros y organizaron una exposición agrícola e industrial. Cuando llegó la abolición, los hombres ilustrados de Ponce (incluidos quienes se habían opuesto al fin de la esclavitud) no tardaron en enviar y consolidar el mensaje de que la esclavitud había terminado gracias a su propia prudencia y su ilustrada generosidad.[44] Pero, a la vez, vivían en Ponce miles de trabajadores recién liberados de la esclavitud. Pese a su relativa falta de interés en que se impusiera un sistema de segregación racial, los líderes de la ciudad siguieron preocupados por la raza. Expresaron su creencia en la superioridad de los blancos y su vínculo esencial con los valores del progreso y la civilización. También trataron de controlar la transición hacia el trabajo libre en la industria azucarera, terminar con el crimen y la vagancia y vigilar la sexualidad de la clase trabajadora. Todas estas actividades implicaban, entre otros sentidos, un enfoque racial.[45]

En sus primeros pasos en el mundo periodístico y contra este trasfondo represivo, Figueroa no se ofrecía como portavoz de la raza negra generalizada o de la "clase de color" respetable, como hicieron sus contemporáneos cubanos en el mismo momento de la historia. Tampoco trató de hablar en nombre de la clase obrera, como harían los tipógrafos puertorriqueños Ramón Morel Campos y Ramón Romero Rosas una década más tarde.[46] Lo que Sotero Figueroa hizo fue adoptar la voz de un publicista que trabajaba por el progreso del vecindario de Playa. Se presentó como escritor, más allá de su color, rango o clase. Prometió que *El Eco de Ponce* cumpliría una labor necesaria para el progreso de la ciudad y de la humanidad. Quizás, más importante aún, para los lectores adinerados que podían llegar a comprar anuncios en el periódico, la "agricultura, la industria, y el comercio encontrarán en *El Eco de Ponce* un defensor incansable de sus intereses, que son los de la Provincia".[47] En sus escritos, Figueroa adoptó posiciones, sobre todo, a favor de lo que se denominaba civilización moderna: una conjunción de dinamismo económico, administración pública racionalizada y profesional y progreso tecnológico. Trató de extender esta definición de la civilización moderna, un ideal que compartió con muchos lectores patricios (incluidos los inspectores gubernamentales que leían con detenimiento cada número), para incluir también elementos específicos de liberalismo político, un conjunto de valores sobre los cuales muchos de los lectores potenciales eran displicentes o indiferentes. Por ejemplo, saludaba con júbilo la inauguración de una sala de lectura como victoria de aquellos que se oponían al "oscurantismo". Defendió también la libertad de prensa basándose en el modelo de Estados Unidos. Prometió "decir la verdad, toda la verdad que le permita la ley ó decreto que actualmente rige al periodismo, sin temor á ridículas amenazas ó á bastardas imposiciones".[48] Y como resultado acabó en prisión y fue multado en varias ocasiones por sus críticas al orden colonial. Estas eran situaciones más o menos habituales para un periodista liberal a finales del siglo XIX en Puerto Rico: autoridades locales ofendidas por un artículo le pedían a la Guardia Civil que suspendiera su publicación, detuviera la circulación de los ya impresos y arrestara al editor.[49] Finalmente, Figueroa se ofrecía a los lectores de Ponce como árbitro del buen gusto, la belleza y la inteligencia, alguien que hablaba por "los que saben sentir las bellezas del arte" y "para los que buscan la causa eficiente de las ideas, con el fin de ilustrar más y más su razón; para los que admiran las grandiosas concepciones de la inteligencia y aprecian lo verdaderamente grande y bueno".[50]

La oportunidad de proyectarse a uno mismo con una voz de esta índole puede haber sido parte de esa cualidad trascendente que los tipógrafos atribuían al acto de ubicar los tipos en el componedor. Mientras las páginas impresas fueran compuestas por un experto en gramática, ortografía y composición, una publicación impresa ofrecía la posibilidad de crearse una identidad pública que no estaba vinculada en lo inmediato a clase social, legitimidad, color, aspecto físico, vestido o forma de hablar. A pesar de ello, no eran muchos los periodistas en Ponce y muchos lectores reconocerían a quien escribía en el *Eco de Ponce* como el mismo hombre que recorría las calles estrechas de la ciudad. Si los lectores sabían o no que era un artesano convertido en editor, si lo veían como un hombre de color que aspiraba a convertirse en escritor o si consideraban que las categorías de artesano y hombre de color eran capas superpuestas de una misma identidad, su inquebrantable afirmación de su propia autoridad y criterio probablemente llamó la atención de los que observaban su trabajo. La confianza en sí mismo que expresaba contrasta de manera notable con los primeros esfuerzos de algunos de sus contemporáneos cubanos, que afrontaron sus intervenciones públicas con protestas ante lo limitado de su educación y lo incierto de sus opiniones.

La autodenominación de Figueroa como portavoz de la civilización y la belleza servía como una afirmación implícita de igualdad racial y de clase. También desarrolló un concepto amplio del progreso y modernidad tendente a la eliminación de cualquier privilegio racial. Cuando, por ejemplo, la presidenta del Asilo San Ildefonso ofreció puestos en su institución a dos niñas de Ponce con el "requisito indispensable de que fueran *blancas* e hijas de *legítimo matrimonio*", Figueroa, que no respondía a ninguna de esas dos características, declaraba en *El Eco de Ponce* que la caridad verdadera "no acepta otras geraquías y distinciones que las del talento, y dejaría de cumplir su augusta misión sobre la tierra, si sostuviese privilegios que la preocupación creará y que la civilización hará desaparecer".[51] En otros contextos, uno se imagina que Figueroa debió esforzarse por no mencionar directamente ejemplos de racismo. En una ocasión, escribió una reseña de la actuación de una compañía de "bufos cubanos", un tipo de teatro popular que se basaba sobre todo en estereotipos étnicos y raciales y que solía representarse con actores blancos con la cara pintada de negro. Este tipo de obras solía mostrar a una mulata (una mujer atractiva de raza mixta locamente enamorada de un hombre blanco), a un negro bozal (un hombre negro sin educación hablando una versión africanizada del español) y un negrito (un personaje negro y feliz, cantando y bailando guarachas, una imitación exagerada de la práctica musical afrocubana). Figueroa escribió "y aunque es cierto –como ya han dicho otros colegas– que el arte no sale muy bien librado en sus caricaturas, incluso el más flemático se desternilla de risa y pasa el rato divertidamente".[52] De todas estas caricaturas, la que debe haber molestado más a aquel tipógrafo de ascendencia africana que buscaba reconocimiento como escritor y árbitro del buen gusto es la del negro catedrático (un "profesor negro" dándose aires de erudito pero provocando la risa al usar de manera incorrecta los términos académicos). La obra *Los negros periodistas* (representada en Puerto Rico en 1880) debió molestarle más aún. En ella, el "profesor" cómico era un antiguo esclavo que había ganado la lotería y utilizaba el dinero para crear un periódico, lo que, en el contexto del bufo cubano, hizo mucha gracia.[53]

Su reseña de los bufos cubanos pone de manifiesto los equilibrios que Figueroa debió manejar mientras intentaba convertirse en periodista viniendo de la clase artesana. Subraya también su participación en el ámbito de las artes teatrales en Ponce. Un año después de que apareciera su reseña, una importante compañía de teatro (conocida por sus representaciones de bufos cubanos) representó la obra debut de Figueroa como dramaturgo, una zarzuela de un acto con el título de *Don Mamerto*. Su necesidad de trabajar con actores y directores puede haber sido uno de los factores por los que Figueroa atenuara sus críticas al género de actores blancos pintados de negros. El estreno de *Don Mamerto* tuvo lugar en el Teatro La Perla de Ponce, centro de la escena cultural patricia de la ciudad. Era una comedia irreverente sobre un joven abogado liberal enamorado de la hija del personaje que da título a la obra, un funcionario puertorriqueño corrupto. Aunque Don Mamerto fulmina en público a los "herejes, masones y liberales" no es un conservador ideológico sino un político pragmático y cobarde. Explica: "si me permito tener ideas propias, y éstas, por desgracia, son contrarias á las de los que mandan, me privarían de destino y sueldo...". Siguiendo esa misma lógica, Mamerto se opone a la unión entre su hija y un joven liberal porque "el saber es un alimento muy poco nutritivo para el estómago, y pienso que Luis, con toda su ciencia, ya tiene para morirse de hambre".[54] La obra tiene un final feliz: la victoria de los liberales en Madrid. Llegan noticias de que el joven abogado recibirá un cargo público (y puede proteger al padre de su pretendida), Don Mamerto retira sus objeciones a la boda y ésta puede, finalmente, realizarse.

La obra hace una alusión directa a una tradición de dramas liberales en los que una familia de la élite se opone al matrimonio de uno de sus miembros con una persona de ascendencia africana o de linaje desconocido. A los que conocían al dramaturgo, les puede haber llamado la atención que el propio Figueroa, como su protagonista, se había casado con la hija de un funcionario conservador. No obstante, él decidió no convertir los prejuicios sobre el color, rango social o la legitimidad en parte explícita de su obra. En *Don Mamerto*, el drama parte de la discriminación que sufrían los liberales con talento debido a sus ideas políticas. Según esta visión de la igualdad social, los prejuicios respecto al color no constituían un problema social específico (que unía a personas afrodescendientes de vocación intelectual y personas afrodescendientes que trabajaban en los cañaverales) sino como una más de las vertientes de un ataque más amplio contra la dignidad del hombre, parte integrante de toda una constelación de vicios coloniales (compartidas por muchos hombres inteligentes dentro de la coalición liberal). Presentar una obra sobre los modos en que una sociedad corrupta impedía de manera injusta que liberales con talento pudieran ganarse la vida y consumar su rol de patriarcas a través del matrimonio legítimo no era simplemente una manera de encubrir o desplazar las quejas sobre los prejuicios raciales. Era, más bien, poner conceptos como el mérito y la hombría en el punto de convergencia de los problemas generados por el colonialismo monárquico. Era centrar la atención en el triunfo de los hombres que se habían superado a partir de sus propios méritos, sobre los que dependían del privilegio aristocrático o el clientelismo. Era una propuesta de solución a una serie de problemas sociales entre los que estaba la "preocupación" por las cuestiones relativas al color. Esta visión evolucionó con el tiempo, pero aún estaba muy presente en el periodo en que Figueroa estuvo aliado con José Martí, quien impulsó el reconocimiento de su prestigio y encomendó responsabilidades acordes a sus méritos, sin mencionar casi nunca su estatus racial.

Para crear la música de *Don Mamerto,* Figueroa se asoció con un músico que también era considerado pardo, Juan Morel Campos, ya muy famoso por su papel en el fomento de la danza, un ritmo sincopado asociado con los bailes de la clase artesana de Ponce.[55] La danza y, por extensión, el reconocimiento de Morel Campos como gran compositor y músico, estaba convirtiéndose velozmente en símbolo de un nacionalismo puertorriqueño que incorporaba las expresiones culturales de personas de orígenes mixtos y de clase trabajadora como emblemas de una auténtica identidad criolla. Alejandro Tapia, que se había mudado en esa misma época a Ponce, creía que la danza era "característica de nuestro clima y sensibilidades". Pero algunos intelectuales liberales, entre los que se incluía el propio Tapia, expresaban cierta preocupación porque la danza, que contenía una figura extendida en la que las parejas se abrazaban con las rodillas flexionadas, balanceando la parte inferior del cuerpo a ritmo constante y en bucle, podría ser *demasiado* negra. Había que limpiarla, escribió Tapia, de "la influencia del vudú o del tango africano" y había que dejarla "despojada de lo que tiene de voluptuosa".[56] Otro escritor liberal afirmó que no debería enseñarse a los niños de Puerto Rico la danza "femenina" y sensual y recomendaba inculcar en su lugar "la ronda sagrada del Trabajo y del Progreso, al compás de las armonías solemnes de la Ciencia, de la Justicia y de la Fraternidad universal".[57] ¿En qué se basaría la decisión de Figueroa de bailar o de no hacerlo cuando su socio Juan Morel Campos tocaba? ¿Era consciente de que ciertos movimientos de cadera y pelvis serían vistos como símbolo de negritud y le descalificarían como intelectual? ¿Era consciente de que algunas personas podrían reconocer en él una tendencia natural a representar la danza con autenticidad debido al color de su piel y su pelo rizado o de que otros podrían percibir su piel y pelo de manera diferente tras verle bailar la danza con autenticidad? ¿Eran conscientes Morel Campos y Figueroa de la conexión naciente entre la cultura popular artesana y el sentimiento nacionalista que despuntaba entre las élites liberales cuando incluían una danza con letra nacionalista, *La Borinqueña*, al final de su zarzuela?

El hecho de que la obra fuera una parodia intrépida de la oficialidad puertorriqueña, una crítica a esos mismos funcionarios que en los años que siguieron multaron y encarcelaron a Figueroa en repetidas ocasiones por expresar sus ideas, ofrecía un mensaje más sobre la capacidad, el ingenio y la audacia de alguien que aspiraba a convertirse en escritor y que era, a fin de cuentas, pardo y artesano. Poco antes del estreno de la obra, el periódico de Figueroa, *El Eco de Ponce*, cerró sus puertas. Después, fundó otro, *La Avispa*, que también duró solo unos meses.[58] En el momento de su mayor triunfo artístico, su recorrido de artesano a publicista dio un paso atrás. Regresó al trabajo asalariado como tipógrafo, sobre todo en el taller propiedad del editor liberal Ramón Marín. Pero al participar en la producción material de los periódicos producidos en este taller, en los que simultáneamente escribía, se convirtió en parte del núcleo duro de los liberales de Ponce, el grupo fundado por Marín –hijo de una mujer esclavizada– y por Román Baldorioty de Castro, el antiguo estudiante de Rafael Cordero que había logrado ascender desde un nacimiento plebeyo a ser representante en las Cortes y que ahora, incapacitado por las autoridades para trabajar como maestro, pasaba una época dura. Baldorioty publicaba un periódico en el taller de Marín en esos años.[59]

Más de una década después, un escritor español mostraba su desprecio ante la decisión de José Martí de rodearse de "mulatos" que "han pasado á los Estados Unidos á echárselas de persona, tal vez porque en la Antilla pequeña no pasaban de ser malos cajistas de imprenta".[60] Si bien este comentario destaca el hecho que el estatus de Figueroa como escritor y pensador siempre podía ser cuestionado por sus enemigos, es digno de reseña que tanto las autoridades como los conservadores puertorriqueños casi nunca, por no decir jamás, dejaban escarnios como este por escrito, aunque es probable que hayan aprovechado cada oportunidad para despreciar a Figueroa en los espacios públicos de la ciudad, negándole el tratamiento respetuoso de Don o exigiéndole que cediera el paso en las estrechas aceras. Los hombres poderosos que controlaban el gobierno y las instituciones de poder de Ponce contaban con muchas oportunidades para mostrar su consideración de superioridad. No obstante, sus aliados liberales, impresionados por su valor y capacidad como escritor le hicieron un espacio en su entorno –en sus periódicos, en sus sociedades literarias, en sus tertulias de café, incluso en los salones de sus casas–. Afirmaron su estatus de "Don Sotero Figueroa", apoyaron su proceso de construcción de una identidad pública, confiaron en él como intermediario con el mundo de las asociaciones de artesanos, y aprovecharon su amistad para asegurar sus propias reputaciones como defensores de ideas progresistas sobre el rango y el mérito. Cuando Figueroa conoció a Martí ya era una persona bien consciente de las promesas y decepciones que traían consigo las amistades con este tipo de liberales.

CAYO HUESO: GERÓNIMO Y JUAN BONILLA

Los hermanos Bonilla, los dos hombres que ejercerían como anfitriones de las primeras reuniones de La Liga en su apartamento en Nueva York, experimentaron las transformaciones desencadenadas por la revolución en el este de Cuba en un contexto muy diferente. Crecieron en la recién creada comunidad cubana de Cayo Hueso en Florida. Al mismo tiempo que los hateros y hacendados del oriente cubano organizaron una rebelión en respuesta a la guerra comercial que España le planteó a Estados Unidos, un grupo de industriales cubanos desarrolló una estrategia diferente para evitar las consecuencias más severas de las nuevas tarifas. Importando tabaco en bruto y miles de trabajadores especializados desde Cuba y fabricando cigarros "Habanos" en Estados Unidos, se beneficiaron de un mercado que no cesaba de aumentar al tiempo que evitaban los altos aranceles a pagar por la importación de cigarros ya confeccionados.[61] Cayo Hueso era un lugar ideal para este tipo de iniciativas: por un lado, se encontraba a tan solo seis horas de la Habana en el vapor semanal; por otro, la isla también recibía una flota de barcos de vela y de vapor que la conectaba con los mercados de Nueva York y Nueva Orleans.[62] A lo largo de la Guerra de los Diez Años, gran parte de la industria del tabaco cubano se mudó a Cayo Hueso, triplicando la población de la isla y convirtiéndola en uno de los puertos principales en territorio estadounidense de la costa del Golfo de México. En Cayo Hueso, los líderes de las organizaciones nacionalistas y sindicales cubanas estaban fuera del alcance de las autoridades españolas y podían organizar actividades sin que nadie los molestase y expresar ideas que, de insinuarse en La Habana habrían sido consideradas como peligrosas.

Pero en Cayo Hueso pasaba algo más. El exilio no solo permitía que los acercamientos entre liberales cubanos y artesanos afrodescendientes fueran articulados públicamente, allí fueron transformados por la aparición de un nuevo tipo de coalición electoral. Aunque los nacionalistas cubanos estaban acostumbrados a decir que Cayo Hueso era más cubano que norteamericano, era una ciudad de Estados Unidos, del sur de un Estados Unidos que vivía inmerso en el tumultuoso periodo de renegociación política después de la Guerra Civil (1861-1865). Y por eso se convirtió en el laboratorio –por poco probable que parezca *a priori* – en el que los trabajadores y los nacionalistas cubanos desarrollaron nuevas modalidades de política interracial y democrática. Por ello, Cayo Hueso ofrece un paralelismo fascinante con el breve periodo en que aumentó la cantidad de personas que podían votar en Puerto Rico.

Juan y Gerónimo Bonilla eran los hijos de un zapatero llamado Francisco y de una ama de casa llamada Dolores que se mudaron con su familia desde La Habana a Cayo Hueso después de que comenzara la guerra en el este de Cuba en 1868. Cuando se elaboró el censo de 1870, Gerónimo tenía trece años y Juan, que había nacido en Cayo Hueso, tenía uno. Francisco, el tercer hermano, tenía tres años. Francisco también se mudaría más tarde a Nueva York donde trabajaría en la fabricación de cigarros y en algún momento llegaría a ser el encargado de una orquesta cubana de baile.[63] Nunca participó activamente en la política cubana de aquella ciudad, no al menos con la intensidad con la que lo hicieron sus hermanos. Cuando llegaron a Florida, los Bonilla se sumaron a una pequeña minoría dentro de una comunidad inmigrante creciente. En el censo de 1870, los encuestadores solo encontraron a setenta y cuatro cubanos negros o mulatos en Cayo Hueso y registraron como blancos a más de novecientos cubanos.[64] Entre los setenta y cuatro estaban siete de los ocho miembros de la familia Bonilla. El más joven, Juan, ya había nacido en Florida y no figuraba como cubano, aunque sí como negro. Aunque su padre era zapatero, los chicos se convirtieron en cigarreros en una ciudad dominada como ninguna otra en todo el continente por hombres de esta profesión. Como otros cubanos afrodescendientes en la ciudad, la familia residía en un pequeño núcleo de viviendas habitadas por cubanos enumerados como negros y mulatos dentro de un barrio donde una gran mayoría de habitantes constaban en el censo como cigarreros cubanos blancos.[65]

En Cayo Hueso, los trabajadores siguieron desarrollando la institución de la lectura en la fábrica y la educación obrera, pero las vincularon con el ala democrática del movimiento nacionalista en la forma en la que había nacido en Oriente y en el marco de un nuevo proyecto de solidaridad interracial. Al frente de este movimiento estaba Juan María Reyes, quien había colaborado en los periódicos de La Habana *El Siglo* y *La Aurora*, los mismos que habían hecho campaña a favor de la lectura en las fábricas a comienzos de la década de 1860. Reyes se convirtió en lector a jornada completa moviéndose entre varias fábricas, aunque no trabajara en ninguna de ellas. Usó su posición como lector y su periódico, *El Republicano*, para recabar apoyos para el independentismo entre los trabajadores. En 1871, Reyes y otros activistas nacionalistas fundaron la Sociedad de Instrucción y Recreo San Carlos (club San Carlos). Al contrario que otras instituciones similares en Cuba, invitaba a la participación tanto de blancos como de afrodescendientes y albergaba una escuela en la que estudiaban juntos niños sin distinción de color. Al mismo tiempo, los anarquistas en las fábricas comenzaron a promover un proyecto de solidaridad entre trabajadores sea cual fuere su color. Los trabajadores pudieron poner este principio en funcionamiento en una huelga fallida en 1875 que contó con el apoyo de Reyes y los nacionalistas democráticos.[66] Juan y Gerónimo Bonilla crecieron y llegaron a ser habilidosos artesanos en el enclave obrero de Cayo Hueso. Escuchaban a los lectores nacionalistas y, por sus compañeros de taller, llegaron a saber de la Comuna de París, de la segunda Internacional, y de los principios del anarquismo y socialismo.

Más importante aún, los hermanos Bonilla crecieron rodeados de hombres cuya participación política fue distinta a la que otros cubanos de cualquier color hubieran practicado antes: hombres que votaban en elecciones locales, estatales y federales. La política de la época de la Reconstrucción de los estados del sur después de su derrota en la Guerra Civil iba viento en popa en Cayo Hueso durante el verano de 1870 y los cubanos recién llegados eran un componente clave. Juan María Reyes y otros líderes del movimiento independentista cubano ayudaron a cientos de cigarreros a presentarse ante los jueces de Cayo Hueso donde declararon su intención de convertirse en ciudadanos de Estados Unidos, asegurándose así el derecho a votar en las elecciones que iban a celebrarse en noviembre de ese mismo año. Esos electores cubanos ayudaron a que el partido Republicano (el partido de Lincoln y Grant, que también controlaba el gobierno nacional en la época) ganara el control del gobierno de Cayo Hueso y del condado de Monroe. Cayo Hueso era la ciudad más grande de Florida en aquella época y los cubanos llegaron a conformar un bloque de votos importante en la política estatal también. A cambio, Reyes y otros líderes cubanos recibieron cargos dentro de un sistema de clientelismo dirigido por el Partido Republicano. Los puestos de trabajo en la aduana y las buenas relaciones con la magistratura local facilitaban el contrabando de armas y otros suministros que necesitaba la insurgencia cubana.[67]

Los hermanos Bonilla se implicaron en este tipo de actividades políticas gracias a un giro extraordinario del destino. Cuando llegaron a Florida en 1868, en Estados Unidos solo podían naturalizarse como ciudadanos las "personas blancas y libres". Pero a comienzos de 1870, los Republicanos propusieron en Washington una modificación a las normas que regulaban la naturalización. Su objetivo principal era aplicar un sistema de control más estricto para la inscripción de inmigrantes en el censo electoral, reduciendo así el número de electores en los barrios populares de las ciudades del norte, fuertes núcleos de apoyo para el Partido Demócrata. Ya al final del debate, un abolicionista de edad avanzada que aún defendía derechos de ciudadanía plena para los afroamericanos propuso una enmienda que sacara el término "blancas" del reglamento de naturalización. Esa propuesta casi dio al traste con toda la reforma. Los legisladores del oeste del país y algunas organizaciones de trabajadores se opusieron con vehemencia ya que eso abriría la puerta a la naturalización de los inmigrantes chinos. Los Republicanos buscaron un acuerdo. En el verano de 1870 el presidente Grant promulgó una reforma que dejó la expresión "blancas y libres" en la norma, pero amplió el derecho a naturalizarse a personas de "nacimiento africano o ascendencia africana". Parecía poco probable que un número amplio de personas africanas o afrodescendientes se mudara a Estados Unidos así que pocos en Washington objetaron esa nueva formulación. Se entendía poco más que como un gesto simbólico hacia un grupo de apoyo fundamental para el partido Republicano, los afroamericanos, que tendría pocas consecuencias prácticas.[68]

Pero ese cambio en el sistema de naturalización acabó teniendo un impacto inesperado sobre la política cubana en Florida. Meses después de que el presidente Grant firmase la aprobación de la ley, los nacionalistas cubanos comenzaron a construir una coalición electoral que, por primera vez, incluyera a hombres de clase obrera. Gracias a esa ley de naturalización, los cubanos afrodescendientes podían participar en esta coalición. Sus votos contribuirían a modificar resultados electorales y el flujo de patrocinio político. Así que, antes de que los líderes de la insurgencia en Oriente adoptaran los principios del abolicionismo inmediato y de la ciudadanía plena para personas afrodescendientes, y casi en el mismo momento en que la reforma electoral permitía que los artesanos alfabetizados en Puerto Rico participaran en las elecciones, esta ley aprobada en el Congreso en Washington permitió (u obligó) a que los nacionalistas de la Florida se dirigieran a los hombres afrodescendientes en tanto votantes. El resultado fue que Francisco Bonilla, el zapatero cuyos hijos acabarían formando parte del círculo cercano de José Martí, fue uno de los primeros cubanos afrodescendientes en solicitar la ciudadanía estadounidense, el 1 de octubre de 1870. Otro de los hombres que le acompañó aquel día a solicitar la naturalización fue Salomé Rencurrel, cigarrero, vecino de la casa de al lado. Años después, ya en Nueva York, Rencurrel viviría en el mismo apartamento que los Bonilla, donde también adoptó un rol de liderazgo en su comunidad.[69] Francisco Bonilla y Salomé Rencurrel se convirtieron así, en dos de los primeros cubanos afrodescendientes en adquirir derechos electorales plenos en una república. No se trataba solo del derecho al voto sino del derecho de participar del proceso de intercambio clientelar, de creación de coaliciones y en la campaña electoral, entendida –según la idea de ciudadanía que se tenía en ese momento– como espectáculo público. La documentación encontrada no indica el grado de participación de los cubanos en la jornada electoral o la celebración en la que "negros", según un testigo que no apoyaba la democracia interracial, circularon alrededor de la ciudad "en una carreta con una banda de música, gritando y abucheando y ofendiendo a los ciudadanos blancos". Tampoco podemos determinar si algún cubano participó en la riña que se armó en una reunión del partido Republicano en 1872 cuando un grupo de hombres blancos propuso desertar del partido y crear su propio "partido blanco y respetable".[70]

Lo que sí está claro es que cuando los exiliados cubanos se integraron en las instituciones locales y en la política electoral no todos los cubanos blancos optaron por apoyar el proyecto de ciudadanía igualitaria y de democracia interracial. En 1872 un grupo de exiliados nacionalistas formaron una logia masónica en Cayo Hueso, pero votaron a favor de "eliminar el elemento de color hasta el cuarto grado, prohibiéndose hablar de razas". Los cubanos afrodescendientes respondieron creando su propia logia, que llamaron Abraham Lincoln, en honor al presidente Republicano que había promulgado la abolición de la esclavitud en Estados Unidos.[71] Ese mismo año, una parte del movimiento cubano se pasó a las filas del Partido Demócrata, que prometió el apoyo a la insurgencia en Cuba que los Republicanos no habían ofrecido. Con el voto cubano dividido, los demócratas asumieron el gobierno de Cayo Hueso y, más importante aún, el gobierno del Estado de Florida, en 1876. Cuando el gobierno federal retiró al ejército del estado a finales de aquel año (la fuerza que había supervisado la reconstrucción del estado después de su derrota en la Guerra Civil), los demócratas lanzaron un proceso de reformas legales e imposición del terror que tenía por objetivo eliminar el derecho electoral de los hombres afrodescendientes.[72] Cuando Francisco Vicente Aguilera, líder insurgente del este de Cuba, visitó Cayo Hueso estos años descubrió que no solo existían muchas divisiones entre los cubanos blancos, "sino también que de estos estaba muy retraída la jente de color".

Y según su testimonio, alguien en Cayo Hueso estaba implicado en una campaña de propaganda dirigida a cubanos afrodescendientes que decía que "la actual revolución no se había hecho para favorecerlos" y que debían formar su propio movimiento "para vengar todas las ofensas que se les habían inferido durante la época de la esclavitud, y con especialidad los crímenes perpetrados en el año de 1844".[73] Es difícil saber si esta convocatoria circuló de verdad entre los cubanos afrodescendientes de Cayo Hueso o si Aguilera (o los que le informaron sobre la situación en aquella ciudad) simplemente hizo la inferencia de que la venganza por ofensas pasadas tenía que ser la motivación por la cual los emigrados afrodescendientes formaban sus propias instituciones políticas y sociales, ya fuera en el marco del movimiento nacionalista o no. Parece más probable, de hecho, que la voluntad de algunos miembros blancos del movimiento nacionalista de crear instituciones segregadas y de sumarse a la política del Partido Demócrata fuera el origen verdadero del retraimiento.

El sector del movimiento nacionalista al que pertenecía Aguilera fue liderado por un grupo de hateros y plantadores, como él mismo, que tarde y con motivaciones diversas habían asumido los principios del abolicionismo y la ciudadanía plena para todos los hombres sin distinción de color. La historiadora Ada Ferrer señala: "Por una parte [los líderes insurgentes] afirmaron con claridad el derecho igualitario de todo cubano a formar y servir a la nación, pero dejaron claro que cada grupo tenía diferentes gradaciones respecto al derecho de utilizar el título de 'cubano'".[74] Pero la guerra y el exilio habían comenzado a influir de manera profunda en la política liberal cubana. Cuando Aguilera descubrió la brecha existente entre cubanos negros y blancos en Cayo Hueso, pidió reunirse con los hombres afrodescendientes, entre los que seguro estaban el zapatero Francisco Bonilla y el cigarrero Salomé Rencurrel. Aguilera escuchó sus quejas y respondió. Invitó a dos "ciudadanos de color" a que lo acompañaran en todo su circuito de visitas a fábricas y clubes. Según su propio criterio, logró armonizar el resentimiento mutuo que se mostraban blancos y negros. Como prueba de ello, los cubanos afrodescendientes de la ciudad organizaron una cena para celebrar la resolución de la tensión racial en la ciudad (sugiriendo que continuaban, los afrodescendientes, desarrollando redes sociales y liderazgos independientes, pese al nacimiento de organizaciones sindicales y nacionalistas que ya no estaban segregadas). Aguilera y sus aliados seguían recurriendo a hombres como Bonilla y Rencurrel para pedirles el voto. Carlos Manuel de Céspedes, hijo de aquel hacendado que había dirigido la primera rebelión de Bayamo, ganó las elecciones a alcalde de Cayo Hueso en 1875. Gerónimo Bonilla adquirió la nacionalidad unas semanas antes de estas elecciones.[75] Céspedes y otros nacionalistas también hicieron campaña entre los trabajadores para que votaran por la fórmula republicana en las elecciones presidenciales de 1876.[76]

Una década después, Lemuel Livingston, director del instituto en Cayo Hueso para personas "de color", resumió lo que veía como la diferencia entre los cubanos blancos y los otros blancos que vivían en la Florida. Los cubanos blancos tenían sus prejuicios, reconocía, pero "no ven como un deber religioso, basado en el puro odio y la terquedad, el poner obstáculos en el camino y privar de la humanidad y la vida a alguien por un determinado pigmento en su cutis". Livingston, que se había graduado en la Universidad de Howard, también era periodista y militaba en el Partido Republicano. Había participado en el esfuerzo, hasta entonces exitoso, para defender los derechos políticos de los afrodescendientes en Cayo Hueso. La mentalidad tan distinta de los cubanos blancos era, para él, una de las razones principales por las que esta localidad seguía siendo, hasta 1889 cuando el estado asumió el gobierno local, "la ciudad más libre" del sur de Estados Unidos.[77]

La presencia activa de afroamericanos como Livingston era una diferencia fundamental entre la experiencia de los Bonilla con las nuevas coaliciones electorales en Cayo Hueso y la de Figueroa en San Juan, donde los liberales formaron coaliciones electorales similares en la misma época. En Cayo Hueso, además, la interacción con los afroamericanos era una característica importante de la vida diaria, más allá de la política. Los Bonilla se movieron con fluidez en ambos mundos, el cubano y el afroamericano. Juan pudo asistir al colegio San Carlos, conocido por enseñar tanto a blancos como a afrodescendientes. Pero el colegio San Carlos enfrentaba problemas de presupuesto constantes y solo funcionó de manera intermitente en la época. Francisco y él pudieron haber asistido también a una de las pequeñas escuelas privadas que gestionaban los cubanos exiliados, a una escuela católica para niños cubanos afrodescendientes o a una de las escuelas públicas para niños afroamericanos del gobierno municipal gestionadas por figuras como Livingston.[78] Un periodista angloamericano que viajó a Cayo Hueso en aquella época escribió que "los niños de las clases cubanas más pobres" jugaban con los niños afroamericanos en los barrios en los que vivían juntos "en pie de igualdad social".[79] No está claro si este escritor quería decir que tanto los cubanos blancos como los afrodescendientes jugaban con los afroamericanos, o que eran solo los cubanos afrodescendientes quienes jugaban con aquellos. Quizá ni siquiera creía que las personas pertenecientes a la clase más pobre de los cubanos podían ser blancos de verdad. En cualquiera de los casos, el contacto con los niños afroamericanos de Cayo Hueso fue uno de los factores que pudieron influir en el papel que los Bonilla asumirían, más tarde, como personas clave de la alianza entre cubanos y afroamericanos.

Este contexto extraordinario donde evolucionaron las alianzas políticas cubanas se ve claramente en el censo de 1880, cuando los Bonilla vivían cerca de varias familias afroamericanas (y de cubanos blancos y afrodescendientes). El vecino de al lado, James English, era un peluquero "mulato" y líder Republicano que trabajaba en el registro de votantes del condado. Gerónimo ya tenía la edad suficiente para poder conversar con este vecino sobre las políticas de los Republicanos y Demócratas en el porche de su casa. El hombre que llamó a la puerta de los Bonilla durante el censo de 1880 fue un herrero afroamericano, Robert Gabriel, miembro republicano del Consejo de Cayo Hueso y gran maestro de una logia afiliada a la Gran Orden de los Odd Fellows, una organización fraternal afroamericana parecida a la masonería.[80] Esta logia tenía como miembros a los mismos artesanos, maestros, periodistas y predicadores afroamericanos que lideraron el activismo Republicano. Las logias eran otro punto de contacto para los Bonilla con sus vecinos afroamericanos. En 1876, cubanos afrodescendientes formaron la logia San Rafael, recibiendo su licencia de la organización de Gabriel. No sabemos cuándo se sumó Gerónimo a los Odd Fellows, aunque sabemos que Juan no tenía la edad suficiente para hacerlo antes de mudarse a Nueva York. Pero las actividades en los Odd Fellows y dentro del Partido Republicano fueron las bases de operación fundamentales para el futuro liderazgo de Juan y Gerónimo en la creación de La Liga y a la hora de reclutar a cubanos afrodescendientes para el Partido Revolucionario Cubano.

LA HABANA Y MATANZAS: RAFAEL SERRA (Y JUAN GUALBERTO GÓMEZ)

Sin duda alguna, las historias del movimiento obrero multirracial, las huelgas, las campañas electorales y las relaciones con afroamericanos en Cayo Hueso habrían llegado hasta Rafael Serra en La Habana antes del final de la Guerra de los Diez Años, ya que los migrantes comenzaban a regresar a Cuba a finales de la década de 1870.[81] Pero, en aquel momento, hablar de esas cosas en Cuba era peligroso. El Partido Español reforzaba su poder en La Habana organizando una milicia llamada los Voluntarios, como en Puerto Rico. Era una organización dirigida por comerciantes peninsulares y propietarios de fábricas que reclutaban a empleados peninsulares para convertirlos en soldados. Los Voluntarios obligaron a los reformistas liberales de Cuba al silencio o el exilio, incluso mientras duró la breve República española. El gobierno español desplegó los batallones morenos y pardos, reconstruidos en la isla después del 1854, durante la Guerra e incluso empleó a personas esclavizadas para defender el imperio, prometiéndoles a cambio su libertad. Pero durante la Guerra no hubo movilización electoral o editorial en La Habana que pudiera compararse con lo que sucedió en el San

Juan de Figueroa, ni fiestas electorales, ni festejos por la abolición (que tardaría más de una década en suceder) ni, por supuesto, ninguna incorporación de trabajadores afrodescendientes a un sistema de clientelismo político-electoral como el que sucedía en Cayo Hueso.

Eso no significaba que La Habana estuviera totalmente tranquila ni desconectada de las transformaciones políticas que se desarrollaban en Oriente, en San Juan y Cayo Hueso. El episodio que mejor muestra esas conexiones fue la polémica entre el periodista exiliado Juan María Reyes y Gonzalo Castañón, editor de un periódico conservador en La Habana y coronel en el cuerpo de los Voluntarios. Primero se enfrentaron en sus respectivas publicaciones. Después, Castañón, que había viajado en vapor hasta Cayo Hueso para retar a Reyes a duelo, perdió la vida en un intercambio de disparos con un panadero cubano. El episodio sacudió Cayo Hueso y tuvo eco en todo el Caribe español. Los Voluntarios tomaron las calles de La Habana buscando oportunidades para tomarse la justicia por su mano. Como pasó durante los disturbios postelectorales de San Juan aquel mismo año, se dedicaron con frecuencia a atacar a hombres afrodescendientes. La violencia racializada, debió ser un aspecto importante de lo sucedido alrededor de la muerte de Castañón para un Rafael Serra que contaba con 13 años.[82] Pero el episodio contribuyó a enrarecer el clima político para los criollos de buena posición también. Las autoridades encarcelaron a un grupo de estudiantes de medicina de La Habana, los acusaron de profanar la tumba de Castañón y ejecutaron a ocho de ellos. Es así como una pelea entre dos periodistas, uno nacionalista en Cayo Hueso y el otro conservador y miliciano de La Habana se convirtió en un evento formativo para la evolución política de toda una generación de profesionales cubanos. A esta generación pertenecía el joven José Martí. Fermín Valdés Domínguez, uno de los amigos de infancia más cercanos de Martí, fue uno de los estudiantes de medicina detenidos y condenados a trabajos forzados (no fue ejecutado). Martí también había sido condenado a trabajos forzados por tener en su poder cartas que aparentemente lo vinculaban al separatismo.

Tras cumplir parte de sus sentencias, Martí y Valdés Domínguez se exiliaron en España, donde estudiaron en la Universidad y comenzaron su trayectoria literaria publicando textos contra la represión política en Cuba. Estuvieron en la península durante el periodo liberal a comienzos de la década de 1870 y fueron testigos de debates parlamentarios sobre la extensión del sufragio, la breve República española y la abolición de la esclavitud en Puerto Rico.[83]

Otro episodio, pocos años más tarde, permite conocer otras redes de resistencia clandestina que vinculaban La Habana, San Juan, Cayo Hueso y Oriente en esta época. En 1875, la policía arrestó en La Habana a Bartolomé Duarte, a quien identificaron como un "cochero moreno" nacido en Puerto Rico. Según las autoridades, Duarte tenía en su poder moneda estadounidense, un revólver, cartuchos y cartas que demostraban que tenía la "comisión de sonsacar á los de su raza, para embarcarlos con dirección á Cayo Hueso" donde otros rebeldes les ayudarían a embarcarse rumbo a Oriente y sumarse a la rebelión. También descubrieron pruebas que mostraban que Duarte ya había ayudado al menos a dos hombres esclavizados a emprender esa ruta.[84] No sabemos lo generalizado de estas actividades, similares al conocido como "ferrocarril subterráneo" en Estados Unidos, entre los cocheros y otros trabajadores afrodescendientes de La Habana. Tampoco está claro si el hecho de que Duarte fuera puertorriqueño fue un caso insólito o si apunta a una vinculación más amplia entre artesanos y abolicionistas en ambas islas.

Lo que sí queda claro es que alianzas políticas como las nacidas en Cayo Hueso y Puerto Rico a comienzos de la década de 1870 llegaron a Cuba más tarde y fructificaron más despacio. Según el tratado de paz que firmó el grupo más cauto de la insurgencia en 1878, el Pacto de Zanjón, los cubanos lograron gran parte de las reformas políticas de las que los puertorriqueños llevaban disfrutando una década: permiso para crear asociaciones y publicar periódicos, siempre y cuando su objetivo no fuera la defensa de la causa independentista. También, y por primera vez, podían fundar partidos políticos y presentarse a las elecciones, tanto municipales y provinciales como a las Cortes en Madrid. Igual que en Puerto Rico, tras la reducción a mediados de la década de 1870, el derecho de sufragio se limitó a los hombres que contribuían con una cifra mínima de impuestos o a los que se consideraba aptos por sus "capacidades" en su calidad de profesionales, militares, artistas reconocidos o funcionarios de la administración. Como en Puerto Rico, esta ley electoral favorecía al contingente proespañol en el que se contaban los comerciantes peninsulares, los dueños de las fábricas y los funcionarios. Sin embargo, el nuevo sistema electoral permitió que los criollos de clase alta y clase media se organizaran para pedir ciertas reformas dentro del sistema colonial.[85] Esta era la alternativa que preferían la mayor parte de los intelectuales y los propietarios cubanos (incluso algunos que antes habían sido insurgentes). Ya no estaban convencidos de la propuesta del movimiento separatista, que se radicalizaba y que los propagandistas españoles seguían presentando como una rebelión de negros.

Un Partido Liberal de reciente creación defendía que siguieran reclamándose los objetivos de la insurgencia pero que se hiciera a través de los canales de petición y actividad electoral que permitía la ley. Pero el nuevo partido adoptó un punto de vista limitado respecto a estos objetivos, volviendo al programa que había propuesto la delegación liberal cubana en Madrid en 1866: la extensión de la Constitución española a Cuba, la abolición gradual de la esclavitud, la inmigración blanca y la reforma aduanera. La facción más radical de la insurgencia, la dirigida por Antonio Maceo, que no había participado en el acuerdo de paz, no lo aceptó y pronto comenzó a organizarse en el exilio para retomar la lucha armada. Argumentaban que los Liberales habían traicionado la causa de la revolución al aceptar la paz sin garantizar ni el fin de la esclavitud ni la independencia de Cuba. Criticaban el liderazgo del nuevo Partido Liberal, que pedía lealtad a los afrodescendientes en nombre de la revolución, por no defender el sufragio universal, los derechos civiles para todos, ni la abolición inmediata de la esclavitud. Los Liberales preferían una abolición gradual tras un periodo de "patronato" durante el cual los antiguos esclavos tendrían que seguir trabajando para las personas que los habían esclavizado".[86]

A pesar de estas limitaciones, el periodo que siguió al Pacto de Zanjón vio el nacimiento de nuevos periódicos y nuevas instituciones políticas en las cuales intervendrían los intelectuales afrodescendientes como el joven Rafael Serra. En los márgenes más democráticos del Partido Liberal, el líder obrero Saturnino Martínez y el abogado Nicolás Azcárate, la pareja que había ayudado a instaurar la lectura en las fábricas de cigarros una década antes, trataban de reconstruir la alianza entre reformistas liberales y artesanos que la guerra había interrumpido. Defendían la creación de centros de instrucción en los que pudieran educarse los trabajadores, la abolición inmediata de la esclavitud y el sufragio universal.[87] Martínez también fundó el Gremio de Obreros del Ramo de Tabaquerías, al que se sumaron más de cuatro mil cigarreros en La Habana en el año que siguió al fin de la Guerra. Este sindicato reflejó la creciente circulación de las ideas anarquistas, entre las que estaba el principio del antirracismo. También, y porque de manera expresa incluía a trabajadores de las diversas categorías laborales de la industria tabaquera (torcedores, escogedores, rezagadores, empacadores, y despalilladores), el sindicato unía a personas de diferente posición social dentro de la misma organización.[88] Rafael Serra trabajó en la misma fábrica que Saturnino Martínez y su primera actividad política documentada era su "labor asidua" en la creación del sindicato.[89] Con el paso del tiempo, el Partido Liberal (luego renombrado como Partido Autonomista) incorporó al grupo de Azcárate y Martínez y comenzó a dirigirse a los artesanos y los afrodescendientes en tanto aliados potenciales.

El surgimiento de alianzas multirraciales y el deseo de algunos políticos de movilizar el apoyo de trabajadores blancos y afrodescendientes no demuestran que hubiera nacido una cultura sindical o política que superara toda la tradición de la segregación racial. Esto se ve en la proliferación de sociedades y periódicos creados por y para los artesanos afrodescendientes que a menudo se vinculaban con las distintas facciones políticas en la isla. Los conservadores ofrecieron ayuda para la creación de casinos de españoles "de color", para los afrodescendientes "leales". Los liberales defendieron y promovieron que los trabajadores afrodescendientes crearan sus propias versiones de los clubes educativos para artesanos lanzados por Azcárate y Martínez. Estas sociedades de instrucción y recreo se conocían popularmente como "sociedades de color" y en su seno nació un nuevo liderazgo y una nueva lucha por los derechos civiles en Cuba que defendía las oportunidades educativas, el fin de la segregación en los parques, teatros y cafés, y que se ampliaran los derechos políticos.[90] Este tipo de clubes se convirtieron en la plataforma principal desde la que evolucionó una generación de cubanos de ascendencia africana que llegarían a convertirse en escritores y políticos, entre ellos Rafael Serra.

El más célebre de los nuevos activistas afrodescendientes fue Juan Gualberto Gómez, hijo de una pareja que, esclavizada en una plantación en Matanzas, logró ahorrar dinero suficiente para comprar su libertad y la de su hijo. Sus padres lo enviaron a la escuela y después, con el apoyo de sus antiguos esclavizadores, lo mandaron a París, como aprendiz en una fábrica de carruajes. Allí, Gómez cambió el plan, estudiando en un instituto y luego empezando una carrera como periodista. Cuando Francisco Vicente Aguilera –el líder insurgente cubano que había tratado de mediar en los conflictos entre cubanos negros y blancos en Cayo Hueso en 1874– viajó a París, Gómez le sirvió de traductor. Después se mudó a México, donde, durante los últimos años de la guerra, vivía también una amplia colonia de cubanos. Allí trabajó como representante del músico cubano Claudio Brindis de Salas, conocido como el "Paganini negro". En México conoció al abogado cubano Nicolás Azcárate, que le propuso que regresara a Cuba. Ya en La Habana, Azcárate invitó al joven periodista a que hablara en funciones literarias de la élite local y le apoyó en sus intentos por publicar, enseñar y participar en el activismo político. Parece que fue Azcárate quien presentó a Gómez y a Martí, que también acababa de regresar del exilio y participaba a menudo en actividades de Azcárate en el liceo de Guanabacoa. En abril de 1879, con apoyo de Azcárate y de otros liberales de estatus alto, Gómez abrió una escuela para niños de color en La Habana y comenzó a publicar un periódico llamado *La Fraternidad,* desde cuyas páginas defendía los derechos civiles, la educación y los intereses de la "raza de color".[91]

Rafael Serra dio sus primeros pasos hacia la plaza pública más o menos al mismo tiempo, pero en la ciudad de Matanzas (a dos horas en tren), donde se había mudado tras casarse con Gertrudis Heredia. En agosto de 1879, cuatro meses después de la aparición del primer número de *La Fraternidad* en La Habana, Serra ayudó a fundar una sociedad de instrucción y recreo llamada La Armonía. Recaudó el dinero necesario para abrir una escuela primaria que funcionaba en la casa en la que vivía la pareja en la calle Daoíz. Enseñaba a leer y escribir, gramática, geografía, dibujo y aritmética a más de treinta y cinco alumnos. También editó, aunque por poco tiempo, un periódico llamado *La Armonía.*[92] Se trataba de la transformación repentina de un artesano y activista sindical joven en maestro, periodista y líder en el movimiento de derechos civiles y políticos. En sus propias palabras, "tenía 20 años de edad, era hijo de padres esclavos y jamás me había acariciado la fortuna. Tomando esto en cuenta y la situación política social de nuestro país, puede calcularse lo escaso que sería el grado de cultura al que llegaba". Tenía educación primaria, una tía que era maestra, y años trabajando en talleres donde los compañeros valoraban la lectura y la autoformación. Así que quizás no sea tan sorprendente que haya logrado educarse a sí mismo hasta llegar a una posición desde la cual podía enseñar las primeras letras a aquellos que tenían menos educación que él. Pero, ¿dónde logró la experiencia necesaria para comenzar a publicar un periódico? No era tipógrafo como Sotero Figueroa ni tenía años de experiencia como periodista en el extranjero como Juan Gualberto Gómez. Una posibilidad es que dependiera de amigos blancos, quizás alguno de los maestros y periodistas que ayudaron a fundar la sociedad La Armonía, hombres que formaban parte de los mismos círculos literarios que Azcárate y Martí. Quizás esos hombres lo ayudaron con las cuestiones logísticas relativas a la producción de los primeros números de su periódico, con la edición, las correcciones y los contactos con los impresores. Pudieron incluso ayudarlo a recaudar dinero para afrontar los costes de lanzamiento, posiblemente con la esperanza de que Serra apoyara sus ideales políticos.[93]

El apoyo que hombres como Gómez y Serra recibieron de algunos literatos blancos que simpatizaban con el proyecto de la instrucción popular era, no obstante, un arma de doble filo. Cuando en 1880 el gobierno decretó el final de la esclavitud y se instauró el patronato, un sistema que requería que los recién liberados esclavos continuasen trabajando para sus antiguos amos por un periodo de ocho años, los líderes del Partido Liberal, en Cuba se mostraron de acuerdo. Pero continuaron preocupados por lo que denominaban "la cuestión social". Se referían así a la presencia de un gran número de personas que iban a ser liberadas de su esclavitud. El político liberal Rafael Montoro, por ejemplo, consideraba que "no puede esperarse nada bueno de la nueva clase social" y que "el problema más difícil y arduo" consistía en "hacerlos dignos de la libertad y la civilización".[94] Incluso aquellos en el ala democrática del Partido Liberal como Azcárate siguieron muy preocupados con lo que veían como profundos fallos culturales y morales de los cubanos afrodescendientes. Desde su punto de vista, el apoyo a los derechos civiles y las sociedades de instrucción y recreo organizadas por hombres como Rafael Serra iba de la mano del esfuerzo por la supresión de los cabildos de nación, y sus "exhibiciones salvajes" e inmorales. Ya que "la esclavitud ha desaparecido y los blancos y los negros son iguales ante la ley", escribió en 1881, cinco años antes de que terminara el sistema de patronato y cuando, de hecho, la ley aún no trataba a blancos y negros con igualdad, "ellos son los que tienen el interés mayor en que los cabildos desaparezcan en la isla, para que la gente de color pueda participar en sociedades caritativas y cooperativas y pueda establecer casinos, liceos, y otros círculos dedicado a las diversiones cultas y la instrucción útil". Para Azcárate, estas nuevas sociedades de color tenían como objetivo la 'civilización' de los cubanos afrodescendientes, es decir, su preparación para participar plenamente en la sociedad cubana.[95]

No está claro si este tipo de presiones influyeron en las relaciones entre los miembros de la sociedad La Armonía fundada por Serra y los miembros del cabildo Fernando VII, creado por el abuelo de Gertrudis Heredia, que seguía funcionando en una sede cercana a la escuela de Serra, posiblemente en el mismo edificio de la calle Daoíz a finales de 1878.[96] Es probable que Serra y Heredia se beneficiaran de los recursos y relaciones sociales tejidos por una generación de líderes de más edad y nacidos en África. No resultaría extraño. En esta época, muchos líderes de cabildo empezaron a convertir sus organizaciones en sociedades de instrucción y recreo, siguiendo los consejos de Azcárate y otros. Por ejemplo, los miembros de varios cabildos en el barrio de Jesús María en La Habana, formaron la sociedad Unión Fraternal y se separaron "de otros elementos de la misma raza, menos cultos que dedicaban el cabildo a la religión africana".[97] En Cayo Hueso hubo conflictos similares entre los miembros de una sociedad que se veían a sí mismos como quienes "estaban en verdadero camino del progreso" y los africanos que "bailaba[n] todavía á usanza de su país".[98] Quizás estas conversaciones también tuvieron lugar entre los participantes de La Armonía y los miembros del cabildo Fernando VII. Por otra parte, algunos académicos han argumentado que el rechazo público de prácticas culturales derivadas de África era una fachada necesaria para las sociedades de color y que tras las puertas cerradas de muchas de las sociedades seguían desarrollándose sus antiguas prácticas culturales y espirituales.[99] Quizás, entonces, Serra y los otros fundadores de la sociedad La Armonía eran respetuosos en privado con los ancianos lucumíes de la familia de Heredia, aunque públicamente se declaraban defensores del proyecto de la elevación y "civilización" de los afrodescendientes, proyecto que algunos veían como un intento de suplantar a los cabildos.

Fueran las que fueran sus opiniones sobre la espiritualidad, el baile y la música afrocubana, parece claro que Serra simpatizaba con el proyecto de independencia para Cuba, aunque no pudiera escribirlo en su periódico. El acuerdo de paz de 1878, que no llevó ni a la independencia ni a la abolición inmediata de la esclavitud, dejó insatisfecho a una parte importante del movimiento insurgente cubano. Después de que las negociaciones sobre el tratado de paz excluyeran a la facción militar más radical de Oriente, Antonio Maceo y otros oficiales de ascendencia africana, juntos a algunos de sus camaradas blancos, protestaron y se fueron al exilio. Entonces, en agosto de 1879, justo cuando Serra comenzó a publicar *La Armonía*, los separatistas lanzaron un nuevo movimiento insurgente en Oriente que se conoció como la Guerra Chiquita. Guillermo Moncada, un hombre afrodescendiente que había sido carpintero en Santiago, dirigió el levantamiento, que fue desautorizado por miembros prominentes del Partido Liberal. Como ya había sucedido antes, el gobierno trató de interpretar la nueva rebelión como un alzamiento de negros contra los blancos y dirigió la represión estratégicamente para dar peso a la acusación. Entre las medidas adoptadas, se incluyó bloquear la entrada de las personas afrodescendientes por los puertos cubanos. Por ello, la decisión española de representar a la lucha anticolonial como si fuera una rebelión racial tuvo consecuencias desproporcionadas y un gran impacto sobre los emigrados afrodescendientes en Cayo Hueso, Nueva Orleans y Jamaica cuyos movimientos desde y hacia Cuba quedaron prohibidos no por sus actos sino por su color.[100]

Aparentemente, Serra se unió a un club revolucionario clandestino en Matanzas por esa época, al mismo tiempo que Juan Gualberto Gómez y José Martí organizaron clubes similares en La Habana.[101] Sin embargo, en sus esfuerzos por convertirse en escritor y maestro, Serra ofreció una imagen cuidadosamente alternativa a la del bandido negro salvaje propagada por el gobierno. El primer número de *La Armonía* anunciaba "Nuestra bandera es la del órden".[102] Serra y sus amigos explicaron que lejos de sembrar la semilla de la desunión, el objetivo de su club era "armonizar con todas las razas y todas las clases sociales, bajo el lema santo de fraternidad". Este ideal (expresado también en el título del periódico de Gómez, *La Fraternidad*) se correspondía con la ideología de armonía entre las clases que propugnaba el republicanismo español y que se proyectaba hacia las relaciones de raza en Cuba. El modo de armonizar la sociedad cubana, según los escritores afrodescendientes, consistía en garantizar los derechos civiles y políticos básicos de la "clase de color".[103] *La Armonía* esperaba "hacer desaparecer las preocupaciones de nacimiento y esas prevenciones que han dominado por tantos siglos a la humanidad entera". La igualdad racial, desde su punto de vista, no debía provocar inestabilidad siempre que el gobierno fomentara la libre asociación y "la educación popular, base de moralidad e instrucción en las masas y de afianzamiento de la pública tranquilidad".[104] De hecho, aunque Serra no pudiera decirlo abiertamente en Matanzas en 1879, ese compromiso con la tranquilidad y la armonía social no era en ningún modo una desaprobación del levantamiento de Oriente. En escritos posteriores sostuvo que la revolución separatista también era enemiga del desorden y la discordia.[105]

El periódico de Serra, *La Armonía,* no duró mucho. A comienzos de 1880 dejó de publicarse, puede que por escasez de fondos. Serra comenzó entonces a colaborar en la producción de un periódico semanal que editaba en Matanzas Martín Morúa Delgado, un tonelero de madre afrodescendiente y padre blanco que también aspiraba a convertirse en escritor. A finales de la década de 1870 hubo una desavenencia entre Morúa y Juan Gualberto Gómez.[106] Los dos se intercambiaron acusaciones en sus respectivas publicaciones y seguirían siendo rivales hasta el final de sus carreras, incluso después de convertirse ambos en senadores una vez instalada la República en Cuba. Años después, Serra se convertiría en un aliado cercano de Gómez y se alejaría de Morúa. Pero mientras Serra daba sus primeros pasos en el periodismo, Morúa, un poco mayor que él, ejerció como su mentor y guía. Serra recordaría trabajar "bajo su dirección y siguiendo sus consejos, que aceptaba porque le conceptuaba más ilustrado que yo, como lo era en realidad".[107] Serra publicó poesía y escritos políticos en el periódico de Morúa, *El Pueblo*. Al menos en una ocasión ejerció como editor de este en ausencia de Morúa.[108]

Gracias a estas periódicas publicaciones, Serra llegó a ser una figura pública en Matanzas. Pero al contrario de lo sucedido con

El Eco de Ponce (donde Sotero Figueroa adoptó la voz de árbitro del buen gusto y defensor del progreso más allá de la raza), *El Pueblo* se definía como "órgano de la clase de color". Morúa y Serra se lanzaron a las luchas encarnizadas de la prensa y las imponentes manifestaciones de la plaza pública en calidad de representantes de esa clase.[109] Y respondieron a las inquietudes de sus aliados liberales, que debatían la "cuestión social" argumentando que las sociedades de color podían guiar a la "raza de color" hacia un comportamiento público, un civismo y un nivel de ilustración necesarias para el ejercicio de la ciudadanía.[110] Al asumir ese papel, lidiaban con estereotipos que dificultaban terriblemente su autorrepresentación. En ese momento, los espectáculos públicos de más popularidad en Cuba eran los bufos que representaban a los negros catedráticos con su discurso ridículo, pomposo, trufado de latinajos retorcidos y términos científicos mal utilizados. En los escenarios de Cuba, actores blancos con las caras pintadas de negro representaban a negros catedráticos dando lecciones a bozales ignorantes, otros actores blancos que hablaban en un español africanizado, sobre lo necesario que era que abandonaran su comportamiento salvaje. Obviamente, la burla se basaba en la presunción de que estas personas de tan limitada cultura no debían dar lecciones a nadie sobre cuál era la mejor forma de comportarse. Su intento de enseñar a alguien más revelaba precisamente sus propias limitaciones, aparentemente muy cómicas.[111]

En estas obras había mucho más que estereotipos. Los dramaturgos usaban las caricaturas negras de manera alegórica para criticar a la élite criolla blanca (que se creía aristócrata) o al gobierno colonial, haciendo que el público a menudo simpatizara con algunos personajes afrodescendientes, como representantes auténticos de lo criollo. Pero es de destacar que los papeles que Serra y Morúa adoptaron en sus primeras incursiones en la plaza pública eran exactamente aquellos que la cultura popular cubana ridiculizaba. Hombres que "venían de la nada" y querían llegar a ser "algo" debían tener cuidado con sus florituras retóricas, su uso de las referencias clásicas o el vocabulario erudito, ya que podían provocar tanta burla como admiración. Quizás este trasfondo explica la estrategia de modestia exagerada utilizada por los escritores de *El Pueblo*. "Humilde artesano, y por añadidura perteneciente á la raza de color" comenzaba un discurso reproducido en el periódico, "espero la benevolencia de las personas de mas criterio que componen este auditorio".[112] A menudo, Serra comenzaba artículos y discursos con esa misma retórica. También escribió "la presunción es uno de los males que adolecen á la clase de color" que debería comenzar por la humilde tarea de transformarse primero a sí misma y solo una vez conseguido eso, pedir un reconocimiento pleno.[113] Este tono era bastante diferente del desarrollado por Sotero Figueroa en sus primeras publicaciones como defensor del progreso, árbitro del gusto y la belleza y crítico desde el humor con los políticos conservadores.

Como si desembarazarse de la sombra del presuntuoso catedrático negro no constituyera un reto de tamaño suficiente, para ponérselo más difícil aún, Serra y sus colegas tuvieron que enfrentarse a un escándalo en la prensa cubana acerca de la creciente popularidad del danzón. El danzón era la analogía cubana de la danza puertorriqueña, un baile en pareja asociado a las comunidades afrodescendientes urbanas en general y en específico con la popularidad de Miguel Faílde, un sastre y músico de Matanzas. Como en la danza puertorriqueña, en la segunda sección del número las parejas bailaban agarradas, con las rodillas dobladas y las piernas entrelazadas. Interpretaban pasos básicos con movimientos giratorios de la cadera y arrastrando los pies. Durante la guerra, el danzón había comenzado a ser popular entre los hombres jóvenes "de la mejor sociedad" de Matanzas y La Habana. Esos jóvenes –como los estudiantes de medicina encarcelados por los Voluntarios en 1871 –contrataban a Faílde para que actuara en fiestas privadas a las que también invitaban a mulatas jóvenes y bellas en calidad de compañeras de baile. No había nada especialmente novedoso en este tipo de encuentros eróticos que traspasaban las líneas de clase y color. Hacía siglos que algunos cubanos blancos se sentían atraídos a los bailes y bailarines que percibieran como impuros desde el punto de vista racial y, por ello, escandalosamente sensuales. Pero durante la guerra, los criollos blancos de La Habana y Matanzas comenzaron a adoptar símbolos de negritud como muestra de su propia rebelión ante la represión colonial. Las fiestas con danzón se convirtieron en atractivas y transgresoras por partida doble: por su fascinante erotismo y por su significado nacionalista. Cuando el gobierno español relajó las restricciones sobre la libre asociación tras el pacto de Zanjón, Miguel Failde y su contraparte en La Habana, Raimundo Valenzuela, se convirtieron en estrellas de los clubes sociales blancos que volvían a abrirse en el oeste de Cuba. En La Habana, el periódico *El Triunfo* lanzó una campaña contra el contagio de "esa cosa que los morenos y pardos de Matanzas llaman danzón". A lo largo de los años siguientes, los periodistas blancos publicaron un flujo constante de artículos que criticaban al danzón como algo indecente y salvaje, una forma de brujería africana, un diablo tentador que podía descolocar incluso al espíritu más tranquilo y prudente. Es probable que algunos de esos artículos tuvieran el efecto opuesto al esperado, ya que hacían propaganda de los aspectos concretos de este baile que lo hacían más atractivo para el público de todos los colores.[114]

La popularidad creciente del danzón, al igual que la campaña de oposición por parte de los periodistas blancos supuso un dilema para los líderes de sociedades de color en Matanzas y para los periodistas afrodescendientes. Failde y su compadre Valenzuela expresaron la opinión que la aceptación generalizada del danzón era un triunfo para la clase de color, algo a celebrar, un paso adelante en la dirección de una vida social no segregada.[115] También apoyaron a las sociedades de color emergentes tocando en conciertos benéficos y bailes.[116] Valenzuela llegó a viajar a Cayo Hueso para participar en el club San Carlos.[117] Hay pruebas de que Serra se movía en los mismos círculos que Failde en Matanzas, aunque la relación no fuera tan cercana como la de Figueroa con Morel Campos.[118] Esta popularidad del danzón debió plantear un dilema para Rafael Serra y Gertrudis Heredia. Quizás, aunque a ellos les gustase la música y estuvieran orgullosos del éxito de Failde, les parecía que la atención que los periodistas ponían en el danzón servía para consolidar una imagen de morenos y pardos como suministradores de ritmos calientes y de sus hijas como compañeras seductoras de danza. La llegada de hombres blancos en busca de compañeras de baile a las reuniones de las sociedades de color en Matanzas era una forma de sociabilidad interracial incómoda, por decirlo con suavidad. Una de las sociedades de Matanzas decidió que los miembros blancos no podían asistir a los bailes a menos que lo hicieran acompañados de sus esposas. Otra anunció que a un baile amenizado por Failde solo podían asistir los socios: "No habrá transeúntes".[119]

Como periodistas que se ubicaban en al ámbito público, Serra y Morúa Delgado tenían que preocuparse por la reputación de las sociedades de color, ya que cualquier imagen negativa de ellas restaría valor a su defensa de la igualdad de derechos civiles y políticos. Por ello, acabaron adoptando una línea dura respecto a este tipo de diversión. Serra escribió que la profusión de juegos de apuestas en las sociedades era "ridícula" y que los bailes mixtos eran "la cuna del corrompimiento y el desorden". Las sociedades deberían enfocarse solo en la educación, en esforzarse por que disminuyera la brecha cultural entre blancos y afrodescendientes ya que "la ilustración será el más vivísimo rayo de libertad que iluminará nuestro contrariado camino".[120] Del mismo modo, Morúa defendió que se limitara el aspecto recreativo de las sociedades a las veladas literarias. Sostuvo que sentarse tranquilamente entre el público y escuchar poesía, discursos y música eran el tipo de actividades que podían elevar más que degradar y que "nos enseñan las buenas maneras de la sociedad, del trato que debemos á las damas".[121]

Estas primeras publicaciones nos ofrecen un atisbo de la imagen pública que Serra comenzó a cultivar como un hombre de apenas veinte años, que emprendía su transición de trabajador a intelectual, y que seguía desarrollando hasta el momento de fundación de La Liga en Nueva York: la de un defensor modesto, austero y sobrio de la moralización y elevación intelectual de los afrodescendientes. La moralidad, escribió en uno de sus poemas, era "la ciencia del deber" que mueve a las personas "a arreglar la conducta", las ayuda a calibrar su comportamiento en cada instante y como consecuencia se "desvanecen las míseras pasiones".[122] Es tentador imaginar que su actitud sombría era solo una proyección pública, que también se permitiría de vez en cuando escuchar o tocar las palmas, cuando los vecinos tocaban y bailaban rumba en su barrio, que se reiría discretamente al escuchar las inteligentes alusiones y las referencias musicales a la sociedad Abakuá en las obras de Failde, para después volcarse de nuevo sobre su escritorio para denunciar el lodazal moral en el que chapoteaba la clase de color. Resulta tentador imaginarse a un Serra que pudo adaptarse a las normas sociales restrictivas de la época sin interiorizarlas, que pudo superar las trampas que el racismo puso en su camino hacia la plaza pública sin tener que romper dolorosamente con su propia tradición vernácula. Pero no tenemos pruebas de que su comportamiento en privado respecto a los bailes y la música difiriera de la severa opinión que hizo pública.

El desarrollo de una reputación impecable era fundamental también porque ejercer liderazgos en instituciones que disponían de los recursos proporcionados por sus miembros, considerando el nivel económico de aquellos, era una cuestión muy delicada. Los nombres elegidos para las sociedades de color, La Concordia, La Armonía o La Unión hacían énfasis en la filosofía de que la libre asociación tenía la capacidad de neutralizar el conflicto social. En realidad, las sociedades estaban plagadas de conflictos personales. Comenzaron en La Armonía casi desde que se fundó, "luchando cada cual por el bien propio y barrenándose á todo trance nuestros humanitarios propósitos". Muy a menudo, varias personas competían por el liderazgo de una asociación, lo que llevaba implícito el derecho al manejo de fondos, la recolección de cuotas y, a veces, a un pequeño salario. Por ello, los presidentes y secretarios de las sociedades eran vulnerables a acusaciones de actuar en su propio interés y al rumor, al que se recurría con frecuencia. Parece que Serra fue víctima de eso. En respuesta a "que en voz baja se murmure (porque no de otro modo) de nuestra manera de ser", publicó las cuentas de su escuela: cuánto cobraba cada mes de sus estudiantes y cuántas becas facilitaba a quienes no podían pagar. También publicaba los resultados de sus campañas de recogida de donaciones. Retó a quienes le criticaban a que hicieran los cálculos teniendo en cuenta el coste de materiales, el alquiler el aula, la donación de su propio tiempo. ¿No se entendía que en realidad manejaba la escuela contra su propio interés económico? Eran aguas peligrosas. Se entiende por qué, años más tarde, Serra le pediría a José Martí que ejerciera de "maestro-inspector" de La Liga con la tarea de revisar todas las cuentas y recibir informes sobre cualquier posible "infracción, negligencia, o sospecha".[123]

Al mismo tiempo que se labró una reputación de austero moralista y defensor de la modestia y la superación personal, Serra sentaba las bases de una estrategia política que seguiría a lo largo de toda su carrera: en su escuela se aceptaba a estudiantes blancos. La imagen del recto profesor negro mostrando caridad cristiana para con los niños blancos pobres no era nueva en el Caribe español. Pensemos en Rafael Cordero, aquel cigarrero y maestro de San Juan. Pero ahora el movimiento obrero cubano y los liberales cubanos comenzaron a adoptar el principio de la unión entre las razas sin crear instituciones multirraciales adecuadas. Y, a la vez, cubanos blancos de todo el espectro político mostraban su cautela respecto a las organizaciones independientes formadas por afrodescendientes por miedo a que organizaran una rebelión para vengarse de los blancos por la esclavitud. En este contexto Serra ayudaba a construir un nuevo modelo institucional. La Armonía era lo bastante independiente –lo bastante parecida a una sociedad de color en su funcionamiento básico– como para que un hombre afrodescendiente pudiera ser su líder y para asegurar que sus actividades fueran útiles a sus miembros afrodescendientes. Pero La Armonía no excluyó a nadie en función de la pertenencia a una raza u otra. Serra la presentó como una de las primeras instituciones en el occidente de Cuba que llevó a la práctica los ideales del trato igual para todos y de la unión de todas las razas.[124] Años más tarde, tanto Serra como sus aliados harían lo mismo con La Liga.

EXILIO

Las primeras incursiones de Rafael Serra en las "imponentes manifestaciones de la plaza pública" fueron muy diferentes de las de Sotero Figueroa, pese al hecho de que vivían en islas que funcionaban bajo la misma estructura política colonial y pese a la gran circulación de ideas y de cultura popular entre ambas. Los dos hombres sintieron el miedo a la violencia racial impuesta por los Voluntarios, los dos tuvieron que negociar el trasfondo y los matices de los debates sobre los bailes populares, los dos sufrieron la popularidad de los personajes tiznados sobre el escenario y, a finales de la década de 1870, los dos vieron cómo se los excluía de la posibilidad de participar en las elecciones en aplicación de la misma ley. Pero en Ponce, Figueroa asumió la voz de un escritor no condicionado por la raza ni la clase, defensor de la industria y el progreso, intrépido en sus burlas hacia los políticos cobardes y árbitro del buen gusto. Quizás no todos sus lectores aceptaron su derecho a ser autor sin etiquetas. Pero fue así como logró abrirse un espacio de maniobra para su proyecto de ascenso social. Casi en el mismo momento, en Cuba, Rafael Serra, adoptó el papel de portavoz, sin mayores pretensiones intelectuales, de la clase de color y de piadoso maestro de niños de todos los colores.

Esto es reflejo de las diferencias de los sistemas de clasificación racial y de exclusión en ambos escenarios como consecuencia de la importación masiva de cautivos africanos a principios de siglo y de las diferentes actitudes, enfoques y evoluciones de la política liberal en el Caribe español, que abrió espacios y oportunidades disímiles para sus carreras literarias, para la consolidación de los respectivos idearios antirracistas y para las construcciones identitarias de estos hombres. Los modos en que raza y política se desarrollaron en Cuba habían creado instituciones separadas para la "clase de color" que potenciaban (o exigían) que los hombres afrodescendientes que tuvieran alguna ambición literaria y política se identificaran y escribieran en nombre de todos los miembros del grupo. Si esto permitió un activismo formal en defensa de los derechos civiles, significó también que las intervenciones públicas más apasionadas de los escritores afrodescendientes fueran admoniciones severas dirigidas a la "clase de color" sobre sus supuestos defectos morales y civilizatorios. El modo en que raza y política se aplicaban en las ciudades pequeñas de Puerto Rico era diferente, abriendo la posibilidad a modificaciones en el estatus racial mediante la construcción de una identidad pública. Los trabajadores urbanos afrodescendientes podían ser miembros y líderes de instituciones compartidas con compañeros blancos e incluso participar, aun brevemente, en la política electoral. Los hombres de ascendencia africana que llegaron a convertirse en escritores podían participar en las instituciones literarias y en los periódicos dirigidos por liberales. Los mentores de Figueroa fueron, en no pocos casos, hombres de origen "humilde" cuya movilidad social ascendente les había permitido adquirir el privilegio de la blanquitud. Esto permitió y nutrió en Sotero Figueroa la expresión de una identidad como escritor que no viniera determinada de manera explícita por su condición de no blanco. Ni es obvio que las políticas de clase y raza en Cuba, en aquella época, ofrecieran más apalancamiento para combatir el racismo que las políticas de clase y raza en Puerto Rico, ni es obvio que ofrecieran menos. Aunque en los contextos de San Juan y de Ponce, Figueroa no pudo disponer de instituciones basadas en la raza que defendieran los intereses de las personas afrodescendientes, sí que le permitieron gozar de espacios en los que exponer sus posiciones políticas antirracistas en el marco de la defensa del mérito como instrumento de valoración de los hombres frente al conjunto de injusticias determinadas por la tiranía colonial, la corrupción, el privilegio y las preocupaciones. Cada una de estas trayectorias literarias se readaptó en el momento en que tanto Serra como Figueroa se convirtieron en migrantes y pasaron a un contexto político e intelectual diferente, el de las comunidades de exiliados, entre ellas aquella isla en la que vivían Juan y Gerónimo Bonilla.

Serra fue el primero en mudarse a Estados Unidos. Entre la primavera y el verano de 1880, la segunda rebelión en el Oriente, la

Guerra Chiquita, comenzó a perder fuerza. El Partido Liberal, del que eran miembros muchos hombres que habían defendido la revolución anterior, siguió sin apoyar la nueva insurgencia. El liderazgo separatista blanco en Nueva York, temeroso de que les acusasen de fomentar una guerra racial, decidió no apoyar el intento de Antonio Maceo de regresar a Cuba para dirigir el combate. Las autoridades españolas arrestaron a una serie de personas a las que acusaban de separatistas en el Occidente de Cuba y persiguieron especialmente a los activistas afrodescendientes. Martín Morúa Delgado fue uno de ellos, arrestado en una redada y después liberado. En La Habana arrestaron a Juan Gualberto Gómez en marzo de 1880 y lo enviaron al exilio. En junio, los rebeldes que luchaban a las órdenes de José Maceo y Guillermo Moncada se rindieron ante los españoles. En agosto se rindió otro grupo de rebeldes y Antonio Maceo abandonó su intento de llegar a Cuba para ponerse al frente del combate. Los últimos grupos de insurgentes se rendirían a lo largo de los meses posteriores. Morúa y Serra publicaron el último número de *El Pueblo* el 15 de agosto, cerraron la oficina del periódico y se fueron a Cayo Hueso. Según Morúa, él y Serra abandonaron la isla para evitar ser encarcelados por sus actividades separatistas. Según Serra, los dos periodistas se fueron cuando el coronel del Cuerpo de los Bomberos en Matanzas trató de alistarlos a la fuerza.[125]

La mudanza a Cayo Hueso separó a Serra de Gertrudis Heredia (siguieron casados, pero vivirían separados durante doce años) y le permitió cruzarse con los hermanos Bonilla y el resto de los migrantes que desde hacía más de una década habían creado instituciones políticas y sociales en Cayo Hueso. Cuando solo llevaba unos meses allí, los cubanos "de color" organizaron una reunión en el club San Carlos para oponerse a la acusación del gobierno español que decía que la Guerra Chiquita había sido un "grito de venganza lanzado por la raza negra contra la raza blanca". El objetivo de la propaganda española, según los escritores elegidos para representar la opinión de la asamblea, era "deshonrar á nuestra raza ante el juicio severo de la posteridad" y justificar así la represión salvaje que se aplicaba en Cuba. Al contrario, los cubanos afrodescendientes estaban perfectamente alineados con el movimiento separatista: "Sus ideas son nuestras ideas". Identificaron como ideas del movimiento y como suyas un conjunto de valores que, aunque fueron compartidos por algunos de los separatistas blancos, de ninguna manera fueron apoyados por todos. Manifestaban su compromiso con la unidad y el amor entre todos los cubanos en una república libre con "todas las libertades, todos los derechos políticos y civiles". Y se mostraron favorables a un sistema de cargos públicos basados en el mérito, la educación universal pública y gratuita y la desaparición de toda desigualdad social "por efecto de la educación".[126]

En Cayo Hueso, la escritura de Serra pasó repentinamente de las severas amonestaciones sobre los peligros del danzón a un separatismo sin ambages. O bien había estado desarrollando una visión compleja de las relaciones entre el liberalismo, la igualdad racial, la clase social y la independencia cuando todavía estaba en Cuba –*sotto voce*– o lo desarrolló rápidamente. Publicó su primer panfleto, un largo poema titulado "Lamentos de un desterrado", poco después de aquella reunión de los emigrados "cubanos de color" en el San Carlos. Al presentarse ante una audiencia nueva comenzó, por supuesto, pidiendo disculpas por su propia habilidad, que calificó de escasa: "Perdona, pues, ¡oh patria! si atrevido, /Te dirijo mi voz". Y siguió explicando que la independencia significaba la libertad de prensa y de culto y la abolición del "privilegio", una idea que nacía de los movimientos de trabajadores y de derechos civiles para los afrodescendientes. Escribió:

> Que cese el privilegio, y que sucumba
> Para siempre el injusto propietario
> Que permanezca en olvidada tumba
> El tirano opresor del proletario

En este poema, Serra adoptó una nueva voz, la de un exiliado nostálgico empapado de los grandes clásicos literarios del canon nacionalista. Se trataba a menudo de la voz de un cubano, un hombre cuya raza no condicionaba su capacidad de hablar en nombre de la nación. Era también una voz –como la de los emigrados afrodescendientes que habían dado forma a la protesta contra España unos años antes– que señalaba la especial crueldad del régimen español contra las personas de su clase.

> La patria que endulza mi existencia
> ¿Por qué el camino de destierro traza,
> Privándome aspirar su suave esencia
> ¿Por tan sólo pender de negra raza?
> ¿Por qué cerrar con fuerza inagotable
> Esas tus puertas que á franquear invito.
> Y llamarme tus déspotas, culpable,
> Antes de cometer ningún delito?[127]

Un año después publicó un segundo canto, más largo, de *Lamentos de un desterrado,* dedicado al Centro Cubano Independiente de Cayo Hueso, lugar donde había leído sus versos en público. El segundo canto ofrecía una extensa descripción (con cinco páginas de notas al pie) de varios asuntos histórico-políticos.[128] Este trabajo revela su investigación esmerada, su comodidad cada vez mayor a la hora de presentarse como observador bien informado de los asuntos públicos de su tiempo y su deseo de ofrecer información relevante sobre la política cubana a aquellos cigarreros que no habían dedicado tanto tiempo al estudio.

Algunas de las experiencias de Serra en el destierro no fueron tan distintas a las de su juventud en La Habana y en Matanzas donde había dado sus primeros pasos como periodista y poeta. Por ejemplo, leyó sus versos en las reuniones de la sociedad de color "El Progreso" en Cayo Hueso, donde es casi seguro que interactuó con los hombres que redactaron la protesta de los "cubanos de color" que respondió a la propaganda española. Pero en Florida también dio inicio a su larga trayectoria como migrante afrodescendiente en Estados Unidos con nuevos vínculos a cubanos blancos y afroamericanos. En Cayo Hueso, por ejemplo, encontró instituciones establecidas por intelectuales nacionalistas y trabajadores del tabaco que invitaban a la participación de cubanos afrodescendientes junto con cubanos blancos y que no tenían comparación en La Habana o en Matanzas. Tuvo un cargo electivo en el club San Carlos.[129] Al mismo tiempo, es probable que conociese, en Cayo, a los hermanos Bonilla y a otros migrantes de ascendencia africana que habían participado en la política auspiciada por el Partido Republicano y que habían desarrollado relaciones con sus vecinos afroamericanos durante más de una década. Y parece probable que conociera algunos de estos vecinos también, intercambiando ideas por primera vez con profesores y periodistas afrodescendientes que no eran cubanos. Pero Cayo Hueso fue solo un lugar temporal en el que recaló de paso hacia Nueva York, donde llegaría en 1882. Los hermanos Bonilla se mudaron a esa ciudad más o menos al mismo tiempo. Fue su experiencia allí, dentro de una geografía social y racial que no aún conocían, lo que formaría de manera definitiva sus carreras como escritores y activistas políticos. ¿Cómo era la experiencia de ser un inmigrante cubano afrodescendiente en Nueva York en 1882? ¿Cómo pudo esa experiencia modificar o reforzar sus ideas, sus esfuerzos literarios y sus carreras políticas? La respuesta a esas preguntas nos pide que introduzcamos nuevos personajes: los primeros cubanos afrodescendientes que se instalaron en Nueva York donde crearon la comunidad en cuyo marco Serra y los hermanos Bonilla acabarían creando La Liga.

3
Comunidad

[U]sted se present[a] en uno de los grandes muelles de Nueva York sin ningún género de recursos; listo y ágil como un estudiante y hambriento como un maestro de escuela [...] ¡Qué! ¿No conoce usted el inglés? ¿Está usted acobardado por el incesante aullido de las locomotoras, la agitación vertiginosa de las fábricas y la visita de un millón de gentes que pasan, se atropellan y continúan su camino como si tal cosa? [...] Ande a toda prisa; como si tuviera entre manos un importantísimo negocio. Es preciso encontrar un amigo, a todo trance un amigo, o un paisano.

Francisco Gonzalo Marín, "Nueva York por dentro" 1892

Una noche de lunes de 1892 en la ciudad de Nueva York tuvo lugar un concurrido encuentro de inmigrantes cubanos y puertorriqueños en el apartamento de dos habitaciones de la primera planta de la calle 3 Oeste, número 74, sede de la sociedad de instrucción y recreo conocida como La Liga. La mayoría eran mujeres y hombres afrodescendientes.[1] Por entonces, la relación especial que unía a los líderes de La Liga con José Martí, el famoso poeta y periodista que se había convertido en líder del movimiento nacionalista cubano en Nueva York, ya había quedado firmemente establecida. Las otras noches de la semana, los hombres que formaban parte de la organización se reunían para recibir clases de geografía, historia, política o redacción. Buscaban hacer realidad el objetivo principal de La Liga: "El adelanto intelectual y la elevación de carácter de los hombres de color nacidos en Cuba y en Puerto Rico" y, especialmente, su propio ascenso social en dirección a "las carreras ú oficios pocos comunes aún en la clase de color".[2] Hombres de origen humilde, llegaban a La Liga después de largas jornadas trabajando como cocineros o cigarreros, con la intención de convertirse en profesionales, una aspiración que muchos albergaban desde antes de partir de La Habana, Matanzas y Cayo Hueso. Martí daba clase cada jueves en La Liga y ayudaba a esos hombres a pulir su escritura y su oratoria. También debatía con ellos sobre la evolución de su ideología política. Por su parte, los miembros de La Liga fueron los primeros en poner sus votos, sus contribuciones y su reputación al servicio de Martí y de la consolidación del Partido Revolucionario Cubano, fundado a principios de ese mismo año. Movilizaron a los exiliados de clase obrera en la ciudad para garantizar que Martí fuera elegido delegado del partido. Junto con Martí, en sus discursos y en el periódico *Patria*, los portavoces más destacados de La Liga –Rafael Serra, Sotero Figueroa y Juan Bonilla– defendieron la idea de que el amor y el cariño entre hombres de diferentes clases sociales y razas que se ponían en práctica en La Liga eran un modelo para la interacción social que debía aceptar el conjunto del movimiento revolucionario.

    Pero esta reunión tuvo lugar un lunes. Y los lunes en la calle 3 Oeste, número 74, se celebraban otro tipo de actividades, más básicas, relacionadas con una de las misiones secundarias del club, la de "crear ocasiones de reunión, amenas y decorosas para las familias de los socios". Los lunes, La Liga era un club social de inmigrantes donde hombres y mujeres se reunían para escuchar música, recitar poesía, ver amigos y parientes, encontrarse con sus novios y novias y comer helado. En esas reuniones también participaban los hijos de los socios, incluidos los jóvenes que pese a haber crecido en Estados Unidos, "habl[a]n nuestro idioma y se inclin[a]n á nuestras costumbres".[3] Los miembros se cuidaban de que estos eventos fueran, sobre todo, decorosos y centrados en la cultura. Estaban acostumbrados, por supuesto, a las admoniciones de su líder Rafael Serra, abstemio y curtido en la controversia contra los bailes en las sociedades de color de La Habana y Matanzas, en las que advertía de las indignas consecuencias de la "narcótica del danzón".[4] También eran conscientes de que sus actividades podrían hacerse públicas debido a la relación de sus líderes con José Martí.

Martí participaba en estos encuentros sociales de los lunes, en los que era atento y cordial con todo el mundo. Dependía de los líderes del club para que lo ayudaran a recordar los nombres de los hombres y mujeres que asistían. Después de una de estas reuniones, escribió dos notas urgentes dirigidas a Juan y Gerónimo Bonilla, pidiéndoles "los nombres de las señoritas que cantaron y recitaron" y "de alguna otra persona fuera de nuestros íntimos a quienes no deba yo olvidar".[5] Después insertaría en la memoria pública nacional los nombres de quienes de otra manera habrían sido inmigrantes anónimos a través del poder trascendental de la tipografía (por cortesía de Sotero Figueroa, que colocó los tipos y supervisó la producción de *Patria*). Capturó para la historia la preciosa voz de la señorita América Fernández y la lectura del poema "Amalia" por parte de la señorita Petrona Calderín y otros muchos recuerdos que pasaron al acervo de la plaza pública del nacionalismo a través de un periódico que circulaba y se leía en alto en talleres por toda la ciudad.[6] Estos nombres se convirtieron en parte de un reconocimiento generalizado hacia La Liga, aquel lugar donde "se reúnen, después de la fatiga del trabajo, los que saben que solo hay dicha verdadera en la amistad y en la cultura; los que en sí sienten ó ven por sí que el ser de un color ó de otro no merma en el hombre la aspiración sublime; los que no creen que ganar el pan en un oficio, da al hombre menos derechos y obligaciones que los de quienes lo ganan en cualquiera otro".[7] Sus nombres después se harían visibles para la historia cuando los investigadores recopilaron el ingente *corpus* impreso del movimiento en las *Obras Completas* de José Martí.[8]

Incluso tras ser inmortalizados de esta manera, con esos relatos de los lunes en La Liga apenas podemos vislumbrar una pequeña porción de las vidas y las densas relaciones sociales creadas en Nueva York por los miembros inmigrantes del club. Leemos, por ejemplo, que Gerónimo Bonilla y la mujer con la que acababa de casarse, una viuda llamada Isabela Acosta, recitaron poesía en una de aquellas reuniones. Pero solo nos cabe imaginar que ellos serían una de tantas parejas que se conocieron y cortejaron en este tipo de fiestas. Puede que el hermano menor de Gerónimo, Juan, también conociera a su joven esposa, Dionisia Apodaca, en uno de estos eventos. Su padre era cigarrero y uno de los fundadores de La Liga. Su madrastra era la comadrona Josefa Blanco que, junto a otra comadrona, Gertrudis Heredia, encabezaron los grupos de mujeres que funcionaron en La Liga. Las dos comadronas atendieron los partos de las mujeres que se reunían en La Liga los lunes por la noche para participar, con sus hijos en brazos, en las sesiones de música y poesía. No pasaría mucho tiempo hasta que asistieran al parto del bebé que Dionisia ya llevaba en su vientre ese lunes de 1892. Cuando los hermanos Bonilla se casaron con Isabela y Dionisia o cuando nacieron sus hijos, ¿lo celebraron juntas las familias, los Bonilla, los Serra y los Apodaca? Solo sabemos a ciencia cierta que los testigos que firmaron el certificado de matrimonio Gerónimo e Isabela eran una pareja casada, Magín Coroneau y Lorenza Geli, miembro de La Liga él, integrante ella del grupo liderado por las dos comadronas. Junto con las de Josefa Blanco, Isabela Bonilla y Dionisia Apodaca, la fotografía de Lorenza Geli se incluyó en el álbum de "Las Señoras de La Liga" que Serra publicó en 1899.

La lista de nombres y contactos puede parecer abrumadora. Pero no representan más que una mínima parte de las pistas que tenemos para reconstruir e imaginar esa red social de inmigrantes –la comunidad– en la que tomaron forma los proyectos intelectuales y las alianzas políticas creadas por Serra, los Bonilla, Figueroa y Martí. ¿Cómo llegó a existir esta comunidad? ¿Cómo podríamos imaginar y relatar esta experiencia sin dejar que, párrafo tras párrafo, fluyan entre docenas de nombres y vínculos, los fragmentos e interconexiones que constituyen algo tan difícil de manejar como una red social? Podemos empezar retomando algunas de las líneas radiales que se cruzaron en La Liga, en particular la historia de un hombre llamado Germán Sandoval. Sandoval era una de las piedras angulares de la comunidad de la que nació La Liga. Es más, cuando sus miembros se encontraron por primera vez en la calle 3 Oeste, número 74 para inaugurar el club, eligieron a Sandoval, y no a Serra, como primer presidente.

El liderazgo de Sandoval no reflejaba el tipo de carrera literaria que habían construido Serra, Figueroa o los Bonilla. Serra escribió sobre él: "No es político ni pretende serlo; No es rico ni hombre de letras ni de ciencia". Sandoval era algo diferente. Como Serra observó, era un hombre que "por la corrección de su carácter, por su constancia y pulcritud en todas las obligaciones que contrae ha sido moralmente el gefe de nuestra colectividad por espacio de 29 años".[9] Los políticos y hombres de letras, los hombres como Serra y Martí, llegarían a apoyarse en esta comunidad. Pero quienes la habían levantado habían sido inmigrantes "corrientes" como Sandoval, corrientes en el sentido de que no escribían y publicaban sus obras y no se ha escrito muchos sobre ellos. Como veremos, sin embargo, no eran para nada ordinarios.

Sandoval y otros cubanos afrodescendientes afrontaron una serie de problemas comunes a todos los recién llegados: cómo pagar los viajes, dónde vivir en una ciudad nueva, dónde trabajar, dónde encontrar la comida a la que estaban acostumbrados, dónde rezar, con quién casarse, cómo resolver problemas sobrevenidos con la ley, el dinero o la salud, dónde enterrar a sus muertos y, sobre todo, en quién confiar. Cada una de estas cuestiones planteaba una repuesta diferente, dependiendo de si el asunto les concernía a ellos o a los cubanos blancos. Entre el ruido y el desorden, en una Babel de idiomas que no comprendían, los inmigrantes tenían que decodificar en qué circunstancias podrían ser menospreciados y su dignidad socavada debido a su apariencia física. Tenían que aprender si visitar ciertos lugares, mover el cuerpo de una manera determinada o hablar con ciertas de personas generaría violencia por parte de las autoridades o de ciudadanos comunes. Necesitaban saber dónde y cuándo las mujeres y niñas enfrentarían abusos, acoso y violencia y por parte de quién.[10] Migrantes que, si bien en el contexto del Caribe se veían a sí mismos como pardos más que como negros, o cuyas reputaciones habían evolucionado hasta el punto de que su color no se mencionaba, por "cortesía", en ciertos contextos, afrontaban un reto especial: el de acostumbrarse a los modos desconocidos en que los neoyorquinos pudieran percibirlos, entenderlos y clasificarlos.[11]

Estas cuestiones fueron cruciales en una experiencia que podríamos llamar "migrar siendo negro".[12] Los primeros migrantes cubanos y puertorriqueños considerados como negros por sus vecinos, o cuyo color podía ser cuestionado, no podían evitar el tema a la hora de buscar apartamento, encontrar trabajo, cortarse el pelo, pedir una cerveza, enviar a sus hijos a la escuela, ir al teatro o, incluso, sentarse en un banco en el parque. Las preguntas no eran nuevas. Estos migrantes acumulaban una larga experiencia de racismo en sus sociedades de origen. Pero en Nueva York no conocían las respuestas. Para Pachín Marín, un escritor puertorriqueño que llegaría a Nueva York décadas más tarde y sumaría sus fuerzas a las de Serra, Figueroa y los Bonilla, la solución a los problemas de ser un migrante recién llegado a Nueva York era obvia: "Es preciso encontrar un amigo, a todo trance un amigo, o un paisano".[13] Pero en la década de 1870 los cubanos venían de una sociedad en la que cientos de miles de personas eran mantenidas como propiedad de otras personas y la cuestión de la raza permeaba todos los debates en torno a la reforma colonial y la independencia. Se instalaron en una ciudad donde había, además, toda una serie de reglas y riesgos adicionales organizados alrededor del color. El reto para Sandoval y esos primeros inmigrantes afrodescendientes, era determinar quién era amigo, quién era paisano y quién era compatriota. Las respuestas que encontraron –o bien volverse hacia los afroamericanos, o bien girar la mirada hacia los cubanos blancos o, como en muchos casos, recurrir solo a otros cubanos afrodescendientes- son cruciales para entender el modo en el que nació la comunidad que luego se agruparía en torno a Serra, los Bonilla y Martí en las noches de La Liga.

LA LÍNEA DEL COLOR

La pareja que aparecería como testigo en el certificado de matrimonio de Gerónimo Bonilla e Isabela Acosta a finales de la década de 1880 estaba formada por Lorenza Geli y Magín Coroneau. Ella era cubana de ascendencia africana y había llegado a Nueva York a principios de la década de 1870 con una familia a cuyo frente estaba un comerciante de azúcar británico llamado Henry Brooks.[14] Viajó en primera clase en el vapor que hacía el trayecto de La Habana a Nueva York, probablemente porque así podía cuidar de las hijas de los Brooks, una de tres años y la otra recién nacida. Después vivió y trabajó en el servicio doméstico en la casa de los Brooks en la calle 33 Oeste, cerca de la Quinta Avenida. Si esta casa aún existiese, se vería diminuta al lado de la inmensa masa del Empire State, construido años después en la misma calle. Estuvo al servicio de la familia Brooks incluso después de casarse, en 1878, con Magín Coroneau, un hombre afrodescendiente que había llegado a Nueva York desde Santiago de Cuba en 1870. En el puerto quedó registrado que también era criado y había viajado acompañando a una viuda francesa y su hija cubana. Parece que trabajó como cocinero en la residencia que ambos establecieron para alojar a los cubanos y puertorriqueños de clase alta.[15]

En los comienzos de la Guerra de los Diez Años, en Nueva York no había una comunidad importante de artesanos cubanos como la que ya se estaba formando en Cayo Hueso. La población cubana, que ascendía a varios miles, no era más que una gota en un inmenso mar de seres humanos, demasiado pequeña para formar un barrio étnico.[16] En contraste con Cayo Hueso, la población cubana en Nueva York estaba formada en gran parte por cubanos de alto poder adquisitivo y educativo –comerciantes, agentes, propietarios de plantaciones o profesionales– que se habían mudado a Nueva York para seguir adelante con sus negocios o educar a sus hijos, e incluso para escapar de la represión política.[17] Este escenario contribuyó de manera muy importante a dar forma a la experiencia de los primeros inmigrantes afrodescendientes de Cuba, la mitad de los cuales vivieron y trabajaron como servicio doméstico en las casas de cubanos blancos adinerados.[18]

Estas familias cubanas acaudaladas brindaron una importante red de contactos a sus sirvientes no blancos, aunque no apoyaran su igualdad o autonomía. La familia Brooks, por ejemplo, debió resolver la mayor parte de las cuestiones prácticas relacionadas con la migración de Lorenza Geli. Probablemente sacaron su pasaje, le dieron alojamiento y arreglaron los documentos de viaje, mientras dependieron de ella para hacerse cargo del reto que suponía viajar cuatro días, con sus cuatro noches, con dos niños pequeños.[19] Este modelo de ejercicio del servicio doméstico nos ayuda a situar las conversaciones sobre igualdad racial y de clase que sucedieron en los círculos nacionalistas. Muchos de los miembros de la Junta Cubana que representaba en Estados Unidos a la insurgencia durante la Guerra de los Diez Años habían sido miembros de la clase esclavizadora o de la Sociedad Económica Amigos del País en La Habana. Por lo que no sorprende descubrir que mantenían a cubanos afrodescendientes en sus hogares como servicio doméstico. En algunos casos, estos sirvientes incluso utilizaban el apellido de sus empleadores, lo que sugiere que ellos o sus padres habían sido esclavizados por las familias con las que emigraron.[20]

Cuando Lorenza Geli y Magín Coroneau llegaron a Nueva York, un pequeño grupo de cubanos afrodescendientes ya había comenzado a instalarse en viviendas independientes. La mayor parte de estas personas realizaba el mismo trabajo que los emigrados afrodescendientes que vivían como empleados domésticos en las casas de familias blancas. Eran camareros, cocineros, porteros, lavanderas y costureras. Aparecen solo de manera fugaz en los archivos históricos y por eso es difícil saber para quién trabajaban o cómo llegaron a emigrar e instalarse en Nueva York. Pero Lorenza y Magín, por ejemplo, llegarían a abandonar el servicio doméstico y formar su propio hogar. Crearon su propia empresa y parece que les fue bastante bien. Cuando Magín murió en 1909 dejó en herencia a sus dos hermanas en Cuba y al sobrino de Lorenza dinero en el banco, 20 acciones de bolsa y propiedades tanto en Cuba como en Nueva York.[21] Esta trayectoria ascendente tan exitosa era, probablemente, poco común entre los migrantes que habían llegado como servicio doméstico. Según los certificados de defunción de cubanos en Nueva York en esta época, era mucho más común para estos migrantes morir sin dinero, de tuberculosis, disentería o en un parto, y acabar enterrados en uno de los espacios reservados para pobres en los cementerios de la ciudad. Pero existen otros ejemplos de instancias más modestas que muestran con claridad cómo algunos empleados domésticos lograron emanciparse de los cubanos adinerados, en lo que a vivienda se refiere, e instalarse en sus propios domicilios.[22] La historia de Magín y Lorenza también señala algunas de las redes de apoyo horizontal utilizadas por estas personas afrodescendientes, incluso por los que seguían viviendo en las casas donde trabajaban, casándose entre ellos y dependiendo los unos de los otros para actuar como testigos en sus actos administrativos, para ayudarse en la búsqueda de vivienda o para organizar la migración de familiares y amigos.[23]

Además de sus vínculos con los cubanos adinerados, de naturaleza vertical, y de los vínculos horizontales entre ellos, parece que los primeros migrantes cubanos afrodescendientes que se instalaron en la ciudad desarrollaron desde el principio lazos importantes con los afroamericanos. Es posible que Lafayette Marcus, que llegó desde La Habana al principio de la Guerra de los Diez Años, hiciera el primer viaje a Nueva York como miembro de la tripulación de uno de los muchos barcos que unían la ciudad con Cuba y no como miembro del servicio de una familia. Las líneas marítimas que prestaban servicio de pasajeros entre La Habana y Nueva York ofrecían alojamiento elegante y comida a sus viajeros de primera clase para un trayecto que solía durar cuatro días y cuatro noches. Las empresas daban trabajo a una serie de personas en el servicio a bordo de los barcos y eso permite entender por qué Marcus aparece en algunos documentos históricos como camarero y en otras como marinero. Quizás fue ambas cosas.[24] Marcus se casó con una mujer afroamericana de Connecticut llamada Fredericka. En 1870, la pareja vivía en un apartamento en Wooster Street con su hija pequeña y otras dos parejas afroamericanas que podían haber sido parientes de Fredericka.[25] Para nada se trataba de un caso aislado. En la época, uno de cada cuatro cubanos afrodescendientes que vivía en Nueva York de manera independiente estaba casado con una pareja afroamericana.

Las historias de los Coroneau y los Marcus reflejan las experiencias de los aproximadamente 200 cubanos afrodescendientes en la Nueva York de comienzos de la década de 1870. Este panorama comenzó a cambiar cuando los fabricantes de cigarros de la ciudad empezaron a contratar a trabajadores cubanos para que transformaran el tabaco importado en puros habanos. Dos líneas de vapores ofrecían un servicio semanal de pasajeros entre Nueva York, Filadelfia, Cayo Hueso, Mobile y Nueva Orleans. En 1875 fracasó una huelga en Cayo Hueso y los trabajadores, desilusionados y sin dinero, oyeron que en Nueva York se pagaban mejores salarios.[26] Eso provocó la llegada de la primera ola de cigarreros afrodescendientes a la ciudad. Entre ellos estaba Germán Sandoval, que había nacido en La Habana y se mudó a Nueva York con su esposa Magdalena alrededor de 1875. Tardaron poco en convertirse en líderes de una comunidad emergente en la que se incluían los cigarreros afrodescendientes recién llegados y muchos de los cocineros, camareros y porteros que habían llegado poco antes, y entre los que estaban los Marcus y los Coroneau.

Esos cigarreros afrodescendientes que se instalaron en Nueva York, al igual que los porteros, cocineras y lavanderas que llegaron antes, encontraron alojamiento casi exclusivamente en las zonas en las que vivían los afroamericanos, sobre todo en el sur de Greenwich Village y en Tenderloin, la zona entre la Sexta y la Octava Avenidas, al norte de la calle 20, al oeste de la isla de Manhattan. Estos vecindarios afroamericanos no eran los barrios negros extensos y densos que se desarrollarían en las ciudades del norte de Estados Unidos una vez entrado el siglo XX. Los afroamericanos eran alrededor del 2% de la población de la ciudad en los censos de Nueva York de 1870 y 1880. La mayor parte vivía en barrios que contenían entre un 5 y un 10% de población identificada como afrodescendiente. Otros vivían en lugares donde eran casi los únicos residentes no blancos. Pero el hecho de que no existiese aún el aislamiento racial tan típico de los centros urbanos en Estados Unidos en el siglo XX no significaba que los afrodescendientes pudieran vivir donde quisieran. El periodista Jacob Riis, famoso por sus relatos sensacionalistas sobre las viviendas superpobladas de la clase obrera de la ciudad escribió: "Hay que dibujar la línea de color a lo largo de las viviendas para llevarse una imagen correcta de su sombreado. El propietario la dibuja, sin pretensión, con la franqueza del déspota que solo puede ser brutal".[27] Los blancos preferían, según notó Riis, no alquilar apartamentos que hubieran estado ocupados por afroamericanos antes. Los propietarios se aprovechaban de estos prejuicios para cobrar a los afroamericanos precios más altos por apartamentos de menor calidad. Las líneas de segregación racial respecto a la vivienda, invisibles en la escala del barrio, eran más fuertes a nivel de cuadra y ya muy fuertes a escala de los edificios multifamiliares. Los neoyorquinos afrodescendientes que no vivían en las casas de blancos en las que servían, vivían en edificios donde los residentes eran, de media, afroamericanos en un 70% y en hogares, de media, afroamericanos, al 90%. Para Greenwich Village, este patrón se puede ver en el Mapa 4. El Mapa 5, del Tenderloin, destaca otro matiz. Al este de la Sexta Avenida y al oeste de la Octava, muchos afroamericanos vivían en edificios donde la mayoría de los residentes eran blancos. Pero en su mayoría se trataba de empleados domésticos que vivían con las familias blancas que los empleaban.[28]

En general, los cubanos a quienes las personas que realizaban los censos identificaban como negros o mulatos se veían limitados a las mismas viviendas, de peor calidad y mayor precio, reservadas para los otros neoyorquinos afrodescendientes mientras era muy raro que los cubanos identificados como blancos vivieran en esos edificios.[29] Rafael Serra explicaría después que "casi en ninguna parte conveniente se nos alquila. Y cuando se nos 'otorga el favor' se nos cobra una renta subida".[30] El mercado segregado de la vivienda, con su red de relaciones sociales opresivas dominadas por agencias de alquiler y cobradores, reforzaba que los cigarreros afrodescendientes se apoyaran los unos a los otros y no en los compañeros blancos con quienes habían vivido en Cayo Hueso, para resolver el problema del alojamiento. Los Sandoval se instalaron en la calle Thompson, en uno de los dos edificios multifamiliares de aquella cuadra ocupados casi exclusivamente por afroamericanos. A lo largo de la década siguiente, Germán y Magdalena ofrecerían alojamiento temporal a un flujo constante de cigarreros negros y pardos que llegaba de Cuba y Cayo Hueso y entre los que se incluyeron los Bonilla. Aquel apartamento de la calle Thompson sirvió como recurso para los migrantes afrodescendientes que comenzaban a transitar por el mercado de alquiler segregado de una ciudad que aún no conocían. Cuando llegaron a los muelles y salieron en busca de un amigo o paisano que les ayudara a resolver el problema de dónde vivir, muchos recurrieron a los Sandoval.[31]

Debido a un sistema de segregación racial que operaba en un nivel tan granular, los Sandoval y quienes se alojaban con ellos, vivían cerca de cubanos blancos, entre los que se encontraban muchos cigarreros que habitaban en edificios próximos al apartamento de la calle Thompson, pero donde solo se alquilaba a blancos. La segregación aseguraba que se mantuviera un contacto diario más cercano con los residentes no cubanos del edificio, que eran casi todos afroamericanos. Entre estos residentes estaban un encalador de casas, un peluquero que también hacía música, un portero de hotel, varias mujeres ocupadas con los quehaceres domésticos de sus propias casas y otras que se dedicaban a la lavandería.[32] Los Sandoval y muchos de sus invitados compartirían letrina o baño con esos vecinos. Oirían sus discusiones a través de las paredes endebles. Olerían su comida. Escucharían como cantaban y tocaban instrumentos. Es probable que todos los habitantes del edificio se sentaran juntos en la puerta las noches más calurosas del verano, buscando aire fresco.[33] Una vez que los cubanos comenzaron a aprender inglés, es probable que se quejaran todos juntos de los abusos del propietario del edificio o del cobrador de alquileres, que hablaran de béisbol o que jugaran juntos a la lotería clandestina. Seguro que los cubanos escuchaban historias sobre la violencia terrible que sus vecinos blancos habían lanzado contra los afroamericanos en Nueva York en 1863, durante una serie de importantes disturbios en protesta por el reclutamiento militar. Puede que compartieran sus historias sobre los horrores de la esclavitud en Cuba y la revolución que se desarrollaba en Oriente. Puede que los niños que vivían en el apartamento de Sandoval jugaran por los pasillos o la entrada del edificio con los niños que vivían en apartamentos vecinos.

Es difícil saber qué opinión se formaban de los olores, sonidos y formas de ser de sus vecinos afroamericanos aquellos migrantes afrodescendientes e hispanohablantes que se establecieron en las calles Thompson, Greene, Sullivan, Minetta y 27 Oeste. Cualquiera que haya vivido en un apartamento apretado tratando de dormir mecido por los pasos de sus vecinos del piso de arriba sabe que ese tipo de contacto cercano puede traer consigo tanta animosidad como amistad. De hecho, el *New York Times* produjo un número sorprendente de reportajes sobre los "negros cubanos" por esa época, destacando en la mayoría de ellos los aspectos más violentos y lascivos de su intimidad diaria con los afroamericanos. Por ejemplo, en 1876, el *Times* publicó que un "camarero negro cubano" había atacado a su amante, una "mujer de color joven" y a otro hombre, un "cigarrero cubano negro" que vivía en el número de 21 de la calle Thompson porque la mujer planeaba casarse con el segundo. Unos años después, el periódico informaba de que se suponía que un "negro cubano" de "mala reputación" había amenazado a una "mujer de color" que vivía en el callejón de Minetta porque ella no había aceptado abandonar a su marido y huir con él. Incluso reconociendo el sensacionalismo y el racismo de estas notas, ofrecen pistas que ayudan a imaginar la textura diaria de la convivencia en ese mundo.[34]

También es difícil saber lo que pensaban los recién llegados desde Cuba del alto nivel de pobreza y miseria o de la reputación tan negativa de los lugares en los que se veían obligados a vivir. La "vileza moral" de la calle Thompson era, en palabras escritas por Jacob Riis en 1890, "notoria desde hace años". Para él, la zona donde vivían los Sandoval representaba una especie de "territorio fronterizo donde las razas blanca y negra se encuentran para el libertinaje mutuo".[35] En una crónica asombrosamente racista sobre la vida en Greenwich Village, Stephen Crane dijo que el callejón de Minetta era uno de los "pasajes de carácter más abiertamente asesino de Nueva York". Señaló también que "casi todas las calles lindantes son malas sin posibilidad de error" debido a los residentes "negros" de la zona que están "entre los peores elementos de su raza". En esta calle vivían Lafayette Marcus y otros cubanos afrodescendientes muy respetados.[36] Estuvieran o no de acuerdo con esa valoración, los cigarreros cubanos de ascendencia africana parecen haber intentado buscar los espacios más respetables que les estaban permitidos dentro de los límites del segregado mercado de la vivienda. Rafael Serra, por ejemplo, explicó que parte del problema de la segregación de ese mercado radicaba precisamente en su deseo de, "tener a mi familia lejos de todo rozamiento peligroso".[37] Al hacerlo, encontraban causa común con afroamericanos de mejor posición que también se ubicaban en los lugares más aceptables que se les permitía dentro del sistema de la "línea de color". El ejemplo más claro es el caso de Sara y Carlos Crespo, una pareja cubana afrodescendiente que, en 1876, se instaló en la casa de Brooklyn de Philip White y Elizabeth Guignon, figuras relevantes del activismo afroamericano de la ciudad. Philip White era un farmacéutico próspero y era miembro del Consejo de Educación de Brooklyn. Los Crespo vivieron con White y Guignon durante al menos ocho años.[38]

Esta tendencia por parte de algunos inmigrantes cubanos de ascendencia africana a tratar de buscar alojamiento en zonas residenciales donde vivían grupos de afroamericanos relativamente bien posicionados tiene consecuencias claras para esta historia. Después de estar durante un tiempo con los Sandoval en la calle Thompson, número 89, Juan y Gerónimo Bonilla alquilaron un par de habitaciones a una pareja afroamericana, Charles y Harriet Reason. Charles A. Reason era grabador, joyero y miembro de una familia bien establecida perteneciente a la élite afroamericana de la ciudad. Tenía, además, un puesto directivo en un club social importante para los afroamericanos.[39] El apartamento de la planta baja de la casa de los Reason, en el 74 de calle 3 Oeste, fue el lugar donde Serra, Martí y los Bonilla se reunieron para fundar La Liga en 1889. Era el lugar donde Martí pronunció sus discursos y donde la comunidad se reunía para los eventos de las noches de los lunes. Varios de los cronistas de La Liga mencionaron que la placa en la puerta principal del edificio decía "Reason". Uno de ellos llegó a señalar, no sin cierta poética, que Reason era el apellido de la "dueña de la casa, que traducido dice: Razón". Pero nadie se tomó la molestia de explicar que esa señora era una persona real, Harriet Reason, ni de decir quién era. Solo al conectar esos detalles alcanzamos a ver algo que debió resultar obvio para todas las personas que acudían a las reuniones de La Liga: que el "punto céntrico" de la de vasta esfera donde convergieron las líneas radiales "del patriotismo renaciente" se ubicaba en un espacio residencial compartido con afroamericanos de un estatus económico relativamente alto. Los Reason y sus hijos se relacionaban con los participantes en las reuniones de La Liga y, a menudo, se relacionaban también con José Martí. Una década después, ya viuda, Harriet Reason, se casaría con Alfredo Vialet, un violinista cubano, miembro de La Liga. (Se puede ver la casa en la calle 3 Oeste número 74, en Mapa 4. En el momento del censo de 1880, aún no vivían allí los Reason. De hecho, todos los residentes del edificio fueron contados como blancos).[40]

Al mismo tiempo que los primeros cubanos que se instalaban en la ciudad comenzaban a vivir en espacios compartidos con afroamericanos, algunos se acercaron también a las instituciones sociales de la élite afroamericana. Los Crespo y los Sandoval, por ejemplo, se unieron a la Iglesia Episcopal de San Felipe, congregación, en palabras de Serra, "compuesta del elemento más aristocrático de la clase de color en Nueva York", y donde fueron miembros los Reason, los Guignon y los White.[41] Los miembros de esta congregación compartían el deseo de los cubanos de conseguir un tratamiento digno, viviendas habitables y derechos políticos. Muchos de los feligreses de esta iglesia participaban en la Sociedad Abolicionista de Nueva York (en un momento en que la esclavitud ya había sido abolida en Estados Unidos) y organizaban actividades para mostrar su apoyo a los "intereses de los negros en Cuba" (donde la esclavitud seguía imperante).[42] Más específicamente, algunos miembros afroamericanos de la Sociedad celebraron un banquete en honor al general cubano Antonio Maceo cuando realizó una breve visita a la ciudad en 1878. El encuentro tuvo lugar en casa del reconocido abolicionista y líder del movimiento por los derechos civiles Henry Highland Garnet, un reverendo protestante que vivía en el número 102 de la calle 3 Oeste.[43] No sabemos si los Sandoval o los Crespo asistieron a estos eventos, pero no sería aventurado decir que les emocionó saber que el general se encontraba en su ciudad y su barrio.

Los cubanos y los neoyorquinos que compartían espacios residenciales también se enfrentaban a las mismas limitaciones a la hora de educar a sus hijos en el contexto de un sistema educativo público segregado. La ciudad de Nueva York no comenzó a abrir la mayoría de sus escuelas públicas a niños no blancos hasta 1883. Antes de esta fecha, los miembros del hogar de los Sandoval y los afroamericanos residentes en la calle Thompson, número 89, probablemente mandaron a sus hijos a la escuela pública para niños de color más cercana, en la Quinta Avenida Sur.[44] Hay un ejemplo a reseñar que ayuda a comprender el modo en que los miembros de la comunidad a la que pertenecían los Sandoval articulaban su relación con las instituciones afroamericanas para educar a sus hijos. En 1876 una pareja de La Habana, Bibián Peñalver y Carolina Roger enviaron a su hijo Pastor, de 11 años, a estudiar a Nueva York. Vivió dos años en la ciudad y estudió en la escuela que dirigía Charles L. Reason (en la calle 47 Oeste) antes de que sus padres y hermanos se le unieran.[45] Reason era matemático de formación, aliado político del farmacéutico Phillip White, en cuya casa vivían los Crespo, y tío, a su vez, del grabador Charles A. Reason, en cuya casa La Liga celebraría sus encuentros años después.[46]

¿Cómo llegó esta escuela a oídos de la familia Peñalver? ¿Quiénes, qué paisanos o amigos estaban disponibles para ayudar a este chico a abrirse paso por entre el abrumador e implacable bullicio de la ciudad de Nueva York? Las respuestas a estas preguntas podrían encontrarse en el manifiesto de un barco que muestra que Pastor llegó en el mismo vapor que un cigarrero afrodescendiente conocido de los Sandoval, Cándido Olivo.[47] Olivo había llegado a Nueva York a principios de la década de 1870, se había nacionalizado estadounidense y había viajado de regreso a Cuba con su nuevo pasaporte. Quizás fuera solo una coincidencia que regresara a su casa en Nueva York en el mismo barco que el joven Pastor Peñalver. O quizás era una de esas personas que, en sus visitas desde Nueva York, traía consigo noticias sobre la escuela pública gratuita que gestionaba un hombre con la formación profesional de Reason, difundiendo esta información entre los miembros de los casinos de artesanos y las sociedades de color en La Habana. Quizás la familia Peñalver le confió a su hijo para que ayudara al joven a realizar el viaje y ubicarse en un alojamiento seguro y respetable. Todo son especulaciones, por supuesto. Pero sabemos a ciencia cierta que Pastor Peñalver, una vez terminada la escuela, se convertiría en un músico reconocido y en punto de unión entre los círculos sociales de la élite afroamericana y las redes sociales emergentes que organizaban Germán Sandoval y otros cubanos afrodescendientes. Sería, a largo plazo, uno de los miembros fundadores de La Liga.

Los vínculos con los afroamericanos –ya fueran a través de contratos y acuerdos de alquiler, matrimonios mixtos, iglesias y escuelas segregadas o preocupaciones políticas compartidas– llegarían a ser un recurso fundamental en el momento en que los afrodescendientes cubanos comenzaron a dar forma a sus propias instituciones. En 1877, más de una década antes de que naciera La Liga, Germán Sandoval fundó la Logia San Manuel, una asociación fraternal y de ayuda mutua para hombres cubanos afrodescendientes. Muchos de los hombres que vivían en la calle Thompson, número 89, se unieron, como lo hicieron Pastor Peñalver, cuando tuvo edad suficiente, y Magín Coroneau. Recibieron autorización para crear su logia de una institución afroamericana, la Gran Orden Unida de los Odd Fellows (que vimos en el capítulo anterior sobre Cayo Hueso). El "elemento más aristocrático de la clase de color" en Nueva York ya había creado la Gran Orden Unida tres décadas antes, ya que la Orden Independiente de los Odd Fellows (blanca) había rechazado su solicitud para afiliarse a su logia. Tras la Guerra Civil, grupos de hombres afroamericanos habían creado logias en pueblos y ciudades a lo largo de Estados Unidos, incluidas tres en Cayo Hueso, todas vinculadas a la Gran Orden Unida. Junto a las iglesias negras, las logias fraternales negras se convirtieron en la columna vertebral de la sociedad civil afroamericana emergente en ese contexto. Sandoval trabajó con miembros de la Orden en Nueva York para poder traducir sus rituales y textos al español. Esas traducciones se convirtieron en la base de la logia San Manuel en Nueva York y lo fueron también de la creación de las logias hispanohablantes afiliadas a la Orden en Cayo Hueso y Cuba poco después.[48]

Los cubanos también comenzaron a participar en otra institución importante de la sociedad civil afroamericana de esa época, la Gran Logia Prince Hall, una orden masónica independiente cuyo origen podía remontarse a la época de la Guerra Revolucionaria (1775-1783).[49] Tres años después de la creación de la logia San Manuel, Abraham Seino (que también había vivido en la calle Thompson, número 89), Lafayette Marcus (a quien ya hemos conocido antes como marino, camarero y casado con una mujer de Connecticut) y varios de los cigarreros afrodescendientes que vivían en el callejón de Minetta crearon una logia afiliada a la masonería de Prince Hall, la logia Sol de Cuba. Se trataba de algo más que una cuestión de conveniencia, aunque es cierto que el movimiento masónico dominante en Estados Unidos, nunca habría aceptado su petición, ya que solo permitía la iniciación de hombres blancos. Al parecer, sus miembros fundadores fueron personas bien integradas en la vida social afroamericana antes de crearla. Marcus, Seino y, al menos, otros cuatro miembros fundadores de la logia estaban casados con mujeres afroamericanas o afrocanadienses.[50] Los fundadores también eran iniciados en la masonería afroamericana en su calidad de hermanos de las logias anglohablantes de Nueva York. Lafayette Marcus no solo se había convertido en miembro de la logia de Monte Olivo, sino que ya había ostentado el título de "Maestro" o líder de la logia antes de encargarse del proceso de traducción de sus ritos y de la solicitud de creación de una logia independiente de funcionamiento en español.[51]

Las profundas conexiones entre los afroamericanos y los migrantes cubanos afrodescendientes que se habían ido afianzando gracias a sus lugares de residencia, los matrimonios mixtos, la militancia política y las iglesias hicieron posible la creación de estas dos logias. Pero al mismo tiempo, esa voluntad de querer establecer logias separadas parece indicar el deseo de distanciarse de sus vecinos, suegros y cuñados anglohablantes, el deseo, en definitiva, de dar forma a una comunidad definida no solo por el color sino también por el uso del español y su origen cubano.

No obstante, una vez constituidas, las dos logias representaban otra vía de contacto con la vida social de la élite afroamericana. A Germán Sandoval, a Lafayette Marcus y a sus hermanos, las dos logias les ofrecieron un canal de contacto permanente con miembros y líderes afroamericanos de otras logias, así como con los lectores y escritores de los periódicos afroamericanos que a menudo eran miembros de esas organizaciones. Ya para el año 1880, el periódico afroamericano *The People's Advocate* informó de una recepción con motivo de un aniversario organizada por la logia San Manuel: "tras la ceremonia habitual de la orden, todos se sumaron a la Marcha de la Unión, hasta que la corneta sonó para la primera cuadrilla. La logia se creó hace unos dos años, está compuesta exclusivamente por nuestros amigos cubanoamericanos y su situación es próspera".[52] Cuatro años después, otro periódico afroamericano, el *New York Globe*, informaba que los líderes de las logias de Saint John y Covenant habían acudido a una reunión en la sede de Sol de Cuba en la Sexta Avenida Sur. Estos hermanos ayudaron a Lafayette Marcus con los rituales necesarios para investir a la nueva directiva de la logia: "Tras la inauguración, se dio un gran banquete del que participaron todos los presentes y casi llegaba la madrugada cuando los participantes sintieron que debían abandonar esa mística guarida, la de Sol de Cuba".[53] El año siguiente, el Gran Maestro de la logia Prince Hall para Estados Unidos estuvo en Nueva York como parte de una de sus giras de visita a las filiales. Visitó Sol de Cuba donde, según el *New York Freeman*, fue "recibido como la realeza".[54]

Esos vínculos entre los cubanos de color y los afroamericanos no se limitaban a las actividades "místicas" y secretas de las logias masónicas. Reuniones más amplias en las que se incluyó a mujeres y a personas no iniciadas en la masonería debieron de comenzar más o menos al mismo tiempo que se crearon las primeras logias. Como mínimo los Crespo, aunque quizás también otros cubanos, probablemente participaron en las elegantes veladas organizadas por Philip White y Elizabeth Guignon en su casa de Brooklyn. Pero las primeras noticias sobre este tipo de contactos datan de 1883, cuando Germán Sandoval y la logia San Manuel comenzaron a organizar los "picnics cubano-americanos" con la intención de juntar a los afroamericanos y a los cubanos afrodescendientes. Al contrario de lo que sucedía con la logia, las mujeres participaban en estos picnics donde además se bailaba. Un anuncio para el tercero de los picnics, en 1885, muestra lo denso de las interconexiones dentro de este mundo. En el comité que lo organizó estaban Pantaleón Pons, que había vivido en la calle Thompson, número 89, y otros hombres que eran miembros de *ambas* logias, a San Manuel y Sol de Cuba. El anuncio también indica que un joven violinista, Pastor Peñalver, recién graduado de la escuela de Charles Reason, amenizaría el encuentro.[55]

Por aquel entonces, Peñalver ya era un músico reconocido en la ciudad y otro punto de unión entre la sociedad cubana y la afroamericana. Peñalver solía publicitarse en el *New York Freeman* con regularidad y con frecuencia fue contratado para dar conciertos en las logias Odd Fellows, la Iglesia Bethel y otras instituciones y clubes afroamericanos. Las noticias sobre sus actuaciones recogidas en la prensa afroamericana sugieren que era un violinista versátil que ofrecía conciertos de música clásica en solitario (parece que su especialidad era Wagner) y que también dirigía una orquesta de diez instrumentos que ofrecía espectáculos en los que "se gozaba vigorosamente del baile".⁵⁶ Esto nos trae a la mente una pregunta tentadora. ¿Qué tipo de música tocaba Peñalver junto a sus músicos en los picnics cubanoamericanos? ¿Presentó él a los afroamericanos de Nueva York el danzón, ese baile en pareja sincopado que arrasaba en Cuba? ¿Lo haría pese al riesgo de ser reprendido por hombres como Rafael Serra? ¿Después de pasar su adolescencia en Nueva York y de estudiar con maestros y compañeros afroamericanos, fue él quien introdujo a los cubanos en esa música de baile que una década más tarde sería conocida como *ragtime*? En cualquier caso, sus actuaciones en los bailes cubanoamericanos fueron uno de los primeros intercambios de ambas tradiciones culturales. Los académicos han identificado estos intercambios musicales como una influencia fundamental en los orígenes del jazz, una tendencia descrita por el pianista Jelly Roll Morton como el tinte español.⁵⁷ ¡Qué asombroso que esta mezcla musical se desarrollara, en parte, en el mismo contexto que alumbraría, después, la coalición política nacida del encuentro entre Rafael Serra y José Martí!

LAZOS ÉTNICOS

Podríamos detenernos aquí y concluir que cuando los cubanos afrodescendientes llegaron a los muelles de Nueva York y afrontaron la tarea de encontrar a un amigo o paisano, lo que más influyó en sus decisiones fue la raza. Pero, pese a lo revelador que pueda ser la evidencia de que los cubanos afrodescendientes crearon vínculos de parentesco, sociales o, incluso, musicales con sus vecinos afroamericanos, con solo este contexto la historia quedaría incompleta. Los cocineros y los tabaqueros, y hasta las amas de casa y las lavanderas de ascendencia africana, tejieron redes sociales y vitales que también los vinculaban con los cubanos blancos, particularmente en la zona en la que se ubicaban las fábricas de tabaco. Sabemos, por ejemplo, que Germán Sandoval vivió en un apartamento en Greenwich Village que se había convertido en albergue y punto de encuentro de emigrantes afrodescendientes recién llegados, lo que le facilitó entrar en contacto con afroamericanos. Sabemos que participaba en el culto de una iglesia afroamericana, en la vida de las logias afroamericanas y en los picnics cubanoamericanos. Pero también es cierto que Sandoval pasaba su jornada laboral en otro barrio de la ciudad. Con sus compañeros Salomé Rencurrel y Pantaleón Pons, iba todos los días del apartamento que compartían en la calle Thompson al taller de Federico Knudsen, un cubano que importaba tabaco y fabricaba puros desde un edificio en el callejón de Maiden, en pleno centro de la zona de los cigarreros cubanos. (Véase Mapa 3).

Como los cigarreros solían trabajar hasta diez horas al día, seis días a la semana, es importante analizar cómo la línea de color que imperaba en la ciudad funcionaba, o no, en los lugares donde trabajaron. Al igual que las delimitaciones residenciales conformaron sus relaciones con los afroamericanos, su integración en el enclave tabaquero moldeó el mundo social que compartían con otros cubanos.[58] Desafortunadamente, los historiadores no tenemos una imagen detallada de ese lugar, lo que no nos permite profundizar en cómo lo vivieron los trabajadores afrodescendientes. Está claro, no obstante, que la fabricación de cigarros era una de las industrias más importantes en Nueva York a finales de la década de 1870. Había miles de pequeños talleres en los que trabajaban decenas de miles de personas, la mayor parte inmigrantes alemanes y de Bohemia. Fue ese momento en el que la mayor parte de los fabricantes introdujo un proceso de mecanización para acelerar la producción y reducir la dependencia del trabajo cualificado. Como parte de este proceso, los industriales comenzaron a incorporar a mujeres como mano de obra barata, lo que provocó una rápida erosión de los salarios de los hombres cigarreros así como un incremento de la tensión laboral. En 1877, hubo una huelga importante en la que participaron más de 10.000 trabajadores. Las tabacaleras se convirtieron en incubadoras del movimiento sindical norteamericano, un movimiento que se oponía a la incorporación de mujeres y personas no blancas al mercado laboral cualificado, defendiendo así las prerrogativas y los sueldos de los hombres blancos.[59]

Sandoval y otros cigarreros cubanos verían cómo se desarrollaban estos sucesos con gran interés. Pero estaban en gran medida aislados de la cada vez más amplia y mecanizada industria tabaquera de la ciudad. Los fabricantes de puros cubanos desarrollaron un nicho de mercado muy especializado. Vendían a precios más altos un producto realizado a partir de la importación de tabaco cubano enrollado a mano pese a la mecanización de la competencia, y lo habitual era que solo emplearan a cubanos, españoles y puertorriqueños, para dar forma a estos cigarros de lujo.[60] En ese nicho de relativo privilegio dentro de la industria cigarrera es donde pasaban sus horas los hombres que fundaron las logias San Manuel y Sol de Cuba, al igual que los cientos de cigarreros afrodescendientes que llegarían a la ciudad en las últimas décadas del siglo, torciendo cigarros en silencio y escuchando a sus camaradas o a los lectores que les leían periódicos, novelas o ensayos de teoría social.[61] En 1880, Sandoval y el resto de empleados en el taller de Knudsen ganaban más que la mayoría de cigarreros blancos de la ciudad, pero menos que los trabajadores cualificados en los talleres cubanos de mayor prestigio. Sin embargo, sus ingresos resultaban de hecho menores en comparación con los de los trabajadores blancos, debido al hecho de que pagaban alquileres más altos por peores apartamentos, una especie de impuesto al color.[62] No obstante, no estaban sujetos a verse reemplazados por la mecanización o el trabajo de mujeres y niños con salarios más bajos. Eran dueños de su propio tiempo y sus ingresos dependían de la calidad y cantidad de cigarros que fueran capaces de producir gracias a una combinación de habilidad y dedicación. Y estas eran las condiciones laborales de las que estaban excluidos la mayor parte de sus vecinos afroamericanos. En esta época, algunos cubanos afrodescendientes, pocos, lograron incluso dar el salto de artesanos a pequeños fabricantes.[63]

Nada de esto sugiere que la raza dejara de limitar de manera importante las oportunidades al alcance de los cigarreros afrodescendientes o de pautar su vida en el taller. Es más, durante sus primeros años en Nueva York, Sandoval trabajó en una fábrica pequeña que solo empleó con regularidad a otros dos hombres afrodescendientes: Pons y Rencurrel. Ambos vivían en el mismo apartamento que él. Esta fábrica, a veces, empleó a uno o dos hombres más, y es posible que fueran blancos. Pero también lo es que sus horarios de trabajo, al menos en este periodo inicial, no les ofrecieran la oportunidad de un mayor contacto con cubanos blancos que el que ya tenían con ellos en la calle Thompson. No queda claro, no obstante, si esta forma de organización basada en el color de la piel era típica de los talleres cubanos y españoles que se abrieron en la década de 1870. ¿Había talleres que acogían mejor a los trabajadores negros, y otros más hostiles debido a los prejuicios de los empleadores y la presión de los trabajadores blancos que buscaban limitar la competencia? ¿Tenían más posibilidades los cigarreros de origen africano en Nueva York de terminar en talleres de menor categoría o trabajando con tabaco de menor calidad y, en consecuencia, a menor precio, porque algunos empleadores creían que eran menos hábiles? Teniendo en cuenta lo que sabemos de la sociedad cubana –en La Habana había muchas fábricas en las que aún trabajaban personas esclavizadas– la existencia de una igualdad racial perfecta en las fábricas de Nueva York habría sido muy sorprendente. Podemos imaginar, al menos, que la primera generación de trabajadores afrodescendientes que entró en los talleres neoyorquinos sintió la necesidad constante de reivindicarse a través de la calidad de su artesanía, el ejercicio cuidadoso del ahorro y la dignidad de su comportamiento. Algo de esto se percibe en la versión que Serra dio de uno de esos pioneros, José C. López, hombre que sería elegido después como vicepresidente de La Liga. Hijo de "padres humildes", este hombre se distinguió no solo "por su laboriosidad, por su cultura y por su inagotable patriotismo" sino por "las comodidades de que se rodeaba y la elegancia con que se vestía, debido á su notable agilidad en la profesión á que se consagrara y á su admirable administración económica".[64]

A lo largo del tiempo, algunos, posiblemente la mayor parte, de los empleadores y trabajadores cubanos se convirtieron en defensores entusiastas del ejemplo que daban estos hombres afrodescendientes y veían el apoyo a hombres como Sandoval y López

–hechos a sí mismos, con talento e íntegros– como muestra de su propio compromiso con la solidaridad obrera, la meritocracia o la unidad nacional. Así que no resulta sorprendente saber que cuando varios detectives de la policía buscaban en 1885 a un sospechoso que se suponía negro y cigarrero llevaron al testigo que tenían a "todas las fábricas de cigarros que emplean cubanos" y le pidieron que observara con detenimiento las caras de más de 1000 hombres. Este episodio nos ofrece un ejemplo temprano del uso de perfiles raciales en una investigación policial. Aquel día, cada uno de los trabajadores que pertenecían a las logias San Manuel y Sol de Cuba, así como muchos futuros miembros de La Liga, fueron separados públicamente de sus compañeros de trabajo en calidad de sospechosos. Esto demuestra, también, que estos hombres, a mediados de esa década, ya se encontraban dispersos por las fábricas de cigarros cubanas. Si hubiera sido de otro modo, los policías podrían haber buscado de una manera mucho más eficiente, solo en los talleres que empleaban cubanos afrodescendientes.[65]

Eso mismo era aplicable, con casi total certeza, a la sociabilidad entre los obreros del distrito que alojaba los talleres de puros habanos. La mayor parte de estos talleres se encontraba entre las calles Pearl y Maiden, a pocas cuadras de los embarcaderos de los barcos de vapor que conectaban Nueva York con Cuba y Cayo Hueso.[66] Era un distrito comercial en el que se realizaban diferentes actividades económicas. Por ejemplo, Sandoval, Pons y Rencurrel trabajaron en un edificio que albergaba varios talleres cubanos en los que se fabricaban cigarros, pero también había una tienda de pinturas al por mayor, un distribuidor de bebidas alcohólicas, un pintor de brocha y un farmacéutico. Ninguno de ellos tenía la más remota conexión con los emigrantes cubanos.[67] Incluso en el momento álgido de la producción de cigarros cubanos, cuando cientos de personas trabajaban en sus talleres, habría sido muy difícil para cualquier observador externo reconocer la zona como un enclave cubano. Pero el hecho de que los talleres de tabaco se agruparan en una misma zona ofrecía oportunidades para que los trabajadores que se movían por fábricas distintas pudieran crear conexiones entre sí.

Había otros trabajadores cubanos en otros talleres en el mismo edificio, en la misma cuadra y en el mismo vecindario, hombres con los que se cruzaban cada día. Es muy posible que cuando los cigarreros afrodescendientes hicieron el esfuerzo de vestirse con elegancia y de dar evidencia de su laboriosidad, su "agilidad en la profesión" y "su admirable administración económica", algunos cubanos blancos, comenzando por sus empleadores, fueran testigos de primera mano de este empeño.

El momento más importante para estos contactos era la hora de comer, cuando las fábricas se vaciaban y los hombres se agolpaban en los comedores del barrio y charlaban mientras comían platos de bacalao salteado o hígado acompañados de arroz y frijoles. Según una noticia publicada en el *New York Times*, la clientela de estos establecimientos era muy heterogénea. Uno podía encontrarse tanto con cubanos de "ojos y dientes bonitos" a quienes el reportero atribuía una tendencia a farfullar y "el aspecto, de algún modo, de una raza tributaria", como con filipinos, chinos, brasileños o "a cualquiera de estos abigarrados, como los mexicanos, que viven en los países a nuestro sur". Es de reseñar que el periodista no mencionaba a los cubanos negros en esa "abigarrada" multitud, aunque parece muy poco probable que los obreros afrodescendientes estuvieran excluidos de estos comedores. El mismo *New York Times* indicó que servían la comida allí "camareros y cocineros negros", entre los que se incluían probablemente algunos de los mismos que también eran miembros de las logias San Manuel y Sol de Cuba.[68] Los propietarios de los comedores también eran, a veces, cubanos de origen africano o chino. Ya para principios de la década de 1880, José Chacón y Chang Ong, cuyo homicidio llevó a la policía a las fábricas de tabaco en 1885 en busca de un sospechoso afrodescendiente, tenían comedores cubanos en Greenwich Village. Para principios de los 1890, Pedro Calderín, miembro de la directiva de La Liga, tenía un restaurante en la calle Sullivan.[69]

Comer en estos establecimientos cubanos habría permitido que hombres como Sandoval tejiesen una red de relaciones con trabajadores de otros talleres. A algunos los conocerían ya desde Cayo

Hueso. Así comenzarían a participar en los largos rituales de intercambio y comparación de cigarros con que terminaban cada una de esas comidas.[70] Esos intercambios les habría permitido construir su propia reputación como artesanos y buenos conocedores de tabaco y cigarros, más allá de los límites de los talleres y cruzando las líneas de color. En esos comedores de la zona donde se fabricaban los cigarros existía una comunidad entre obreros de distintos talleres que permitió que comenzaran la organización sindical. En Nueva York, muchos trabajadores pasaron del mutualismo a participar en varias manifestaciones socialistas y anarquistas. Algunos entraron en contacto con personas que habían participado en la Comuna de París o conocían y formaban parte de la Segunda Internacional. Desarrollaron una visión compartida del mundo que, en palabras del historiador Evan Daniel, afirmaba que "el trabajo honesto (que no tiene carácter explotador) es el origen de toda riqueza y el centro de la existencia del ser humano". Compartieron también la idea de que los propietarios de las fábricas se quedaban con una porción demasiado grande de esa riqueza para sí mismos y la opinión, cada vez más extendida, de que los trabajadores debían unirse más allá de las divisiones marcadas por la nacionalidad y el color. A principios de la década de 1880, los hombres cubanos de ascendencia africana no solo tenían acceso al trabajo cualificado y bien pagado en los talleres de la ciudad, sino que estaban dentro de las organizaciones sindicales, multirraciales, y cada vez más radicales, creadas por los tabaqueros hispanohablantes de la ciudad.[71]

Finalmente, el hecho de que pasaran los días en el distrito tabaquero cubano significó que los cigarreros, los cocineros y los camareros cubanos afrodescendientes tuvieran la oportunidad de conversar con los cubanos blancos sobre la causa nacionalista. Al igual que los talleres donde fabricaban cigarros cubanos, la mayor parte de los comerciantes, las oficinas de muchos profesionales cubanos y las editoriales en las que nacían los periódicos en español estaban también cerca de los muelles de los vapores que llegaban de La Habana.[72] Debido a que el sistema de segregación racial operaba a un nivel tan granular, muy a menudo los cubanos de mejor posición económica que trabajaban en esas oficinas también vivían a pocas cuadras de los cigarreros y camareros afrodescendientes (véase Mapa 5). Estos hombres –los que controlaban la importación del tabaco y del azúcar, los directores de los periódicos cubanos en la ciudad y los miembros de la Junta que representaba la República en Armas durante la Guerra de los Diez Años– no siempre fueron aliados fiables. Muchos defendían abiertamente la anexión a Estados Unidos. Otros buscaban no más que reformas en el sistema español que garantizaran un papel más importante en la administración de Cuba para los criollos adinerados, sin modificar el orden económico existente. A mediados de la década de 1870 algunos miembros de la Junta, entre los que se encontraba su líder, Miguel de Aldama, un hacendado azucarero, apoyaban al Partido Demócrata. Junto a sus partidarios intentó que la insurgencia militar desistiera de su estrategia de ataque a las plantaciones de azúcar y comenzó a mostrarse preocupado por Antonio Maceo, un oficial que ascendió velozmente en las filas de la rebelión en Oriente. Advirtieron que pretendía imponerse como dictador, que desobedecía las órdenes y que, por ser hombre de color, favorecía a los soldados negros frente a los blancos. Después de la Paz de Zanjón, trataron de perjudicarle en su intento de regresar a Cuba para sumarse a la Guerra Chiquita, dejándole atrapado en Saint Thomas. Aldama y sus partidarios también se pusieron a menudo del lado de los fabricantes en sus conflictos con los trabajadores.[73]

Pero al mismo tiempo, otro grupo de exiliados bien formados y de buena posición económica se oponían a los aldamistas. Esta facción más radicalizada comenzó a acercarse a los trabajadores, tanto que llegó a llamar a su organización Sociedad de Artesanos Cubanos, aunque fueran en realidad profesionales, escritores y hombres de negocios. Fieles a sus raíces en las tradiciones liberales del republicanismo español, los nacionalistas radicales promovieron la creación de sociedades de ayuda mutua y donaron su tiempo a la educación de los trabajadores décadas antes de que naciera La Liga. Sus publicaciones mostraron apoyo a los trabajadores en huelga e incluso simpatía por la tan denostada Comuna de París. Algunos miembros de este grupo también adoptarían los valores antirracistas que nacían del ala popular del movimiento nacionalista, intentando ganarse así, sobre todo, a los emigrados afrodescendientes.[74] Nos puede dar buena cuenta de ello el funeral de Francisco Vicente Aguilera, ya mencionado, dueño de una plantación en Cuba que liberó a cientos de esclavos de su propiedad al comienzo de la Guerra de los Diez Años. Tras perder su puesto como vicepresidente de la República en Armas, se convirtió en leal y firme miembro de la facción radical-popular en Nueva York. Llegaría a promover el encuentro entre cubanos afrodescendientes y nacionalistas blancos en Cayo Hueso para resolver sus diferencias. Se hizo amigo del joven periodista Juan Gualberto Gómez, que fue su traductor durante un viaje a París en 1876. Cuando Aguilera murió en Nueva York en 1877, un grupo de cubanos afrodescendientes que vivía en la ciudad pidió que se les concediese el honor de llevar su ataúd a lo largo de quince bloques, desde la iglesia de San Francisco Javier al cementerio Marble. José Chacón, un cigarrero que había inaugurado un comedor cubano en Greenwich Village poco antes, convirtiéndose en pequeño empresario, fue uno de los portadores. También lo fueron Abraham Seino, un cigarrero residente en la calle Thompson, número 89 y Manuel Coronado, otro cigarrero residente en el callejón de Minetta. Tres años más tarde, Seino y Coronado fueron fundadores de la logia Sol de Cuba.[75]

Otro atisbo sobre las instituciones que vinculaban a los cubanos blancos y negros en Nueva York nos viene de un texto escrito por un informante español sobre un supuesto movimiento de la masonería en Nueva York que defendía "la unión de todos los elementos contra España" y la "igualdad de condiciones de color". Según ese texto, un testigo había visto a "caballeros o parecían tales sentados entre negros y mulatos fraternizando".[76] Este relato, como muchos de los producidos por los espías españoles, no necesariamente fue demasiado fiable. Pero tampoco parece que fuera totalmente imaginario. Otras fuentes confirman que, por ejemplo, un médico llamado Ramón Ylla, veterano del movimiento por la educación de los trabajadores, creó en Nueva York la logia C.M. Céspedes a comienzos de 1878.[77] Los miembros de esta logia sí defendieron la igualdad racial.

El ritual del que se servían para promocionar a uno de sus miembros a la categoría de "discípulo de honor" requería que el responsable elevara un objeto (no especificado en la liturgia) y explicara que simbolizaba "la igualdad de todos los hombres" para luego recitar:

> "Es cierto que en la sociedad existen desigualdades; pero éstas han sido creadas por los mismos hombres, y ellas irán desapareciendo según se vayan extirpando el orgullo y el egoísmo. Se irá comprendiendo cada día más que es contrario a la justicia otra desigualdad que no sea la del mérito, que se adquiere según las obras de cada persona, y llegará el día en que los miembros de la gran familia humana no se mirarán ya como de sangre más ó menos pura, que esta no depende de tal ó cual raza á de esta ó aquella gerarquía social"[78]

Estas ideas prefiguraron las posiciones que Martí expresaría décadas después respecto a la raza, aunque no sabemos a ciencia cierta hasta qué punto la logia cumplió con estos preceptos ideales, aceptando a hombres afrodescendientes en su seno. Como era de esperar, y dadas las profundas divisiones entre los cubanos exiliados, los hombres de mejor posición económica de la Orden de los Caballeros de la Luz, a la cual fue afiliada la logia C.M. Céspedes, expresaban diversas opiniones sobre el modo en que se debían llevar a la práctica los principios de igualdad que la organización defendía. No siguieron el ejemplo de la logia de Cayo Hueso en "eliminar al elemento de color" y prohibir "hablar de razas". Pero en una de las reuniones de una logia hermana en Filadelfia, uno de sus miembros mostró su preocupación por "cuantos errores" se habían cometido "por inadvertencia y admitir fácilmente a personas que no nos eran profundamente conocidas, y sin saber cual era su oficio ni ocupación".[79] En 1877, año de movilizaciones importantes de los trabajadores de la industria tabacalera, algunos de los miembros de la logia presentaron un proyecto de usar fondos de la organización para ofrecer clases nocturnas para los trabajadores pero perdieron la votación.[80] En 1879, y a medida que el movimiento separatista se dividía en torno a la Paz de Zanjón y la Guerra Chiquita, quedaba claro que los miembros de la logia divergían en torno a la cuestión de la igualdad racial. Uno de los miembros se quejó de que la "logia se parecía a una Mesalina que se ocupaba en recoger hijos de todas clases y de todos los colores". Mesalina fue una emperadora romana famosa por su voraz apetito sexual. La referencia a ella no solo comparaba la logia con una mujer disoluta sino, más específicamente, con una mujer de origen aristocrático que se prostituía con hombres de menor rango. Otro hombre, al objetar la cláusula constitucional en la que se declaraban a favor de la igualdad de todos los seres humanos y la fraternidad universal, retiró su candidatura de entrada a la logia.[81]

El archivo de las reuniones de la logia en Nueva York se ha perdido, pero parece probable que este tipo de conversaciones tuvieran lugar en logias, sociedades de ayuda mutua, clubes revolucionarios, comedores, talleres y todos aquellos lugares en los que los nacionalistas cubanos interactuaron cruzando las líneas de demarcación de clase y raza. Al consolidar sus vínculos con los "amigos", que a veces encontraban entre los cubanos de mejor posición, los trabajadores exiliados pudieron haberse asegurado recibir ayuda en épocas de crisis y pudieron también haber hecho avanzar al movimiento hacia una comprensión más inclusiva del concepto "paisano". Pero incluso los comerciantes, doctores y propietarios de fábricas que se sumaban más abiertamente a la causa de la igualdad racial no siempre habían abandonado los hábitos personales de jerarquía social, esperando cierta deferencia por parte de los hombres de rango "inferior".[82] Las inconsistencias de los emigrados de mejor posición en este sentido pueden haber convencido a hombres como Sandoval que una inclusión digna en las instituciones dirigidas por cubanos acaudalados, instituciones como la logia C. M. Céspedes, no era posible. Aunque esas logias no excluyeran a afrodescendientes formalmente, ese tipo de desengaño puede haber estado detrás de la decisión de crear logias separadas como la San Manuel y la Sol de Cuba, en las que hombres como Sandoval estarían a cargo de los comités que seleccionaban a sus miembros y donde podían decidir ellos qué cualidades morales y físicas eran aceptables y cuáles no lo eran. Es probable que esa misma desafección ayudara a trazar líneas de separación claras para saber qué periodistas, políticos, profesionales blancos eran en realidad dignos de confianza. Se habrían dado cuenta, Sandoval y sus camaradas, de quiénes, entre todos aquellos que afirmaban estar a favor de la igualdad racial, habían logrado reprimir los prejuicios tan profundamente enraizados para tratar con dignidad a aquellos compatriotas que habían sido peor tratados por la suerte o, simplemente, tenían otro color de piel.[83]

Es más, el hecho de que hombres como Sandoval compartieran con muchos trabajadores cubanos blancos un sentido de rechazo hacia la soberbia, la condescendencia y el conservadurismo político de ciertos comerciantes, hacendados, industriales y profesionales contribuyó a que se solidificaran los lazos de solidaridad entre ellos, traspasando las líneas de la raza. La mejor muestra de estas redes sociales multirraciales entre cigarreros la encontramos en 1876, cuando algunos miembros de la Junta Cubana se afiliaron al Partido Demócrata apoyando la campaña presidencial del gobernador de Nueva York, Samuel Tilden. Tilden se oponía al derecho a voto y al otorgamiento de derechos civiles a los afroamericanos. Además, lideraba un movimiento de reforma de la política municipal que pretendía restringir los derechos electorales de la clase obrera blanca de las ciudades del norte. El abandono del Partido Republicano por parte de cubanos relevantes se debía en parte a la frustración generada por el presidente Ulysses S. Grant, que se mostraba reacio a apoyar a la insurgencia cubana. Pero el mensaje de Tilden respecto a que el gobierno debería estar en manos de una "mejor clase" de ciudadanos recibía apoyo de un gran número de personas de mayor nivel educativo y adquisitivo que vivían en Nueva York, cubanos incluidos. El proyecto de Tilden se convirtió en anatema para muchos neoyorquinos de clase trabajadora, por supuesto, y llevó a manifestaciones de protesta importantes durante el verano de 1877, protestas que desembocarían en la gran huelga de los tabaqueros.[84]

El apoyo de la Junta Cubana a este candidato Demócrata de propuestas tan antidemocráticas se convirtió también en anatema para la facción democrática del movimiento de exiliados que, por primera vez, comenzó a reclutar a cigarreros cubanos para la política electoral de la ciudad en octubre de 1876. Un cigarrero blanco llamado Agustín Yorca asumió la iniciativa y acompañó en persona a cincuenta y siete hombres al juzgado para que se nacionalizaran ciudadanos a tiempo para votar en las elecciones en noviembre. Para las elecciones presidenciales de 1880 ayudó a sesenta más. Casi todos eran tabaqueros o cocineros y, al igual que en movilizaciones previas en Cayo Hueso, muchos eran hombres afrodescendientes. Entre ellos, Salomé Rencurrel, Pantaleón Pons y otros que poco después crearían las logias San Manuel y Sol de Cuba.[85] El periodista nacionalista y lector en las fábricas Ramón Rubiera de Armas ejerció como testigo para otro grupo, menor, de cigarreros. También lo haría con otros exiliados de mejor posición. El cigarrero negro Cándido Olivo, a quien conocimos en este libro regresando a Nueva York acompañado de un niño de once años, Pastor Peñalver, también colaboró en el proceso de naturalización de artesanos ante la justicia. Muchos de los dueños de fábricas, comerciantes y profesionales también se nacionalizaron en estos años, pero solían presentarse ante los juzgados acompañados por testigos de su misma clase social, no por Yorca, Rubiera u Olivo. El registro de peticiones de nacionalidad señala dos redes políticas diferentes dentro de la comunidad cubana de Nueva York compuestas por amigos y paisanos movilizándose los unos a los otros para ir a votar. Una de esas redes, que había comenzado a formarse en las elecciones anteriores vinculaba entre sí a los exiliados de más recursos y de mayor nivel educativo. La otra, la que crearon Yorca, Rubiera y Olivo en 1876, vinculaba a los trabajadores cubanos blancos y afrodescendientes con un puñado de intelectuales y propietarios, aprovechando el hecho de que fueran vecinos cercanos en Greenwich Village. En 1876, Yorca residía en un edificio mixto (algo muy poco común entre los cubanos blancos), en el número 221 de la calle Thompson. Olivo vivía en un edificio reservado para personas de color justo al otro lado de la misma calle, en el número 220.[86]

La mayor motivación de los hombres que se nacionalizaron con Yorca el mes antes de las elecciones de 1876 parece haber sido el voto, un acto de ciudadanía masculina denegado por la ley española a la mayor parte de los cubanos, fuera cual fuera su color.[87] Más allá de las divisiones políticas y de clase que se reforzaban dentro del movimiento nacionalista, y del repudio a la propuesta de Tilden de restringir el derecho al voto, la participación en unas elecciones en Nueva York fue una experiencia intensa. Las elecciones eran una actividad pública. Se votaba en público, con miembros de los partidos posicionados cerca de las urnas para reclutar, engatusar, sobornar o intimidar a los votantes hasta el último minuto. A menudo los votantes llegaban en grupo, mostrando su lealtad a un candidato, partido o dirigente.[88] Los disturbios que se formaron en estos contextos fueron tensos para los votantes negros. En 1863 Nueva York vivió el peor conflicto racial urbano de la historia de Estados Unidos, un pogromo sangriento de los blancos contra sus vecinos afroamericanos. En 1869, una mayoría abrumadora de votantes blancos de Greenwich Village se opuso a un referéndum estatal que habría extendido el derecho al voto a sus vecinos negros. Tras la ratificación de la Decimoquinta Enmienda a la Constitución federal, el Estado de Nueva York extendió, por fin, el derecho al voto a sus habitantes afroamericanos. Aún con eso, agentes federales armados tuvieron que supervisar la celebración de las elecciones federales en la ciudad hasta bien entrada la década de 1870. Estos agentes del gobierno nacional, controlado entonces por los Republicanos, protegían a los votantes negros y trataban de evitar que se cometieran fraudes en los recintos municipales controlados por los Demócratas. Aquellos, a su vez acusaban a los agentes de intimidar a sus votantes y situaban a la policía de Nueva York, controlada por ellos, junto a las urnas. Así que los cubanos no blancos que votaban por primera vez encontraron no solo una barra libre de electores y activistas alrededor de las urnas de Greenwich Village, sino también confrontaciones entre los agentes federales (algunos eran afroamericanos) y la policía de Nueva York.[89]

Los miembros de las logias Sol de Cuba y San Manuel decidieron naturalizarse como ciudadanos aprovechando las conexiones sociales que los unían con los obreros cubanos blancos y algunos escritores nacionalistas. ¿Quiere decir esto que también se congregaron todos y juntos fueron a votar a los colegios electorales en los días de las elecciones, llegando todos juntos a los colegios electorales? ¿O quizás fueron a nacionalizarse con otros cubanos, pero fueron a las urnas con los activistas afroamericanos con quienes vivían y socializaban? Sea como sea, parece importante el hecho de que a la vez que se asentaron en viviendas segregadas por el color, los exiliados pasaban sus largas jornadas laborales en lugares de trabajo y comedores integrados en el distrito cigarrero cubano, participando en la creación y evolución del discurso de inclusión racial que circulaba entre los nacionalistas cubanos y los trabajadores que transitaban por la zona. La idiosincrasia de la segregación racial de los barrios de Nueva York significaba que exiliados blancos como Agustín Yorca solían asentarse en la misma manzana que los exiliados afrodescendientes, como Cándido Olivo. Esto también facilitaba la formación de redes sociales y políticas entre migrantes que podían ser vecinos, aunque casi nunca vivían en los mismos edificios.

LAS LÍNEAS DE GÉNERO

Esta actividad entre los espacios residenciales segregados de Greenwich Village y los espacios públicos racialmente mixtos en el distrito cigarrero cubano es solo la mitad de la historia de la comunidad que los Sandoval y otros comenzaron a construir. El ajetreo entre edificios de apartamentos compartidos con afroamericanos y los talleres y comedores próximos a las calles Pearl y Maiden (o en el propio Greenwich Village) eran, como lo era el voto, experiencias limitadas a los hombres. La experiencia femenina de la migración, de la construcción de comunidades en relación con las jerarquías sociales cubanas y de la línea de color propia de Nueva York fue bastante diferente. Magdalena Sandoval, por ejemplo, vivió en la calle Thompson, número 89 con su marido Germán, su hijo Enrique y una gran variedad de inquilinos. En 1880, dijo a quienes levantaban el censo que se ocupaba de los "quehaceres domésticos" de su hogar, como hacían la mayor parte de las mujeres cubanas en Nueva York, independientemente de su estatus racial. En ese rol, es probable que Magdalena Sandoval desempeñara las mismas tareas que las mujeres que trabajaban a cambio de un salario: cocinar, limpiar, lavar la ropa y cuidar a los niños. Pero disfrutó de un estatus simbólico mayor, el asociado con hacerlo en su propia casa y ser una mujer casada. Aunque no recibiera salario por el trabajo realizado para su marido e hijo, es posible que la familia recibiera dinero de los inquilinos de la casa a cambio de esta labor. Y es posible que dirigiera las tareas de otras chicas y mujeres en su casa.[90]

Pero aún así, mientras Germán y sus compañeros pasaban hasta diez horas al día, seis días a la semana, en el distrito cigarrero y luego asistían a las reuniones de sus logias, es probable que Magdalena pasara los días, o bien en su apartamento, o bien no muy lejos de él. Aunque su trabajo fuera crucial en el espacio doméstico que ocupaban los hombres que crearon las primeras logias para emigrantes de color, ella no podía compartir la camaradería entre razas que se vivía en los talleres y comedores. Agustín Yorca no recogió a Magdalena para acompañarla hasta el juzgado para cambiar su nacionalidad. Según la ley en vigor, ella recibió la nacionalidad "derivativa" cuando su esposo se naturalizó como ciudadano de los Estados Unidos.[91] Pero incluso tras ser ciudadana, nunca solicitó un pasaporte. Igual que los niños y los criados, las esposas viajaban con pasaportes emitidos a nombre de sus maridos. Por supuesto, Yorca tampoco fue a buscar a Magdalena y al resto de mujeres en aquella vivienda para ir a votar el día de las elecciones. No importaba que se hubieran enviado agentes federales para defender el ejercicio de la Decimoquinta Enmienda. Las mujeres no tenían derecho al voto.

Eso no significa que estas mujeres estuvieran confinadas en sus apartamentos y se limitaran solo a atender con presteza sus quehaceres domésticos, pero nos ayuda a comprender que la experiencia de la ciudad que ellas tuvieron, fue diferente a la de los hombres. Como la naturaleza de esa diferencia además tiende a minimizar su presencia en los registros históricos –no es habitual que aparezcan en los directorios, en las listas de miembros de las logias o en los archivos de concesión de nacionalidad– hay que utilizar algo de imaginación para reconstruir esa experiencia. Podemos comenzar por el caso de Mary Costello, una joven estudiante que vivía en la calle Thompson, número 89. Los registros de que disponemos muestran que nació en Nueva York alrededor de 1868, hija de un cigarrero cubano negro, uno de los primeros en llegar, y de su esposa, una mujer escocesa. No sabemos lo que sucedió con sus padres, pero sí que cuando la niña cumplió doce, ellos ya no estaban y Magdalena Sandoval se había hecho cargo de su cuidado. Como debía asistir a la escuela, todos los días Mary saldría de su casa y se adentraría en las calles de la ciudad. Ella, al igual que otros niños cubanos que crecieron y se educaron en Nueva York, pudo haber sido útil para las mujeres de más edad con las que vivía; mujeres que tenían problemas para desenvolverse con soltura en inglés en una ciudad que prácticamente desconocían. Al ir y venir de la escuela, o al hacer recados para Magdalena, es probable que los hombres con los que se cruzaba por la calle la importunaran con indeseadas zalamerías de carácter sexual. Si bien eso no les sucedía solo a ellas, la historiadora Lakisha Simmons señala que, en Estados Unidos, el paso hacia la madurez de las niñas afrodescendientes era más difícil, e incluso peligroso, debido a la creencia de que estaban disponibles para el sexo a una edad más temprana que las niñas blancas. Quizás a los doce años, Mary Costello ya sabía en qué lugares corría más riesgo de ser acosada y cómo responder de manera segura en las ocasiones en que fuera agredida verbalmente.[92]

Es probable también que la amenaza de la atención no deseada supusiese un reto en los encuentros con hombres cubanos, si es que Mary Costello se aventuraba por las calles del distrito tabaquero en horario de trabajo. Según el relato del *Times* sobre los restaurantes cubanos de las calles Maiden y Pearl, "algunas veces entra delicadamente una mujer de piel oscura y recio cabello azabache, con los ardientes ojos de la raza española. Es la mujer, la hermana, la hija o la novia de uno de ellos. La escena torna inmediatamente en bullicio (...) todos los hombres se ponen en pie y hacen una reverencia".[93] Puede tratarse de una licencia literaria, de una floritura basada en estereotipos relativos a los atractivos de las mujeres de la "raza española" y la barroca caballerosidad de los hombres latinoamericanos. Pero señala la escasez relativa de mujeres en ese lugar y plantea la cuestión de si las mujeres e hijas de los cigarreros no blancos recibían ese tipo de atención. ¿Cómo responderían los comensales en uno de los comedores a la presencia de Mary Costello, mujer joven, mulata, teniendo en cuenta la representación constante en la cultura popular cubana –desde las marquillas cigarreras a los bufos– de las mujeres de raza mixta como atractivas y disponibles? El taller donde un esposo o padre (o padre adoptivo en el caso de Mary) trabajaba o el lugar en el que comía, ¿era un lugar donde podía estar tranquila una mujer, al abrigo de comentarios irrespetuosos por parte de los hombres? Quizás el hecho de poder tratar a las mujeres e hijas de sus camaradas afrodescendientes en un ambiente más respetuoso, brindó la oportunidad a los trabajadores blancos de llevar a la práctica su concepto de igualdad.

Otro modo de comprender la experiencia de las mujeres en Nueva York, distinta a la de los hombres, y su importancia para la formación de esta comunidad, es tener en cuenta los problemas propios, aunque no por ello menos urgentes, que las mujeres migrantes debían resolver en calidad de madres y amas de casa. El caso de Carolina Roger, costurera de La Habana, es revelador. Carolina fue la mujer que envió a su hijo Pastor Peñalver a Nueva York en 1876. Años más tarde, su marido Bibián, repostero, viajó a la ciudad para reunirse con su hijo.[94] Carolina haría el largo viaje en el entrepuente de un vapor con sus otros cuatro hijos de edades comprendidas entre los cinco y los catorce, y embarazada de ocho meses.[95] Su experiencia de la llegada al muelle, la necesidad de encontrarse con un amigo o paisano lo antes posible debió ser muy diferente de la urgencia sentida por el personaje descrito por el poeta Pachín Marín, ese hombre bohemio e independiente. Ella daría a luz a su hijo poco después de llegar a Nueva York.[96]

Los partos presentaban un problema importante para las mujeres migrantes y, aunque muchos nacimientos no fueron registrados en aquella época, este era uno de los pocos aspectos de la vida de las mujeres que a veces quedaban inscritos en los registros oficiales de la ciudad. En ningún momento como en ese, cuando comenzaban las labores de parto, la necesidad de "encontrar a un amigo" debió haber sido más intensa. De hecho, puede que no fuera suficiente con "encontrar a un amigo". Apoyándonos en lo que los investigadores pueden conjeturar a partir de las prácticas habituales relativas a los partos y el cuidado de los recién nacidos en Cuba, parece probable que las mujeres inmigrantes prefirieran, cuando fuera posible, reunirse junto a la mujer que estaba a punto de dar a luz y compartir el cuidado de sus hijos pequeños. El trabajo doméstico no era menos social que el del tabaco. A ser posible, estos grupos incluirían mujeres con experiencia en partos, alguna habilidad como comadrona y la capacidad de ejercer algún tipo de acompañamiento espiritual y de mediación con Dios, los santos o los ancestros. También debió ser de gran ayuda, en caso de un parto con complicaciones o de enfermedad del recién nacido, que alguna de estas mujeres supiera como encontrar a un médico y tuviera (directamente o a través de los hombres de la familia) los recursos para pagarlo –o, al menos, los vínculos sociales suficientes como para que las atendiesen sin pagar o les permitiesen aplazar el pago.[97] No podemos saber si Carolina Roger tenía relación con alguna mujer en la ciudad apenas tres semanas después de su llegada o quién pudo acompañarla en su apartamento de la calle 47 Oeste durante el parto. Lo que sí queda claro por la partida de nacimiento del hijo es que Julio J. Henna, médico reconocido de Ponce, Puerto Rico, y figura relevante del movimiento independentista, atendió el parto, y que no se trató de un hecho aislado.[98] Los certificados de nacimiento revelan que, en un número sorprendentemente alto de casos, médicos cubanos o puertorriqueños llegaban hasta esos edificios segregados de Greenwich Village para atender los partos de mujeres de ascendencia africana.[99]

Es imposible descifrar a ciencia cierta qué tipo de redes vinculaban a estos hombres de alto estatus social con las mujeres afrodescendientes y de clase trabajadora a las que atendían. Los historiadores saben que muchos médicos en Nueva York veían potencial económico en la promoción de su participación en partos y competían de manera activa por este negocio. Algunos hispanohablantes (sobre todo Henna) participaban en el movimiento nacionalista y eran liberales, algo que debió ponerlos en contacto con miembros de la clase trabajadora hispanoparlante. Es posible que llegaran a hogares como el de Carolina Roger a través de la intervención de los maridos, que se les acercaban en los espacios urbanos masculinos del distrito tabaquero y apelarían a una obligación moral reforzada por el vínculo nacionalista o por sentimientos clientelares. Pero también es posible que estos médicos entablaran relaciones específicas con comadronas migrantes que eran quienes, con casi total seguridad, atendían la mayoría de los partos de esta comunidad. Estas mujeres atenderían el parto, supervisarían las tareas y actividades sociales que lo rodeaban, proveerían cuidados tras el nacimiento y enseñarían a las madres como dar el pecho o cuidar de su bebé. Si todo iba bien, el nacimiento nunca sería registrado. En caso de complicaciones llamarían a algún médico para un cuidado específico, por ejemplo, el uso del fórceps o la administración de cloroformo mientras controlaban ellas el resto de los aspectos del procedimiento. En esos casos, eran los mismos médicos los que facilitaban los documentos para extender partidas de nacimiento.[100] Estos encuentros debieron estar repletos de significado. La llegada de un bebé permitía la expresión simbólica de una comunidad nacional que se unía más allá de las líneas de clase y raza en la felicidad de acoger a un nuevo cubano. Quizás estos eventos permitían que médicos, comadronas y padres confirmaran su creencia compartida sobre la capacidad de las mujeres negras para ser madres modernas e "higiénicas" bajo la atenta supervisión del marido proveedor y de profesionales médicos ilustrados en un momento en que muchos en Cuba y Estados Unidos se oponían a la ciudadanía negra debido, en parte, al argumento de que las mujeres afrodescendientes no eran capaces de desarrollar una maternidad civilizada.[101]

La necesidad imperante de resolver los retos relacionados con el parto tuvo como consecuencia la creación simultánea de conexiones entre mujeres afrodescendientes y de clase trabajadora y, en no pocos casos, de la extensión de esas conexiones a hombres exiliados de estatus social superior. El trabajo y experiencia de las comadronas, y posiblemente su capacidad de tejer y gestionar lazos con médicos, las convirtió en actores centrales de la formación de esta comunidad de migrantes y ayuda a explicar el papel fundamental que jugaron las dos comadronas, Gertrudis Heredia y Josefa Blanco en los grupos de mujeres integrados, años más tarde, en La Liga. A medida que las mujeres cubanas y puertorriqueñas de La Liga se reunían, con los niños en brazos, para crear sus primeras organizaciones solidarias y su primer club político, eligieron como líderes a las mujeres que habían ayudado a traer al mundo a esos niños, a las mujeres que las habían acompañado en estos momentos tan peligrosos, dolorosos y (en muchos casos) felices de sus vidas.

REVOLUCIÓN Y COMUNIDAD

Cuando Rafael Serra y los hermanos Bonilla llegaron a Nueva York por primera vez a principios de la década de 1880, hicieron lo mismo que otros migrantes como ellos. Dependieron de las redes sociales, múltiples y superpuestas, tejidas por los cubanos de ascendencia africana a lo largo de la década anterior. Pero, ¿acaso las nuevas evidencias sobre el nacimiento de esta comunidad y de las instituciones que estos cubanos negros crearon modifican ese otro relato, mucho más familiar, de exilio y revolución que nos habla de estos hombres, su ferviente patriotismo y su singular alianza con José Martí?

Hasta mediada la década de 1880, hay escasos indicios. En el caso de Serra, sabemos poco sobre dónde vivía durante su primera residencia en la ciudad, entre 1882 y mediados de 1885. Estos fueron los años de los primeros picnics cubanoamericanos, pero hay poca información sobre sus contactos con Germán Sandoval, Lafayette Marcus y las dos logias. No está claro cuáles fueron sus relaciones, si es que creó alguna, con los afroamericanos de la ciudad. Parece bastante probable, o casi cierto, que Gertrudis Heredia llegó en esa época para reunirse, al menos temporalmente, con su marido. Pero no tenemos pruebas que demuestren si ejerció como comadrona en este periodo, o si participó en las redes creadas entre las mujeres y los médicos. En estos meses que vivieron juntos en Nueva York la pareja debió concebir a su hija Consuelo. También es probable que planearan la siguiente fase de su vida separados. Mientras Serra siguió sus viajes en el exterior Heredia regresó a Cuba y comenzó el curso para comadronas de la Universidad de La Habana. Poco después, Consuelo nació en Matanzas.[102]

Hay evidencias de que Serra estuvo involucrado en los intentos de reorganizar la insurgencia nacionalista durante su primera estancia en Nueva York. En 1882 conoció a Flor Crombet, un brigadier mulato, veterano de las dos guerras cubanas, la de los Diez Años y la Chiquita.[103] Es probable que se encontrara por primera vez con Martí, también un recién llegado a los círculos nacionalistas de la ciudad. Es casi seguro que Serra asistió a la reunión del Club Independencia en un "sótano oscuro" en Clarendon Hall en 1883. Los periodistas de la época señalaron que el grupo de los allí reunidos consistía sobre todo en cigarreros "muchos de los cuales [eran] negros" y que comenzaron a recaudar dinero para ayudar a la liberación de José Maceo y otros oficiales insurgentes encarcelados por el gobierno español al final de la Guerra Chiquita. Con la promesa de apoyo de varios cubanos ricos que vivían en Nueva York, enviaron una invitación a los comandantes de campañas previas en Oriente –Antonio Maceo, Crombet, Agustín Cebreco, todos ellos hombres afrodescendientes, y Máximo Gómez, reconocido como blanco– para que regresasen al terreno.[104] Ya para el otoño de 1884, hay pruebas de que Serra estaba implicado en ese movimiento. Cuando los generales llegaron a la ciudad, citaron a Serra al Hotel Griffou en la calle 9 Oeste donde habían instalado su cuartel general. En breve, el propio Serra se presentaría voluntario para la primera expedición. Fue nombrado teniente y zarpó rumbo a Jamaica en junio de 1885.[105]

Los detalles de las reuniones en el Hotel Griffou entre los militares y los exiliados civiles más importantes son parte de la narrativa clásica del desarrollo del nacionalismo cubano. Los cubanos adinerados en Nueva York que habían apoyado la invitación a los generales, pero que ahora no querían poner en peligro las negociaciones con el gobierno español con la intención de recuperar sus propiedades en la isla, retiraron sus promesas de apoyo económico.[106] Entonces Gómez, conocido por su carácter enojadizo y autoritario, insultó a aquel joven poeta que había sido elegido para dirigir la campaña de recolección de fondos para la expedición, José Martí. Este, en respuesta, retiró su apoyo a la expedición argumentando que era un principio democrático que el liderazgo militar estuviera supeditado al control civil. Un partidario de los generales acusó entonces a Martí de vestir sayas. Su respuesta se hizo popular. "No solamente no puedo usar sayas, sino que soy tan hombre que no quepo en los calzones" y se ofreció a demostrar su hombría en el momento que sus opositores eligieran. Martí fue relevado de todos sus cargos en el movimiento y se retiró casi por completo de cualquier actividad nacionalista durante varios años. Aunque ya era un escritor bastante conocido, no era aún la figura central del nacionalismo en la que se convertiría después. Su participación no resultaba vital para la expedición. Pero esta disputa fue representativa de un problema mayor. Los revolucionarios que se habían desplazado a Nueva York, contando con el apoyo de los miembros más distinguidos y adinerados de la comunidad de emigrados, se encontraron en una posición incómoda. Tenían que buscar sus propios fondos. No tenían ni para pagar la cuenta del Hotel Griffou.[107]

La falta de apoyo de los cubanos adinerados llevó a un cambio de estrategia. Los generales y sus representantes viajaron a París, México, Nueva Orleans, Filadelfia, Kingston y Cayo Hueso buscando a quienes financiaran su plan de múltiples expediciones coordinadas. Al encontrar poco apoyo entre los exiliados más adinerados, giraron su atención hacia los trabajadores del tabaco, cuyas modestas, pero más numerosas, contribuciones podrían compensar la pérdida de aquellas otras más cuantiosas. Cuando se dieron cuenta de que eso no era suficiente, dieron marcha atrás. Buscarían solo los fondos mínimos para enviar una primera expedición a las órdenes de Antonio Maceo. Una vez que el general estuviera en Oriente, según ese plan, toda la región se levantaría en armas, alentando a los exiliados y aumentando la recolección de fondos. Finalmente, esa estrategia tampoco funcionó, pero queda claro que en ese momento Maceo se convirtió en un orador público en los actos de recaudación celebrados con trabajadores del tabaco en Cayo Hueso, Nueva York y Veracruz y que esas contribuciones fueron el apoyo principal de la expedición.[108] Hombres como Serra –y si los generales no fallaban en su discernimiento, hombres como Germán Sandoval, Lafayette Marcus y los hermanos Bonilla– llegarían a ser el motor principal de este movimiento.

Las fuentes disponibles apuntan en esa dirección.[109] Cuando Antonio Maceo programó un discurso en el Clarendon Hall en Julio de 1885, en un evento para recaudar fondos para la expedición, el cónsul de España en Nueva York pidió a la Fiscalía de Nueva York que impidiese su celebración alegando que "aquella era una reunión de *negros,* y que se iba á alterar el orden".[110] Esta acusación es ciertamente sospechosa. Las autoridades españolas hicieron lo posible por presentar la organización de los revolucionarios en Nueva York, y la revolución en su conjunto, como una conspiración negra. Pero si el gobierno español tenía razones para exagerar el papel de los inmigrantes afrodescendientes en apoyo de la expedición, sus organizadores tenían razones igualmente poderosas para disminuir la dependencia de la misma de sus seguidores no blancos. No sorprendería que la audiencia que se reunió para ver a Maceo en su visita a Nueva York fuera "más negra" que la de las reuniones nacionalistas que se celebraron en la ciudad una década antes, porque los exiliados afrodescendientes se mostraban especialmente entusiastas con el liderazgo de Maceo, porque sus aliados más ricos habían retirado ya su apoyo y porque algunos trabajadores blancos también habían retirado su apoyo al separatismo para dirigirlo al radicalismo sindical. Años más tarde, un historiador afirmó que José y Antonio Maceo se iniciaron como miembros de la logia Sol de Cuba en el otoño de 1884, pero esto ha sido imposible de confirmar. No obstante, parece muy probable que los hermanos Maceo llamaran a los líderes de las logias Sol de Cuba y San Manuel para que les ayudasen a reclutar voluntarios y conseguir fondos entre sus miembros, sus vecinos afroamericanos y en los talleres y comedores multirraciales. También parece muy probable que los miembros de esas logias, junto a sus amigos cubanos blancos de más confianza y sus amigos y parientes afroamericanos, fueran parte de la audiencia que asistió a los eventos en los que participó Maceo.

Si bien es imposible saber a ciencia cierta si Serra tenía contacto con la comunidad de migrantes liderada por Sandoval en sus primeros años en Nueva York, en el caso de Juan y Gerónimo Bonilla estos vínculos son fáciles de comprobar. Los Bonilla llegaron a Nueva York alrededor de 1881 y poco después vivían en el apartamento de Sandoval, en la calle Thompson, número 89. Allí volvieron a encontrarse con Salomé Rencurrel, que había sido su vecino más de una década antes en Cayo Hueso. Todos comenzaron a participar en la logia San Manuel y acabarían por heredar su liderazgo de Sandoval y Rencurrel. Juan llegó a ser miembro de la directiva de la logia Sol de Cuba también, como también lo sería el tercer hermano Bonilla, Francisco. Como habitantes de esos edificios y miembros de esas logias, los Bonilla entraron en contacto de manera habitual e íntima con líderes políticos, sociales y religiosos de la comunidad afroamericana. Y después de haber crecido entre las coaliciones raciales de la política de la época de la Reconstrucción en Cayo Hueso, vivían en edificios segregados en Greenwich Village en 1883 en el momento que la Corte Suprema derogó la ley federal de Derechos Civiles con la excusa de que el Congreso no tenía derecho a prohibir actos de discriminación en el ámbito de lo privado.[111] Un año después, Gerónimo iría a un juzgado a declarar su intención de nacionalizarse en compañía de un activista político afroamericano que también vivía en la calle Thompson, número 89. Después de enterrar a su madre en el cementerio Calvary en 1885, los Bonilla acabarían encontrando alojamiento en la casa de Charles A. Reason y Harriet Reason en la calle 3 Oeste, número 74.[112]

Es probable que los Bonilla también estuvieran muy implicados en el sindicalismo y los encuentros multirraciales de los trabajadores cubanos. Pero no es fácil situarlos entre quienes apoyaron la expedición de Maceo y Gómez. Serra estaba implicado en la política revolucionaria. Los Bonilla estaban implicados en la creación de la comunidad de emigrados afrodescendientes. Pero ni siquiera sabemos si se conocían en el momento. Sin embargo, cuando Rafael Serra regresó de Kingston, en 1887, los Bonilla y Germán Sandoval se convertirían en sus aliados más cercanos. Las logias creadas por los primeros inmigrantes afrodescendientes en su espera de "encontrar amigos" y para resolver los problemas derivados de instalarse en una ciudad segregada se convirtieron en la base de apoyo más importante para Serra. Dependería de ellas para la creación de La Liga y para llegar a ser una figura de relevancia dentro del Partido Revolucionario Cubano. Al mismo tiempo, Gertrudis Heredia y otra comadrona (la suegra de Juan Bonilla) trabajarían para integrar a la comunidad de mujeres en cuyos partos habían trabajado en las actividades de La Liga. El siguiente paso, entonces, es comprender cómo esta comunidad de migrantes se convirtió en un movimiento político.

4

Convergencia

Un hombre exhausto de materia, pero exuberante en espíritu y virtudes, de súbito cayó sobre nosotros, abrió sus blancas y divinas alas y en ellas nos llevó bajo cuidados, hasta ponernos en plena salvación. Ese hombre, señores, era un arcángel del cielo de la patria: era José Martí.
Rafael Serra, "Discurso pronunciado en la inauguración de La Liga", 1890

Yo he vivido a su lado [...] Yo le vi sujetarse, cultivarse, perdonar y fundar, vencerse [...] El mundo sangra sin cesar de los crímenes que se cometen en él contra la naturaleza. Y cuando, con el corazón clavado de espinas, un hombre ama en el mundo a los mismos que lo niegan, ese hombre es épico.
José Martí, "Rafael Serra: para un libro", 1892

El 10 de octubre de 1888 se cumplían veinte años del Grito de Yara, el alzamiento que dio inicio en Cuba a la Guerra de los Diez Años, la fecha más sagrada del calendario nacionalista. Aquel mismo día, dos cigarreros, Rafael Serra y Gerónimo Bonilla, atravesaron Nueva York acompañados de otros tres hombres, dos cigarreros y un cocinero, rumbo a un juzgado. Todos menos Bonilla, que ejercería de testigo, iban a pedir la ciudadanía estadounidense.

Serra acababa de regresar de una expedición militar fallida bajo el mando de los generales Antonio Maceo y Flor Crombet y del brigadier Agustín Cebreco. La tradición decía que los vínculos con personalidades militares abrían el camino del liderazgo entre los exiliados en Nueva York, y así fue el caso de Serra. Desde su regreso había sido elegido secretario del único club separatista que quedaba en la ciudad. Serra mantenía también lazos estrechos con los líderes del movimiento de derechos civiles en la isla. De hecho, aquel mismo día se había publicado un artículo suyo en *La Fraternidad,* el periódico más importante para la "raza de color" de La Habana, aunque los ejemplares impresos aún no habrían llegado a Nueva York. En este sentido, esa marcha hacia el juzgado era el gesto apropiado para celebrar el aniversario de la insurgencia. Cada uno de los solicitantes declaró aquel día bajo juramento que repudiaba cualquier lealtad al Rey de España. Y reafirmaron su capacidad, como hombres negros, de convertirse en ciudadanos de una república, algo que muchos cuestionaban abiertamente en Cuba y España (por no mencionar en Estados Unidos).[1]

Pero la visita al juzgado fue parte de una apuesta por un nuevo tipo de liderazgo también. Apenas un mes antes, Bonilla y Serra habían creado el Club Republicano Cubano, a través del cual habían comenzado a organizar a hombres cubanos de ascendencia africana para apoyar a Benjamín Harrison en las elecciones presidenciales, programadas para noviembre. El Club Republicano Cubano era uno de entre los varios clubes políticos "de color" en los diferentes distritos electorales de la ciudad que ayudaban a organizar la participación de electores afroamericanos para el Partido Republicano. Los líderes de esos clubes defendían que los dirigentes negros recibieran su porción del patrocinio político distribuido por el partido y, con mucho menos éxito, que la plataforma del partido defendiera con firmeza sus derechos civiles y los nominase como candidatos y electores. Los hombres que fueron al juzgado ese día con Gerónimo Bonilla –que participaban en las redes creadas por Germán Sandoval y Lafayette Marcus desde hacía una década y que apoyaban en la distancia a *La Fraternidad*– formaban parte de la base de apoyo del club.² A partir de entonces, la carrera política de Serra, que llegaría a ser elegido miembro de la Cámara de Representantes de Cuba años después, ya no dependería solo de sus relaciones con hombres más poderosos, aunque esas relaciones seguirían siendo cruciales, sino también de su relación con electores y, como parte de un proyecto mayor, de la extensión y defensa del derecho al voto de los hombres afrodescendientes y de los miembros de la clase trabajadora, tanto en Cuba como en Estados Unidos.

Los intentos de Serra para movilizar a los votantes de cara a las elecciones presidenciales de 1888, mientras participaba activamente en la lucha por los derechos políticos y civiles en Cuba, ofrecen un inesperado telón de fondo a otra historia, más familiar: la de su apoyo a José Martí. Es imposible identificar cuál fue el momento preciso en que Serra y Martí comenzaron a colaborar políticamente. Pero la noche de aquel 10 de octubre de 1888 es quizás el momento que mejor señala el comienzo de esa convergencia. Martí había llegado a Nueva York durante la Guerra Chiquita, ya como veterano de los clubes revolucionarios secretos de La Habana. Allí había comenzado a ganar los aplausos de la comunidad de exiliados con su elevada oratoria y a integrarse rápidamente en las instituciones nacionalistas más importantes. Pero se había separado del movimiento nacionalista tras su encontronazo con los generales Gómez y Maceo. No había apoyado la expedición que dirigieron en 1885, a la que Serra se presentó como voluntario. Cuando fracasó la expedición, Martí regresó al redil nacionalista, captando la atención una vez más, gracias a la sobrecogedora elocuencia de sus discursos. Había logrado reunir a un pequeño grupo de partidarios, argumentando que era el momento de volver a la insurgencia armada y defendía que el primer paso de esa preparación para la guerra era la creación de una estructura democrática única que abarcase a las distintas comunidades en el exilio y coordinase las plataformas de los diferentes jefes militares. Solo un movimiento democrático unificado podría "amasar la levadura de república que hará falta mañana", al reparar las relaciones entre aquellos "elementos" de la comunidad nacional "tan varios", tan suspicaces, de amalgama tan difícil.³

La celebración de ese vigésimo aniversario fue el primer acto importante organizado bajo su liderazgo, su primera oportunidad de crear un foro público en el que representar y poner en marcha la amalgama que había comenzado a describir. Con eso en mente, varias semanas antes del evento, Martí comenzó a ponerse en contacto con aquellos actores que tenían motivos para desconfiar de él. Le envió una carta a Rafael Serra –ese periodista vinculado con los militares a quien leían los cubanos afrodescendientes, ya fuera en el exilio o en la isla, y que se había convertido en líder de un club político que movilizaba a hombres afrodescendientes para acceder a la ciudadanía y al voto en Estados Unidos– en la que le expresaba su deseo de que el acto, como la revolución que conmemoraba, "nazca de todos y sea igual para todos". Partiendo de ese principio, le imploró a Serra que participara en la organización del aniversario y, posteriormente, le ofreció un espacio en la tribuna de oradores.[4] Ese fue el motivo por el que la noche del mismo día que fue al juzgado a renegar de su lealtad a la Corona española, convertirse en ciudadano de una república y participar en la campaña del Partido Republicano, Rafael Serra dio su primer discurso importante ante una audiencia de comerciantes, dueños de fábricas, profesionales, escritores y trabajadores cubanos. Esa fue la primera vez que subiría a un estrado al lado de Martí. Una línea radial, la del obrero-intelectual que tras pasar por La Habana, Matanzas y Cayo Hueso, llegó a convertirse en el líder de un grupo de migrantes quienes, enfrentados al reto de migrar siendo negros, habían logrado crear las instituciones de su propia comunidad en Nueva York, se cruzaba con otra línea, la del poeta, periodista y diplomático.

En los meses siguientes, Serra y los Bonilla utilizaron su reputación, su capacidad organizativa y sus redes sociales para transformar una ideología de largo recorrido que giraba en torno a la solidaridad racial en una relación política nueva. Se convirtieron en la bisagra que conectaba a sus bases, a quienes ya habían movilizado previamente en apoyo de Harrison y Morton, con Martí, un hombre que aún no tenía una base de apoyo propia. A Martí le preocupaba crear un "equilibrio" entre los "elementos tan varios" de la sociedad cubana y eso, a sus ojos, requería que un hombre como Serra lograra: "sujetarse, cultivarse, perdonar y fundar, vencerse".[5] Martí celebró el control que Serra y los Bonilla ejercían sobre sí mismos como parte de un proyecto más amplio de dirigir el activismo político negro hacia una actitud de perdón para desmentir la acusación racista de que la revolución desataría una rebelión de negros resentidos y descontrolados. Y así lo hicieron. Aceptaron el papel de negros honrados, cultivados y patrióticos, y trabajaron junto a Martí para articular un conjunto de valores políticos democráticos, incluso radicales, una nación "con todos y para el bien de todos" que garantizase la armonía social a través de la ciudadanía igualitaria y la democracia popular. Martí fue capaz de articular esos valores de manera convincente y lo logró, en gran medida, debido a su relación con Serra y los Bonilla que lo ayudaron a difundir su mensaje entre sus amigos y aliados en Nueva York, Cuba, Cayo Hueso, Kingston, Puerto Príncipe y Tampa. Más tarde, también lo ayudarían a crear una nueva organización, el Partido Revolucionario Cubano y a asegurarle un papel de liderazgo dentro de ella.

Aquí podemos regresar a las preguntas planteadas al comienzo de este libro: ¿por qué Serra y los demás aceptaron esa petición de manifestar paciencia y perdón en nombre de la unidad nacional? ¿Por qué eligieron defender el modelo de una nación para todos y con todos como si fuera idea de Martí y no suya? ¿Cómo lograron reivindicarse a sí mismos dentro de la lucha nacionalista, sin renunciar al derecho a formar asociaciones independientes o a exigir un trato igualitario? Las respuestas a estas preguntas no están en los intrincados escritos de Martí, ni en los textos que leyó o en las experiencias que marcaron su pensamiento; tampoco en los muchos relatos sobre lo brillante y carismático de su persona, sino en el mundo creado por los artesanos intelectuales y los migrantes afrodescendientes durante las dos décadas previas. Los hombres y mujeres de este entorno no solo apoyaron a Martí, sino que además ayudaron a crearlo a partir de una compleja cartografía de compromisos políticos interconectados entre sí que se activaron ese día tan extraordinario: el día en que Serra llevó a un grupo de hombres afrodescendientes a nacionalizarse para convertirse en electores republicanos, publicó un artículo en el periódico más importante de "la raza de color" en La Habana y apareció por primera vez, junto a Martí, como el único orador negro del encuentro patriótico que se celebró en Clarendon Hall.

PULSAR SU LIRA EN LOS CAMPOS DE LA GUERRA

¿Cómo pudo convertirse Serra, un hombre que apenas dejó rastro en la vida pública cubana durante sus primeros años en Nueva York, en el líder político e intelectual de la comunidad creada por Germán Sandoval, Lafayette Marcus y quienes vivían con ellos en los edificios segregados de esta ciudad? Su ascenso comenzó con su participación en la expedición militar organizada en Nueva York, Cayo Hueso y Nueva Orleans en 1884 y 1885. Como intento por volver a prender la llama de la rebelión en Cuba, la expedición fue un fracaso rotundo. Pero ofreció una plataforma para que Serra consiguiera sus credenciales como soldado e intelectual. La mayor parte de los participantes en el movimiento independentista creían que solo los hombres que estaban listos para entregar sus vidas (o al menos sus escasos recursos) por la madre patria tenían la autoridad moral para hablar en nombre de la comunidad nacional.[6] Sin embargo, desde el principio, el papel de Serra en la expedición parecía depender más de su capacidad como escritor que de sus habilidades guerreras. Los comandantes necesitaban hombres con la capacidad y el temperamento adecuados para ejercer de secretarios, propagandistas y cronistas. Aunque no tenía experiencia militar previa, Serra recibió el rango de teniente y se sumó al destacamento al mando del brigadier Agustín Cebreco, uno de los afrodescendientes más prominentes en insurgencias previas.[7] Serra reprobaba que se maniobrara para lograr servir a las órdenes de importantes líderes militares y así conseguir réditos políticos.[8] Pero su propia carrera se beneficiaría de lo mismo que criticaba, de los dos años que estuvo junto a Cebreco, los hermanos Maceo y otros líderes militares. A su regreso a Nueva York no tardaría en ser nombrado secretario de la única organización nacionalista que sobrevivía, el club Los Independientes.[9]

Además de su trabajo en cuestiones prácticas como levantar actas, mantener correspondencia y guardar archivos, el liderazgo militar valoraba su habilidad como poeta y ensayista. Es más, sus contemporáneos parecieron entender que su carrera militar era la culminación natural de su proyecto de construcción de una identidad literaria. Uno de sus camaradas señaló que el joven poeta se había alistado porque estaba "deseoso de pulsar su lira en los campos de la guerra". Hacía referencia a otros poetas nacionalistas que habían modelado sus versos a partir de las antiguas odas a la victoria. Sus contemporáneos lo captaban con facilidad.[10] En una carta a Serra que alababa sus poemas, uno de los líderes de la expedición, el general mulato Flor Crombet, citaba a Lamartine: "Los poetas y los héroes son de una misma estirpe: unos conciben y los otros ejecutan". El General urgió a Serra a que "siga cantando –he aquí una alta misión que la naturaleza pone en su mano [...] ¡cantor de la patria!"[11]

Serra asumió esa misión con entusiasmo. Nunca entró en combate, pero publicó un panfleto con el título de *Ecos del alma* durante los primeros meses de su participación en la expedición, tras viajar a Kingston y mientras esperaban órdenes para zarpar rumbo a Cuba. En ese texto, escrito en verso, Serra abandonó su típico preámbulo sobre el hecho de ser portavoz indigno de un tema de tanta importancia. Adoptaba la voz, ya familiar en la poética del movimiento nacionalista, de un poeta impulsado a tomar su lira por la agitación de su alma, su remembranza feliz de los parajes naturales y las bellas mujeres de Cuba, interrumpidos por la dura experiencia del exilio en el "norte" y el recuerdo amargo de la opresión colonial y la esclavitud: "Siento arder un deseo, mi alma se oprime". Incapaz de permanecer indiferente al ímpetu de esos sentimientos, no pudo hacer otra cosa que representarlos en sus versos. Y bajo la cobertura de esa figura literaria, ofreció un efusivo grito de guerra a la cincuentena de hombres que habían aceptado servir a las órdenes de Antonio Maceo y que habían comenzado a reunirse en Kingston, donde esperaban los suministros necesarios y la orden de partir hacia Cuba. Se trataba de una "hueste entusiasmada" impelida a un acto desinteresado de sacrificio masculino que provenía de la misma agitación del alma que empujaba al poeta a escribir sus versos.[12]

En todo caso, Serra dejó claro que esos hombres no estaban implicados en una rebelión meramente emocional. Y el poema mismo, aun en su apasionamiento, era también un "ensayo literario" que ofrecía una filosofía política razonada y coherente. Serra "el cantor de la patria" se atribuyó la tarea de concebir los ideales por los que los héroes militares se sacrificarían. Explicó que los hombres luchaban por el gobierno republicano, por la libertad de culto, por una educación universal y gratuita y, por supuesto, contra el peligro del baile, cuando este traspasara "la esfera del recreo" y se dejara "invadir por el deseo". Como había hecho desde sus primeras publicaciones en Matanzas, Serra se mostraba firmemente comprometido con la armonía social. La bandera cubana era enemiga del "odio y la discordia" y ofrecería refugio a "los elementos todos" que, en espíritu de paz y concordia, contribuyeran a las labores y a la causa del progreso nacional. Aunque, como había defendido en escritos previos, la revolución no podía esperar que su resultado fuera crear una sociedad armoniosa sin antes garantizar también la justicia.

> No es libertad aquella que consiste
> En legarle á una clase el privilegio
> Que perjudica en otra, con el triste,
> Y asolador absolutismo regio.

La revolución era un medio para conseguir un nuevo tipo de prosperidad que, según Serra, intercambiaría la suerte de "explotados" y "explotadores".[13]

Serra nunca abordó directamente la acusación, que ya había demostrado ser un arma poderosa en manos del gobierno español, de que la expedición era una rebelión de razas que buscaba la venganza contra los blancos y la supremacía de los negros. Pero sí que elaboró un minucioso argumentario reclamando la igualdad, no de manera particular, sino como un objetivo universal de culminación nacional. La "rancia aristocracia", explicó, no solo amenazaba la unidad nacional al incitar al resentimiento de los pobres, sino que además era un "vestigio del pasado", una sombra oscura que atravesaba la sociedad y que no sobrevivirá a "la luz de nuestro siglo". La eliminación de privilegios injustos y anticuados no era una cuestión de venganza ni de supremacía sino un paso crucial en dirección al triunfo de los valores universales de la Ilustración. Para llevar a buen puerto esa conexión entre la abolición de los privilegios raciales y de clase, y las ideas universales de libertad política, Serra concluyó su poema con una traducción al español de la "Declaración de los Derechos del Hombre".[14]

Ecos del alma ofrece una muestra del papel de Serra, que emergió gradualmente como portavoz de la facción de un movimiento que –pese a la deserción de hombres como Martí– siguió a los hermanos Maceo y a Gómez al campo de batalla. Esto prueba que ya era bastante partidario de armonizar su firme rechazo a los privilegios de raza y clase con el interés por la unidad y la concordia entre las clases, lo que Martí llamaría "equilibrio". Serra jugaría, más tarde, el papel del discípulo que se instruye en el evangelio de la unidad a través de la justicia social de Martí, el apóstol. Pero mucho antes de llegar a conocer a Martí, Serra, como muchos otros autores nacionalistas, había imaginado que el hecho de que estos cubanos, tan distintos entre sí, se enfrentaran hombro con hombro a la muerte, contribuiría a crear una conciencia común. Ese sentimiento nacional eliminaría la posibilidad de que alguien tratara de imponer una visión egoísta e interesada en contra del interés general. Convocó a sus camaradas a que descartaran el "torpe orgullo", el "amor propio" y una "venganza que hace el mundo más estrecho". Los cubanos adinerados debían dejar a un lado sus privilegios, los trabajadores debían renunciar al odio de clases y –una vez la esclavitud fuera abolida– quienes hubieran sido esclavizados debían renunciar al resentimiento y a la toma de represalias. Para Serra, el símil poético que explicaba esta disolución de lo individual en lo colectivo, la esencia compartida y el ideal común de la patria, era el amor romántico. Escribió:

> Dos vidas coligadas en un lazo
> De unión de amistad, cual tortolillas,
> Que en fraternal cariñoso abrazo
> Se exhiben agitando sus alillas.
> Unísonas miradas en fé pura,
> Encendidas en gratas afecciones
> Y caricias que en alas de ternura
> Corren á alimentar nuestras pasiones
> El choque de dos almas que un beso
> Compendian el amor casto profundo;
> Que vienen en su mágico embeleso
> A dilatar su ser en este mundo.[15]

La idea de una alianza política construida a partir de la "panacea" del amor, de la "ternura" entre los hombres, y no de su experiencia militar conjunta, se convertiría en la marca de Serra dentro de su asociación con José Martí. Cuando Serra publicó este poema, en todo caso, Martí era persona *non grata* en el movimiento nacionalista.[16]

EL FRACASO DE LA EXPEDICIÓN

En *Ecos del alma*, Rafael Serra logró construir una narrativa heroica, un mar de fondo lírico y fervoroso y una serie de valores políticos cuidadosamente articulados para una expedición que poco a poco encallaba. Cuando comenzó a trabajar en el poema, el proyecto ya había experimentado el primero de una larga serie de contratiempos. Después de perder el apoyo de los exiliados acaudalados en Nueva York, los líderes de la expedición lograron recaudar una cantidad mínima de fondos en las reuniones de trabajadores celebradas en Nueva York, Cayo Hueso y Nueva Orleans, donde los generales habían asentado a sus esposas e hijos. El general Máximo Gómez, confiando en sus vínculos familiares con el presidente de la República Dominicana, había empleado ese dinero en comprar armas y municiones que, posteriormente, envió a Santo Domingo. En mayo de 1885, en el momento en que Serra se preparaba para salir rumbo a Kingston, los aliados de Gómez perdieron el poder y el nuevo gobierno dominicano tomó posesión de tales suministros. Gómez se pasó el resto del año tratando, sin éxito, de recuperar los pertrechos perdidos. Eso dejó al general Antonio Maceo a la cabeza de un movimiento que estaba ya a punto de quedarse sin recursos.[17]

Tras dejar a los voluntarios en Kingston, Maceo regresó a Nueva York, Filadelfia y Cayo Hueso para pedir a los exiliados que volvieran a confiar en él su dinero. Era una cuestión delicada la de pedir más contribuciones a los trabajadores cuando los fondos anteriormente recaudados se habían perdido de una manera tan torpe. Oficiales militares pasaban con frecuencia por las comunidades de exiliados movilizando a sus séquitos de aliados civiles y recaudando dinero para expediciones que nunca cobraban forma. La línea que separaba al héroe sublime del patriota bienintencionado pero equivocado y del charlatán interesado, era una cuestión sobre la que se debatía frecuentemente. Solo la gran popularidad de Maceo entre los cigarreros –y casi seguro, aunque nadie más que el cónsul español lo dijera, entre las redes sociales tejidas por los cubanos afrodescendientes– fue suficiente para inspirar aquellos encuentros patrióticos tan entusiastas que se celebraban en Nueva York, en Clarendon Hall, en el club San Carlos en Cayo Hueso o en giras por los talleres de cigarreros de ambas ciudades. Manejó la vergüenza de tener que volver a pedir dinero, prometiéndoles que no volvería a repetirse. Tras recibir una bandera cubana como regalo de un grupo de mujeres en Cayo Hueso, logró que la asamblea se emocionara al declarar que levantaría esa bandera en la isla de Cuba o envolverían su cadáver en ella el día de su entierro.[18] Cuando la expedición finalmente fracasó, los trabajadores cubanos comenzaron a mostrar su hartazgo, lo que quedó patente durante los siguientes siete años con la escasa afluencia a los mítines convocados por los líderes nacionalistas.[19]

Mientras Maceo giraba por las comunidades de exiliados recaudando fondos, Serra y el resto de su compañía vivían en Kingston, relacionándose con la comunidad de exiliados que se había establecido allí. Eran comerciantes, cigarreros y un grupo de pequeños productores de tabaco que habían instalado una comunidad agrícola cerca de la ciudad al final de la Guerra de los Diez Años. Serra y sus camaradas tuvieron tiempo para darse cuenta de la profunda crisis económica de la colonia británica y del éxodo masivo de trabajadores negros en las líneas de vapores que zarpaban rumbo a la provincia colombiana de Panamá, sobre todo a Colón, el lugar donde terminaba el ferrocarril y donde los franceses escenificaban su iniciativa de construcción de un espectacular canal.[20] Ciertamente, no se les pudo haber pasado por alto el flujo de migrantes en dirección a Panamá porque los voluntarios cubanos pronto comenzarían a embarcar en los mismos vapores. Serra se mudó de Kingston a Colón, probablemente viajando en uno de esos barcos que, según un periódico local, "zarpó desde aquí a Colón, llevando carga y también varios cubanos y pasajeros de puente junto a 432 trabajadores del Canal".[21] Serra y sus camaradas habían emprendido el viaje a Cuba para lanzar una revolución. Al final, habían abandonado sus comunidades de emigrantes en Nueva York y Cayo Hueso para acabar inmersos en la migración masiva de trabajadores de las Indias Occidentales, la primera de trabajadores negros libres en el continente americano tras la abolición de la esclavitud. Solo podemos imaginar lo que pensarían los cubanos de aquellos trabajadores junto a quienes viajaron. ¿Encontrarían alguna afinidad con ellos al compartir una identidad racial y la experiencia migratoria? ¿Se sentirían diferentes de estos migrantes –más trabajadores comunes que artesanos cualificados– en función de su idioma, clase o cultura? ¿Se pararían a ponderar el modo en que Cuba, en su transición al trabajo libre, podría liberar tierra para quienes habían sido esclavizados y permitirles así escapar de la crisis que en ese momento se cernía sobre la colonia inglesa?

Serra y sus camaradas también se encontraron en medio de esa gran encrucijada de reformistas y revolucionarios afrodescendientes que era el Caribe del momento. Pudieron observar que las reformas de la colonia, aprobadas en Jamaica un año antes, instauraban requisitos en torno a la propiedad que excluían a la mayoría de jamaicanos afrodescendientes del derecho, limitado, de elegir a sus propios representantes. Seguro que también se dieron cuenta de que los hombres afrodescendientes que defendían un sufragio más inclusivo en Kingston se enfrentaron a quienes les acusaban de usar las elecciones para crear una república negra, un segundo Haití. Casi con toda seguridad se cruzaron en su camino, también, con los exiliados haitianos que vivían en Kingston. Es más, apenas unos años antes, el cónsul español en esta ciudad informó de las reuniones e intercambios periódicos que mantenían los seguidores de Maceo y los exiliados haitianos en una de las tabernas de ciudad. Algunos de los cubanos en Kingston también se habían sumado en 1883 a una expedición fallida a Haití con el objetivo de derrocar al Partido Nacional. Los cubanos que se reunieron en Kingston en 1885 probablemente reflexionaron sobre los relatos que circulaban por Jamaica acerca de este conflicto, que lo representaban como una guerra de razas entre negros (el Partido Nacional) y mulatos (los aliados de Maceo en el Partido Liberal). Es probable que los cubanos supieran de las dificultades por las que pasaron un grupo de revolucionarios venezolanos al transportar armas y municiones a través de la colonia británica. El embargo de ese cargamento fue disputado ante los tribunales y provocó la renuncia de seis miembros del consejo colonial.[22]

Luego, cuando el grupo de expedicionarios llegó a Colón, se encontró con una ciudad que yacía sobre ruinas carbonizadas. Las fuerzas liberales de la costa caribeña colombiana se habían levantado contra el gobierno en la primavera de 1885, justo cuando Serra se embarcaba hacia Jamaica. El líder de la fracción liberal en Colón era un hombre de ascendencia mixta, africana y europea, llamado Pedro Prestán, importante abogado, propietario y conocido por algunos de los cubanos participantes en la expedición.[23] Al igual que los venezolanos que habían fracasado en su intento de enviar armas a través de Jamaica, Prestán vio cómo su iniciativa se frustraba debido a que las autoridades locales le impidieron embarcar un cargamento de pertrechos. Cuando trató de tomar el barco por la fuerza, Estados Unidos envió tropas en ayuda del ejército colombiano. Prestán fue capturado y ahorcado junto a algunos de sus partidarios. Durante los combates que rodearon ese conflicto, la ciudad de Colón se vio reducida a cenizas. Los liberales señalaron que el fuego había devorado primero las propiedades de Prestán y sospecharon que fue provocado deliberadamente por sus enemigos. Las autoridades, en cambio, culparon a Prestán, y presentaron a los liberales como chusma y como pirómanos reclutados de entre los migrantes caribeños negros que vivían en la ciudad. Cuando Serra y los demás expedicionarios cubanos desembarcaron en una ciudad quemada, ¿qué conclusiones debieron de sacar de cada uno de estos intentos fracasados de reforma y revolución? ¿Creyeron acaso que el gobierno británico de Jamaica ofrecería una versión ilustrada del colonialismo, un modelo de reforma, o lo consideraron una prueba más de que solo podía lograrse la igualdad social con la independencia? ¿Qué retos logísticos afrontarían al transportar sus armas a través de Kingston y Colón? ¿Cómo debieron de interpretar la extraordinaria violencia o las acusaciones, ya familiares, de guerra de razas con las que los gobiernos de la región, incluido el de Estados Unidos, trataban de suprimir cualquier movimiento de los liberales afrodescendientes?

Es probable que esas conversaciones pasaran a un segundo plano debido a preocupaciones más inmediatas. Como casi todos los llegados a Panamá en esos años, pronto los cubanos cayeron enfermos con fiebre amarilla y malaria. Varios de ellos morirían en las primeras semanas. El resto de las "huestes entusiasmadas –aunque es de imaginar que su entusiasmo ya se había disipado– se dispuso a esperar el momento del heroico sacrificio mientras sufría el nada heroico tormento de las fiebres y del ejército de insectos que les picaban día y noche. A medida que se les acababa el dinero, disminuían también sus raciones, hasta que terminaron por desaparecer.

Muchos fueron enviados a casas de cubanos que vivían en pueblos y campamentos en la zona del canal. Cada retraso, cada día que pasaban esperando y no combatiendo, los soldados se sentían un paso más lejos de la viril iniciativa del combate y un paso más cerca del incumplimiento de su concepto básico de hombría: la autosuficiencia a través del trabajo productivo. Uno de los participantes en la expedición describió así este sentimiento: "La vergüenza de comer el pan que otro ganaba para su familia".[24] Cuando por fin llegó un nuevo cargamento de armas –compradas con el dinero que Maceo había recaudado en su segundo viaje por Cayo Hueso y Nueva York– las autoridades colombianas, cediendo ante la presión española, se negaron a permitir que los cubanos las descargasen. Les sucedió lo mismo que a Prestán. El barco regresó a Nueva York y la expedición tuvo que ser retrasada de nuevo.[25]

Tras ocho desalentadores meses en la zona del Canal, los voluntarios regresaron a Jamaica para esperar un segundo intento de entrega del cargamento. Mientras los fondos menguaban, y con poca esperanza de recaudar más en Kingston, Maceo los envió a vivir con familias cubanas en las granjas de tabaco a las afueras de la ciudad. Se adaptaron a un modo de vida rural, rudimentario, caminaban descalzos, se reunían cada noche en las granjas cercanas para escuchar música y bailar, y sobrevivían a base de "yucas, malangas, boniatos y plátanos que podíamos conseguir".[26] En julio, cuando ya había pasado poco más de un año desde el comienzo de la expedición, recibieron más malas noticias. El general Flor Crombet había llegado desde Nueva York en un barco alquilado con los suministros que llevaban tanto tiempo esperando. Pero, al no encontrar a nadie en el punto de encuentro acordado en la costa de Jamaica, el capitán del barco, preocupado por que las autoridades encontraran las armas a bordo, había lanzado el cargamento por la borda. Era la segunda vez que los comandantes de la expedición perdían el material comprado con las donaciones de los trabajadores de Cayo Hueso y Nueva York. La tensión entre los generales aumentó. Antonio Maceo y Flor Crombet se insultaron en público y estuvieron a punto de retarse a duelo. Después de quince meses agotadores, en agosto de 1886, la expedición terminó cual desalentado gemido. Serra, como muchos de los participantes, regresó a Panamá, donde algunos comenzaron a trabajar en las obras del canal. Desde allí emprendió el viaje de regreso a Nueva York.[27] Seguía sin tener experiencia militar pero regresó de la expedición con nuevos logros literarios, conociendo la política racial en Jamaica y Panamá y habiéndose relacionado con líderes civiles y militares dispersos por las comunidades cubanas en el gran Caribe.[28]

SERRA, SANDOVAL Y LOS BONILLA

Las relaciones de Serra con Crombet y los hermanos Maceo, así como una reputación literaria creciente, contribuyeron de manera crucial a la mejora de su estatus político una vez de vuelta en Nueva York. Lo eligieron secretario de Los Independientes, un nuevo club separatista creado por nacionalistas de línea dura. En las reuniones de esa organización fue testigo y, quizás, participó en una nueva ronda de tensos enfrentamientos entre los veteranos de la expedición y José Martí.[29] Pero su relación con la comunidad creada por los cubanos de ascendencia africana en Nueva York, ya muy dinámica, era lo más importante, sobre todo su asociación con Germán Sandoval y con Juan y Gerónimo Bonilla. Estos no habían participado en la expedición fracasada. Mientras Serra estuvo en Kingston y Panamá, ellos se quedaron en New York donde las tensas relaciones entre los trabajadores y los exiliados más ricos habían llegado a un punto de ruptura. Cuando un grupo de cigarreros en Nueva York fue a la huelga a principios de 1886, los dos periódicos cubanos de la ciudad, *El Avisador Cubano* (editado por el conservador Enrique Trujillo) y *La República* (editado por el liberal Ramón Rubiera de Armas) atacaron a los huelguistas por su falta de compromiso patriótico. Los trabajadores radicales respondieron denunciando al liderazgo separatista por su compromiso con los empresarios y pidiendo a los trabajadores que dejaran de contribuir a ambos periódicos. Conflictos similares hervían en el enclave de exiliados de Cayo Hueso, donde un incendio destruyó el club

San Carlos, y cientos de edificios más aquel mismo año dejando a miles de trabajadores sin techo y sin empleo. Los nacionalistas de Cayo Hueso criticaron a los trabajadores que aceptaron ayuda del cónsul español. Al mismo tiempo, muchos propietarios de fábricas comenzaron a mudarse a Tampa, un pueblo pequeño en la costa de la Florida donde recién había llegado el ferrocarril, para limitar el poder de los sindicatos de Cayo Hueso. También colaboraron con las autoridades de Estados Unidos para identificar y deportar a los anarquistas españoles y cubanos que trabajaban para organizar a los cigarreros. Como resultado de estas diferencias, los líderes nacionalistas encontraron cada vez más difícil conseguir apoyos entre los trabajadores. No hubo más manifestaciones masivas como aquellas convocadas para escuchar los discursos de Antonio Maceo en 1884 y 1885.[30]

Como muchos trabajadores en la ciudad de Nueva York y en el resto del mundo, los exiliados de clase trabajadora veían tanto su relación con sus empleadores, como la enorme división entre las clases en la ciudad, bajo la perspectiva de un hecho histórico particular y del debate intenso que provocó: el juicio contra los acusados por el atentado en Haymarket. El verano de 1886, poco después de que el capitán de un vapor enviara el segundo cargamento de armas de Maceo a las profundidades del puerto de Kingston y solo un mes después de los devastadores incendios que destruyeron el club San Carlos en Cayo Hueso, un jurado en Chicago condenó a ocho hombres por el lanzamiento de la bomba que mató a un policía tras una manifestación de trabajadores en la plaza Haymarket. Las manifestaciones habían comenzado en protesta por la violencia policial contra los trabajadores que pedían la jornada laboral de ocho horas. Excepto uno de los hombres, que podría haber sido quien fabricó la bomba, el resto de los acusados fueron condenados solo por sus escritos publicados y los discursos que habían pronunciado, en los que defendían la militancia sindical advirtiendo a los trabajadores que estuvieran listos para un conflicto de clase con armas.[31] Para los trabajadores cubanos en Nueva York, como para muchos otros por todo el mundo, ese juicio y la condena se convirtieron en símbolo de una sociedad donde la justicia y la política estaban inclinadas a favor de los poderosos y en contra de los trabajadores. La convocatoria a acciones en solidaridad con los mártires de Chicago, como se conocía a los acusados, se convirtió en un instrumento efectivo de movilización de los trabajadores y de los activistas cubanos en Nueva York, Cayo Hueso y La Habana, donde tuvieron lugar huelgas y protestas que reclamaban cuestiones salariales y la "dignidad de los trabajadores", como el derecho a no sufrir abusos por parte de los capataces o los derechos de los trabajadores afrodescendientes a laborar en cualquier taller. Los trabajadores siguieron circulando entre esas ciudades y recaudando fondos con los que apoyar a los huelguistas en diversos lugares. Cada vez entendían con más claridad que su lucha buscaba un reparto más equitativo de la riqueza creada mediante el trabajo, de una mayor autonomía para el artesano y de un trato respetuoso por parte de los empresarios, más como parte de un movimiento internacional de obreros que como componente de una lucha nacionalista de cubanos.[32]

Las organizaciones anarquistas solían ser racialmente inclusivas y atrajeron a muchos cubanos afrodescendientes en La Habana, Nueva York, Cayo Hueso y Tampa. No obstante, mientras sus compañeros rompían con los grupos nacionalistas para crear organizaciones de trabajadores mixtas, Sandoval, los Bonilla y otros cubanos de ascendencia africana, continuaron desarrollando sus propias redes sociales independientes en Nueva York, las cuales les permitían seguir en contacto con los líderes afroamericanos de la ciudad. Sus actividades, por ejemplo, aparecían de manera regular en la columna de gacetillas del *New York Freeman*, el periódico más importante de los afroamericanos. Ese tipo de anuncios incluían el picnic cubanoamericano que se celebraba anualmente y otras actividades organizadas por "Germie Sandoval", la graduación de la escuela de Charles Reason de Francisco Peñalver (hermano del conocido músico cubano Pastor Peñalver) y las idas y venidas de distinguidos hombres de color de Cuba.[33] Gracias a sus actividades en la masonería, los cubanos afrodescendientes también desarrollaron una nueva relación con un hombre llamado William Derrick, pastor de la iglesia episcopal metodista africana Bethel, en la calle Sullivan, la congregación afroamericana más grande de la ciudad. Derrick era un inmigrante que había llegado desde las Indias Occidentales y había luchado en la Guerra Civil estadounidense. Había defendido durante años que los líderes afroamericanos debían "abrir una comunicación más estrecha con nuestros amigos jamaicanos, haitianos y cubanos" y así "convertirnos en el instrumento" para el comercio entre Estados Unidos y las islas del Caribe.[34] En diciembre de 1886, Derrick abrió la iglesia Bethel a la logia Sol de Cuba que organizó allí un funeral para tres de sus miembros que habían fallecido ese mes.[35]

Derrick también era un líder político, el principal vínculo de unión entre los votantes afroamericanos de la ciudad y el Partido Republicano. "Nunca duda a la hora de decirle a su gente, de uno o en uno o en su conjunto, qué votar", señalaba uno de sus críticos. "Se considera el guardián y líder de su rebaño y lejos de tener motivos para arrepentirse de su línea de conducta, se le considera como un hombre a quien ningún político puede permitirse enfadar porque controla miles de votos".[36] Es probable que la expansión de su base de votantes fuera uno de los objetivos de Derrick cuando organizó una conferencia en su iglesia, a finales de 1886, para los "cubanos residentes" de Nueva York y Brooklyn en la que habló de la reciente emancipación de los esclavos en Cuba así como de su "aceptación como ciudadanos en América, su progreso y la prudencia que muestran como gente laboriosa desde su exilio".[37] Algunos meses después, varias sociedades cubanas organizaron una celebración en la iglesia Bethel para festejar el fin de la esclavitud en su tierra natal e invitaron a la misma a varios veteranos afroamericanos de la Guerra Civil estadounidense, en la que veían paralelismos con su propia lucha contra la esclavitud.[38]

Aunque Rafael Serra se perdió varios de estos eventos durante el tiempo que estuvo en Kingston y Colón, es casi seguro que supo de ellos en la distancia o poco después de regresar a la ciudad. Cuando llegó a los muelles de Manhattan por segunda vez, y se encaminó, atravesando el vertiginoso bullicio que le resultaba tan familiar, en busca de amigos y paisanos, se encontraría rápidamente con Germán Sandoval y los Bonilla. Junto a ellos, comenzó a transformar las redes sociales en las que habían participado en un movimiento político de nuevo cuño.³⁹ Su primera colaboración, que empezó a los pocos meses de la ejecución de los acusados por la bomba en Haymarket, fue un proyecto para apoyar al periodista y defensor de los derechos civiles para afrodescendientes en Cuba, Juan Gualberto Gómez, y para fortalecer su periódico *La Fraternidad* en La Habana. Los lectores recordarán que Gómez había nacido en una familia esclavizada en una plantación en Matanzas. Sus padres compraron su libertad con los ahorros que lograron reunir con sus trabajos como costurera y vendedor de frutas y verduras, y lo educaron en una de las pocas escuelas privadas que aceptaban estudiantes afrodescendientes en La Habana. Después viajó a Francia donde dejó su aprendizaje en un taller de fabricación de carruajes para convertirse en periodista. Durante la Guerra de los Diez Años, su camino se cruzó con el del líder insurgente Francisco Vicente Aguilera en París y el intelectual Nicolás Azcárate en México. Regresó a Cuba en 1878 y se unió a los círculos literarios impulsados por Azcárate en los que también participaba un joven abogado llamado José Martí.⁴⁰

Cuando Gómez fundó el periódico *La Fraternidad* en La Habana en 1879, se convirtió, junto con el mentor de Rafael Serra, Martín Morúa Delgado, en una de las figuras más importantes entre los periodistas que asumieron la causa de la "raza de color" en los años que siguieron a la Guerra de los Diez Años. Gómez fue arrestado y condenado al exilio en 1880, pocos meses antes de que Serra y Morúa cerraran *El Pueblo* y abandonaran Matanzas. Tras pasar dos años en colonia penitenciaria de Ceuta, se afincó en Madrid y comenzó a trabar alianzas con los liberales abolicionistas españoles. Trabajando junto a un grupo de escritores jóvenes y otros aliados en Cuba, usó sus contactos en España para presionar a las autoridades peninsulares para que emitieran decretos a favor de la igualdad de derechos civiles en Cuba y Puerto Rico, derechos como el acceso a los cafés, parques, teatros y otros lugares públicos. Los políticos criollos y funcionarios en Cuba hicieron lo posible por entorpecer su cumplimiento y muchas veces simplemente se negaron a aplicarlos. Gómez y sus aliados respondieron presentando demandas judiciales y exigiendo que se hiciera respetar la igualdad decretada.[41] El grupo de partidarios de Gómez que había permanecido en Cuba también creó un proyecto para unificar todas las sociedades de color en una sola red, un "Directorio" que representara al conjunto de la clase de color de la isla en las negociaciones con los partidos políticos y el gobierno.[42] En 1887, ese grupo logró la reapertura de *La Fraternidad* como "periódico político independiente dedicado a la defensa de los intereses de la raza de color". *La Fraternidad* permitió que los cubanos afrodescendientes de diferentes ciudades de la isla y en diferentes exilios participaran y se sintieran parte de una sola comunidad de lectores y escritores.[43]

Ese sería el proyecto que Serra y sus nuevos aliados retomaran durante los primeros meses después de su llegada de Kingston. En Nueva York, los ejemplares del periódico llegaban a los suscriptores y el dinero de las suscripciones llegaba a los editores "debido á la actividad y celo de nuestro particular amigo Sr. Sandoval". Al terminar 1887, Sandoval, Serra y los Bonilla habían lanzado una campaña de recaudación de fondos más amplia, con la idea de comprar una imprenta para *La Fraternidad* y para Juan Gualberto Gómez cuando regresara del exilio. Esa campaña dependía en gran medida de las asociaciones de migrantes levantadas por Sandoval y los Bonilla la década previa, especialmente la logia de los Odd Fellows que funcionaba en Nueva York, Cayo Hueso y La Habana. Varios años más tarde, esa sería la misma red que ayudaría a presentar a José Martí a los exiliados en Florida. Sandoval también regresó a su práctica, ya clásica, de organizar picnics anuales en los que se encontraban los cubanos y los afroamericanos de Nueva York. Ya para febrero de 1888 había desarrollado un plan para "celebrar una recepción cubana-americana (ó séase anglo-hispana) a beneficio de la imprenta y sin tomar los fondos para los gastos". Según los organizadores, "el entusiasmo parece haber llegado hasta el pueblo americano", en referencia a los afroamericanos, especialmente a un grupo de dieciocho mujeres que habían colaborado recaudando fondos de manera voluntaria con el comité organizador del evento en beneficio de *La Fraternidad*.[44]

Al mismo tiempo que Juan Gualberto Gómez usaba sus conexiones con políticos liberales en Madrid para empujar el avance de la causa de igualdad política y civil en las colonias, los neoyorquinos usaban su relativa seguridad económica y libertad de asociación, así como sus vínculos con los afroamericanos, para avanzar en esos mismos objetivos. *La Fraternidad,* por su lado, funcionaba como el medio de comunicación entre los neoyorquinos y sus contrapartes en Cuba y otros lugares para así crear una comunidad de escritores y lectores, pese a la considerable distancia que los separaba. Por ejemplo, Abraham Seino, uno de los fundadores de la logia Sol de Cuba, que, en un momento dado, había vivido en el apartamento de Sandoval en la calle Thompson, envió una nota desde Nueva York pidiendo información sobre el paradero de su padre. *La Fraternidad* la publicó con la petición de que cualquier respuesta fuera dirigida a sus oficinas en La Habana. Varias semanas después, el periódico publicó la noticia de que el anciano estaba vivo dando, además, detalles de su paradero.[45] En otro número, Rafael Serra, desde Nueva York, agradecía los buenos deseos recibidos en su natalicio desde San Juan (Puerto Rico), Boston (Estados Unidos) y Kingston (Jamaica).[46] Que Serra tuviera amigos en tantos lugares reflejaba, probablemente, su propio itinerario por el Caribe de los años previos y el alto grado de movilidad de aquellos que había conocido durante sus viajes. Pero esa nota solo tiene sentido si Serra y sus editores veían *La Fraternidad* como un instrumento para enviar mensajes a esta amplia red de camaradas lo que, implícitamente indica, que sus amigos debían de recibir y leer el periódico en San Juan, Boston y Kingston. Los editores en La Habana también sabían que Serra y otros neoyorquinos leerían la nota publicada sobre el trabajo de la comadrona Gertrudis Heredia a la hora de traer al mundo al bebé del editor del periódico, Miguel Gualba.[47]

Aunque Germán Sandoval continuó jugando un papel organizativo y simbólico como presidente del comité recaudador para la imprenta y como agente del periódico, no era "un hombre de ciencia" ni político. Rafael Serra fue quien asumió la mayor parte de las tareas de escritura. Era secretario del comité y corresponsal en Nueva York de *La Fraternidad*, tareas que compartió poco a poco con otro aspirante a escritor, el entonces adolescente Juan Bonilla. Sus contribuciones dejaron claro que quienes habitaban en la ciudad, incluso tras muchos años de exilio, estaban bien al tanto de aquello que preocupaba tanto a los editores como a los lectores de ese periódico en Cuba. Por ejemplo, Serra se sumó al coro de objeciones sobre las conclusiones racistas del libro *La prostitución en la ciudad de La Habana* cuando apareció en 1888. Escribió que los "cubanos aquí residentes protestan profunda y enérgicamente sobre la obra". Después reprendió al periodista y editor Enrique Trujillo, un relevante cubano neoyorquino (que emergería como enemigo político de Martí, Serra y Sotero Figueroa en los años siguientes) por sus comentarios positivos sobre el libro. Serra señaló a Trujillo: "¡Te conozco mascarita!". También envió a *La Fraternidad* una muestra de su repudio contra otro exiliado bien conocido por el público, un empresario adinerado llamado Fidel Pierra que había publicado una serie de artículos en los que propugnaba argumentos contrarios a la revolución y en defensa de la reforma del colonialismo español a través de una participación política limitada. Pierra advertía de que los cubanos blancos no eran lo suficientemente fuertes para soportar las "innovaciones y excesos" de los negros. Serra lo llamó al orden por las "injustas apreciaciones que hace de la siempre sufrida clase á que con honra pertenecemos".[48]

Además de textos sobre las cuestionables opiniones de algunos exiliados cubanos de renombre en Nueva York, Serra también ofrecía a los lectores de *La Fraternidad* sus observaciones sobre las condiciones sociales en Estados Unidos. Como "hijos legítimos que somos de esa desventurada patria que se llama Cuba" deseaba presentar "hechos tangibles" sobre lo que sucedía en la ciudad norteamericana que pudieran ser de interés para el lector residente en Cuba.[49] Esos "hechos" podían referirse a pequeños detalles como una ola de calor que azotaba la ciudad, la visita de un general haitiano, o a cuestiones más graves: "La huelga de los operarios que se emplean en la elaboración de tabaco habano en esta ciudad ha terminado satisfactoriamente; habiéndose logrado obtener los dos pesos [por mil cigarros] que con toda justicia demandaron los tabaqueros".[50] Es probable que la noticia fuese recibida con alborozo en los talleres de La Habana, Cayo Hueso y Kingston –por no mencionar los de Nueva York– cuando los lectores la leían en voz alta. Las correspondencias publicadas en *La Fraternidad* también revelan el profundo compromiso de los neoyorquinos con la política local y su repercusión en los debates que sucedían en Cuba. Serra resumió el auge del sentimiento antichino y de la ley aprobada en 1882 para impedir la llegada de inmigrantes chinos a los Estados Unidos. Este relato sirvió como aviso para los cubanos que admiraban a Estados Unidos para que disiparan cualquier esperanza falsa de que una anexión podría acarrear consigo el cambio social esperado para la isla y para criticar a los políticos cubanos –sobre todo a los antiguos insurgentes que ahora apoyaban al Partido Autonomista y se resistían a sumarse a las peticiones de igualdad de los derechos civiles y políticos– por su propia "intransigencia etnográfica".[51]

Más allá de eso, Serra trató de ofrecerle a la "clase de color" en Cuba, es decir, a la red de escritores y lectores entre quienes circulaba *La Fraternidad,* conocimientos sobre un aspecto de la vida en Estados Unidos en particular. Escribió: "[H]abrán notado los lectores de *La Fraternidad* en nuestras correspondencias, siempre ha sido nuestra divisa dar á conocer, hasta donde nos permitan nuestras escasas fuerzas, el grado de adelanto y cultura de la clase de color de los Estados Unidos" a lo que añadió: "y los desmanes sin cuento que se cometen diariamente con la inmensa mayoría".[52] En esta tarea, Juan Bonilla, que había nacido en Estados Unidos y hablaba inglés con soltura, fue probablemente un recurso crucial para traducir los periódicos afroamericanos y otras fuentes. Serra y Bonilla, desde el punto de vista de su experiencia concreta de segregación y sociabilidad en Greenwich Village, ofrecían a los lectores en Cuba y a los exiliados detalles sobre la vida del intelectual afroamericano Frederick Douglass, narraciones de la violencia sufrida por los afroamericanos en los estados del sur del país, estadísticas sobre las oportunidades educativas al alcance de los afroamericanos e información sobre las reuniones y discursos de afroamericanos distinguidos. También ofrecían relatos sobre los juicios ganados por el abogado afroamericano T. McCants Stewart, uno de los más importantes litigantes en defensa de los derechos civiles de la época. Stewart era también coeditor, con T. Thomas Fortune, del periódico afroamericano local, el *New York Age*, que a menudo publicaba notas sobre las actividades de las logias que habían organizado Sandoval y sus compañeros. De las correspondencias enviadas a *La Fraternidad* emerge con claridad que los cubanos también se convirtieron en lectores del *New York Age*, dependiendo de sus reportajes a la hora de escribir su propio contenido y transmitir noticias a los lectores hispanohablantes en Cuba y en las otras comunidades de migrantes.[53]

Por ello, Serra, Sandoval y los Bonilla pudieron contar con cobertura en los dos periódicos, *La Fraternidad* y el *New York Age*, a la hora de emprender su segundo proyecto importante, el club Republicano Cubano. En agosto de 1888 empezaron a movilizar a los hombres de las logias Sol de Cuba y San Manuel –a quienes ya habían recurrido para que apoyaran a *La Fraternidad*– para que participaran en las elecciones presidenciales estadounidenses que estaban a punto de celebrarse. Los trabajadores cubanos en Nueva York habían estado nacionalizándose y registrándose para votar desde hacía más de una década. El secretario del club, Gerónimo Bonilla, era hijo de uno de los primeros cubanos de color que se hizo ciudadano de Estados Unidos, un veterano de la política de Cayo Hueso. Y muchos de los miembros habían ido al juzgado para pedir la ciudadanía antes de las tres elecciones presidenciales previas, participando de la red política multirracial creada por Agustín Yorca. La cobertura realizada por el *New York Age* deja claro que el club Republicano Cubano era algo nuevo, un club cubano que funcionaba en el entorno del activismo afroamericano del Partido Republicano. Esto sugiere que formaba parte de la red política levantada por el reverendo William Derrick, el hombre que durante varios años había acogido actos organizados por y para cubanos en la Iglesia Bethel.⁵⁴ El club parece ser la primera organización política cubana en Nueva York en la cual todos los miembros de la directiva eran afrodescendientes.

Los esfuerzos por crear el club Republicano Cubano, vistos desde la distancia por los lectores de *La Fraternidad*, podían incluirse entre los "hechos tangibles" que aportaba la experiencia del exilio y que tenían relevancia para los lectores de la isla. De hecho, las actividades del club tuvieron implicaciones directas sobre uno de los temas principales cubiertos por el periódico, el debate de los miembros de las Cortes españolas sobre la cuestión del sufragio universal. Desde 1876, la ley española había restringido el voto a aquellos que pagaran una cantidad determinada de impuestos y a quienes se les otorgaba el derecho de sufragio a partir de unas ciertas "capacidades". En las colonias, la contribución requerida para participar en las elecciones a representantes en las Cortes estaba marcada en veinticinco pesos, una cantidad cinco veces superior a la de la península. Los escritores de *La Fraternidad* criticaron a los políticos cubanos por su errático apoyo al principio del sufragio universal. También pidieron a la "raza negra" que buscara su propia inclusión dentro de listas electorales presentadas a las elecciones municipales y provinciales, en las que cubanos mayores de edad podían votar si aportaban una contribución de solo cinco pesos. Es más, en aquellas elecciones municipales, en las localidades pequeñas, todos los cabezas de familia de género masculino podían votar, pagaran impuestos o no. Eso significaba que muchos hombres de ascendencia africana tenían acceso al voto. *La Fraternidad* sostenía que "nuestros hermanos" debían hacer el esfuerzo de inscribirse en las listas electorales forzando así que los partidos compitieran por la simpatía de los votantes negros, lo que ayudaría también a terminar con la idea de que no tenían la preparación necesaria para ejercer el sufragio de forma responsable.⁵⁵ Los que organizaron el Club Republicano Cubano seguían esa misma lógica. Que todos los que sean elegibles para ejercer su derecho de sufragio, lo hagan y demuestren así la capacidad del hombre negro para ser elector.

Más allá del voto, el club brindaba un modelo de actividad política dignificada y ordenada que demostraba la capacidad de los hombres negros para ser partícipes responsables de la vida pública. Demostrar eso pudo influir en los planteamientos de los políticos en Cuba y Madrid y en los de exiliados como José Martí, tan fascinado como asqueado por lo que sucedía en la democracia urbana de masas de su ciudad adoptiva. En la correspondencia enviada a *La Fraternidad,* Serra destacó una marcha organizada por el club en la que participaron 500 personas de ambos sexos y "todas las clases". Los cubanos afrodescendientes participaron en la política electoral junto a los cubanos blancos sin que se produjera ningún incidente o irregularidad. Se reunieron y desfilaron en orden. Fue un gran placer, según escribió Serra, poder transmitir una imagen de lo sucedido a los lectores de *La Fraternidad* como muestra de "la elegancia y buen gusto con que iban uniformados, el órden y compostura de los subordinados con sus superiores y el golpe de vista sorprendente que desplegaban en todo el trayecto". Esta jerarquía de superiores y subordinados se refería presumiblemente a quienes habían sido electos para un cargo dentro del grupo y no al rango social. Los "superiores" eran Sandoval, Serra, Bonilla y el resto de la directiva del club, algo que no debió pasar por alto para los lectores de *La Fraternidad*. A pesar de esto, el mensaje de orden social era claro. Este tipo de reportaje le ofrecía a Serra la oportunidad de detallar un triunfo que había logrado junto a sus partidarios al mismo tiempo que recalcaba la contribución que hacían a la brillante reputación étnica de los cubanos afrodescendientes en la ciudad. Señaló que la "prensa ha hablado dos ó tres veces sobre la buena conducta que observan los cubanos etc."[56]

El tercer proyecto importante en el que Serra, los Bonilla y Sandoval se embarcaron juntos fue la creación de una nueva sociedad de color en Nueva York que comenzó a reunirse a principios de 1888 en el apartamento que los Bonilla alquilaban en la calle 3 Oeste. Serra apeló a los lectores de *La Fraternidad* para que le apoyasen en la construcción de una institución que –como tantas veces pedían los editores del periódico– se abstendría de lo recreativo para centrarse casi exclusivamente en la instrucción.[57] Desafortunadamente, no ha sobrevivido ninguna copia de esta convocatoria. Pero es probable que su tono fuera similar a un ensayo que escribió poco después y en el que explicaba que el objetivo de esta sociedad era "aligerarse el peso insoportable de una condición servil" y dar un paso más allá de "una dignidad precaria". En total acuerdo con la línea editorial expresada de manera habitual en *La Fraternidad*, señaló que "las clases oprimidas, que lejos de pensar en el porqué de sus desdichas, que es la falta de luz, más se complacen con mantener su existencia entre los vicios, podrán luego tratar de redimirse por violencia; pero, serán por sus mismas flaquezas contrariadas, débiles y vencidos". Por ello, la educación podría ser el instrumento para mejorar la situación de las clases oprimidas y para garantizar el equilibrio entre los "elementos" de la sociedad cubana. "No hallamos mejor medio para armonizar las clases que tienen que confundirse en lo futuro, que levantar con manos puras de su inercia, á la clase postrada".[58] Para lograr eso, proponían un nuevo club que sería el primero de una red de sociedades sostenidas por sus propios miembros que asumiría la responsabilidad del destino de la clase de color.

Quizás esa idea de una red de clubes es una de las razones por las que Serra, Sandoval y los Bonilla prefirieron evitar nombres como los elegidos habitualmente por las sociedades de color en Cuba y las comunidades del exilio: La Armonía, La Igualdad, La Fraternidad o El Progreso. En su lugar propusieron llamarla La Liga. El nombre pudo haber sido elegido en referencia a La Liga Antillana, un ideal arraigado entre algunos nacionalistas, de una confederación de estados independientes que uniría a Cuba, Puerto Rico y otras islas del Caribe. Finalmente, La Liga puede haber sido también un guiño hacia la Liga Afroamericana fundada en Nueva York tan solo meses antes por los editores del *New York Age*. Se trataba de una red nacional de sociedades afroamericanas dedicadas a la defensa "viril" de los derechos civiles más allá de los límites del sistema caciquil de los partidos políticos.[59] Serra y los Bonilla sabían de aquella campaña porque sus iniciadores hacían propaganda constante para su proyecto en las páginas de su periódico. Los organizadores de La Liga Afroamericana también pudieron estar al tanto del proyecto casi idéntico que los editores de *La Fraternidad* habían propuesto para Cuba dos años antes con el Directorio de Sociedades de Color. Las similitudes en los nombres Liga Antillana, La Liga y Liga Afroamericana, son pistas de las ideas y estrategias que circulaban en ambas direcciones entre los periodistas cubanos y afroamericanos, y entre La Habana y Nueva York.

MARTÍ

Este fue el momento exacto en que, como Serra describiría más tarde, José Martí "de súbito cayó sobre nosotros". De súbito porque no era de ningún modo obvio antes de fines de 1888 que José Martí fuera a convertirse en uno de los principales puntos de apoyo del proyecto de creación de La Liga como tampoco lo era que los hombres de La Liga y las logias Sol de Cuba y San Manuel se convertirían en la primera base de apoyo de Martí cuando inició su carrera como político. Martí había sido una figura reconocida entre los exiliados desde su arribo a Nueva York en 1880. Un discurso que ofreció poco después de su llegada le garantizó una reputación de orador brillante y muy probablemente le identificó como una persona liberal en cuestiones raciales, en la línea de Azcárate y otros en La Habana y Matanzas. Era cierto, dijo Martí, que algunos cubanos esclavizados habían comenzado a incendiar plantaciones de caña de azúcar, actos, explicó, que adoptaban "el lenguaje aterrador que le han enseñado nuestra crueldad y sus desgracias". Creía que la abolición acabaría con situaciones tan alarmantes. Negó las acusaciones españolas de que los que apoyaban a los insurgentes durante la Guerra Chiquita buscaban promover una guerra racial. No había razón para temer que "hombres en su mayor parte sumisos, en corta porción inquietos y en buena porción inteligentes, realicen bárbaros intentos, a cuya sola sospecha se sonrojan honrados negros y honrados mulatos". Señaló que no "sería cuerdo suponer que en pechos tan lacerados ha desaparecido ya toda amargura, e inspiramos a los que hemos oprimido, una confianza, no merecida aún en absoluto." Los cubanos negros y mulatos, sostuvo, "huyen, y con sobrada causa, de los que desdeñan o afectan temerlos" y sentían desdén por "los que buscan con no dignas lisonjas sus aplausos". Pero, concluyó, constituiría una ofensa llegar a la idea de que "ellos" no habían desarrollado una revolución en defensa de "nuestra libertad" cuando nosotros "hemos" hecho una revolución "por nuestra libertad y la suya".[60]

Parece probable que los emigrados afrodescendientes que oyeron este discurso se dieron cuenta de que se presentaba a sí mismo como participante en una conversación entre "cubanos", a quienes definía como "nosotros", y sobre los posibles peligros planteados por "negros y mulatos", a los que se refería como "ellos". Esta expresión de empatía, en principio, pudo ser bien recibida. Pero no diferenciaba a Martí de otros nacionalistas. No era el tipo de escritor que acompañaba a los cigarreros, blancos y negros hasta los juzgados para tramitar su ciudadanía. No era el tipo de periodista que iba a la prisión a confortar al cigarrero condenado a muerte por asesinar a su amante afroamericana, ni era tampoco el tipo de luminaria literaria que se prestaba voluntario a ofrecer clases a los trabajadores o iba a los talleres para leer a los obreros durante la jornada de trabajo. Mas bien, era fácil encontrarlo de cena en casa de los cubanos de buena posición económica o con la flor y nata de la sociedad neoyorquina en el restaurante Delmonico's, en la Quinta Avenida.[61] Y quizás lo más importante de todo, había discutido públicamente con Gómez y Maceo, y al hacerlo se había autoerigido como uno de los principales civilistas dentro del movimiento independentista, defendiendo la idea que los jefes militares siempre debían responder a una máxima autoridad civil. Todo esto lo separó del ala del movimiento que había impulsado a hombres afrodescendientes a posiciones de importancia y que había apoyado con mayor empuje un punto de vista radical sobre la transformación social, aquello que Serra había expresado en su elegía poética a la expedición de 1885. Quienes apoyaban a Maceo y a Gómez, personas como Flor

Crombet y Martín Morúa Delgado, atacaban con regularidad a Martí e impugnaban su patriotismo.[62]

¿Cómo explicar, entonces, esa repentina aparición en La Liga? Por un lado, la extensa actividad literaria de Martí en esos años en la prensa latinoamericana muestra una evolución gradual de su pensamiento. Desde mediada la década de 1870 había mostrado su simpatía por las demandas de los trabajadores y desde su llegada a Estados Unidos había mostrado su desafección a las extremas divisiones de clase que observó en el Nueva York de la Edad Dorada (*Gilded Age*.) Sus posiciones en el plano social mostraban cierta afinidad con varias formas de pensamiento socialista entre las que se incluía la idea de la armonía social a través de la educación y la libre asociación, que tan influyentes eran entre los liberales españoles, cubanos y puertorriqueños.[63] Pero con eso, a mediados de la década de 1880, Martí tendió a mantenerse a una cierta distancia de los desheredados. Su preocupación primordial era la necesidad de encontrar cómo limitar los peligros que causaría la división entre las clases. Describió el poder, estremecedor, de la abundante masa obrera urbana y la "ignorancia y el exceso" del "activismo de los trabajadores".[64] Sobre las elecciones de Estados Unidos escribió que "son terribles en los manos de los políticos de oficio las masas ignorantes que no saben ver tras la máscara de justicia del que explota sus resentimientos y pasiones". Pensó que el votante negro, sobre todo del sur, era "azuzado y enconado hábilmente".[65] En 1886, cuando los trabajadores cubanos asumieron como propia la causa de los mártires de Chicago, Martí defendió el arresto y condena de los acusados por el atentado en Haymarket. Su relato del incidente, como pasa con gran parte de lo que escribió sobre Estados Unidos en la época, hace eco de la perspectiva xenófoba de los principales periódicos del país.[66]

Sin embargo, a medida que los trabajadores cubanos giraban hacia el anarquismo, las posiciones de Martí comenzaron a evolucionar también. Se convirtió en ferviente defensor de las teorías sociales de Henry George, cuyo libro *Progreso y miseria* publicado en 1879 analizaba las causas de las crisis industriales y se convirtió en uno de los más leídos de la época. Martí compartía con él que garantizar el acceso a la tierra de los pequeños propietarios era la clave para evitar el crecimiento de las clases urbanas y su sufrimiento. Y eso fue lo que le llevó, por una vía alternativa, a defender una postura a favor de la distribución de tierras, muy popular entre los partidarios de Maceo y Gómez. También aplaudió la campaña de George para la alcaldía de Nueva York como candidato del Partido Laborista en 1886. Admiró la alianza entre los pensadores "sanos, atrevidos y limpios" y los trabajadores, negros incluidos, "unidos por primera vez en un serio esfuerzo político", un movimiento que calificó como el "bautismo de una nueva raza".[67] Martí mantuvo su oposición a un "odio" de clases que consideraba desestabilizador y no armónico. Mantendría siempre esa idea. Pero ya en 1887 acusó de ser las responsables del desorden social a las imperfecciones de los Estados Unidos más que a la amargura de los votantes negros o de los "fanáticos" inmigrantes de tendencia asesina. Creía que la clave para evitar tanto el conflicto racial como los excesos por parte de los trabajadores no era la represión sino el establecimiento de un orden político justo e inclusivo construido a partir de la educación popular y un liderazgo efectivo.[68] Siguiendo el ejemplo de George, Martí crearía el Partido Revolucionario Cubano como un partido de hombres trabajadores reconfigurando la inclusión simbólica que el liderazgo cubano había ofrecido tiempo atrás a "nuestros negros" y a "nuestros trabajadores" para insertarlo dentro de un conjunto de nuevas instituciones democráticas.

No está claro hasta qué punto Martí ya tenía en mente un movimiento político como este cuando invitó por primera vez a Serra para que hablara en el aniversario que se celebró el 10 de octubre de 1888. ¿Fue esa invitación un reconocimiento al papel de Serra en su calidad de "bardo" de la expedición de 1885, secretario del club Los Independientes y corresponsal de *La Fraternidad*? ¿Significa acaso que Martí entendió que Serra, como líder del Club Republicano Cubano, ya había comenzado a unir a los exiliados afrodescendientes de Nueva York en un "serio esfuerzo político"? ¿En qué medida los planes de Martí de crear un partido político de trabajadores precedieron a su encuentro con Serra y los otros miembros de La Liga? ¿En qué medida ese plan fue producto del encuentro? Tan solo podemos imaginar lo que Martí tenía en la cabeza la noche del 10 de octubre de 1888 cuando Serra subió a la tribuna ante una audiencia que incluía profesionales, escritores, comerciantes, banqueros, damas elegantes, cigarreros, costureras, camareros, amas de casa y, quizás incluso, criados. Algunos de los trabajadores en ese grupo y todos los miembros del Club Republicano Cubano debía de haber oído hablar a Serra antes. Pero para gran parte de los asistentes allí congregados era una figura nueva. Para triunfar, tendría que negociar los prejuicios de sus oyentes, sus expectativas y su curiosidad. Su discurso podría revindicar su propio estatus como intelectual y, por extensión, los méritos de la "clase" que le habían encargado representar. O podría simplemente confirmar las bajas expectativas de los menos generosos entre la concurrencia. Podría ser también que inspirara entusiasmo entre los hombres afrodescendientes del público y también entre algunos trabajadores blancos, dando muestra de un movimiento nacionalista cuyos ideales eran los suyos. Pero, ¿podría animar a aquellos sin asustar a los comerciantes, doctores o dueños de fábricas y de plantaciones que aún temían cualquier expresión de empoderamiento negro?

Serra comenzó su discurso con el ya familiar gesto de auto-desmerecimiento: "Es penoso, muy penoso, cuando sin facultades ventajosas para hacerse escuchar, para hacerse entender, para hacerse sentir, se embarga la atención de los que saben pensar, de los que saben decir, de los que saben juzgar". Pero aunque minimizara sus propias capacidades, Serra desarmaba a los oyentes que quisieran centrarse en sus limitaciones oratorias. Un discurso en una reunión patriótica en un recinto como el Masonic Hall, no debería tomarse, decía, como una evaluación "donde las exigencias académicas deben amordazar, con despiadada crítica, á la gente de blusa, á la gente sencilla, pero devota de la libertad".[69] Aquí apreciamos el contorno de ese largo camino emprendido por Rafael Serra desde la posición de artesano de orígenes humildes a la de participante en el debate público, un contorno que calibra el peso de las expectativas, los límites de los estereotipos y las oportunidades ofrecidas por cierto tipo de política liberal.

Serra regresó después al uso de las ya familiares metáforas de la familia, el exilio y el recuerdo que había desarrollado en *Ecos del alma*. Los cubanos presentes eran un grupo de golondrinas migrantes unidas por la poderosa memoria de una patria distante, por el duelo común por los mártires caídos y por la esperanza de un futuro mejor. Fue en nombre de esta visión compartida que Serra introdujo un proyecto claro de justicia social. No deseaba, dijo, violar el espíritu de unión incitando "pasiones egoístas" pero sí consideraba que era un "deber patriótico" hablar contra aquellos que pensaran que el éxito de una república dependía solo de establecer el orden público. Le dolía ver al país dividido por "las venenosas y ensoberbecidas olas de las preocupaciones etnográficas". Esas ideas, creía, nunca fueron introducidas por los "elementos populares" sino por "los elementos que se jactan de la sabiduría".[70] Aquellos miembros de la audiencia que habían estado leyendo los artículos de Serra en *La Fraternidad* ya sabrían que esa alusión iba dirigida a varios cubanos exiliados de alto perfil –Enrique Trujillo y Fidel Pierra– y al Partido Autonomista en Cuba. Para Serra no había ninguna amenaza de desorden social en la idea de una revolución. Era más bien el espectro de una "república tiránica" que reproducía los vicios del gobierno colonial lo que ponía en peligro las libertades públicas. Pero el pueblo cubano "despierto" no era tan infantil como para que nadie pudiera arrastrarlo con engaños a una independencia de esas características. Y para probar su tesis terminó con una serie de citas históricas y literarias de Moisés, Demóstenes, Tirteo de Esparta, San Juan, Mirabeau, Jefferson, Franklin y Bolívar.[71] Si había comenzado su discurso con alusiones a su propia falta de "facultades ventajosas", lo concluyó con una demostración impecable de su familiaridad con la historia política clásica y moderna.

Hubiera o no podido anticipar el contenido de este discurso, Martí puso a Serra en una posición en la que pudo expresar lo que los intelectuales negros venían defendiendo durante una década:

que los ideales del movimiento eran "nuestros ideales", al mismo tiempo que, con mucho cuidado, detallaba cuáles eran esos ideales. Esto no ayudó a Martí a defenderse de los ataques sistemáticos del liderazgo tradicional del movimiento nacionalista, pero puso en acción una alianza política asombrosa a través de la cual el propio Martí enmarcaría su visión de la lucha nacionalista: un intento de encontrar el "equilibrio" entre varios elementos apoyados en un proyecto básico de justicia de clase y racial. Con este mensaje lograría dejar a un lado a sus oponentes políticos al poder apelar directamente a los exiliados de clase trabajadora. Poco después del discurso de octubre Serra fue a ver a Martí y le pidió apoyo para el proyecto de creación de La Liga. Este tipo de peticiones de apoyo debió de ser una práctica común para estos hombres y Serra no debió de sorprenderse demasiado cuando no recibió una respuesta inmediata de Martí. Entonces, Serra publicó un texto favorable a Martí en *La Fraternidad* y Martí respondió con una carta a Serra en la que le agradecía su "cariño" y "el honor que me hace lo que dices sobre mí". Martí también reconoció la petición de ayuda de Serra para comenzar con La Liga. Escribió: "deseo su éxito y su establecimiento inmediato, como si fuera cosa mía". Mostró su apoyo con una expresión clara de la posición política que Serra llevaba defendiendo durante gran parte de esa década. La Liga sería el punto de partida de un movimiento que buscaría no tanto "el mero cambio político como la buena, sana, justa y equitativa constitución social, sin lisonjas de demagogos ni soberbias de potentados, sin olvidar jamás que los sufrimientos mayores son un derecho preeminente a la justicia, y que las preocupaciones de los hombres, y las desigualdades sociales pasajeras, no pueden sobreponerse a la igualdad que la naturaleza ha creado".[72]

Martí también reconoció con franqueza sorprendente que esa decisión de extender una oferta de amistad podía tomarse fácilmente como un populismo insincero, un comportamiento ya establecido en el marco del movimiento. Temía, escribió, que "los que han padecido tanto en manos de los falsos amigos, vayan a tomar mi entusiasmo, y el juramento secreto que me tengo hecho de vivir para servirles, por entrometimiento y adulación, o deseo de buscarme popularidad. Esa idea me es odiosa [...] Yo, que nada solicito, tendría a honor solicitar serles útil, útil de veras en su Sociedad de La Liga".[73] Serra y sus aliados probablemente sí se preguntaban si Martí era sincero. Pero Martí terminaría ganando su confianza. Intentó, sin éxito, ayudarles a encontrar un lugar en el que basar su organización, consciente, sin duda, de las pocas opciones que se les abrían en un mercado de alquiler segregado.[74] En la primavera y verano de 1889, comenzó a asistir con regularidad a los encuentros literarios que organizaban Serra y los Bonilla en las habitaciones que alquilaban a Charles y Harriet Reason. Trajo a otros hombres de su propio entorno social a las reuniones de calle 3 Oeste, número 74. Dos fabricantes de tabaco adinerados, Manuel Barranco y Benjamín Guerra, un joven doctor llamado Buenaventura Portuondo y un joven abogado, Gonzalo de Quesada, acabarían convirtiéndose en miembros fundadores y profesores voluntarios de La Liga.[75] Junto a los Bonilla, Serra y Sotero Figueroa (que llegaría a Nueva York en 1889), estos cuatro hombres se convertirían en el círculo más íntimo de Martí en los años que siguieron y le ayudarían a desarrollar su estrategia para reconstruir el movimiento bajo su liderazgo.

La mirada más esclarecedora de las dinámicas resultantes de este conjunto de relaciones nacientes nos llega de las cartas que Martí escribió a Rafael Serra, Juan Bonilla y al hombre que ejercía de tesorero de La Liga, Manuel de Jesús González. No resulta tan sorprendente, dada la imagen que Serra había desarrollado de un movimiento unificado por "un amor profundo y virtuoso" entre hombres de orígenes sociales diversos, que estas cartas se muestren, sobre todo, como artefactos de un intento de cortejo. Como hizo a menudo en sus discursos, Martí se presentó en ellas como un hombre superado por la fatiga, la enfermedad y los horrores del mundo. Trabajaba en una soledad enfebrecida y atormentada y nunca tenía energía suficiente para cumplir con las tareas que eran desesperadamente urgentes. También se sentía sitiado por enemigos que hablaban mal de él: "Lo que sucede es que he les salido al camino a los malvados, y a los pícaros que viven de la credulidad e ignorancia de los hombres buenos". En la lobreguez de ese cuarto oscuro en el que se sentaba rodeado de montañas de papeles, el sincero y creciente amor que sentía por Serra y Bonilla, y el que ellos expresaban por él, le ofrecía un rayo de esperanza. Una carta de Serra, dejó escrito, le sirvió de "excelente medicina" una tarde que se encontró postrado.[76] En una de las cartas, Martí describió su corazón como una flor aplastada y la amistad de Serra sería la luz y el rocío que podría revivirlo.[77] En otra le dijo a Juan Bonilla, "el desaliento es grande, y voy dando tumbos, como quien se cae a pedazos por el camino, y sigue, recogiendo de la tierra sus propios pedazos". Y añadió: "En ninguna de mis peleas he dejado de tener muy presente a aquellos que me consuelan, por su honradez y nobleza, de la falta usual de ellas en los hombres. Sea tan bueno y sencillo como Vd. es, y yo quisiera ser, y quiera sin eclipses a su amigo, José Martí".[78] Le escribió a Serra, "Sí. Quiero ir el domingo, a estar con Vds. Estoy enfermo; pero sé que podré ir. Solo para irlos a ver dejaría yo el domingo este rincón donde el trabajo me distrae de la tristeza".[79]

Estas cartas tienen en algunas ocasiones un cierto tono defensivo. La atención de Martí se dividía. Solía desaparecer, cancelaba citas o tardaba en responder mensajes. Se puede entender. En 1889, además de ayudar en la creación de La Liga, participó en la Primera Conferencia Internacional de los Estados Americanos. Representó a varios países latinoamericanos como diplomático y fue, al mismo tiempo, corresponsal para varios periódicos del continente. En cada una de esas funciones, centró sus esfuerzos en poner a la opinión pública en contra de lo que identificaba como la amenaza creciente del imperialismo estadounidense. También enseñaba en una escuela nocturna en Nueva York y sufría de sarcoidosis, una enfermedad crónica grave. Tenía dolorosas y recurrentes infecciones en la ingle, fiebres y ataques de fatiga que a menudo le dejaban postrado. Serra y los Bonilla lo sabían y no está claro si realmente se sentían ofendidos cuando Martí desaparecía del mapa. Él se esforzaba por explicar que su desatención periódica no resultaba de una falta de estima, que no era el resultado inevitable de que ellos fueran hombres de un estatus social relativamente bajo y él fuera un conocido poeta y diplomático. Le escribió a Bonilla "Qué habrá pensado de mí, al ver que no le contestaba tan pronto como debía". Seguía con "Ud. no tiene por qué saber que de tanto escribir ha llegado a parecerme el papel vehículo pobre para los afectos mejores del alma". Esperaba que "ya me habrá visto en los ojos lo que tengo en el alma para Ud. que me parece un corazón de oro, y un carácter íntegro". Y le urgió a que "crea que, aunque tarde más de lo justo en contestarle una carta, serán tristezas grandes, u ocupaciones afanosas, pero nunca tibieza para Ud. en el afecto seguro de su amigo, José Martí".[80]

Las cartas que Serra y Bonilla le escribieron en respuesta se han perdido. Pero en varios de los discursos de Serra en esa época podemos aventurar algo del lenguaje que comenzaron a adoptar como parte de una relación que evolucionaba. En la inauguración de La Liga, Serra describió a Martí como "Un hombre exhausto de materia, pero exuberante en espíritu y virtudes, de súbito cayó sobre nosotros, abrió sus blancas y divinas alas y en ellas nos llevó bajo cuidados, hasta ponernos en plena salvación. Ese hombre, señores, era un arcángel del cielo de la patria: era José Martí". Varios meses después, en una reunión del club Los Independientes, dijo: "Y tú Martí, filántropo sincero; emprendedor de todo lo sublime, y á quien solo combaten los que te envidian, ó no saben comprenderte, sigue en tu lucha; sigue sin detenerte; sigue con tu alma de profeta levantada, que nunca te faltarán en tu camino brazos viriles ni corazones generosos, para ayudarte á fecundar en Cuba la justicia".[81]

Pero quizás el intercambio más revelador de todo este periodo de cortejo estuvo relacionado con un incidente sucedido en una de aquellas clases que Martí ofrecía en La Liga y a las que se había referido en sus cartas como "nuestros jueves" o "la mejor noche de la semana".[82] Los hombres que asistían a las clases de los jueves solían llegar alrededor de las ocho y pasaban una hora escribiendo pequeños ensayos o preguntas. Luego dejaban los "papelitos" sin firmar sobre la mesa. Alrededor de las nueve llegaba Martí, y comenzaba a leerlos uno a uno en voz alta, haciendo correcciones gramaticales o sugerencias de estilo, e inspirándose a la vez en las preguntas para hablar de cuestiones políticas, filosóficas, gramaticales, científicas o literarias. Uno de lo jueves, uno de estos ensayos sobre la mesa planteaba una pregunta que tocaba un asunto sensible: "¿Será posible una amistad íntima entre dos personas de distintos estados sociales? ¿No habría duda sobre la sinceridad de un hombre superior y un inferior? ¿No habría sospecha en el primero juzgando los afectos del segundo como necesidad de su poco valer? ¿No la habría en el inferior suponiendo fuerza de autoridad en el primero?"[83]

Martí había tratado de responder a esta pregunta de varias maneras desde sus primeras cartas a Serra y Bonilla. Les pidió que le mirasen a los ojos para ver en ellos su sinceridad. Le explicó que su alianza con ellos no solo fue motivada por su compromiso con la justicia sino también por su pragmatismo político. Los liberales tenían que construir sus alianzas con "el pueblo" o arriesgarse, como había sucedido una y otra vez en América Latina, a la victoria de dictadores conservadores con apoyo popular. Una y otra vez les recordó que las faltas de atención por su parte se debían solo a su apretada agenda, su enfermedad, su depresión y la monótona soledad de la escritura. Señaló también que, al igual que ellos, debía trabajar para ganarse el pan de cada día y eso debían tomar en cuenta ya que "para entendernos y excusarnos vivimos los trabajadores".[84] Les mostró un afecto sincero prestando atención a los detalles de sus vidas, a sus familias, sosteniéndoles la puerta cuando entraban y salían del apartamento del número 74 de la calle 3 Oeste o llevando caramelos para los niños. Pero cuando se le preguntó sobre la sinceridad de la amistad entre hombres de estatus diferentes, se pasmó. Se detuvo. Perdió su compostura, o al menos eso les parecía a Rafael Serra y a Manuel de Jesús González.

Tras la reunión, Serra y González escribieron a Martí. Ambos expresaron su preocupación por lo mismo: que Martí hubiera malinterpretado algunas de sus preguntas y que las viera como una referencia directa hacia él. Le aseguraron que no eran ellos los responsables de las preguntas impertinentes. Le preguntaron si se sentía herido, si sería capaz de perdonar.[85] Quizás vieron estas disculpas como una prueba. ¿Podían esta serie de preguntas planteadas de manera razonable realmente haber contrariado a Martí? ¿Era el tipo de político que esperaba solo deferencia y obsequiosidad de aquellos a quienes llamaba amigos? No parece que pudieran plantear estas preguntas directamente, así que quizás se apuraron a pedir perdón, desempeñando el papel de clientes devotos ante un patrón sensible. En su respuesta, Martí reconocía la pregunta implícita y se la devolvía. "Pero qué clase de hombre supone Vd. que soy yo", respondió, "Soy un bailarín de virtud, que hace piruetas de enseñanzas y amores, para que la gente crédula le aplauda los pasos". Lejos de hacerle sentir incómodo, les aseguró que esas preguntas le complacían sobremanera. Había sentido, cuando leyó las famosas preguntas en el papelito, el "placer de verme entre hombres".[86]

Esa expresión "el placer de verme entre hombres", pudo bien ser clave en el proceso de cortejo de Martí a su nueva base social. Martí les pidió que jugaran el papel de hombres con un autocontrol ejemplar, sin pretensiones, tiernos y dispuestos a perdonar. Eso le permitiría incorporarlos al movimiento sin asustar a los cubanos de mejor posición económica y más educación, al mismo tiempo que respondía a su preocupación, la de Martí, por el "equilibrio" entre los elementos de una sociedad diversa. Y ellos aceptaron este papel por sus propias razones. Serra y los Bonilla se ofrecían como ejemplos de disciplina, ilustración y virilidad no amenazante para erigirse contra los prejuicios más clásicos sobre la masculinidad negra descontrolada.[87] Sin embargo, esta representación no siempre fue cómoda. Tanto el movimiento separatista cubano como el movimiento anarquista valoraban mucho los elementos más asertivos de la masculinidad, entre los que incluían la voluntad del hombre de defender sus ideas y su honor. Por eso los cubanos de clase trabajadora que participaban en las coaliciones nacionalistas eran muy sensibles ante cualquier señal que pudiera sugerir que se esperaba de ellos que cedieran espacio, como era de esperar en la sociedad cubana, ante quienes se consideraban superiores en la jerarquía social. En sus cartas, Martí les aseguró que cuando levantó el *papelito*, "lo leí con cariño, y con orgullo, porque era hombre como yo, preguntador sincero".[88] Escribió que se había dado cuenta de que "estos son hombres enteros, me dije, hombres enteros que quieren conocer la verdad",[89] el tipo de hombre "que despertaba su afecto más especial". "Hombres estamos creando, y lo somos", escribió en su carta a Serra, en la misma en la que en otro pasaje explicaba: "Yo no quiero hombres castrados".[90] Este ideal de hombría compartida, desarrollado en sus intercambios con sus primeros seguidores en La Liga, se convirtió en uno de los elementos centrales de las llamadas más amplias que Martí haría a todos los exiliados de la clase trabajadora. En estos contextos, la idea de la masculinidad compartida tenía tanto impacto como el ideal de una cubanidad compartida –o quizás, con mayor precisión, es que eran ideas inseparables.

UN PARTIDO PARA EL HOMBRE TRABAJADOR

Ya para 1891, esta relación tan particular de Martí con los líderes de La Liga no solo estaba sentando con firmeza las bases de su popularidad entre los cubanos de color en Nueva York, sino que ya comenzaba a preparar el camino de una convocatoria política más amplia dirigida a los miles de cigarreros radicales de Tampa y Cayo Hueso. Durante tres años, Martí había acumulado apoyos entre los miembros de las logias San Manuel y Sol de Cuba, el Comité de apoyo a *La Fraternidad* y el ahora inactivo club Republicano Cubano. También mantenía una estrecha alianza con los cigarreros blancos y los líderes sindicales de Nueva York, aunque aún enfrentaba también la firme oposición del liderazgo nacionalista establecido, que no le habían perdonado su ruptura con Gómez y Maceo. Llegado el otoño de 1891, su proyecto de erigirse como líder del renacimiento del ala democrática del movimiento nacionalista pasó a la siguiente fase. Comenzó en Tampa, un nuevo enclave cigarrero levantado por los fabricantes cubanos a partir del gran incendio en Cayo Hueso y de la ola de huelgas que le siguió. En 1888 y 1889, miles de trabajadores comenzaron a mudarse a allí desde Cayo Hueso, La Habana y

Nueva York, llevando con ellos la tradición del sindicalismo multirracial y los proyectos de educación obrera. Para esa época, los nacionalistas de Cayo Hueso y Nueva York se habían separado gradualmente de las causas sindicales porque veían el radicalismo obrero como incompatible con el nacionalismo. Pero en Tampa, los dos lectores más veteranos de las fábricas veían con simpatía al sindicalismo y eran, al mismo tiempo, quienes lideraban las dos organizaciones nacionalistas locales. Uno de ellos era socialista. Estos lectores habían creado centros de educación para los trabajadores, traducido y circulado material de lectura por las fábricas y, junto a varios escritores cubanos negros que habían participado en *La Fraternidad*, habían editado periódicos locales. Uno de ellos era corresponsal del periódico neoyorkino *El Porvenir*.[91]

Tampa era, en resumidas cuentas, un lugar ideal donde expandir el proyecto que Martí había lanzado con La Liga en Nueva York. En noviembre de 1891, los lectores de Tampa junto a un importante empresario negro invitaron a Martí a participar en una noche de poesía y discursos. ¿Cuánto sabían de su evolución hacia una política más democrática? Es difícil aventurarlo. Uno de los organizadores le había oído hablar en Filadelfia. Otro había formado parte del comité que recaudó fondos para *La Fraternidad* y había intercambiado correspondencia al respecto con Germán Sandoval. Unos cuantos habían leído (o escuchado a un lector que leía) las invitaciones de Martí a los actos del aniversario que se habían publicado en los periódicos de Nueva York. Es probable que supieran de su carta al *New York Evening Post*, que había sido republicada como panfleto y había circulado entre los exiliados. Seguro que habían leído el relato de Serra sobre esa carta y sobre Martí en *La Fraternidad*, así como una serie de discursos que Serra había publicado en un panfleto y entre los que estaba el del 10 de octubre de 1888 junto a otros en los que mostraba su apoyo a Martí. Es por lo tanto de imaginar que sabían algo sobre el papel que Martí jugaba en La Liga. También sabían que los nacionalistas de Cayo Hueso aún veían a Martí como un escritor de mérito, pero muy tenue en su voluntad revolucionaria. El liderazgo militar lo veía como el típico "aristócrata" de Nueva York. Por todo eso es muy probable que esperaran a un gran orador que al mismo tiempo fuera convincente y sincero amigo del pueblo. Como ha señalado el investigador cubano Jorge Mañach, estas expectativas tan elevadas estaban diluidas por "ciertos residuos de sutil desconfianza" debido a la reputación de Martí como "desertor de Maceo y Gómez".[92]

Martí decidió dirigirse directamente a su audiencia. Tomó prestadas las palabras de la lucha de clases y describió Cuba como "nuestra patria trabajadora", un pueblo que ha "levantado cara a cara del dueño codicioso que nos acecha y nos divide". En un gesto hacia la práctica de la lectura en las fábricas del tabaco y la vida intelectual de la clase artesana, llamó a los cubanos "este pueblo culto, con la mesa de pensar al lado de la de ganar el pan [...] que es respuesta de sobra a los desdeñosos de este mundo". Como había hecho en su correspondencia previa con los hombres de La Liga, explicó que la cualidad trascendente de la identidad cubana, la que tendría la capacidad de unificar a una sociedad diversa y construir una república con equidad, se nutría al mismo tiempo de una nacionalidad y una hombría compartidas. "Yo no sé qué misterio de ternura tiene esta dulcísima palabra [cubano]" ponderaba, "ni qué sabor tan puro sobre el de la palabra misma de hombre, que es ya tan bella". Lo que deseaba con más intensidad era que "la primera ley de nuestra república sea el culto de los cubanos a la dignidad plena del hombre". Para hombres que habían organizado huelgas en protesta por el maltrato de los trabajadores por parte de sus jefes y que habían levantado campañas de protesta contra leyes que castigaban los crímenes cometidos por negros con mayor severidad que los cometidos por blancos, Martí prometía una sociedad cubana en la que en "la mejilla ha de sentir todo hombre verdadero el golpe que reciba cualquier mejilla de hombre".[93]

El Martí que apareció en Tampa después de tres años de reuniones en La Liga ya no describía los deseos, lealtades y méritos de "nuestros negros" como si fueran diferentes de los de "los cubanos". Tampoco se apoyaba ya en las historias de lealtad entre generales blancos y sus sirvientes afrodescendientes –aquella declaración de afecto de Tomás Estrada Palma con "su negro" o la de Ignacio Agramonte refiriéndose a "su mulato" como "su hermano"-.[94] No, ahora enfatizaba todo aquello que había aprendido en sus relaciones con cubanos negros, con Serra, los Bonilla y los otros miembros de La Liga. Gracias a esas relaciones pudo decir a los trabajadores de Tampa, "yo sé del amor negro a la libertad sensata, que solo en la intensidad mayor y natural y útil se diferencia del amor a la libertad del cubano blanco". Otros podrían temer al hombre negro, pero él dijo: "yo lo amo: a quien diga mal de él, me lo desconozca, le digo a boca llena:--'Mienten'". Y concluyó su discurso convocando a todos los cubanos a que se reunieran alrededor del principio de que la revolución en Cuba se libraría en nombre de "esta fórmula de amor triunfante: Con todos, y para el bien de todos". Esta frase se convertiría en lema de una revolución que trabajaría por la independencia y la justicia social.[95] Se dice que el discurso tuvo un éxito atronador. Al terminar, Martí pasó más de una hora intercambiando saludos con los trabajadores que querían estrechar su mano.[96]

Tras adaptar su punto de vista sobre el "equilibrio" de los elementos sociales a un lenguaje de justicia social y dignidad masculina compartida, y tras ganarse la simpatía de la multitud, Martí pasó rápidamente a construir un círculo íntimo en Tampa. Los organizadores de su visita habían invitado a un taquígrafo experimentado de Cayo Hueso para que transcribiera las palabras de Martí. Las publicaron de inmediato. Hicieron que circularan miles de copias del discurso conocido por sus últimas palabras, "con todos, y para el bien de todos". Durante su segundo día en la ciudad, Martí reunió a los cubanos afrodescendientes más relevantes de la localidad y logró que establecieran una rama local de La Liga.[97] Esta se convertiría en el cuartel general de Martí en las docenas de viajes a Tampa que realizaría en el futuro. Le permitiría establecer vínculos con escritores afrodescendientes en la ciudad y poner en práctica su creencia respecto al hecho de que eran, y debían ser "hombres enteros".[98] Cuando llegó el momento de poner punto final a esa primera visita a la ciudad de Tampa, ya en otoño de 1891, sus discursos y alianzas le habían convertido en una figura muy popular entre los trabajadores. Se dice que la multitud que le acompañó a la estación de tren se extendía a lo largo de tres cuadras.

Si su experiencia previa en La Liga y la reputación que esta le proporcionó, resultaron de gran ayuda a Martí para presentarse ante los activistas de Tampa, no menos provechoso resultaría el círculo íntimo de colaboradores que comenzó a formarse en esa primera visita a Tampa para presentarse ante la comunidad de trabajadores de Cayo Hueso. La siguiente fase de la construcción del movimiento sucedió en diciembre de 1891 y en enero de 1892. Incluso después del incendio y del éxodo de muchos de los cigarreros a Tampa, Cayo Hueso era aún el lugar donde se concentraba el mayor número de exiliados cubanos entre los que había miles de trabajadores que se sentían cada vez más lejos de la causa nacionalista. Desde la última visita de Antonio Maceo a la ciudad para recaudar fondos con los que comprar armas que, unos meses más tarde acabarían siendo lanzadas por la borda de un barco en el puerto de Kingston, los líderes establecidos del movimiento nacionalista pasaban dificultades para atraer trabajadores a sus actividades. Esos líderes, con pocas excepciones, eran escépticos respecto a Martí y se mostraban reacios a cederle algún papel de importancia dentro del movimiento. Con ayuda del lector Francisco María González y de algunos de los lectores que lo habían acompañado desde Tampa, Martí logró dejar a un lado a sus detractores y se dirigió directamente a los trabajadores. Los lectores, hombres muy conocidos entre los obreros en Cayo, lo invitaron a hablar en las fábricas de tabaco, imprimieron y difundieron sus discursos, y lo presentaron ante una gran multitud en el club San Carlos, ya reconstruido.[99]

Martí no tardó mucho en volcar esta popularidad entre los trabajadores a su favor. Redactó el borrador de las bases de una nueva organización: el Partido Revolucionario Cubano. Y, antes siquiera de consultar a los líderes de las organizaciones separatistas locales, lo presentó directamente a los trabajadores durante un encuentro en el club San Carlos. Esos principios incluían ideas como la independencia total de Cuba y de Puerto Rico, la cuidadosa articulación de una amplia y representativa coalición que lanzaría en el momento adecuado una guerra "breve y generosa", un programa de atracción y bienvenida de nuevos militantes, la promesa de terminar con el gobierno autoritario y burocrático, la construcción de "un pueblo nuevo y de sincera democracia, capaz de vencer, por el orden del trabajo real y el equilibrio de las fuerzas sociales, los peligros de la libertad repentina en una sociedad compuesta para la esclavitud" y la constitución de una nación independiente "para el decoro y el bien de todos los cubanos, y entregar a todo el país la patria libre".[100] Con una voz profunda y melodiosa, Francisco María González leyó esos principios en alto ante una concurrida asamblea en el San Carlos para luego recibir un estruendoso aplauso. Martí había logrado popularidad entre la masa de trabajadores e, igual de importante, había logrado el apoyo de los trabajadores reconocidos por sus compañeros como líderes e intelectuales, entre ellos algunos de los hombres que habían sido elegidos para escribir la "Protesta de los cubanos de color" en 1881 y luego se habían erigido en los activistas afrodescendientes de mayor relevancia en la ciudad.[101] Aun apretando los dientes, los dirigentes de varios de los grupos separatistas de Cayo Hueso votaron a favor de los principios propuestos por Martí así como de permitirle asumir la tarea de escribir los estatutos por los que se regiría el partido.[102]

Parte de esto probablemente venía planeado entre Martí y sus aliados en Nueva York y Tampa y otra parte parece haber surgido de manera espontánea, en reacción inmediata a una serie de hechos que nadie pudo anticipar. Los que después escribieron crónicas o memorias sobre lo sucedido crearon una narrativa de conversiones veloces nacidas de la elocuencia y el carisma de Martí y ponían énfasis en la gran habilidad con la que él se presentó ante los trabajadores y el patriotismo innato de aquellos. Pero, al menos una parte de su éxito con los obreros tuvo que ver con las decisiones que tomaron a gran velocidad y con mucha efectividad los líderes de las organizaciones de trabajadores, los hombres que leían en voz alta en las fábricas y los intelectuales afrodescendientes que identificaron el carisma de Martí como oportunidad de reconfigurar el movimiento separatista en la dirección que le convenía a sus proyectos políticos propios. El ascenso de Martí les permitiría una buena dosis de poder dentro de un movimiento que tradicionalmente había conferido autoridad a los veteranos militares y a los "aristócratas" neoyorquinos. De regreso en Nueva York, Martí redactó estatutos que convertirían al movimiento separatista en un partido de hombres trabajadores, que daría la bienvenida también a profesionales y propietarios dispuestos a aceptar los principios de la igualdad y la unidad. Cualquier organización o club que votara aceptar las bases y los estatutos del partido tenía el derecho a votar a través de sus representantes para elegir a los dos cargos que dirigirían la estructura central del partido: el delegado y el tesorero. Estos clubes tenían que contribuir con la mitad de los fondos que recaudaran, pero eran libres de disponer del resto del dinero con total autonomía.[103] Este era un cambio importante ya que los liderazgos previos habían recaído casi siempre en hombres que reclamaban legitimidad a partir de su servicio militar o sus relaciones con quienes lo habían desempeñado. Ahora, por primera vez, el delegado era un cargo de elección popular. Eso también marcaba el contraste con los partidos políticos existentes en Cuba donde el voto aún estaba restringido a los mayores contribuyentes y a los aptos por sus "capacidades".

    Los estatutos permitieron al círculo más cercano de Martí en Nueva York, Tampa y Cayo Hueso la creación de un puñado de clubes que se afiliaron inmediatamente al partido y confirmaron el liderazgo de Martí. No hubo espacio para que nadie se opusiera. La única manera de hacerlo, de oponerse a la candidatura de Martí para el puesto de delegado, era sumarse al partido y aceptar sus bases y estatutos, lo que lo legitimaba como expresión democrática del movimiento nacionalista. Y, en cualquier caso, sería muy difícil lograr plantear un reto al liderazgo de Martí ya que en la primavera de 1892 los Cuerpos de Consejo de Nueva York, Cayo Hueso y Tampa, compuestos por los presidentes de cada uno de los clubes estaban bajo el firme control de los aliados de Martí en el movimiento obrero y en La Liga. Así fue como comenzó un enfrentamiento que estallaría a lo largo de 1892 frente a la opinión pública. Martí y sus aliados trabajaron para que su popularidad ante la clase obrera se tradujera en una militancia masiva en el partido. Alentaron y exhortaron a los trabajadores para que abrieran nuevos clubes y los afiliaran al partido. Mientras tanto, sus opositores le atacaban en público tratando de que su popularidad disminuyera. Martí casi no había tenido tiempo de regresar de su primer viaje a Cayo Hueso cuando un grupo de veteranos de la Guerra de los Diez Años publicó una carta en un periódico de La Habana en la que señalaban que nunca había empuñado un rifle, cuestionaban su patriotismo y lo acusaban de "arrancar a los emigrados sus ahorros".[104]

La controversia que siguió ofreció una oportunidad para que los más entusiastas de sus seguidores se reunieran en su defensa, le enviaran cartas de apoyo y organizaran mítines y manifestaciones en Tampa y Cayo Hueso. Llegaron, incluso, a enviar una delegación a La Habana para negociar un acuerdo. En Nueva York, Rafael Serra convocó una reunión de La Liga y ofreció una emocionada defensa de Martí. "Deplora y combate la existencia de clases desdeñadas o excluidas de derechos, por instintos, y porque la práctica política le advierte, que con las promesas de reparar a las masas que sufren, fácil van los tiranos de poder". "Martí", dijo Serra a los hombres reunidos en La Liga, "[e]s la Democracia". Ofender a Martí, añadió, "es ofender al Porvenir y matar á la Patria".[105] Los que se oponían a Martí, liderados por Enrique Trujillo, editor del periódico cubano más importante de Nueva York, siguieron criticando a su persona y al partido. Lo veían como un dictador civil que se había atribuido el poder absoluto en la dirección del movimiento y era "víctima de un desequilibrio mental" en su defensa ferviente de la igualdad social. Para ellos, Martí parecía predicar "el odio a los hombres, ricos, educados y conservadores" y el "odio a Estados Unidos", así como introducía, desde su punto de vista, elementos atemorizadores dentro un movimiento cubano que antes había "partido siempre de las clases altas y acomodadas".[106]

En respuesta, quienes se habían agrupado alrededor de Martí, iniciaron una campaña de recogida de fondos entre los trabajadores de las fábricas de tabaco para lanzar un nuevo periódico. En marzo de 1892, ya habían conseguido dinero suficiente para crear *Patria*, ofreciéndole a Martí una plataforma desde la que frenar la oposición que ejercían los periodistas cubanos y con la que difundir directamente entre los lectores, ya fuera en Nueva York, en Florida o en Jamaica (y sobre todo a los trabajadores que escuchaban a los lectores de las fábricas) el mensaje de su movimiento "con todos y para todos".[107] Más o menos al mismo tiempo, Serra publicó una recopilación de sus discursos en la que se incluían varios en los que defendía a Martí. Sería su primer libro, *Ensayos políticos*. Serra y sus aliados seguirían siendo, también, el principal vínculo entre Martí y la media docena de clubes que habían ayudado a crear en Nueva York. En julio de 1892, por ejemplo, esbozó a toda velocidad una carta dirigida a Juan Bonilla explicando que necesitaba con urgencia reunir a los presidentes y secretarios de los clubes de Nueva York para "desmentir la malignidad voluntaria" de un artículo escrito poco antes sobre el partido. Le preguntó a Juan Bonilla si sabía dónde podían encontrar a uno de estos hombres "durante el día".[108]

Parece poco probable que Rafael Serra y Gerónimo Bonilla pudieran haber anticipado, cuando caminaban rumbo al juzgado aquel 10 de octubre de 1888, que su relación con José Martí, que aparecería en el estrado junto a Serra aquella misma noche, iba a tomar la forma que tomó tan solo cuatro años después. Es también poco probable que Martí pudiera haber imaginado que su primera carta expresando apoyo a Serra en la creación de La Liga acabaría resultando un paso adelante en el camino hacia la creación de un partido de trabajadores tan exitoso y que consolidaría su propio estatus como su líder "sano, atrevido y limpio". Debido al estatus mítico que se otorgaría a Martí tras su muerte, muchos de los relatos posteriores convierten los giros inesperados de la historia en algo inevitable. Se centran en la oratoria dramática de Martí, en su carisma abrumador, en sus ojos, de sutil poesía, y en el patriotismo intrínseco de los hombres que se convirtieron en sus partidarios.

En esa versión de la historia, Martí ya era, siempre e inevitablemente, un defensor del pueblo y el Padre de la Patria. Como Jesucristo, transformó a los hombres que lo rodeaban en discípulos gracias a la potencia de sus ideales y a la fuerza de su carácter. Pero la convergencia de estas líneas radiales en la vasta esfera del patriotismo renaciente –primero en La Liga en Nueva York, después en sus primeros discursos en Tampa y, finalmente, en el San Carlos de Cayo Hueso y en las páginas de *Patria*– se explica mejor si se rastrea su huella en tiempos anteriores considerando los lugares en los que se originó, las experiencias de aquellos "humildes" artesanos de La Habana y Cayo Hueso. Se explica mejor si observamos estas líneas radiales mientras atraviesan las ventanas de la oportunidad política que les permitió llegar a la plaza pública. Y se entiende mejor aún si se reconstruyen esas experiencias únicas de "migrar siendo negros" que generaron la comunidad que luego participó en la colaboración con José Martí. En Nueva York, eso incluye el apartamento en la vivienda de una prominente familia afroamericana en el 74 de la calle 3 Oeste, la red de escritores y lectores que había creado el periódico *La Fraternidad* y el club político formado por "sesenta hombres inteligentes y bien vestidos" que dirigían Rafael Serra, Germán Sandoval y Gerónimo Bonilla. El modo de hablar de Martí, la sinceridad de su mirada, su amistad sin pretensiones, sus cartas de amor, sin duda influyeron en los líderes de estos grupos. Pero ellos, al final, decidieron convertirle en su líder. Le ascendieron para lograr que avanzara la política democrática que reclamaban dentro del movimiento nacionalista y entre los partidos en Cuba desde hacía más de una década. De todos los relatos sobre la emergencia de Martí como líder popular, quizás el que más ayuda a entender este proceso es el que nos ofrece Rafael Serra en medio de las controversias que rodean la formación del Partido Revolucionario Cubano. "Propongo en conclusión, señores, que protestemos contra la injuria que se nos hace, al creérsenos CIEGOS seguidores de Martí".[109] Serra y los otros hombres de orígenes "humildes" que se habían sumado al partido eran fervorosos seguidores de Martí, por supuesto, pero no ciegos.

En este momento, en medio de la vorágine de la propaganda y de la organización del partido, la relación de Martí con Serra y los Bonilla entró en una segunda fase. Para armar la organización el partido, la parte del proceso más pesada, Martí se puso en manos de activistas relevantes en Tampa y Cayo Hueso. Para la redacción del periódico, confió en su círculo más íntimo en Nueva York. Algunos de ellos eran los mismos hombres blancos que había atraído para que se convirtieran en miembros fundadores y maestros en La Liga: Benjamín Guerra (elegido tesorero del partido) y Gonzalo de Quesada (secretario personal de Martí). Esos escritores, en palabras de Serra, venían "de lo más amarillo de la crema aristocrática cubana"[110] y entendían que un periódico que se dirigiera solo a los trabajadores de Nueva York, Cayo Hueso y Tampa podía alejar a Martí aún más de los miembros de su propia clase. Prestaban mucha atención a encontrar el equilibrio entre mensajes que pudieran entusiasmar a trabajadores, blancos y negros, y la celebración de los sacrificios y logros de algunos cubanos blancos de mayor poder adquisitivo, de manera que el periódico, al igual que las reuniones organizadas por Martí, sirviera como modelo de integración de los "elementos" diversos que convivían bajo la bandera de la unidad nacional. En las páginas de *Patria*, Martí y otros escritores desarrollaron la historia de La Liga, "la casa del amor y cariño" y alababan a sus alumnos más célebres. Todo esto funcionó como modo de llegar a la "ancha base" del partido, algo que sucedía al celebrar los méritos y la dignidad de los hombres y mujeres negros y mostraba que el "equilibrio" de elementos era posible dentro del movimiento. Pero Martí no solo reservaba espacio en las páginas de *Patria* para reportajes acerca de los hombres de La Liga. Como ya había hecho desde el día en que invitó por primera vez a Serra a dar un discurso frente a la comunidad cubana exiliada, en el periódico Martí continuaría abriendo espacio para que los hombres de La Liga contaran su propia historia y articularan sus políticas propias. Tanto en las páginas de *Patria* como en las reuniones del partido en Nueva York, se convirtieron en coproductores de la imagen de un movimiento compuesto por cubanos blancos reformados, que estaban dispuestos a renunciar a sus privilegios, y por negros cubanos dispuestos a perdonar para centrarse en una labor de mejora de sí mismos y del bienestar común. Y al hacerlo, sus trayectorias se cruzarían con las de dos tipógrafos de Puerto Rico, Sotero Figueroa y Pachín Marín, que llegaron a Nueva York en esta época y se convertirían en dos de los principales aliados de Martí tanto en la creación del partido como en la producción de *Patria*.

5

CRUZAMIENTO

Es preciso vivir en este país unos años para comprender que esta raza no tiende á perfeccionar o mejorar, por el cruzamiento, a las que cree inferiores.

Sotero Figueroa, Antonio Vélez Alvarado, Francisco Gonzalo Marín, "Al pueblo puertorriqueño", 1892

El primer domingo de abril del año 1892, dos cigarreros llamados Rosendo Rodríguez y Augusto Benech ejercieron de anfitriones para un grupo de veintitrés hombres que se reunió en un apartamento de la Tercera Avenida, cerca de la calle 99 Este. Ambos eran miembros leales de la organización educativa La Liga, como lo eran muchos de los participantes en la reunión. Rodríguez fue el primero en hablar. Explicó que habían convocado el encuentro con el objetivo de crear un club político. La respuesta fue entusiasta. Como algunos participantes eran cubanos y otros puertorriqueños decidieron llamar a su asociación el club Las Dos Antillas. Luego, eligieron a Benech como secretario y a Rodríguez como presidente. Nombraron al general cubano Antonio Maceo (que por entonces vivía en Costa Rica) y al doctor puertorriqueño Ramón Emeterio Betances (residente en París) como presidentes honoríficos. Recolectaron contribuciones entre los miembros por un importe de tres dólares con cuarenta centavos y aprobaron las bases y los estatutos del Partido Revolucionario Cubano. Estos fueron los pasos necesarios para convertirse en miembros del partido. Así fue como Rosendo Rodríguez se sumó a los presidentes de los otros cinco clubs que existían en la ciudad como miembro del Cuerpo de Consejo de Nueva York. Era el único cigarrero negro en el Cuerpo de Consejo cuando se reunió, cinco días después, para elegir al primer delegado del partido. El voto que emitió en nombre del club Las Dos Antillas fue para José Martí.[1]

Las notas que el secretario Benech tomó durante el encuentro fundacional, luego copiadas en el libro de actas del club, nos permiten vislumbrar los esfuerzos para crear el partido durante la primavera y el verano de 1892. El partido creció gracias a la colaboración entre líderes de la clase trabajadora como Rodríguez y Benech, y el círculo íntimo de "discípulos" que se había agrupado alrededor de Martí. Rafael Serra formaba parte de ese círculo más íntimo. Asistió a la primera reunión de Las Dos Antillas. Es casi seguro que asesoró a Rodríguez y Benech y que animó a otros miembros de La Liga a que se sumaran. Varios hombres blancos del círculo más cercano a Martí también participaron en esa primera reunión o se sumaron al club poco después: el acaudalado abogado Gonzalo de Quesada, secretario personal de Martí, por ejemplo. También estuvieron presentes aquel primer día un importante editor puertorriqueño y un rico fabricante cubano. Eran algunas de las mismas personas que Martí había llevado a La Liga para que hicieran de maestros. Siguieron siendo miembros del club Las Dos Antillas mientras existió, pero después de haber conferido su apoyo y prestigio, ninguno, ni siquiera Serra, regresaría a las reuniones que siguieron.

Ninguno excepto los dos tipógrafos puertorriqueños, Sotero Figueroa y Francisco Gonzalo Marín. Ambos acababan de sumarse al círculo más íntimo de Martí, escribiendo ensayos para *Patria*, leyendo discursos en las reuniones del partido y visitando los diferentes clubes que se iban creando en esa época en Nueva York. En la primera reunión de Las Dos Antillas, se les unió un tercer tipógrafo de la Antilla más pequeña, un hombre blanco llamado Modesto Tirado, que también participaba en el agotador proceso que condujo la popularidad de Martí entre los trabajadores hacia la creación del partido y en su triunfo en las primeras elecciones para delegado.[2] Figueroa, Marín y Tirado regresaron para apoyar a Rodríguez en las reuniones que siguieron. Redactaron e imprimieron los estatutos del club y ofrecieron su guía a la hora de interpretarlos. Es probable que también ayudaran a hombres con menos experiencia en la vida pública a gestionar los detalles de funcionamiento del club.[3] En concreto, debieron de ayudar a Arturo Schomburg, un joven recién llegado de San Juan, que se encargó de las actas y la correspondencia. Schomburg, que también era tipógrafo, se convirtió en el secretario del club varios meses después de su fundación, cuando Gerónimo Bonilla y otros se reunieron en los salones de La Liga para fundar otro club político, el club Guerrilla de Maceo. Benech fue elegido presidente del nuevo club, dejando el puesto de secretario en el club Las Dos Antillas a Schomburg.[4]

Los hombres de La Liga crearon estos dos clubes negros (o en su mayoría negros) y propusieron a dos cigarreros negros para el Cuerpo de Consejo del Nueva York en un momento especialmente complicado. Durante la primavera y el verano de 1892, mientras los partidarios de Martí trabajaban para levantar el Partido Revolucionario Cubano en el exilio, en Cuba el movimiento de los derechos civiles empezaba a cobrar fuerza bajo el liderazgo del periodista Juan Gualberto Gómez, que había regresado a La Habana. Gómez y sus aliados viajaron por la isla, visitando y ayudando en la revitalización de las sociedades de color, tratando de resolver conflictos entre las diversas facciones locales y reconstruyendo el Directorio Central de Sociedades de Color. El Directorio funcionaba como una organización coordinadora de derechos civiles que abarcaba toda la isla. En julio de 1892, un mes antes de la fundación del club Guerrilla de Maceo, se celebró en La Habana una convención en la que se definieron una serie de peticiones a transmitir al gobierno colonial. Entre esas peticiones estaban el incremento de la educación pública, la eliminación de la discriminación racial en las sentencias penales, la eliminación de registros segregados de bautismo y defunción, el derecho a disfrutar de los títulos honoríficos

"Don" y "Doña", la aplicación de las leyes contra la discriminación en cafés y teatros y el fin de las ordenanzas municipales que exigían que las personas de color cedieran el paso a las personas blancas en las aceras o que les restringían el acceso a los parques. El Directorio también comenzó a presionar al liderazgo del Partido Liberal, conocido ahora como el Partido Autonomista, para que se sumaran a su programa de igualdad civil y política. Para apoyar al Directorio, Gómez y sus aliados crearon un nuevo periódico, *La Igualdad*, que ocupó el espacio de su publicación previa, *La Fraternidad*.[5]

Esta iniciativa desencadenó una agria polémica en torno a la estrategia a seguir que resonó entre los exiliados en Nueva York justo cuando estos comenzaban a dar forma al partido de Martí. En uno de los bandos en conflicto, la red de exiliados que Germán Sandoval había establecido con la ayuda de sus aliados en Greenwich Village –ahora reubicados en Tenderloin y la parte alta de la Tercera Avenida– apoyaba al Directorio. En una carta a Gómez, Juan Bonilla indicó que le deseaba éxito "en su –digo mal– nuestra empresa".[6] Como portavoz de esta red, Bonilla también defendió la posición del Directorio en *Patria*. Una de las "mayores anomalías que se presentan para la clase de color", escribió parafraseando una comunicación del Directorio, "es la necesidad de organizarse como tal clase, cuando el deseo vehemente de todos los hombres pensadores de la misma estriba en conseguir que los hombres se unan y concierten en la vida pública y social, no por el color de su piel, sino por sus afinidades de ideas y pensamientos". Pero mientras los cubanos blancos no aceptaran este principio, garantizando el espacio adecuado para la participación de los hombres afrodescendientes, "tropezaremos con la realidad de que tenemos necesidades peculiares que satisfacer, aspiraciones privativas que formular y derechos particularísimos que reclamar".[7] Así, a partir de ese momento, los exiliados comenzaron a crear nuevas sociedades de color en Estados Unidos.[8] El grupo de Nueva York que había apoyado previamente al periódico *La Fraternidad*, se reorganizó para distribuir y recaudar fondos para *La Igualdad*. Era el mismo grupo que había comenzado a organizarse dentro del Partido Revolucionario Cubano. Silvestre

Pivaló, tesorero del club Las Dos Antillas estaba en el comité de apoyo a *La Igualdad*, como lo estaba Olayo Miranda, dirigente del club Guerrilla de Maceo. Pedro Calderín, uno de los fundadores del club Guerrilla de Maceo, dirigía la nueva sociedad Los Treinta y era el agente de *La Igualdad* en Nueva York, manejando las suscripciones y diversas peticiones que se recibían. Calderín también era dueño de un comedor cubano en la calle Sullivan.[9]

Por otra parte, Martín Morúa Delgado, el antiguo amigo y mentor de Rafael Serra en Matanzas (camarada además de la expedición fallida a Kingston y Panamá) atacó con fuerza a Gómez y al Directorio. Recién regresado a Cuba desde el exilio en Estados Unidos y alineado con los Autonomistas, Morúa argumentaba que una estrategia de presión política y jurídica para garantizar los derechos civiles no tenía sentido debido a que la interacción pacífica entre las razas no podía imponerse por dictado del gobierno. Según Morúa, la clase de color debía enfocarse en su propio desarrollo a través de la educación y el comportamiento civilizado. En el otoño de 1892, un grupo de periodistas de Santiago, dirigidos por un hombre llamado Manuel Bergues Pruna (que después llegaría a Nueva York y formaría parte del club Las Dos Antillas) amenazó con abstenerse en las elecciones provinciales a menos que los autonomistas nominaran a hombres afrodescendientes para puestos clave en el partido y como candidatos a cargos públicos. Morúa y otros (entre los que estaba el editor neoyorquino Enrique Trujillo) acusaron a Bergues Pruna y al Directorio de "poner en remate sus opiniones políticas", de conspirar para crear un partido político negro y, por supuesto, de querer provocar la guerra entre las razas.[10] En una carta publicada en *La Igualdad*, Rafael Serra declaró que estaba "al lado de Juan Gualberto Gómez". Describió al Directorio como "una institución necesaria, legítima, y patriótica".[11] Morúa Delgado respondió entonces con un cáustico ataque personal contra Serra, a quien llamó "ingrato, mamífero roedor y tabaquero" y añadiendo que "el falso y desagradecido Serra, ha tenido á su vez la audacia de gallear en la prensa sin saber escribir". Morúa continuó describiendo a Serra como "el chiflado de los desmaños, el difamador de su virtuosísima esposa, el mentecato galanteador". No es posible saber si estos últimos insultos eran totalmente inventados, o si aludían, bien a algún aspecto de la reputación pública de Serra, o bien a algún episodio de la vida privada de Rafael y Gertrudis durante los muchos años que vivieron separados. En cualquier caso, el carácter personal de estos ataques levantó una ola de conmoción entre la red de lectores y activistas afrodescendientes que se extendía por Nueva York, Florida, Cuba y Jamaica. La respuesta de Serra fue relativamente contenida pero sistemáticamente desmanteló la carrera de Morúa como intelectual y revolucionario reubicando cada uno de sus actos y decisiones como arteros, cobardes e interesados.[12]

Respondiendo a estas controversias, José Martí trató de armonizar los elementos diversos de su coalición con párrafos enrevesados y densos que invitaban a diversas interpretaciones. "Todo lo que divide a los hombres" escribió en un artículo titulado "Mi raza" y publicado en *Patria* y *La Igualdad*, "todo lo que especifica, separa o encierra es un pecado contra la humanidad". Advirtió de los riesgos de un "racismo negro" argumentando que el "negro que se aísla, provoca a aislarse al blanco".[13] Para él, era natural y provechoso que los hombres se unieran a partir de ideas, sentimientos e intereses compartidos y no en función de la raza. Denunció, en principio, las organizaciones negras e imaginaba un mundo en que "[d]os racistas serían igualmente culpables: el racista blanco y el racista negro". Pero este mundo solo existía en un futuro condicional. Admitió que aún no había llegado el momento cuando "la palabra racista caerá de los labios de los negros que la usan hoy de buena fe".[14] A pesar de su prédicas generales, en concreto ofreció una defensa clara de las actividades de Juan Gualberto Gómez, que, según él, no buscaba inspirar odios ni divisiones "sino á impedir que se levantaran, con el remedio seguro de la justicia".[15] También hizo una defensa similar de las actividades de Serra y los Bonilla en Nueva York. La Liga, lejos de ser una institución que creaba divisiones, era la institución que mejor armonizaba el principio fundamental de la unidad con su condición previa necesaria, la justicia. Allí se juntan, "sin lisonja de unos ni humillación de otros, sino con las miradas á nivel, los hijos de los que fueron injustos y los de los que padecieron de la injusticia".[16]

Este era el contradictorio telón de fondo tras el que los seguidores de Martí tuvieron que levantar el partido, de ahí que este terminara reflejando esas mismas contradicciones. Juntos, sus miembros trabajaron para garantizar que de un modo literal no hubiera separación entre clubes de blancos y de negros, profesionales o artesanos. Gonzalo de Quesada, un hombre que descendía de "lo más amarillo de la crema aristocrática cubana", incorporó a hombres de su misma clase social en su club y ganó con eso un puesto en el Cuerpo de Consejo. *Patria* notó que entre los miembros de este club había también cigarreros. Varios clubes se componían en su mayoría de cigarreros blancos. Si bien algunos de sus miembros eran afrodescendientes, ninguno de ellos era miembro de La Liga. Elegían habitualmente a cigarreros blancos, algunos de los cuales eran artesanos a punto de convertirse en pequeños manufactureros, como sus representantes en el Cuerpo de Consejo. Los clubes de mayoría blanca también elegían a menudo al menos a un hombre de color que tuviera relevancia (normalmente Serra o Figueroa) como parte de la directiva. Finalmente, estaban los clubes asociados con La Liga, dirigidos en casi su totalidad por hombres de color. *Patria* era escrupulosa en sus reportajes acerca de estos clubes, nunca señalando el hecho de que el movimiento seguía operando en un contexto en el que la segregación racial, aun cuando no fuera absoluta, era parte normal de la vida social, y ahora también política, cubana. No obstante, parece claro que las organizaciones independientes eran necesarias para movilizar a las bases, que eran diversas, y para promover a los diferentes líderes, especialmente hombres afrodescendientes, para posiciones en los Cuerpos de Consejo del partido.[17] El hecho de que algunos hombres negros o pardos, elegidos por los clubes que ellos mismos habían organizado, ocuparan lugares de honor cada vez que el partido se reunía era crucial para la defensa del argumento de que el movimiento estaba unificado en sus objetivos y era sinceramente democrático. Si algunos obreros blancos figuraban entre los seguidores de estos líderes negros, mejor aún.

FIGUEROA Y MARÍN

Quizás lo más sorprendente de este proceso de movilización de las redes sociales negras e independientes en la creación de un partido democrático en Nueva York fue la prominencia de los exiliados puertorriqueños en estas actividades. Pocas semanas antes de asistir a la reunión en la que se creó Las Dos Antillas, Sotero Figueroa, Pachín Marín y Modesto Tirado habían convocado a un grupo diverso de exiliados en la ciudad que se había organizado como Club Borinquén, en referencia al nombre indígena de la isla de Puerto Rico. Ese club eligió a Figueroa como su primer presidente instalándolo así en el Cuerpo de Consejo de Nueva York. Figueroa, el puertorriqueño Rodríguez y, varios meses después, el cubano Benech eran los únicos hombres afrodescendientes con esa posición. A renglón seguido, el Cuerpo de Consejo eligió a Figueroa como secretario. Eso lo convirtió en el hombre afrodescendiente de más alto rango en la rama neoyorquina del partido –otros hombres de ascendencia africana tuvieron el mismo cargo en los Cuerpos de Consejo de Florida, Haití y Jamaica–.[18] Un año más tarde, Figueroa ya se había convertido en el editor de *Patria* y con Martí viajando constantemente, también ejercía a veces como redactor *de facto*. Mientras tanto, Marín se convirtió en uno de los oradores favoritos en las reuniones del partido y en las campañas de recaudación de fondos en las fábricas. Era especialmente popular entre los cigarreros. Es decir, Figueroa y Marín no tardaron mucho en convertirse en dos de los simpatizantes afrodescendientes más visibles del entorno de Martí, así como en participantes indispensables en la proyección de un movimiento "con todos y para todos": un movimiento capaz de acomodar el deseo de algunos de no tocar el tema de las diferencias raciales al mismo tiempo que abrigaba y dependía de sus organizadores y líderes negros e independientes.[19] Así, durante el vertiginoso proceso de la construcción del nuevo partido, dos artesanos que habían comenzado sus carreras como escritores en los talleres de impresión de San Juan y Ponce, cruzaron sus caminos con los cigarreros que se habían convertido en escritores en las sociedades de color de La Habana y Matanzas y, posteriormente, habían emergido como líderes de sus comunidades en los barrios de Nueva York. Todos ellos se sumaron al debate entre los cubanos sobre cuestiones de raza, clase y hombría en el marco de la construcción de una comunidad nacional.

Pero, como hemos visto, las experiencias de los tipógrafos que se convirtieron en escritores en Puerto Rico fueron bien diferentes de las de los cigarreros que comenzaron a escribir en el oeste de Cuba y el exilio. En las pequeñas ciudades puertorriqueñas del momento no existía nada que se asemejara al Directorio Central de Sociedades de Color, a la intrincada línea de color de la ciudad de Nueva York, y mucho menos a las iglesias afroamericanas o logias masónicas negras; luego, ¿cómo pudieron Figueroa y Marín alinear y configurar su experiencia sobre las pautas de clasificación y política racial vigentes en estas ciudades con las políticas de raza del movimiento cubano? ¿En qué se diferenciaban sus experiencias de migración por los variados panoramas raciales del Caribe de las de sus socios cubanos? ¿Qué influencia tuvieron estas diferencias en su forma de integrarse en el movimiento cubano y qué aportaron sus contribuciones, como intelectuales, al emergente debate sobre la raza dentro de ese movimiento? Y, por último, ¿cómo percibieron los cubanos la preeminencia de los puertorriqueños de ascendencia africana dentro de su movimiento? La respuesta a estas preguntas requiere trazar, una vez más, estas líneas radiales desde el punto en que se cruzaron hacia sus orígenes. Por eso, es necesario regresar a Puerto Rico, seguir el rastro a Sotero Figueroa y presentar a su joven compatriota, el poeta y bohemio Francisco Gonzalo Marín.

PONCE, 1887

Antes de llegar a Nueva York, tanto Figueroa como Marín vivieron en la ciudad de Ponce, en la costa sur de la isla de Puerto Rico. Sotero

Figueroa y su primera mujer, Manuela Aguayo, se mudaron a Ponce en 1880. Ella fue costurera, una profesión cualificada y respetable en la época, que podía ejercer sin necesidad de salir de las cuatro paredes de su hogar. Él se ganaba la vida con un mandil manchado de tinta, colocando cuidadosamente los tipos en el componedor, armando las galeras y revisando y comprobando pruebas a cambio de un salario diario. Aunque la ciudad tenía menos de la décima parte de la población de La Habana y la mitad de la de Matanzas, Ponce era uno de los centros urbanos más importantes y de mayor crecimiento de la isla de Puerto Rico. Una carretera pavimentada, de las pocas en buen estado de toda la isla, conectaba la ciudad a través de varios barrios rurales en los que se plantaban caña, banano y frutos menores, con la ciudad satélite de Juana Díaz, a unos dieciséis kilómetros. Desde allí, la carretera continuaba un poco más de cien kilómetros hacia el noreste y llegaba a la capital, San Juan. Otra carretera se dirigía rumbo norte hacia la zona cafetalera de las montañas y una tercera a las tierras de la caña de azúcar, al oeste. Un servicio regular de vapores salía del puerto de Ponce hacia Santo Tomás y San Juan donde había conexiones con otras islas del Caribe, Europa y Estados Unidos. La ruta con Nueva York zarpaba dos veces por semana. Eso permitía que el café de las montañas y el azúcar del llano costero discurriera por la ciudad en dirección al mercado atlántico mientras los productos manufacturados importados pasaban por los mismos muelles en dirección opuesta. En la década de 1890, casi un tercio de todas las exportaciones de Puerto Rico y un cuarto de todas sus importaciones pasaban por Ponce.[20] Los periódicos impresos en los talleres de la ciudad tenían, por tanto, siempre la mirada puesta en el puerto, publicando los horarios de las diferentes líneas de pasajeros, anuncios sobre los productos importados y los precios de las diversas materias primas agrícolas. Las noticias del mundo, entre las que se incluían varios periódicos neoyorquinos, llegaban al ritmo de los vapores aun después de que comenzara a irrumpir, a través de un cable lanzado desde La Habana, un nuevo sistema de difusión de noticias mundiales, muy abreviadas: el telégrafo.[21]

Como en todas las ciudades de Puerto Rico, estas condiciones económicas produjeron una sociedad jerárquica y compartimentada que se veía con claridad a través del sistema electoral. El derecho a votar representantes en las Cortes españolas estaba limitado a los "contribuyentes" que podían pagar una elevada suma de impuestos. Estos tendían a ser los propietarios de los ingenios azucareros, los comerciantes que exportaban e importaban y los propietarios de las pocas fábricas en la ciudad. Otro pequeño grupo de hombres, los que poseían títulos académicos, los empleados públicos de mayor rango y los militares, también podían votar en calidad de "capacidades". En total, había solo unos pocos centenares de electores, una élite formalmente constituida que suponía alrededor del 0,5% de los habitantes masculinos del distrito.[22] Estos votantes y sus familias formaban la "primera clase" de entre los ciudadanos, una clasificación que aparecía en el censo y los documentos de identidad oficiales. Aunque estaban algo divididos en cuanto a sus opiniones políticas, los miembros de esta clase solían compartir un deseo de modernización basada en las infraestructuras, una elegante arquitectura y ciertas actividades culturales elitistas. Compartían también la preocupación por el crecimiento veloz de la ciudad a raíz de la abolición de la esclavitud y debido a que los trabajadores rurales, algunos recién liberados, migraron desde los campos cercanos hacia la ciudad. Con el objetivo de controlar a estos "habitantes de tercera clase" tendían a aprobar medidas como códigos de construcción más estrictos, trabajos forzados en obras públicas y campañas de moralidad e higiene.[23]

Sotero y Manuela eran personas de "segunda clase", el término que se otorgó a unos 600 trabajadores cualificados de la ciudad.[24] Estos artesanos, entre los que había varias docenas de tipógrafos y unos 60 cigarreros, eran, en su mayor parte, personas de ascendencia africana o mixta. Habían comenzado a crear asociaciones recreativas y de ayuda mutua como las que existían en Cuba. Pero a diferencia de lo que sucedía en aquella isla, donde los intentos de "blanquear" a la clase trabajadora urbana fomentando la inmigración española ya habían tenido un gran impacto, los artesanos de Ponce no segregaban sus instituciones por raza. No era extraño que fueran lideradas por hombres afrodescendientes. Eso debió llamar la atención de los migrantes del occidente cubano cuando se encontraron con los puertorriqueños en el exilio y quizás hizo que fuera relativamente fácil para hombres como Rosendo Rodríguez, un cigarrero afrodescendiente, reclutar a compatriotas blancos para sus clubes políticos en Nueva York.[25] Aunque siguió siendo artesano en Ponce, Figueroa se construyó, poco a poco, otra identidad como hombre de letras y participante en las imponentes manifestaciones de la plaza pública. El hecho de que en dos ocasiones –en 1880 y 1881– fallara en su intento de lanzar su propio periódico no fue óbice para que comenzara a enviar artículos a otros periódicos de esa localidad. Su obra *Don Mamerto*, que se burlaba valientemente de los políticos conservadores, tuvo éxito en el elegante teatro La Perla. Tenía un pie a cada lado de la línea que separaba a los periodistas e intelectuales que publicaban en los talleres de la ciudad de los artesanos que se ganaban la vida produciendo esas publicaciones. Probablemente ayudó el hecho de que Manuela, aunque hija ilegítima, fuera reconocida como integrante de una familia blanca "de primera".[26]

El contacto entre los periodistas liberales y los artesanos –esto es, el acercamiento entre los dos ámbitos en los que Figueroa y Aguayo participaban– siguió siendo un aspecto central y potencialmente explosivo de la política de la ciudad. Muchos de los artesanos de Ponce se habían aprovechado del derecho al voto en las elecciones de 1873 cuando el sufragio se había extendido a todos los hombres que pudieran leer y escribir. Habían votado de manera abrumadora por los candidatos liberales que habían ostentado cargos públicos por un breve periodo. Pero una ola conservadora dio al traste con el proceso y sacó de los censos electorales a los hombres de estatus sociales menores. En consecuencia, el Partido Español Sin Condiciones, como se conocía a los conservadores, controlaba casi todas las capas del poder político local. Los liberales de la ciudad se habían reagrupado alrededor de la figura de Román Baldorioty de Castro, el maestro de escuela abolicionista a quien se sospechaba mulato y cuyo puesto había sido impugnado por sus oponentes cuando fue elegido a las Cortes de 1870. A comienzos de la década de 1880, Baldorioty editó un periódico en el taller que tenía en Ponce otro maestro y periodista, Ramón Marín, con quien compartía origen plebeyo. Cuando la madre de Marín lo llevó a bautizar, el cura la identificó como "Rosa, esclava de Vicente Marín", y al niño como su hijo natural, declarado libre en el acto. El cura no escribió que Vicente era el padre del niño, aunque varios miembros de la familia del padre actuaran como padrinos. Después, Vicente liberaría a Rosa y tendrían seis hijos más, aunque el padre no reconoció a ninguno oficialmente.[27] Con el paso del tiempo, gracias al apoyo económico de su progenitor, una buena educación y sus matrimonios con mujeres blancas, Ramón Marín superó ese estatus de nacimiento para llegar a adquirir uno cercano al de un hombre blanco. Su particular y progresivo ascenso en la escala social, consolidada a través del matrimonio, tuvo influencia, seguro, en las ideas de movilidad social e identidad racial de Sotero Figueroa y Pachín Marín.[28]

Sotero Figueroa trabajó como cajista en la imprenta de Marín y se convirtió en aliado cercano de Baldorioty, líder de un movimiento emergente de autonomía política frente a España. Al defender reformas en la colonia siguiendo el modelo de relación entre Canadá y Gran Bretaña, los autonomistas, como se los llamaba, apoyaban el libre comercio, el sufragio universal masculino, la libertad de prensa y el republicanismo. Chocaban con frecuencia con las autoridades locales que confiscaban periódicos, imponían multas e incluso arrestaban a escritores y editores autonomistas por motivos políticos. Figueroa también comenzó a escribir artículos en los que se defendía la autonomía, por lo que él mismo sufrió multas y prisión. Las actividades de Figueroa podían haber resultado especialmente útiles a los autonomistas en sus apelaciones a los artesanos. En 1883 fue el orador invitado en el acto de inauguración de la Sociedad Recreativa y de Instrucción de Juana Díaz, la pequeña ciudad que estaba a dieciséis kilómetros de Ponce. Durante ese discurso, el alcalde conservador de la ciudad llegó al lugar con un grupo de Voluntarios, bajó a Figueroa de la tribuna y disolvió al grupo que lo escuchaba.[29] Los conservadores veían la relación de los autonomistas con los artesanos como un peligro debido a su radicalismo y a su capacidad desestabilizadora, como parte de una amenaza de desórdenes más amplia alimentada por el reguero de personas pobres que llegaba a la ciudad, a los que calificaban de vagabundos y delincuentes. Es probable que, al expresar estos miedos, tuvieran en mente los discursos de hombres como Figueroa que pudieran incitar a la clase trabajadora. Sin duda, tenían a los artesanos de Juana Díaz en mente. Esos artesanos sufrirían pronto abusos más serios a manos de las autoridades.[30]

A mediados de la década de 1880, aunque seguía ganándose el pan como cajista, Sotero Figueroa ya había escalado al estatus de colaborador y coeditor de varios periódicos que se producían en el taller de Ramón Marín.[31] Los funcionarios políticos le reconocían su estatus como profesional y el título honorífico de "Don". Le identificaban como "Don Sotero Figueroa, periodista", por ejemplo, en la partida de defunción de "Doña Manuela Aguayo", cuando falleció de tuberculosis en 1886.[32] Esos títulos honoríficos estaban, en general, limitados a personas blancas fruto de orígenes legítimos. Es más, un decreto que reconocía que las personas de ascendencia africana tenían derecho a usar "Don" y "Doña" en Puerto Rico y Cuba sería una gran y polémica victoria alcanzada por Juan Gualberto Gómez y el movimiento cubano de derechos civiles a finales de 1893.[33] No obstante, ya venía aplicándose a algunas personas de ascendencia africana en Puerto Rico y el este de Cuba desde hacía tiempo.[34] Es difícil conocer cuáles eran los criterios aplicados. Quizás los funcionarios eran conscientes de una política generalizada de que la "impureza" de raza ya no era incompatible con la "calidad" de persona honrada y aplicaron el término "Don" a Sotero Figueroa porque deseaban mostrarle respeto, pese a creer que no era blanco ni legítimo. O quizás le reconocían algún tipo de blanquitud parcial que pudiera acomodarse dentro de su tono de piel oscuro, el pelo rizado y el linaje pardo. Quizás le concedieron esta blanquitud provisional en su vida pública sin presumir que recibiría, de manera automática, el mismo trato digno en sus interacciones privadas.

Cuando los liberales se reunieron en Ponce en 1887 para reorganizar su movimiento como Partido Autonomista de Puerto Rico, también lo reconocieron como "Don Sotero Figueroa". Asistió como representante del periódico *El Pueblo* (propiedad de Ramón Marín) y como delegado electo representando a los comités autonomistas de las localidades de Moca y Bayamón.[35] De nuevo, no queda claro si quienes lo habían elegido como su representante lo hicieron como gesto consciente hacia la posibilidad de que artesanos y pardos pudieran ejercer puestos de responsabilidad en el partido, o si lo hicieron porque habían comenzado a identificar a Figueroa, más que por cualquier otra de sus identidades, como a un periodista liberal al igual que lo eran Ramón Marín y otros que, en su calidad de escritores, atenuaban sus orígenes sociales, o al menos merecían que se obviara su mención. En cualquier caso, Figueroa había dado los primeros pasos relevantes en la dirección que, ya en Nueva York, le llevaría a colaborar y editar *Patria*, y a ser un hombre cuya comprensión de la cuestión racial se nutría de sus logros como escritor y político. Baldorioty y Marín le habían otorgado un papel como portavoz del interés general, un escritor puertorriqueño sin atribución de clase o raza. Como sucedería después en Nueva York, parece casi seguro que otros artesanos se dieron cuenta de que era también uno de ellos, y que había logrado alcanzar un papel de relevancia en la Asamblea Autonomista, y que el entorno autonomista lo había apoyado en sus intentos de construirse a sí mismo y de llegar a ser "Don Sotero Figueroa".

El trato honorable que se concedió a hombres que ascendieron en la escala social como Baldorioty, Ramón Marín y Sotero Figueroa debió de ser significativo para un joven tipógrafo llamado Francisco Gonzalo (Pachín) Marín. Nacido en 1863 en la ciudad norteña de Arecibo, Pachín era hijo de Santiago, el hermano menor de Ramón Marín. Aunque tanto Ramón como Santiago eran hijos naturales de una mujer esclavizada por su padre, Ramón había tenido éxito al integrarse en la sociedad patricia de Ponce. Santiago se había quedado en Arecibo donde se había convertido en pequeño comerciante y se había casado con una mujer de raza mixta.[36] Después de la educación primaria, el hijo mayor de la pareja, Pachín, había comenzado a trabajar como aprendiz en un taller de tipografía. Su hermano menor, Wenceslao, lo hizo como aprendiz de herrero. Cuando era adolescente, Pachín se convirtió en un músico reconocido en Arecibo. Recitaba poesías y tocaba la guitarra en reuniones bohemias en las plazas públicas de la ciudad. Las leyes y costumbres de Puerto Rico dictaban infinidad de gestos de sumisión por parte de los hombres de menor rango en sus encuentros con los "superiores", entre quienes se incluían los soldados españoles y cualquier representante de la autoridad. Esto se aplicaba con rigor en Arecibo, un bastión conservador. A Pachín y Wenceslao les irritaban estas normas. Como parte de sus actividades nocturnas, ambos jóvenes se peleaban a menudo con jóvenes conservadores y a veces desafiaban a la Guardia Civil.[37]

En plena adolescencia, Pachín comenzó a recorrer el ya familiar camino ascendente de empleado de taller a escritor. Enviaba poemas y artículos al periódico de su tío Ramón en Ponce. Comenzó a viajar a esta ciudad para participar en actividades políticas liberales y publicó su primer libro de poemas en la imprenta de su tío. Es probable que se sumara a Sotero Figueroa como artesano en el taller de Ramón.[38] Esto nos sirve para resaltar la diferencia entre la movilidad racial que funcionaba en Ponce y la experiencia del *racial passing* (lo que podríamos entender como "blanqueamiento") que evolucionaba en Estados Unidos de manera paralela en las últimas décadas del siglo XIX, cuando Figueroa y Marín se establecieron allí. Aunque las personas de ascendencia mixta podían adquirir los privilegios de la blanquitud en Estados Unidos de diferentes modos, a medida que las leyes Jim Crow comenzaron a aplicarse, se fue anulando la posibilidad de un estatus intermedio y casi cualquier posible transición a ser blanco requería de un firme secretismo. La historiadora Allyson Hobbs ha llamado esta experiencia un "exilio voluntario" de sus familiares y comunidades afroamericanos. Para realizar la transición a la blanquitud había que cortar y esconder con total escrúpulo las relaciones con miembros de la familia o arriesgarse a ser expuesto y sufrir violencia. Pero Ramón

Marín no parece haber sentido esa necesidad de separarse de su sobrino. Incluso escribió una obra, estrenada en el teatro La Perla, en la que el protagonista era un hombre de cuna ilegítima y linaje desconocido reconocido por su padre que no pudo casarse con el amor de su vida debido a los prejuicios sociales. Su logro literario más importante llamó la atención sobre un "secreto" que parecía bastante público, el de sus propios orígenes ilegítimos y "oscuros". En todo caso, probablemente fue más cuidadoso con el detalle de que su madre había sido esclavizada. Hay que imaginar que esto sí habría sido un secreto privado, protegido por su círculo más íntimo de familiares y confidentes.[39]

Como seguidores de Baldorioty, los dos Marín y Figueroa apoyaron lo que consideraron una forma de autonomismo "eminentemente democrática". Veían la autonomía política como inseparable de una restauración de los derechos de ciudadanía de los artesanos y la extensión de los derechos de ciudadanía a los jornaleros y los campesinos, un proyecto que los conservadores seguían presentando como riesgo de orden público y como una violación de cualquier filosofía política sensata.[40] Un alcalde conservador señaló con consternación que, en su pequeña jurisdicción, el Partido Autonomista "lo componen negros de la clase artesana y jornaleros, hombres en fin, que no tienen instrucción y nada favorable se puede esperar, dando crédito, como dan, a las malignas ideas que les embullen, haciéndoles entender que tienen derecho, como hombres libres y ciudadanos, a tomar parte en la cosa pública".[41] Por supuesto, este informe puede haber sido parte de una estrategia para mostrar a los autonomistas como radicales fuera de control. Pudo exagerar la alianza entre estos y los trabajadores y la presencia de hombres negros entre los segundos. Pero hasta donde esa alianza fuera real, Figueroa y Pachín Marín eran sus defensores, tanto como, más tarde, fueron mentores de varios de los hombres de La Liga cuando crearon sus propios clubes políticos y se unieron al Partido Revolucionario Cubano. En realidad, su conexión con Rosendo Rodríguez, futuro presidente del club Las Dos Antillas, puede haber comenzado en esos años. Rodríguez era cigarrero, hijo de un carpintero de San Juan y solo unos años mayor que Sotero Figueroa. Parece que vivió en Ponce en 1883.⁴²

Figueroa y Marín se sintieron muy decepcionados cuando la Asamblea Constituyente autonomista votó en 1887 a favor de un proyecto de asimilación, por el que Puerto Rico se convertiría en una provincia de ultramar con derechos idénticos a las que tenían las provincias de la península. También se opusieron a la decisión de la Constituyente de seguir los pasos del Partido Autonomista en Cuba de limitar el trabajo del partido a la organización del pequeño contingente de electores en Puerto Rico y no de movilizar la población de manera más amplia o de reclamar una expansión más radical del derecho al sufragio.⁴³ Pachín, un joven alborotador y bohemio, se sumó a un grupo que respondió a esta política oficial del partido con un giro hacia la acción directa. Ayudó a crear una red de sociedades secretas en las que se incluían vendedores ambulantes, artesanos e incluso campesinos y jornaleros de los cañaverales. Siguiendo el modelo de los republicanos irlandeses, los miembros de estas sociedades juraron que no comprarían en negocios de españoles de la península o miembros del Partido Español Sin Condiciones. Al apelar a una base de apoyo tan amplia, el ala "eminentemente democrática" del movimiento autonomista no solo afirmó que como "hombres libres y ciudadanos" sus aliados de la clase trabajadora tenían derecho a participar en "la cosa pública", sino que también se alimentó de una reserva de animosidad profunda hacia los empresarios españoles que dominaban el comercio en Puerto Rico y, por eso, eran la principal fuente de crédito de la colonia. No fue difícil encontrar trabajadores y campesinos que pasaban dificultades para realizar pagos a comerciantes peninsulares o que sentían resentimiento hacia la carga de los impuestos coloniales.⁴⁴ Los conservadores, que informaban de manera alarmista, y cuyas acusaciones deben ser tomadas con cierta cautela, acusaron a los organizadores del boicot de haber "inculcado odio a nuestros sencillos campesinos contra los peninsulares" y de haber prometido alivio ante la carga de los impuestos.⁴⁵ Cuando, en el verano de 1887, se sucedieron una serie de incendios sospechosos en negocios de peninsulares, los periodistas conservadores acusaron a los autonomistas de estar tras una rebelión y pidieron que el gobierno respondiera de manera inmediata: "que se termine de una vez con esa bayoya autonomista, con esos Caínes demagogos, socialistas e incendiarios".[46]

Esto sucedía el verano de 1887. Como referencia, era el mismo momento en que Rafael Serra, Martín Morúa Delgado y otros participantes de la fracasada expedición dirigida por Máximo Gómez y Antonio Maceo dejaban Kingston y viajaban en dirección a la zona del Canal de Panamá de regreso a Nueva York y Florida. En Cuba, los partidarios de Juan Gualberto Gómez estaban tratando de resucitar *La Fraternidad* y anticipaban que Gómez podría regresar pronto de su exilio. En Cayo Hueso, los cubanos reconstruían las casas y fábricas destruidas por los devastadores incendios del año anterior. Muchos habían comenzado a mudarse ya a la cercana Tampa. En Nueva York, los exiliados cubanos se consumían en debates sobre la inminente ejecución de los "mártires de Chicago". El poeta y diplomático José Martí, que acababa de declararse admirador de Henry George, estaba a punto de regresar a la política cubana con la idea de construir un partido para hombres de la clase trabajadora. En lo que les tocaba, Sotero Figueroa y Pachín Marín, junto a otros ciudadanos de Ponce, veían cómo el destacamento de guardias civiles salía en dirección a Juana Díaz, donde, con la asistencia y jaleo de los conservadores, se desató una represión de una brutalidad terrible contra el ala radical del Partido Autonomista. Los soldados arrestaron a decenas de tenderos, artesanos y jornaleros –algunos de los cuales pudieron haber estado entre la audiencia del discurso por el que Figueroa había sido detenido años antes–, torturaron y obligaron a muchos a confesar su participación en una conspiración que implicara a líderes autonomistas. Durante varios meses esa estrategia se extendió a Ponce y otras localidades.[47]

El tratamiento a los pocos prisioneros de buena posición social fue, en la mayoría de los casos, con arreglo a las normas del comportamiento entre "caballeros". Pero las autoridades dieron libertad a la Guardia Civil para someter a hombres de menor estatus a la crueldad más horrible, violando así la ley española de la época. A Víctor Honoré, un albañil mulato de Mayagüez, lo colgaron de piernas y brazos durante varios días y lo golpearon con palos por todo el torso. Le rompieron los dedos a Gil Bones, un sastre mulato de Ponce. En Guayanilla colgaron a un zapatero de un poste de telégrafos por los pies. Otros sufrieron torsión de los testículos o se les introdujo la cabeza en letrinas. Se abusó de ellos psicológicamente también, atados y desnudos fueron forzados a soportar insultos y a dar falsos testimonios, implicando a otros hombres para aliviar su propio sufrimiento.[48] Figueroa y Marín eran tan sensibles a la cuestión de hombría como sus contrapartes en Cayo Hueso y Nueva York. Es probable que se dieran cuenta de que la prensa liberal reservó sus denuncias mas vehementes para las ofensas relativamente menores que sufrieron los pocos prisioneros patricios. Por ejemplo, una sola bofetada que recibió el acaudalado editor de la *Revista de Puerto Rico*, un hombre con el que mantendrían agrias polémicas en años siguientes.[49]

Los dos estuvieron también en el ojo del huracán cuando las autoridades de la colonia tomaron medidas drásticas contra la libertad de expresión. Un día aparecieron tres miembros de la Guardia Civil en las oficinas del diario *El Pueblo* que se publicaba en los talleres en los que Figueroa y Marín pasaban sus días. Figueroa era también colaborador habitual y había sido el representante del periódico en la Asamblea Autonomista. Los soldados pidieron a punta de pistola que el editor del periódico, Ramón Marín, firmara y publicara una retractación pública de las cartas de los prisioneros que detallaban vejaciones a las que habían sido sometidos. Pero, en vez de hacerlo cerró el periódico y fundó otro con un nombre nuevo: *El Popular*. Poco después, las autoridades encarcelaron a Ramón Marín y Román Baldorioty de Castro dejando a Sotero Figueroa como director y editor de *El Popular*.[50] En ejercicio de esa responsabilidad, "Don Sotero Figueroa" ayudó a una de las víctimas de la tortura, un hombre que no sabía leer ni escribir, para que denunciara los abusos de la Guardia Civil y se retractara de un testimonio extraído bajo coacción.[51] Mientras tanto, Pachín supo que las autoridades le habían identificado como uno de los conspiradores. Escapó al arresto embarcándose en un bote en la costa oeste de Puerto Rico en dirección a la República Dominicana.[52] Este parece ser también el detonante del exilio de otros artesanos puertorriqueños que acabarían sumándose a las filas del Partido Revolucionario Cubano. El tipógrafo Modesto Tirado fue detenido y expulsado de la isla, más o menos en el mismo momento, por su participación en el boicot.[53] Silvestre Pivaló, cigarrero de Oriente y veterano de la Guerra de los Diez Años que se había asentado en San Juan, también partió hacia Nueva York uniéndose a esa ola de exiliados que huían de la tortura. Allí se convertiría en el tesorero del club Las Dos Antillas. En Puerto Rico se había casado con Pilar Cazuela, que también usaba el apellido Umpierre, la hija de una lavandera de San Juan. Ella se convertiría en una persona importante en la comunidad de exiliados y en dirigente del grupo de mujeres organizado por Josefa Blanco de Apodaca y Gertrudis Heredia de Serra en Nueva York.[54]

CORAZONES VARONILES

Los arrestos y las torturas, conocidas coloquialmente como los "compontes", se relajaron algo a comienzos de 1888 cuando los liberales en Madrid lograron forzar la sustitución del gobernador general en San Juan y la mayor parte de los detenidos fueron liberados. Al año siguiente, la Corona emitió un perdón general para los prisioneros políticos y quienes hubieran violado la censura.[55] Pero los compontes resultaron ser un punto de inflexión en la relación de Sotero Figueroa y Pachín Marín con el movimiento autonomista y un factor fundamental en su camino al exilio y la política separatista. Al igual que muchos de los miembros del ala radical, vieron la aplicación de la tortura como una escalada a la que había que dar una vigorosa y masculina respuesta. Los liberales debían "salvar la dignidad del país" en palabras del líder separatista puertorriqueño Ramón Emeterio Betances, abandonando la política de "mansedumbre" y desarrollando, en su lugar, "corazones varoniles"[56].

Cuando Baldorioty fue liberado, enfermo, no estaba en condiciones de continuar como líder del partido. Los hombres que emergieron para ocupar su lugar eran las mismas figuras que se habían opuesto a la plataforma más radical en la asamblea del partido. Ahora buscaban distanciarse del movimiento de boicot, del proyecto de autonomía política y de los riesgos asociados con el radicalismo artesano.

El nuevo liderazgo del partido no renegó por completo de sus aliados artesanos. Se limitó a amortiguar la confrontación. Y para corresponder a esa estrategia, construyeron una versión selectiva de la historia del movimiento liberal. Afirmaron que los patricios liberales habían apoyado la causa de la abolición y que por ello se merecían la gratitud de las clases trabajadoras.[57] Lanzaron también una campaña para conmemorar al maestro y cigarrero negro Rafael Cordero, argumentando que su vida simbolizaba la experiencia única de la "contextura étnica" en Puerto Rico. Debido a su experiencia en el aula modesta del maestro Rafael, los criollos adinerados habían participado tiempo antes en un proceso en que "el privilegio de la casta se anulaba democráticamente". Los artesanos, debían, por tanto, contenerse en aras de un "espíritu de confraternidad" y "concordia". Debían emular la figura humilde y caritativa del Maestro Rafael en lugar de "enrojecer las páginas" de la historia de Puerto Rico "con los nombres de un Toussaint o un Dessalines". Estos dos famosos líderes de la historia revolucionaria de Haití eran fácilmente reconocibles para la narrativa dominante en Puerto Rico y Cuba como símbolos de guerra racial, de supremacía negra y de violencia brutal contra los blancos.[58]

Sotero Figueroa y Pachín Marín disentían del rumbo diseñado por el nuevo liderazgo autonomista. En el caso de Figueroa, la disidencia comenzó siendo oblicua. Con el recuerdo de los compontes aún vivo, escribió una serie de biografías breves que tituló *Ensayo biográfico de los que más han contribuido al progreso de Puerto Rico*. Esos treinta perfiles biográficos eran bastante coherentes en general con la idea dominante de progreso que circulaba en el liberalismo insular (educación, imprenta, instituciones culturales e infraestructuras) y con ellos ganó un premio en una importante sociedad literaria de Ponce. Sin embargo, Figueroa usó alguno de esos perfiles con la clara intención de responder al concepto de cordialidad y paz social. Su esbozo sobre la vida de Rafael Cordero, en cuya aula había estudiado, reconocía el mérito de la campaña que recordaba y celebraba al maestro negro. Pero para Figueroa, la biografía de Cordero no mostraba la ausencia de racismo en Puerto Rico sino los logros de un hombre que había luchado hasta superar los obstáculos que le planteaba una sociedad "refractaria a todos los de su raza". Mientras otros escritores trataron de marcar las diferencias entre Cordero y Toussaint L'Overture, Figueroa argumentó que Cordero debería ser recordado junto al "gran dominicano". En otro de sus perfiles señaló que la peor violencia en Haití comenzó solo cuando los franceses trataron de volver a esclavizar a los haitianos y no por un supuesto espíritu de venganza contra los blancos. Publicado como libro en la imprenta de Ramón Marín, este ensayo fue la última intervención relevante de Figueroa en las "imponentes manifestaciones de la plaza pública" en Puerto Rico y una buena tarjeta de presentación con la que introducirse en los círculos de escritores e intelectuales de Nueva York cuando se mudó a esa ciudad en junio de 1889.[59]

Pachín se quedó en el exilio, en la República Dominicana, primero, y después en Venezuela casi tres años antes de regresar a Ponce donde, junto a un nuevo aliado, un tipógrafo y periodista colombiano y afrodescendiente llamado Juan Coronel, comenzó a publicar un periódico que se convertiría en "heraldo revolucionario". Los dos hombres se habían conocido trabajando en las imprentas de Caracas. Ya en Puerto Rico presionaron contra la cautela del liderazgo autonomista y trataron de "estimul[ar] el patriotismo de las clases inferiores". No está claro si Pachín Marín y Coronel también participaron en los ataques violentos contra miembros reconocidos del Partido Incondicional conocidos como los contra-compontes. En todo caso, en represalia por esos ataques, los conservadores agredieron con brutalidad a Pachín y a su tío Ramón en las calles de Ponce.[60] Escribir y publicar fue la modalidad elegida por estos hombres para dar una respuesta "viril" al ultraje. Cada vez que se publicaba un ejemplar, se congregaba una multitud ante las oficinas del periódico. Querían saber lo que esos dos tipógrafos valientes se habían atrevido a publicar. Cuando las autoridades los multaron, las donaciones de los lectores permitieron que la imprenta siguiera funcionando.[61]

Sobra decir que el liderazgo del Partido Autonomista se opuso al radicalismo que Pachín y Coronel esperaban inspirar entre los sectores populares de la ciudad. Algunos se limitaron a distanciarse del "entusiasmo irreflexivo, la sencilla inexperiencia, el exaltado patriotismo de algunos liberales".[62] Otros advirtieron a los artesanos de que con el "pretexto" de la lucha de clases se podría "desencadenar una guerra de razas tan sangrienta como las de las vecinas Antillas" en la que los "pobres hombres de color mal asesorados" acabarían "pagando el precio".[63] Esto resalta la relación existente entre la categoría de artesano y el estatus racial de no blanco. Mientras tanto, la prensa conservadora se regocijaba de la grieta que se ensanchaba: "El que ha de obedecer pretende imponer su voluntad al que manda". Esa fue la consecuencia inevitable, se jactaban los conservadores, de enseñar principios cuestionables como la democracia y el "dominio absoluto de la conciencia" a los trabajadores en lugar de los "eternos principios de buen orden, de sana doctrina, y de moral social".[64]

Finalmente, en agosto de 1891, las autoridades confiscaron el periódico y la imprenta de Marín. Lo acusaron de "injurias graves" y emitieron una orden de captura. Pero, aun habiéndolo declarado fuera de la ley, reconocieron su profesión y título, que denotaban honor. Lo identificaron como "Don Francisco Gonzalo Marín", periodista. Al mismo tiempo, a efectos de identificación, señalaron que era de "estatura regular, pelo corto, frente espaciosa, cejas al pelo, ojos negros, nariz gruesa, boca regular, color canelo, bigote naciente, vestido decentemente".[65] Este uso del color como descripción física y no como una categoría racial nos ofrece otra impresión del sistema de nomenclatura racial que moldeó la vida de estos tipógrafos antes de su migración. No era el sistema que les esperaba en Estados Unidos donde tanto los expertos en estadística que diseñaban el censo como la mayor parte de los escritores afroamericanos estaban a favor de eliminar el término mulato y otras categorías intermedias y de marcar una clara línea divisoria entre la raza "blanca" y raza "negra".[66]

Por supuesto, la eliminación de las categorías intermedias era solo un proyecto en marcha. Pero las leyes de segregación racial, aprobadas en estos años en los estados del sur, solían aplicarse a una definición amplia de "negro". Es decir, a toda persona con "cualquier traza perceptible" de ascendencia africana. En Nueva York, el año antes de la llegada de Pachín, un camarero del hotel Trainor se negó a servir una cerveza al editor del *New York Age*, T. Thomas Fortune. Nueva York no tenía una ley Jim Crow. Al contrario, era uno de los pocos estados en los que se prohibía la discriminación por raza en hoteles, restaurantes y tabernas. Sin embargo, cuando Fortune se negó a abandonar el establecimiento, la policía municipal vino y lo arrestó. El periodista y su colega T. McCants Stewart, un abogado, demandaron al dueño del hotel y a la policía municipal. Fortune era un hombre de raza mixta y apariencia intermedia que prefería referirse a sí mismo como afroamericano, no negro. Esto, a veces producía tensiones con otros escritores afroamericanos. Juan Bonilla, al narrar el caso para sus lectores en La Habana lo describió como "pardo". Pero para el empleado del hotel y el sargento de la policía que lo arrestó, Fortune era, simplemente, un hombre "de color".[67]

La salida de Marín de Puerto Rico y su llegada a Nueva York no puso punto final a su tensión con el liderazgo autonomista. En diciembre de 1891, el Partido Autonomista en Puerto Rico emitió un comunicado en el que denunciaba las "impaciencias y exageraciones de irreflexivos correligionarios" y el trabajo siniestro de aquellos que solo pretendían ser autonomistas en su búsqueda de la independencia. El partido insistía en que "rechaza enérgicamente toda solidaridad o comunión con los procaces" camaradas que trabajaran a favor de cualquier proyecto de reforma más amplia que la estrecha plataforma del partido.[68] El siguiente mes, en enero de 1892, José Martí anunció la creación del Partido Revolucionario Cubano para conseguir la independencia absoluta de Cuba y "fomentar y auxiliar" la de Puerto Rico. Más o menos por la misma época, Juan Gualberto Gómez y sus aliados comenzaron a reconstruir el Directorio de Sociedades de Color en Cuba y entre la comunidad de emigrantes. El 24 de enero, Figueroa y Marín participaron en una reunión del club Los Independientes para aprobar las bases y estatutos del Partido Revolucionario Cubano. Un mes más tarde, habían creado el club Borinquén y habían logrado que se aprobasen también las bases y estatutos del partido. La segunda semana de marzo, se publicó el primer número de *Patria*. En él, junto al editor Antonio Vélez Alvarado, Figueroa y Marín publicaron un manifiesto "al Pueblo Puertorriqueño" en nombre del club Borinquén para responder a las acusaciones de que eran "irreflexivos" o "procaces" y denunciaban al liderazgo del Partido Autonomista por su timidez al tiempo que se declaraban separatistas.[69]

Al igual que en Ponce, Figueroa y Marín expresaron sus objeciones, por lo general, en términos de clase y de hombría y no como el producto de una tensión entre blancos y negros. En un discurso pronunciado ante miembros del Partido Revolucionario Cubano varias semanas más tarde, Figueroa explicó que en "las grandes conmociones por el derecho no surgen los caudillos del elemento holgado, que se encuentra perfectamente bien con el órden de cosas establecido". No eran los "infatuados ni los soberbios los que tienen autoridad para dirigir las masas populares". Tampoco eran los "sabios presunciosos" quienes debían establecerse como los "mentores de la llaneza ó de la sencillez". Los verdaderos líderes nacen "de la masa que sufre, de los desheredados que llevan la inspiración en la mente, las torturas en el corazón y la verdad en los labios".[70] En un artículo en *Patria*, Pachín se dirigió directamente al liderazgo del Partido Autonomista:

> Vosotros los que, desde el trípode pontifical de un ridículo orgullo, expedís patentes de *liberales reflexivos y sagaces,* y os preciáis de conducir la manada de ovejas esquivando los peligrosos senderos y el alto risco; vosotros santurrones ó bigardos, autonomistas ó cortesanos, que os halaga la sonrisa de la Secretaría de gobierno y os mortifica la queja de los generosos

impacientes; oíd la voz franca y honrada de un proscrito que á nada aspira, como no sea á derramar su sangre por el decoro del pueblo que sangre y decoro le puso en las venas.[71]

Pachín tituló su ensayo "La bofetada". Y lo hizo posiblemente en alusión al famoso discurso de Martí en Tampa, a su promesa de que en la república cubana "todo hombre verdadero" debe sentir el golpe que reciba cualquier otro hombre en su mejilla. En el lenguaje de la hombría y el honor que compartían cubanos y puertorriqueños en el exilio, los autonomistas habían demostrado que eran incapaces de responder a tales afrentas, sobre todo cuando visitaban a sus aliados plebeyos.

HOMBRES DE AUTÉNTICO MÉRITO

En su manifiesto al pueblo de Puerto Rico, Figueroa, Marín y Vélez también explicaron los motivos por los que divergían de los planteamientos de los puertorriqueños que estaban a favor de una anexión a Estados Unidos. Fue ese el lugar y momento en que se implicaron de lleno en la cuestión de la raza. Escribieron que no querían resignarse "á la absorción completa de nuestra raza por otra que no nos seduce hasta el punto de olvidar por ella idioma, costumbres, tradiciones, sentimientos [...] todo lo que constituye nuestra fisionomía de pueblo latino-americano". La cuestión de la raza, señalaban, era fundamental para sus posicionamientos políticos. Sin embargo, no era una cuestión biológica, sino el producto de los intentos conscientes por parte de hombres de cultura de construir "lenguaje, costumbres, tradiciones y sentimientos" comunes. Más allá de eso, no era un asunto que dividiera a la comunidad nacional puertorriqueña. Para ellos se trataba más de una división hemisférica entre la "raza latina" y la anglosajona. Y aquí, Figueroa y Marín, miembros de mucha visibilidad de la coalición de Martí, mentores y partidarios de los hombres negros que habían establecido sus propios clubes políticos en Nueva York, se presentaban como portavoces de esa raza latinoamericana que tenía poco que ver con divisiones de color o cuestiones hereditarias. Se sumaron a un proyecto de asimilación racial: la integración de las personas de origen africano en la raza latina. Y señalaron el contraste entre ese punto de vista y la hostilidad racial de la que habían sido testigos en Estados Unidos. "Es preciso vivir en este país algunos años para comprender que esta raza no tiende á perfeccionar o mejorar, por el cruzamiento, á las que cree inferiores".[72]

Esa elaboración de la unidad racial partía de una visión de la identidad latinoamericana que adquiría relevancia entre los exiliados de mejor posición económica y mayor nivel educativo en estos años. Pero, ¿qué significaba para Figueroa y Marín? ¿Qué impacto tenía vivir "algunos años" en Estados Unidos –en el momento preciso en el que se consolidaban las leyes de segregación racial, aumentaban los linchamientos y surgían nuevas teorías raciales aliadas a los proyectos imperiales– en la forma en que entendían la cuestión de raza en Puerto Rico? Esto nos lleva de nuevo a la pregunta planteada en un capítulo anterior y que se refiere al proceso migratorio siendo negros o, en este caso, a la migración siendo no negro (especialmente en las ciudades de Puerto Rico), pero tampoco totalmente blanco. Como millones de migrantes de esos años, Sotero Figueroa, tipógrafo y periodista, llegó a los muelles de Nueva York en junio de 1889. A diferencia del viajero que Pachín Marín describió en aquella famosa viñeta, Figueroa no estaba "sin ningún género de recursos; listo y ágil como un estudiante y hambriento como un maestro de escuela". Tanto él como su mujer Inocencia viajaron en el compartimento de primera clase y en compañía de un eminente médico autonomista de Ponce.[73] No podemos saber a ciencia cierta a quién buscaba cuando necesitó la ayuda de un "amigo" o un "paisano". Pero parece probable que –en vez de ir a una de las fábricas de cigarros cerca del muelle o a la casa de Germán y Magdalena Sandoval en la calle Thompson– se dirigiera tan pronto como pudo a las oficinas de los editores e impresores que publicaban textos en español. Esto le habría llevado a la Plaza de las Imprentas, rodeada por los inmensos edificios del *New York Times*, *New York World* y *New York Sun*. Probablemente comenzó por Antonio Vélez

Alvarado, el editor puertorriqueño más importante de Nueva York, un hombre vinculado a la prensa autonomista de Puerto Rico. Quizás usando a Vélez como referencia o usando copias de su propio libro, premiado por el Gabinete de Lectura de Ponce, como tarjeta de presentación, se presentó al mundo de la edición en la ciudad. La capacidad técnica que ofrecía un tipógrafo puertorriqueño experto debía estar muy demandada, ya que no debía ser fácil producir buenos textos en español cuando la mayoría de los tipógrafos eran de habla inglesa o alemana.[74] Figueroa tardó poco en encontrar trabajo colocando tipos para *La América Ilustrada*, una de las revistas literarias y de interés general más importantes del mundo de habla hispana de la época. Pachín Marín ayudaría luego a crear la *Revista Popular*, que publicaba el propio Vélez Alvarado. Modesto Tirado (que había participado en el movimiento de boicot en Puerto Rico) trabajaba como tipógrafo para el periodista y editor cubano Enrique Trujillo, el hombre que en ese momento era enemigo declarado de José Martí.[75]

Los tipógrafos puertorriqueños se abrieron camino desde los muelles de la ciudad en un momento de actividad comercial y de producción cultural extraordinario. Los editores en lengua española en Nueva York no se dirigían, en general, a la pequeña comunidad residente en la ciudad. Producían libros, revistas y manuales para exportar a América Latina. Las revistas en español habían comenzado como catálogos, instrumentos para los empresarios neoyorquinos "con el deseo de dar a conocer sus productos a los millones de habitantes de las repúblicas hispanoamericanas".[76] Esos catálogos ofrecían listas de precios e información de contacto para los agentes que exportaban preparaciones farmacológicas, alumbrado público, tranvías, imprentas, pianos o libros. A lo largo del tiempo, los publicistas y los editores neoyorquinos comenzaron a añadir contenido literario y periodístico a esos catálogos que tendían, como es fácil comprender, a defender la introducción de productos y métodos industriales modernos en toda la región. Siguiendo esta lógica, al distribuir la publicidad de los bienes de consumo más recientes, los editores estaban contribuyendo al progreso de América Latina. Pero para cuando llegaron Figueroa y Marín había comenzado a cambiar el foco y tono de estas publicaciones. Los editores, que querían ofrecer el material más atractivo para los lectores potenciales en las ciudades de América Latina, reclutaban a figuras literarias reconocidas en la región y entre los exiliados en Estados Unidos. Estos escritores se sirvieron de las revistas de Nueva York –revistas creadas para fomentar la exportación desde Estados Unidos– para promover la unidad cultural y política de América Latina y para celebrar la hispanidad como respuesta a la influencia, las políticas imperiales y el anglosajonismo de Estados Unidos.[77]

El defensor más conocido de este ideal de unidad latinoamericana dentro del mundo editorial neoyorquino no era otro que José Martí, el diplomático, periodista y estrella literaria en ciernes que, en 1889 aún estaba a unos años de convertirse en el líder democrático del Partido Revolucionario Cubano. Aunque había trabajado como corresponsal de varias publicaciones editadas en Buenos Aires y México durante casi una década, Martí se convirtió en una persona cada vez más activa en el mundo de la producción literaria para la exportación, en el mismo momento en que comenzó a relacionarse con exiliados cubanos afrodescendientes a través de una correspondencia frecuente y de sus visitas semanales a La Liga. Publicó la traducción al español de la novela de una escritora estadounidense y con el apoyo de un inversor acaudalado editó, durante un breve tiempo, una revista para niños que, con un tono claramente didáctico e hispanista, y especialmente dirigido al mundo de la educación en América Latina.[78] Se convirtió también en presidente de la Sociedad Literaria Hispano Americana, una organización creada por los editores, escritores y exportadores de libros que trabajaban en el ámbito de las letras hispanas en la ciudad. Durante su mandato, la Sociedad Literaria se propuso a sí misma como la abanderada de la región, un mecanismo que servía para mostrar al pueblo estadounidense la mejor cara de la cultura latinoamericana, las "cualidades de fuerza mental, y cultura visible, y organización decorosa que puedan inclinarlo al respeto".[79]

La tarea no era simple. Empezando con la campaña para hacerse con Texas, las diferentes corrientes de la ciencia racial en Estados Unidos, tanto las populares como las eruditas, habían presentado a los latinoamericanos como emblemas de la impureza racial, una raza mestiza incapaz de formar un gobierno independiente y democrático. A finales de siglo según se pudo leer en un periódico de la época, la "opinión mayoritaria del país" era que casi todos los nativos de Cuba eran de "raza mixta". Como quienes defendían la supremacía anglosajona postulaban que la pureza racial era condición necesaria para el gobierno republicano, este tipo de pensamiento racial influyó de manera importante en el debate sobre la intervención en la lucha por la independencia de Cuba y las propuestas de anexión de la isla. Los exiliados y migrantes vivieron estas opiniones racializadas de cerca. Un reportero del *New York Times* describió a los cubanos que se encontró en un comedor cercano a Maiden Lane como con "el aspecto, de algún modo, de una raza tributaria" de talla pequeña y proclives a farfullar "como monos".[80] Martí escribió sobre su propia experiencia de la discriminación en sus cuadernos privados después de recibir un tratamiento ofensivo por parte de un empleado de un hotel de Nueva York: "Vive uno en los Estados Unidos como boxeado. Habla esta gente, y parece que le está metiendo a uno el puño debajo de los ojos".[81] En respuesta, Martí se convirtió en el principal defensor de la idea de que pese a un pasado caótico y la confusión de la mezcla racial, "también nuestra América levanta palacios, y congrega el sobrante útil del universo oprimido; también doma la selva, y le lleva el libro y el periódico, el municipio y el ferrocarril; también nuestra América, con el Sol en la frente, surge sobre los desiertos coronada de ciudades".[82]

Esto ayuda a explicar la lógica racial en funcionamiento en el manifiesto emitido en 1892 por los líderes del club Borinquén –entre los que estaban Figueroa y Marín– "al pueblo de Puerto Rico". Rafael Serra, Germán Sandoval, Silvestre Pivaló, Rosendo Rodríguez y los hermanos Bonilla pasaron sus días de trabajo en compañía de cigarreros cada vez más radicalizados intercambiando ideas sobre el anarquismo y el socialismo. Sotero Figueroa y Pachín Marín pasaron sus días en iniciativas comerciales que tenían por objetivo transmitir una nueva imagen del destino de la cultura latinoamericana al tiempo que vendían productos de consumo modernos e industriales en la región. Fue en este mundo de publicaciones que ambos hombres realizaron su paso de artesanos a escritores por segunda vez. La primera contribución de Figueroa apareció en *La Revista Ilustrada* justo un año después de llegar a Nueva York. Esta y las que siguieron en *El Avisador Hispano-Americano* y *El álbum del porvenir*, marcarían un hito importante en su camino de movilidad social. Por primera vez se dirigió a una audiencia de miles de personas dispersas por todo el mundo de habla hispana. Y mientras un puñado de lectores en las ciudades pequeñas de Puerto Rico lo conocían de vista y comprendían que el periodista era la misma persona que trabajaba con un mandil cubierto de tinta en las imprentas locales, los lectores de México o Colombia no tenían ningún motivo para pensar que el hombre a quien los editores describían como "Don Sotero Figueroa, distinguido escritor de Puerto Rico" y que aparecía junto a los grandes poetas y pensadores de su generación era un artesano o un hombre afrodescendiente.[83]

Los escritos de Figueroa se adaptaron rápidamente al proyecto literario hispanista que había comenzado a tomar forma en el mundo editorial neoyorquino. Sus contribuciones a varias revistas literarias "ponen de realce la individualidad, é ignorada riqueza, de las letras hispanoamericanas".[84] Los editores también descubrieron que podían contar con Figueroa para supervisar el contenido de revistas literarias y su producción. No tardó mucho en convertirse en uno de los "editores principales" de *La América Ilustrada*. Eso significó que pudo haber sido parte del equipo editorial que decidió publicar el ensayo más famoso de Martí, "Nuestra América" en enero de 1891. En ese ensayo, Martí defendía la unidad desde "el Río Grande al Estrecho de Magallanes" para enfrentarse a los riesgos que presentaba "el desdén del vecino formidable", Estados Unidos.[85] En el mismo número de *La América Ilustrada* había también dos piezas de Figueroa, una de las cuales estaba dedicada a su "querido amigo" José Martí. Cuando Pachín Marín llegó a Nueva York a finales del verano de 1892, comenzó a publicar de inmediato en *La América Ilustrada* y la *Revista Popular*. La más famosa de estas publicaciones fue el esbozo o viñeta (ya citado varias veces en este libro) de un inmigrante que llega por primera vez a los muelles de Nueva York y sale en busca de un amigo o paisano, un texto que en ningún momento hace referencia a la raza o los retos de emigrar siendo negro.[86] Parece una apuesta segura decir que el propio Pachín a su llegada al puerto, partió inmediatamente en busca de sus camaradas Figueroa y Tirado.

La política respecto a la raza en los círculos literarios y editoriales de Nueva York era diferente a la política respecto a la raza de los talleres de tabaco. Probablemente la mayoría de los escritores y lectores de las revistas literarias de Nueva York entendían que la "cultura visible" que más merecía el respeto de Estados Unidos sería la de la minoría educada y blanca de América Latina a la que pertenecían. Se imaginaron como aquellos que representaban esa promesa sublime de "nuestra América" y creían estar en la mejor de las posiciones para convencer a Estados Unidos y Europa de que América Latina tenía su propia grandeza. Habían defendido desde hacía tiempo el proyecto de "blanquear" las islas a través de la emigración y habían empezado a chapotear en una ciencia nueva, la eugenesia, que dotaba a aquellos planes más antiguos de una urgencia nueva, ostensiblemente biológica. José Martí no estaba, necesariamente, en desacuerdo con la idea de que la cultura latinoamericana estaba basada y debía construirse sobre los principios clásicos europeos. Pero comenzó a vincularse con un punto de vista sobre la raza que estaba en evidente desacuerdo con las voces más prominentes de la ciencia racial en Europa y Estados Unidos. Escribió que los "pensadores canijos, los pensadores de lámparas, enhebran y recalientan las razas de librería". Pero un "observador cordial" buscando pruebas de la existencia de las razas en la "naturaleza" lo haría en vano, encontrando en su lugar "el amor victorioso y el apetito turbulento, la identidad universal del hombre. El alma emana, igual y eterna, de los cuerpos diversos en forma y en color".[87] Para Martí, la raza debía significar un proceso determinado por la historia, la geografía, el clima y el trabajo trascendente de los grandes pensadores y no un hecho biológico. Eso es lo que creaba "pueblos" con características compartidas y distintivas a su vez de otros. Por ese motivo, era necesario que los latinoamericanos resistieran la tentación de emular o asimilarse en Estados Unidos. Guiados por sus "redentores bibliógenos" debían encontrar su ruta propia hacia una sociedad democrática y moderna, hacia sus propias formas literarias, coherentes con su esencia colectiva como pueblo.[88]

La versión de este razonamiento que presentó a sus pares sociales rechazaba la base científica de la supremacía anglosajona pero no era muy igualitaria respecto a los "elementos" diversos que constituían las sociedades latinoamericanas. En una función organizada por la Sociedad Literaria para recibir a un grupo de diplomáticos latinoamericanos, Martí argumentó que "el criollo independiente es el que domina y se asegura, no el indio de espuela, marcado por la fusta, que sujeta el estribo y le pone adentro el pie, para que se vea de más de alto a su señor".[89] En "Nuestra América", que fue distribuido junto con publicidad de productos exportados de Estados Unidos a los sectores más urbanos y literatos de América Latina, celebró al "mestizo autóctono" cuya inteligencia natural había triunfado sobre la falsa erudición del "criollo exótico". Pero afirmó ante esa audiencia que "[e]l hombre natural es bueno, y acata y premia la inteligencia superior, mientras esta no se vale de su sumisión para dañarle, o le ofende prescindiendo de él".[90] Los lectores en América Latina no tenían por qué saber que el propio Martí ya había comenzado a poner en práctica este ideal, que era de algún modo condescendiente, en las reuniones semanales de La Liga. No tenían por qué estar al tanto de que sus ideas sobre "el hombre natural" estaban cambiando, aceptando gradualmente que se podía llegar a ser algo más que meramente "suficiente".[91] Llegaría a defender que el proyecto revolucionario cubano tendría éxito a la hora de crear un orden democrático moderno, un punto en el cual otras luchas por la independencia en América Latina habían fracasado, precisamente porque los negros en Cuba ya no se encontraban en un estado natural. En 1892, en uno de sus momentos más radicalmente igualitarios escribió "el hombre de color en Cuba es ya ente de plena razón, que lee en su libro y se conoce la medida de la cintura; sin que necesite que del cielo blanco le caiga el maná culto, porque él se afina y levanta por sí propio".[92]

En todo caso, los exiliados en Nueva York ya lo sabían. Los hombres de La Liga reconocerían esta metáfora como una referencia a sí mismos. En un ensayo sobre La Liga publicado pocos meses antes, Serra había convocado a aquellos que "necesitaban" una sociedad de instrucción para que decidieran por ellos mismos tenerla: "Los que más necesitan de La Liga, se decidan por ella y no esperen, como el antiguo pueblo de Israel en el desierto, que les venga el Maná".[93] Es muy probable también que vieran cómo Martí comenzó a tratar a Sotero Figueroa como un "criollo independiente" y "redentor bibliógeno" más que como a un hombre de "razón natural" o un "negro suficiente". En concreto, presionó a los editores y escritores bien establecidos en la ciudad para que aceptaran a Figueroa como miembro de la Sociedad Literaria Hispano Americana. Así es que justo en el mismo momento en que Martí comenzó a escribir a los fundadores de La Liga para declararles lo verdadero de su amor por ellos y rogándoles que lo aceptaran como amigo de sinceras intenciones y no como un mero adulador, comenzó a intercambiar correspondencia con Sotero Figueroa. Las cartas eran simples. Alentaba al tipógrafo convertido en escritor a mezclarse con los editores más importantes, con las luminarias literarias de la ciudad y de América Latina. Martí aseguró a Figueroa que el resto de los miembros, hombres de familias indudablemente aristocráticas que tenían en alta estima sus títulos académicos, lo consideraban "un hombre de verdadero mérito" y que estaban realmente a gusto al recibirlo entre ellos.[94] En algunos casos debió de ser cierto. Pero Figueroa recordaría más tarde que solía rechazar el "honor" de asistir a las reuniones de la Sociedad Literaria pese a la insistencia de Martí porque "nos respetábamos mucho para exponernos al desdén de determinados elementos" dentro de esa Sociedad.[95] En todo caso fue precisamente el desdén recibido por algunos lo que convirtió la voluntad de Martí de tratar a Figueroa como parte de la élite que asumía la tarea de rehacer la cultura latinoamericana en una clara expresión de antirracismo. El contraste entre una América Latina que rechazaba la división racial y una América anglosajona centrada en la división racial fue importante por el modo en que evidenciaba la diferencia entre una América Latina idealizada que Martí (con todas sus imperfecciones) comenzaba a representar y el desprecio ya acostumbrado por parte de otros exiliados.

La inclusión que Martí le ofreció a Figueroa tampoco fue solo retórica. En marzo de 1892 y en respuesta a las súplicas de otros exiliados, Martí comenzó a producir su propio periódico, *Patria*.[96] Los primeros meses de esta empresa, Figueroa fue parte del equipo editorial que se reunía cada viernes en un pequeño taller que era propiedad de dos impresores italianos frente a la Plaza de las Imprentas.[97] Allí, Martí y sus socios editaban los manuscritos finales en medio del ruidoso traqueteo en la imprenta mientras el tipógrafo iba colocando las letras en las filas correspondientes. El equipo tomaba decisiones sobre la maquetación de pie, hombro con hombro con el encargado del armado de las páginas. Mientras los prensistas preparaban la tinta y el papel, Martí y sus colegas revisaban las primeras pruebas, tomaban decisiones editoriales de último minuto, copiaban y pegaban, añadían frases cruciales. En ese punto, Figueroa se hacía cargo y gestionaba los retos inherentes a trabajar con cajistas "extranjeros" que cometían faltas de ortografía imperdonables. Después de una larga semana de trabajo produciendo *La Revista Ilustrada*, revisaba al detalle las pruebas finales y se aseguraba de que la articulación de las ideas de Martí, Gonzalo de Quesada, Juan Bonilla, Rafael Serra, Pachín Marín y las suyas propias era impecable. Una vez impresas viajarían a la oficina de correos que estaba al otro lado de la calle y desde allí circularían por todo el Caribe. Casi de inmediato se convertirían en el archivo histórico más importante de este movimiento. Martí escribió que Figueroa "se desespera con la ausencia de acentos donde son necesarios, y con la prodigalidad donde no hacen falta y se rebela con las arbitrariedades de puntuación".[98] La misma habilidad que le había garantizado un lugar en la producción de las revistas literarias de la ciudad era la que le aseguraba cercanía a Martí.

Los escritores de *Patria* no perdieron la oportunidad de dejar testimonio de estas reuniones de producción de los viernes a la noche, enmarcándolas en una narrativa didáctica. En su versión, presentaba al periódico como una institución que ponía en práctica los valores esenciales de la nación, la democracia y la solidaridad. *Patria*, al igual que La Liga, era un modelo para el movimiento en formación y la República que estaba por llegar. Una vez que los periódicos estaban impresos, doblados y empacados, los trabajadores y el equipo editorial compartían la labor de cargarlos y entregarlos a la oficina de correos antes de irse a un restaurante italiano a celebrarlo. "Es de observar", escribieron esos editores sobre estas cenas, "el espíritu democrático que predomina en el grupo. Redactores y operarios fraternizan en una sola aspiración: cada cual es estimado según sus merecimientos y ninguno vale más que otro á la hora de mutua satisfacción. En la labor todos han dado su parte de actividad; justo es que se aplaudan sus esfuerzos y que gocen sin limitaciones impropias de la equidad que se predica, cuando llega el momento de la íntima cordialidad".[99]

Tal y como había sucedido las dos décadas anteriores en San Juan y Ponce, Sotero Figueroa se hallaba en el centro de esta fraternidad entre editores y artesanos. Pero, ¿a qué lado de la línea? A veces parece ser uno de los "tipógrafos escritores" sentados alrededor de la "mesa fraternal" dispuesta por el editor Antonio Vélez Alvarado" en la que se conversaba con los cigarreros, los "abogados revolucionarios" y los médicos con títulos de universidades francesas.[100] Pero parece haber sido algo más que eso también. A un año de la salida del primer ejemplar de *Patria*, Figueroa abrió su propio establecimiento tipográfico. Asumió toda la responsabilidad de la composición, corrección y encajonado de *Patria*, al mismo tiempo que comenzó a publicar por su cuenta libros y otros materiales de exportación a Latinoamérica.[101] En las páginas de *Patria* acabaría convirtiéndose en el "propietario de la Imprenta América", un impresor que además era "el biógrafo laureado y poeta enérgico de

Puerto Rico, nuestro hermano en esperanzas y en labor". En esta ocasión, *Patria* hacía hincapié en que Figueroa "aún como entendido tipógrafo que es, pone todo empeño para que nuestro periódico se presente a la altura de los mejores de su clase".[102] Pero en otros artículos fue identificado únicamente como "uno de los hijos más meritorios, de los caracteres más probados y de los escritores más enérgicos y conocidos de Puerto Rico".[103]

El papel de Figueroa como impresor y editor le garantizó que de entre todos los escritores de *Patria* fuera el único que nunca se perdía aquellas horas cruciales de la producción tras la hora de cierre. A medida que Martí pasaba más tiempo de viaje, dejaba a Figueroa a cargo del contenido editorial y no solo de la producción. Algunas personas que no lo querían susurraban que se había convertido en el director *de facto* del periódico. Figueroa trató de desmentir la afirmación, pero hay pruebas suficientes de que era corresponsable del contenido de *Patria*. La idea de Figueroa como redactor principal, que para algunos resultaba ofensiva, probablemente sería entendida de manera positiva por muchos de los lectores de clase trabajadora y afrodescendientes y por quienes escuchaban sus palabras mientras trabajaban en los talleres, es decir, quienes formaban la base del partido.[104] Al menos en Nueva York, el público sabía que los autoproclamados defensores de la civilización hispana no siempre eran aquellos que mejor acogían a las personas de ascendencia africana. Pero sabían que Figueroa al presentarse como árbitro del buen gusto, creador de cultura y defensor de la civilización –sin adjetivos– presionaba a Martí y a sus aliados para que fueran coherentes y aplicaran en la vida diaria los principios de igualdad racial. El espacio que Figueroa pudo ganarse entre los escritores hispanoamericanos en Nueva York funcionó de manera complementaria a la relación que Martí desarrollaba con los hombres "naturales" de La Liga. A Figueroa no se le exigía que actuase como un hombre negro ejemplar. Podía limitarse a ser un hombre ejemplar.

Pachín Marín ofrecía algo un poco diferente. Puso a prueba los límites de su estatus como escritor sin calificación racial al afirmar una masculinidad orgullosa e indomable, especialmente en su oratoria. Martí escribió que sus discursos eran como una "corriente suave y murmurante cuando se desliza sobre arenas ó entre lechos de flores". Pero luego se convertían en un torrente "tropeloso, atronador, impetuoso cuando corre por entre piedras ó arrolla en su curso embravecido los diques que quieren encauzarle y gira y salta y se revuelve, y se desborda, he aquí su oratoria".[105] Esta alternancia entre el control elegante y la erupción violenta era aparentemente algo que apelaba a los presentes en las reuniones del partido. Cuando Pachín terminaba de hablar, la audiencia comenzaba a aplaudir inmediatamente y le pedía que regresara dos e incluso tres veces. Cuando se mostraba receloso, le insistían encarecidamente. En estas situaciones jugaba el papel de un hombre que veía las palabras como algo insuficiente y la popularidad como algo trivial. Solo quería pelear.[106]

La imagen de un carismático hombre joven de origen racial mixto arrollando los diques que querían encauzarlo, pidiendo pasar al campo de batalla para defender el honor de su tierra de origen y levantando el fervor de multitudes de hombres de clase trabajadora pudo preocupar aún más a aquellos ya preocupados por que Martí, al buscar el apoyo popular, desencadenase un conflicto que luego no pudiera contener. Los editores de *Patria* publicaron una crítica indirecta de los excesos de Pachín haciendo uso de un subjuntivo complejo que señalaba la línea a la que se acercaba el joven puertorriqueño, aun sin acusarle de traspasarla. Cuando comenzó a publicar su periódico *El Postillón* en Nueva York, un "Heraldo Incondicionalmente Revolucionario", *Patria* comentó: "Si fuéramos a creer que una censurable pasión de notoriedad, ó un deseo excesivo de polémica estéril" estaba tras la vigorosa prosa de Marín, *Patria* lo amonestaría. "Pudiera ser que Patria –quizás por piedad inoportuna o excesiva– hallase innecesaria la cáustica elocuencia con que [Marín] fustiga á este pecador ó el otro". Pero si era culpable o no de los excesos que algunos podían ver como innecesarios, quizás sin razón, *Patria* le manifestó cariño y le otorgó un estatus que no llevaba consigo ninguna identificación de raza o clase.

Patria podía aventurar la posibilidad de una condena, pero nunca condenaría directamente al "poeta elocuente, al impetuoso liberal, al intrépido trabajador, que del veneno y dificultades del mundo saca ilesa el alma hostil al despotismo y a la villanía".[107]

MIGRAR SIENDO MIXTO

Todo esto ayuda a explicar cómo Figueroa y Marín (junto con Vélez Alvarado) llegaron a presentarse como portavoces de la raza latinoamericana frente a un enemigo anglosajón. ¿Pero a que se referían con esta frase: "Es preciso vivir en este país unos años para comprender que esta raza no tiende á perfeccionar o mejorar, por el cruzamiento, a las que cree inferiores"? De entrada, parece hacer referencia a la idea, propuesta por algunos intelectuales en el Caribe español en décadas previas, que la raza latina tenía una capacidad especial de asimilación de africanos y pueblos originarios, y que esa mezcla podía producir un blanqueamiento gradual de la población de las islas. Las ideas de perfección y mejora apuntan también a una variante de la eugenesia que comenzó a emerger en la región en esa época. Esta forma de pensar hacía énfasis en los beneficios que aportaba la hibridación y consideraba que las características raciales podían cambiarse rápidamente como resultado de la adaptación de organismos a sus entornos, y no al lento proceso de selección natural.[108] Apunta también a la apropiación vernácula de ciertas ideas de blanqueamiento por cruzamiento. No está claro si los puertorriqueños habían comenzado en la década de 1890, como muchos harían después, a usar la frase "mejorar la raza" para describir el deseo (entendido como generalizado) de buscar pareja para un matrimonio con la piel más clara que uno y conseguir así un estatus racial más alto para los hijos.[109]

Aunque estaba íntimamente vinculada con la idea de la superioridad blanca, la idea de mejora racial a través de la mezcla se erigía en evidente contraste con el punto de vista dominante de la ciencia racial en Estados Unidos. Allí, los académicos no lograban ponerse de acuerdo sobre el número de variantes raciales que existían y sobre si esas razas constituían especies diferentes. Pero solían estar de acuerdo con la idea de que las razas eran entidades biológicas de origen natural, que sus características esenciales eran inmutables debido a las leyes de la herencia genética, y que la única forma de mejorar una población era por medio de medidas que garantizaran la pureza racial. Ese consenso científico en Estados Unidos, que también presumía de la superioridad de la raza anglosajona, ayudaba a inspirar una serie de leyes diseñadas para identificar las razas con claridad, para mantenerlas separadas y justificar la supremacía blanca. Por ejemplo, muchos estados trataban el sexo entre personas de distintas razas como un acto criminal y se negaban a permitir o a reconocer el matrimonio interracial. Las autoridades federales no hicieron nada para detener la ola de terrorismo racial, en forma de linchamientos, que tuvo su momento álgido en la década de 1890. Hordas de ciudadanos blancos con apoyo de los políticos y de los cuerpos de seguridad infligieron violencia, mutilación y muerte a afroamericanos en nombre de la defensa de la pureza de la mujer blanca y, por extensión, de la pureza de la raza blanca. Incluso en estados como Nueva York, donde no estaba prohibido el matrimonio interracial, el espectro del "mestizaje" y la "mezcla racial impura" junto a la figura imaginaria del violador negro constituyeron instrumentos importantes para el descrédito del proyecto de la ciudadanía igualitaria para los hombres negros.[110]

El énfasis en la pureza racial también tuvo expresión en el pensamiento político afroamericano de la época con resultados que deberían parecer extraños a Figueroa y Marín, o quizás impensables. Aunque a mediados del siglo XIX algunos escritores afroamericanos importantes habían propuesto que la amalgama podía solucionar el problema de raza, ya para la década de 1890 pocos defendían esta posición. Casi todos los escritores afroamericanos se oponían a las restricciones legales impuestas a los matrimonios interraciales, pero pocos abogaban por la "igualdad social", una frase que connotaba "mestizaje" y contacto sexual. Como cualquier mención de los matrimonios mixtos podía provocar una reacción violenta, muchos escritores afroamericanos no los defendían. Algunos también consideraban que los matrimonios mixtos reflejaban una falta de "orgullo racial" y otros desarrollaron ideas propias sobre lo hereditario, el estado físico y la eugenesia concluyendo que, tanto para la raza negra como para la raza blanca, el cruzamiento amenazaba más que alentaba la mejora racial.[111] A Figueroa no debieron pasarle desapercibidos durante sus primeros meses en Nueva York esos cáusticos titulares de la prensa –blanca y negra– que se referían al nombramiento de Fredrick Douglass con un cargo diplomático en Haití. Douglass fue el intelectual afroamericano más importante del siglo XIX. Veterano del movimiento abolicionista y del Partido Republicano, defendía la amalgama de razas, una posición que otros escritores afroamericanos habían desechado con claridad. En 1884 se había casado con Helen Pitts, una mujer blanca, lo que provocó las críticas de muchos escritores afroamericanos y no solo de los segregacionistas. Esta controversia se coció a fuego lento y emergió de nuevo en 1889 cuando un oficial de la marina se opuso a transportar a la pareja en un barco de la armada, no por prejuicio racial, insistía, sino porque consideraba que la mezcla entre razas era inmoral.[112]

La oposición generalizada al cruzamiento –la creencia, incluso por parte de muchos afroamericanos, de que era una forma de contaminación y en ningún caso una "mejora"– tuvo consecuencias para Figueroa. Llegó a Nueva York apenas semanas después de casarse con Inocencia Martínez, una mujer identificada como blanca por sus contemporáneos puertorriqueños. Es imposible saber si algún miembro de la familia de Inocencia o alguna otra persona en Puerto Rico expresó reservas acerca de la alianza. Probablemente vieran su color y su ilegitimidad como defectos importantes y puede que lo mencionaran en privado.[113] En cualquier caso, en público, la familia Martínez y las personas cercanas trataron a Sotero Figueroa como un cónyuge conveniente. Es más, el padre de Inocencia fue testigo del matrimonio. Ricardo Aguayo, un importante escritor blanco que pudo haber sido pariente lejano de la primera esposa de Figueroa, también actuó como testigo. En el registro del enlace, el sacerdote que lo ofició identificó al novio como Don

Sotero Figueroa, otorgándole el honorífico que solía recibir en ese momento de su vida. También consolidó en el registro esa movilidad ascendente al resignificar su origen. Sotero era ahora el "hijo legítimo de Don José Mercedes Figueroa y Doña María Rosenda Fernández".[114] Las resbaladizas lindes de las categorías sociales y raciales en el Puerto Rico de esa época dificulta saber con exactitud cómo leer el documento. Quizás el sacerdote se alió con la familia para darle una apariencia de honorabilidad a una realidad privada que todos conocían o sospechaban, y que incluso algunos podían rechazar. O quizás el sacerdote sabía que Sotero era un periodista respetado, vio que una familia blanca y respetable no tenía objeciones al matrimonio, y observó que Figueroa había estado casado antes con una Aguayo y que un Aguayo, hombre blanco de cierto renombre, estaba presente. Tomando todo esto en cuenta, tal vez el oficiante no preguntó. Quizás se limitó a asumir que los detalles del origen de Sotero Figueroa debían reflejar su estatus del momento.

Los escritos del propio Figueroa ofrecen una pista sobre cómo debió de entender la cuestión del "matrimonio entre desiguales". Porque lo que algunos comentaristas hostiles en Estados Unidos llamaban de manera burlona "mestizaje", "mezcla impura" o "igualdad social" era, tanto para Figueroa como para Marín, piedra angular de su forma de entender la política democrática. En un esbozo biográfico del pintor puertorriqueño José Campeche, Figueroa recordaba –centrándose en un detalle menor de biografías previas– que el pintor se enamoró de una mujer de mayor estatus racial creyendo, equivocadamente, "que su nombre honrado, que ya empezaba á enaltecer la fama, era bastante á borrar la diferencia de posición que lo separaba del objeto querido". Pero la "ingrata desconocida" desdeñó el amor por lo que "hubiera llegado hasta nosotros enlazada con la gloria del artista para vivir en la posteridad". Sus preocupaciones fueron la causa de que "su nombre se ha dado al olvido". Para Figueroa, esto servía como: "¡Justa lección que deben tener presente los infatuados y engreídos con los oropeles mundanos!"[115] Pachín Marín tocó un asunto similar en su poema autobiográfico "Emilia", publicado en Venezuela en 1889. El poema cuenta la historia de un hombre joven y de "semblante bronceado" enamorado de una joven de "cuello nítido y blanco cual la nieve". Incluso después de que el joven perseverante, intrépido y audaz, a pesar de los "amaños que ha de encontrar doquiera", estudia, "empeña una carrera" y halla "gloria, aplauso, laureles", el padre de la mujer no permite la alianza. La muchacha se muere de la tristeza y el muchacho anda por el mundo contando la historia de su amada y "lanzando, sin consuelo, del demente la histérica y ruidosa carcajada."[116]

Como Figueroa, Marín usó una historia de amor en vano como plataforma para una reflexión más amplia sobre las imperfecciones de lo que llamó con ácido sarcasmo el "edén riqueño". Las tres primeras estrofas de "Emilia" saludan el avance del progreso, la ilustración y la libertad antes de detenerse y reflexionar sobre el triunfo incompleto de ciertos valores universales:

> Mas aún falta; una raza perseguida
> proscrita en el concierto
> que forma la social humana vida,
> sin fé, sin rumbo y ya desfallecida
> boga en un esquife hasta inseguro puerto...[117]

Sus contemporáneos cubanos y afroamericanos compartieron ampliamente la creencia de los dos puertorriqueños del derecho a casarse a través de las líneas del color, pero a comienzos de la década de 1890, la mayoría trató de distanciar sus campañas a favor de los derechos políticos del "espantajo" de la igualdad social. El abogado T. McCants Stewart, en su planteamiento del caso contra el hotel Trainor por negarse a servir al periodista T. Thomas Fortune, subrayó este punto: "Recuerden caballeros, que este no es un asunto de derechos sociales [...] el afroamericano inteligente no se preocupa más sobre la igualdad social que lo que ustedes sobre el hombre en la luna".[118] En contraste, Marín y Figueroa, prácticamente no prestaron atención a la cuestión de los alojamientos públicos y reservaron sus críticas más vehementes a la injusticia racial en el ámbito de lo privado.

Parece probable que Sotero viera su matrimonio con Inocencia en esos términos, como prueba de que su honrado nombre, que ya empezaba a cobrar fama, era "bastante á borrar la diferencia de posición" que le separaba de Inocencia y como prueba de los valores democráticos en práctica de una parte de la sociedad de Ponce. Quizás todos los implicados, incluido el sacerdote, vieran la situación del mismo modo. En cualquier caso, su nueva identidad pública como hijo legítimo de Don José y Doña María fue inscrita en cursiva formal en el libro parroquial y después copiada en el recién establecido Registro Civil. Tenía la aprobación de Iglesia y Estado.

Está claro que Sotero Figueroa e Inocencia Martínez, al mudarse a Estados Unidos, se enfrentaron a una nueva interpretación de raza, basada en el principio de que "cualquier traza perceptible" de sangre negra en una persona le otorgaba un específico destino biológico. No es posible que no se percataran de la hostilidad latente en muchos barrios, tanto hacia el "cruzamiento" –en el sentido del contacto sexual entre personas de distinto estatus–, como hacia el *passing* –entendido como el paso de un estatus racial a otro–, como a categorías intermedias, como la de mulato. Cada uno de estos fenómenos sociales aún existía en Estados Unidos. Pero los significados políticos y sociales vinculados a ellos estaban cambiando, en ese momento concreto, con consecuencias que para Figueroa y Martínez probablemente eran extrañas e incómodas. En muchos lugares de Estados Unidos, las autoridades se habrían negado a reconocer la validez de su matrimonio y podrían haberlos arrestado por fornicación. Incluso el hecho de quedarse en Nueva York no les protegía del repudio generalizado hacia la sociabilidad interracial. Una familia puertorriqueña blanca que recibía amigos que no eran blancos en su vivienda de la avenida Lexington, no muy lejos de donde vivían Sotero e Inocencia en aquella época, fue amenazada, e incluso atacada, por violar las normas de estricta segregación racial defendidas por los alemanes e irlandeses del barrio. Dejaron heces en su puerta, destrozaron una carriola de bebé que habían dejado en el vestíbulo y cortaron su servicio de gas.[119] No se sabe si Sotero e Inocencia se toparon con situaciones similares. Lo que sí queda claro es que la ausencia de leyes contra el matrimonio mixto en Nueva York no evitaba que ciertas personas, a título privado, se negaran a alquilar su vivienda a parejas mixtas, que ejercieran sobre ellas una violencia brutal o simplemente los tratasen con una gran falta de respeto o abierta hostilidad. El reto de adaptarse a la línea de color en Nueva York para una pareja mixta no debió de ser fácil en ningún modo.

Inocencia y Sotero probablemente se dieran cuenta de que la preocupación por la clasificación racial en Estados Unidos había pasado del mundo científico a los registros civiles de nacimientos, matrimonios y defunciones. Cuando Inocencia dio a luz a la primera hija de la pareja, Julita, el médico que cumplimentó su partida de nacimiento en el Departamento de Salud registró su raza como "de color".[120] En Ponce, tanto el registro religioso como el civil la habrían inscrito como hija legítima, y le habrían otorgado el "Don" y "Doña" honoríficos tanto a sus padres como a sus cuatro abuelos. Ni el servicio de salud ni ningún facultativo habrían tomado cartas en el asunto. Es probable también que advirtieran la distancia entre los principios legales y científicos utilizados para asignar categorías raciales de manera permanente y las prácticas cotidianas relacionadas con la raza en las interacciones diarias en su ciudad de adopción, que aún seguían operando de un modo bastante resbaladizo. Quizás Inocencia y Sotero tomaron decisiones estratégicas a la hora de comprometerse con los sistemas burocráticos que clasificaban a las personas en Nueva York y tomaron el registro como una oportunidad para negociar el estatus racial, al igual que ya habían hecho en Puerto Rico. Quizás recibieron ayuda en este sentido cuando murió Julita, dos años después, de un médico cubano miembro del Partido Revolucionario Cubano y amigo de la familia. En el certificado de defunción el doctor identificó a la niña como blanca.[121]

De hecho, varios de los miembros de La Liga, la logia Sol de Cuba y el club Las Dos Antillas aparecían como negros y mulatos en algunos de los documentos públicos emitidos en Nueva York y como blancos en otros.[122] Eso no era necesariamente algo inusual. Hay suficientes pruebas de que quienes realizaban los censos en esta época registraban a muchos afroamericanos de tez mas clara como blancos, sobre todo si vivían en barrios o edificios ocupados en su mayoría por blancos. No hay nada que sugiera que los afroamericanos que fueron clasificados como blancos de esta forma hubiesen ocultado, de manera intencionada, su condición de negros para, de este modo, adquirir los privilegios tanto públicos como privados que otorgaba la blanquitud –lo que se conocía como *passing*–. Más bien esta tendencia resalta la naturaleza incierta e inconsistente de la clasificación racial incluso en un contexto en el que el consenso legal y científico presumía unos límites claros y fijos de las fronteras raciales.[123]

La situación de los cubanos y los puertorriqueños de estatus intermedio se complicaba aún más, en cualquier caso, debido a la extendida creencia de que la raza latina, en general, era mestiza. Los cubanos blancos podían escandalizarse ante la "opinión generalizada en este país" de que la mayoría de los nativos de Cuba eran "de raza mixta". Es más, quienes tenían mejor posición económica y eran más blancos dentro del Partido Revolucionario Cubano se dedicarían a menudo, ya llegado el final de la década, a tratar de cambiar la opinión pública en Estados Unidos mostrando pruebas estadísticas de la blanquitud pura de la mayor parte de la población de la isla.[124]

Pero esa idea general de que ser cubano o latino siempre implicaba algún grado de mezcla y el convencimiento de que esta mezcolanza se situaba fuera de las claras líneas divisorias entre blancos y negros en Estados Unidos tuvo, con mucha probabilidad, influencia en las asignaciones raciales que los exiliados con algún antepasado africano negociaron en su vida diaria. Hay señales claras que apuntan en esta dirección. Por ejemplo, cuando Cayetano Alfonso, un cigarrero cubano, partidario de Rafael Serra y miembro del Partido Revolucionario Cubano, se casó con una mujer blanca, el certificado de matrimonio que registró el enlace describió a Alfonso como "cubano mixto". De igual manera, un certificado de nacimiento en Nueva York emitido para el hijo de un cigarrero cubano casado con una neoyorquina blanca identificaba al bebé como "casi blanco-negro-mulato".[125] Ninguna de estas categorías tenía sentido desde el punto de vista dominante que suponía que la blanquitud no podía obtenerse en pequeñas dosis y que cualquier traza de "sangre negra" colocaba a una persona en la categoría de negra. Pero parece que los funcionarios y profesionales médicos hicieron excepciones, probablemente para acomodar los estatus raciales particulares asociados a la cubanidad. "Mixto cubano" era para ellos, con seguridad, un estatus inferior, pero que implicaba ciertos privilegios comparado con la negritud, como por ejemplo, el de evitar el escándalo de los matrimonios mixtos. Los afroamericanos lo sabían y a veces buscaban este tipo de excepciones para sí mismos haciéndose pasar por cubanos y no por blancos. Por ejemplo, el *New York Times* informó sobre el caso de un hombre "educado y aparentemente de buena situación" que "dijo ser cubano" para lograr ser admitido como huésped de una familia de Brooklyn y casarse después con la sobrina de su casera. Cuando posteriormente se descubrió que el hombre era "negro" su joven esposa "se desvaneció y cayó al suelo" y después pidió el divorcio.[126] Quizás Inocencia y Sotero descubrieron que los neoyorquinos no siempre percibían que su familia fuera un caso claro de cruzamiento. Quizás algunos vecinos veían en Sotero un tipo de mestizaje que entendían más como latino que como negro. Para otros vecinos, quizás Inocencia, por ser puertorriqueña, no parecía tan blanca.

    Tener todo esto en cuenta pudo haber convencido a Figueroa, Martínez y Marín –si es que necesitaban que algo los convenciese– de que la raza era más una invención social que una condición biológica, que esa gran preocupación existente en Estados Unidos sobre la pureza racial era una forma de fanatismo, y que era preferible la idea emergente de una "raza latinoamericana" mestiza cuya unidad estuviera basada en lo cultural. Al mismo tiempo, su afirmación de que la hostilidad hacia el concepto de cruzamiento era una característica fundamental de Estados Unidos y, por tanto, antitética para la identidad latinoamericana, era aún una afirmación bastante controvertida. Resultaba especialmente polémico en boca de dos hombres de ascendencia africana que, en otros escritos, habían rechazado vehementemente la injusticia de la continua oposición al cruzamiento racial dentro de las familias más holgadas en Puerto Rico. En caso de que alguien en Nueva York no viera la conexión, Pachín lo dejó claro al publicar un libro de poemas llamado *Romances* en el mismo momento en que él y Figueroa comenzaban a ser conocidos dentro del movimiento cubano. El tema más recurrente de esos poemas eran las barreras al amor que atravesaba las líneas del color. Volvió a publicar el poema "Emilia" como parte de esta colección. En otros poemas, Pachín también utilizó el desdén de una mujer de alto estatus como alegoría de la relación entre un poeta de la clase obrera y una sociedad que no sabe reconocer sus méritos.

> [¡]Y desdeñas, ingrata, el dulce intento
> del bardo que te canta,
> y en tu insensible corazón mi acento
> ni un eco débil de piedad levanta!
>
> ¡Acaso piensas que en mi tez de cobre
> se anubla la expresión de la mirada
> y ves que está mi cabellera pobre
> por el sol de los trópicos quemada!
>
> ¡Acaso ante tus ojos mi alma es muda
> é ignoras, niña, en tu razón secreta
> que bajo el bosque de mi crencha ruda
> la inspiración se oculta del Poeta!

En discursos y escritos políticos, Pachín se presentaba como un espíritu arrogante e indomable, pero en su poesía era un "pobre peregrino infeliz", un bebedor de cerveza, un alma sensible y atormentada, un amante de las mujeres y un bohemio. Pachín, el poeta, confiesa que solo de esa manera, o por medio de la rebelión, puede expresar lo esencial de su carácter como hombre. "No me defiendo" le dice a una mujer que se ha quejado de su comportamiento bohemio,

> No me defiendo. Mi altivez me grita,
> y es mi altivez tirano que me manda
> preferir al sonrojo de una suplica
> el agudo dolor de una estocada.[127]

Este personaje poético debía poner a prueba los límites que tanto el movimiento de derechos civiles en Cuba como el Partido Revolucionario ponía alrededor de la masculinidad del afrodescendiente. Ambos movimientos habían invertido mucho esfuerzo en desechar el miedo a una rebelión negra y al contacto sexual entre hombres negros y mujeres blancas, ofreciendo muestras de la digna y moderada virilidad del hombre negro. La promesa de los derechos civiles y políticos, insistían, se refería tan solo a la esfera pública. "Respetamos los prejuicios que nuestros vecinos puedan sentir respecto a sus hogares, a los que nunca entraremos", proclamó *La Igualdad*, en el pico de su campaña en defensa de los derechos civiles. Mientras tanto, los escritores blancos en el movimiento separatista buscaban apaciguar la acusación sistemática de que los soldados negros eran una amenaza para la integridad de las mujeres blancas. Manuel Sanguily, un periodista blanco que, como veremos en el próximo capítulo, llegó a Nueva York y consiguió ocupar un alto cargo, garantizó a los lectores que "el hombre negro nunca soñó con poseer a una mujer blanca".[128] Desde luego que aquellos que ya vivían en Nueva York o leían lo que Juan Bonilla escribía en *La Igualdad*, también sabían de los hombres negros linchados en Estados Unidos acusados de tener contacto sexual con mujeres blancas.[129] Con este telón de fondo, uno de los poemas de Pachín derribó de forma atronadora los diques con que estos movimientos trataban de limitar a un poeta de ascendencia africana. El poema "Del natural" comienza con la descripción del cuerpo desnudo de una mujer blanca –"ebúrneo el brazo, alabastrino el hombro, pálido el rostro, comprimido el seno"– observado por el poeta mientras ella disfruta de un momento privado en la bañera. El poeta entra entonces en el cuarto, descorre una cortina, se detiene a extasiarse "en sus formas pecadoras". La mujer protesta por la invasión, pero su "cómico rubor" se disipa ante los abrazos y las promesas de amor. Se besan y "en el baño, lanzados por los silfos, ella y yo con un vértigo caémos...".[130] Presumiblemente, no leería este poema con su provocadora elipsis final en sus actuaciones, tan populares, en La Liga ni en las reuniones del Partido Revolucionario Cubano. Pero esto era una comunidad de lectores. Los hombres que le convocaban al escenario en esos actos no podían no saber que había publicado un poema en primera persona que tocaba una de las cuestiones más peligrosas en el contexto político de Estados Unidos, y bastante incómoda para muchos cubanos.

Los momentos de éxtasis poético de Marín, con toda su sensibilidad de conquista sexual como emblema de la masculinidad exitosa, fueron también, necesariamente políticos. ¿Podía el proyecto de Martí y Serra, de afecto entre hombres blancos y negros, o el plan de construir "nuestra América mestiza", aceptar a un escritor de estatus intermedio que tocaba directamente los temas del amor y el sexo con mujeres blancas? Casarse con una mujer blanca, acostarse con una mujer blanca, hablar de estos amores... ¿excedían estos actos privados los límites aceptables de movilidad ascendente de un artesano que se había convertido en editor e impresor sin calificación de raza? ¿Era necesario insistir en que ninguno de esos hombres deseaba a una mujer blanca para defender sus derechos a un trato digno y a la participación política? La reseña de *Patria* a la poesía de Marín celebró "su forma leve y elegante", su "fuego y moderación artística" y su capacidad de relatar situaciones "llanas y personales" a través de la poesía, pero evitó cualquier posible controversia relacionada con la elección de temas. En su crítica, el autor se quejaba de que su poesía estaba "por acá y por allá muy colgada de hipomeas", dando así a entender que algunas de las expresiones sentimentales le resultaban exageradas o rebuscadas. Pero, en su mayoría, el crítico consideró que estos versos, que hablaban de las "penas" creadas por la indiferencia del mundo, mostraban cualidades propias de la "aristocracia del alma".[131] Del mismo modo, escritores del periódico, entre los que se incluía Martí, se esforzaron por tratar a la familia de Sotero Figueroa con respeto y afecto. Los lectores de fuera de Nueva York podían no captar esta sutileza, pero los lectores suficientemente cercanos reconocerían que el Martí de *Patria* estaba promulgando –quizás no tenía opción– la tolerancia hacia un ideal de igualdad social, expresamente ubicado en la esfera privada; un ideal que Figueroa, Marín y varias generaciones de escritores puertorriqueños habían defendido durante décadas. Esto chocaba de una manera asombrosa con las normas del discurso político en Estados Unidos y que ponía a prueba los límites del debate sobre la raza dentro del movimiento cubano.

Por supuesto, esta política de igualdad masculina no se aplicaba de la misma manera a todas las personas de la comunidad migrante. Gertrudis Heredia y las otras mujeres afrodescendientes que colaboraron en la construcción de esta comunidad, en la que los hombres oradores y poetas se movían, debieron, sin duda, de percatarse de que esa idea de la virilidad masculina basada en el acceso a las relaciones románticas con mujeres blancas, no necesariamente favorecía su situación. Cuando Fredrick Douglass se casó con Helen Pitts, algunas mujeres afroamericanas se lamentaron de que con esa elección él las había "calificado" de inferiores o había "reforzado" la "maliciosa difamación" de que las mujeres de color eran menos refinadas, respetables y deseables para la vida doméstica burguesa.[132] Quizás la elección de compañera de Sotero Figueroa supuso el mismo tipo de preocupación para las mujeres de La Liga. Los poemas de Pachín nunca señalaron a una mujer de complexión oscura como objeto de deseo (aunque en dos ocasiones se dirigió a mujeres "trigueñas"). Esto podía sugerir que las mujeres blancas y de piel clara eran más bellas que las mujeres de piel oscura. Esta idea debió de ser familiar para las mujeres de La Liga que habían cimentado sus relaciones, tanto entre ellas como con los hombres con los que vivían, en un contexto cultural que premiaba la belleza de las pieles claras y los cabellos lisos, un prejuicio expresado claramente por una industria cosmética que las animaba a comprar productos blanqueadores de la piel y alisadores del pelo. Gertrudis Heredia y sus compañeras debieron de haber condenado los prejuicios que llevaron a algunas mujeres blancas a rechazar a pretendientes negros. Pero también eran conscientes de los prejuicios que podrían haber llevado a algunos hombres afrodescendientes a expresar su admiración especial por las mujeres blancas. Aunque no criticaran abiertamente a Sotero Figueroa, es probable que las mujeres de La Liga no vieran los transgresores poemas de amor de Pachín Marín con la misma simpatía con la que los vieron aquellos hombres que lo animaban y pedían a gritos que hablara en las reuniones del partido.[133]

Los hombres escritores y pensadores de La Liga puede que tuvieran más recelos sobre estas manifestaciones de la identidad racial, tan poco familiares, de las que expresaron en público también. Serra y los Bonilla probablemente habrían reparado en la curiosa circunstancia de que Sotero Figueroa, el hombre afrodescendiente de mayor rango en su partido, nunca utilizó la frase "la clase a la que tengo el honor de pertenecer" como sus colegas cubanos hacían tan a menudo para referirse a su estatus racial. Probablemente entendían el valor estratégico de esta decisión y, muy probablemente, eran conscientes de las diferencias entre el modo en que los puertorriqueños y los cubanos se referían a la raza. Pero además conocían muy bien que muchas personas afrodescendientes de tez más clara, en Cuba y Estados Unidos, se consideraban superiores a las personas de piel más oscura, y estaban familiarizados con los retos que esas jerarquías planteaban en los proyectos de construcción de orgullo y unidad racial. ¿Se preguntaron alguna vez si Sotero Figueroa no sentía que pertenecía a su clase o si no veía esa pertenencia como un honor? ¿Cómo equilibrarían esas sospechas con el firme apoyo que Figueroa ofrecía a los hombres de Las Dos Antillas y La Liga, hombres negros implicados en el proyecto de organizarse de manera independiente? Esta cuestión imposible –el dilema entre "olvidar" que uno era negro para reivindicar su masculinidad al completo, o afirmar con orgullo su condición de negro para lograr esa misma reivindicación– era un tema central de las políticas que trataban de crear. Martí prometió una Cuba libre donde la raza terminaría siendo considerada como un elemento de ficción, donde blancos y negros podrían "olvidar su color" para construir una comunidad de humanidad y nacionalidad compartidas. Mientras discutían la posibilidad de un futuro sin razas, los cigarreros cubanos afrodescendientes seguían organizándose en sus propias asociaciones y reclamando sus derechos civiles y políticos. En este contexto, los dos puertorriqueños que eran, al mismo tiempo, miembros de la clase de color y hombres sin calificación racial, eran mucho más que camaradas brillantes e infatigables. Las figuras de Sotero Figueroa y Pachín Marín muy probablemente ayudaron a José Martí a escenificar –y a los hombres de La Liga a imaginar– cómo podría funcionar una nación de hombres que habían olvidado su raza.

CRISIS

El periodo de intensa actividad y movilización en el Partido Revolucionario Cubano en Nueva York –en el que Serra, Figueroa y Marín se dirigían a grandes y entusiastas multitudes de hombres y mujeres trabajadores– pronto sería interrumpido. Menos de un año después de la fundación del club Las Dos Antillas y tan solo semanas después de que Martí publicara el ensayo "Mi raza" expresando su creencia de que un "cubano es más que blanco, más que mulato, más que negro", el sistema bancario de Estados Unidos se desplomó y eso desencadenó la peor crisis económica de la historia del país.[134] En el verano de 1893, las fábricas de tabaco de Nueva York comenzaron a reducir su producción y a cerrar. Varios miembros del club Las Dos Antillas y el club Guerrilla de Maceo pasaron a engrosar las filas de trabajadores desempleados y padecieron el hambre y la indignidad de las colas del pan, los comedores sociales y otras formas de caridad. A medida que las condiciones empeoraban, Pachín Marín, Rosendo Rodríguez, Isidoro Apodaca, Arturo Schomburg y varios camaradas blancos convocaron a una reunión de migrantes de la clase obrera en la ciudad para buscar soluciones colectivas al problema de la supervivencia diaria. Esa convocatoria provocó una controversia inmediata. Quienes se oponían al Partido Revolucionario Cubano reportaron con regocijo la noticia del encuentro, ofreciéndola como evidencia de que el apoyo de la clase obrera al movimiento de Martí se estaba disolviendo. El separatismo había fallado de nuevo. Quizás respondiendo a la presión ejercida por algunos líderes del partido, Pachín y los otros organizadores acordaron cancelar el evento. Habían decidido anteponer la unidad patriótica a su propio bienestar, anunciaron. Pero a cambio se habían asegurado de que "si la agonía llega á entrar en nuestras casas, no faltará techo al expulso ni amparo al desvalido. Las Antillas serán libres y nuestros pobres de New York serán auxiliados por sus hermanos de todos rangos y matices".[135] Según su lógica, la defensa de los desamparados, al igual que la creación de una República, era un proyecto que unificaba a los diversos elementos de la comunidad antillana.

Patria reprodujo una versión de este mensaje en varios artículos dirigidos a los trabajadores. Estados Unidos había entrado en crisis porque "ha sido injusto y codicioso, ha pensado más en asegurar á unos pocos la fortuna que en crear un pueblo para el bien de todos". En contraste, en una Cuba libre, "el amor de la tierra, y la firmeza del suelo nativo, y la abundancia del corazón criollo consuelen y remedien las desigualdades de la fortuna".[136] Varios meses más tarde, cuando los trabajadores declararon un paro en Cayo Hueso, Martí envió a un abogado del partido para ayudar a los huelguistas. Declaró que los incidentes en Cayo Hueso mostraban que el único refugio posible para los trabajadores cubanos era una patria construida por ellos mismos. Cuando las autoridades comenzaron a arrestar a los trabajadores en huelga sin motivo, y grupos de obreros angloamericanos comenzaron a lanzar piedras contra las fábricas cubanas y a pedir que los trabajos allí fueran reservados para nativos "americanos", Martí lo criticó como muestra de demagogia. Escribió que el gobierno español se beneficiaba al provocar la "animosidad de una raza que se cree injustamente superior á la otra".[137] Es probable que usara los mismos argumentos en sus cartas personales a los dirigentes del club Guerrilla de Maceo durante la crisis económica, y en su participación en una reunión del club en noviembre de 1893.[138]

Para los miembros del club Guerrilla de Maceo y los lectores de *Patria* esta afirmación, ya familiar, de unidad cubana frente al racismo angloamericano también habría traído a colación, sin duda, lo que estaba sucediendo en Cuba en el momento. A medida que la huelga continuaba en Cayo Hueso, las noticias de que la administración colonial había aprobado un decreto a favor de los derechos civiles de los cubanos afrodescendientes se extendían por Nueva York y Florida. Pronto estuvo claro que la resistencia generalizada de propietarios de cafés y teatros, incluso de los oficiales de los cuerpos de seguridad, a aplicar el decreto de derechos civiles, anularía su funcionamiento, sobre todo en las provincias de Occidente. Esta resistencia incluía insultos, amenazas de uso de la fuerza y pedradas hacia los ciudadanos que trataban de acceder a los establecimientos. Como ya había sucedido antes, el Partido Autonomista, pese a que dependía en gran medida del apoyo de sus bases afrodescendientes en Oriente, decidió no apoyar la causa de los derechos civiles. Juan Gualberto Gómez y el Directorio de Sociedades de Color respondieron con demandas judiciales y otros intentos de ejercer presión ante las autoridades para que velaran por el cumplimiento de la ley.[139] Según Serra explicó en una carta a Gómez, los escritos nobles y fornidos de algunos pocos políticos blancos en Cuba, "la entereza de Vd., la actitud del Directorio, y lo insolente y ridículo de sus adversarios, son el tópico de las conversaciones en todos los círculos cubanos de Nueva York".[140]

En otras palabras, ese no fue el momento en el que tendría sentido señalar un contraste claro entre la situación de Cuba y el ascenso de la segregación en Estados Unidos. Las conversaciones entre los neoyorquinos sobre la reacción a los decretos de derechos civiles en Cuba estuvieron muy influenciadas por la similitud asombrosa entre los movimientos del Directorio en La Habana y la demanda presentada por McCants Stewart y T. Thomas Fortune contra el hotel Trainor en Nueva York, donde la ley que prohibía la discriminación racial tampoco se aplicaba con rigor. Rafael Serra y Juan Bonilla dedicaron largos artículos en *La Igualdad* a señalar estos paralelismos. La existencia de La Liga Afroamericana (y otros ejemplos extraídos de la estancia de Serra en Jamaica) demostraron la necesidad de instituciones como el Directorio.[141] Bonilla, Serra y sus aliados entendieron con claridad que Estados Unidos era una "plutocracia con nombre de república".[142] Pero no trataron de ofrecer un contraste entre Estados Unidos y Cuba sino entre Estados Unidos y lo que Cuba aun podía llegar a ser. Serra escribió que de ningún modo estaba sorprendido por la resistencia planteada a los derechos civiles en Cuba. "Separados de nuestra tierra por algunos años (...) gozando aunque prestada de la libertad de algunos países, aprendiendo por el movimiento constante de la tierra en que vivimos" había adquirido "cierto grado de franqueza de carácter". Su experiencia en el exilio no le llevó a tener una imagen falsa de cuba como un paraíso racial. Al contrario, el destierro en Estados Unidos le llevó a mirar "con repulsión inevitable a ciertas entidades" que se esforzaban en frenar el amanecer en la isla del "sol de la libertad" y trataban de preservar el "reinado de torpe oligarquía".[143]

Para Serra y Bonilla eso era lo que distanciaba el movimiento separatista, unánime en su compromiso con la justicia racial y social, y un Partido Autonomista "ridículo e insolente". No obstante, a medida que la crisis económica se intensificaba los trabajadores comenzaron a alejarse del Partido Revolucionario Cubano. El club Las Dos Antillas, fundado en 1892 en un momento de entusiasmo por un nuevo partido de hombres trabajadores, comenzó a perder fuerza. El club perdió dinero en un banquete que organizó para recaudar fondos para el movimiento en diciembre de 1893. Después del fracaso, dejaría de entregar fondos al Cuerpo de Consejo y solo celebraría dos reuniones más, de escasa asistencia, en los próximos 14 meses.[144]

Los clubes de clase trabajadora comenzarían a revivir solo en febrero de 1895, cuando el Partido Revolucionario Cubano lanzó una campaña insurgente en Cuba. Pero justo en el momento que Las Dos Antillas, Guerrilla de Maceo y los otros clubes se reconstituyeron, muchas de esas mismas "entidades" cuya resistencia a la igualdad de derechos Serra encontraba tan repulsiva, irían al exilio y comenzarían a cambiar sus lealtades, migrando del Partido Autonomista al movimiento separatista. El comienzo de la lucha armada acabaría generando un conjunto de retos nuevos en la búsqueda de una Cuba más democrática. Serra, Bonilla, Figueroa y Marín se enfrentarían a ellos creando un periódico nuevo dentro de la comunidad de exiliados e inventando nuevas maneras de ejercer su influencia dentro de la política de los partidos cubanos.

6

¿Victoria?

Perdonar no es abdicar, y el derecho de exponer en términos cordiales los males que se deben remediar para no caer en dificultades ulteriores no es impaciencia peligrosa ni constituye rebeldía. Es honradez.
Rafael Serra, "Práctica", julio de 1896.

Cuba será independiente continuaremos revolucionando no ya contra los españoles, sino para arrojar lejos de nosotros los vicios que pueda habernos inoculado el coloniaje desapoderado y rampante.
Sotero Figueroa, "Por la revolución",
julio de 1896.

El día de Año Nuevo de 1897, un grupo de cubanos, puertorriqueños y afroamericanos asistieron a una velada en un local de conciertos en el lado oeste de Manhattan. El tema central de los discursos y las actuaciones musicales era la unidad. Uno de los oradores ofreció una lectura de estrofas de la poetisa puertorriqueña exiliada Lola Rodríguez de Tió, entre los que se incluía, muy probablemente, el más famoso de los que había escrito: "Cuba y Puerto Rico son de un pájaro las dos alas". Sotero Figueroa pronunció un discurso en el que recordaba el apogeo de La Liga –la casa del amor y la "ternura" entre hombres de orígenes diversos, el lugar donde el renacimiento de la lucha revolucionaria cubana había comenzado–. Emilio Agramonte, que dirigía una academia de ópera en su elegante casa de la avenida Lexington, tocó a dúo con Alfredo Vialet un rondó de Emerson. Vialet ofrecía clases de música en un apartamento de la calle 33 Oeste que, aunque estaba a solo trece cuadras de la casa de Agramonte, se ubicaba al otro lado de la línea de color. Varios cubanos tocaron a dúo con artistas afroamericanos. Para cerrar la sesión, todos los músicos se unieron para tocar un himno triunfal titulado "Cuba", muestra del concierto entre los diversos "elementos" de la comunidad exiliada y de su compromiso compartido para lograr la igualdad racial.[1] Esta manifestación de unidad estuvo dotada de una urgencia especial porque el ideal de una nación cuyas partes constitutivas estuvieran dispuestas en perfecta armonía estaba bajo una seria amenaza.

Los organizadores del evento lo habían diseñado en claro contraste con otros encuentros celebrados los dos meses anteriores por un grupo que se llamaba a sí mismo Sociedad de Estudios Jurídicos y Económicos, o la Jurídica. En su sesión más reciente, "cuarenta personas distinguidas por su cultura y por su holgada posición" se reunieron en el "salón, elegante, de una familia exiliada". El gran filósofo cubano Enrique José Varona, que había asumido el rol de *éminence grise* de la comunidad de exiliados tras la muerte en combate de Martí en Cuba, presidía el encuentro. Tomás Estrada Palma, el hombre al mando del Partido Revolucionario Cubano también estaba allí, al igual que varios de los hombres blancos que habían formado parte, anteriormente, del círculo más íntimo de Martí. Los acompañaba un grupo que no se había sumado al partido mientras lo encabezara Martí y otros que se habían opuesto con vehemencia a su creación. Fidel Pierra, que había pronunciado un discurso de infausto recuerdo en 1889 en el que advertía contra la revolución porque los cubanos blancos no disponían de los recursos necesarios para contener los "excesos e innovaciones de los negros", fue elegido para dirigir la sección económica de la Jurídica. José Ignacio Rodríguez, que más tarde describiría a Martí como "víctima de un desequilibrio mental" y señalaría su desacuerdo con el Partido

Revolucionario Cubano porque el movimiento separatista "había partido siempre de las clases altas y acomodadas", fue seleccionado como su representante en Washington D.C. Enrique Trujillo, el editor que había dirigido los ataques contra Martí era miembro de esta organización también. Rafael Serra junto a otros pocos militantes de clase obrera (entre ellos, probablemente, Sotero Figueroa), fueron invitados a participar en calidad de observadores en la segunda reunión "por mera cortesía". Pero no se les permitió proponer mociones. Ni siquiera podían plantear preguntas sobre los procedimientos del grupo.[2] La Jurídica anunció a la prensa que estaban "dando pasos para crear una constitución para la nueva república" anticipando la victoria contra España. Un redactor del *Boston Globe* comentó favorablemente acerca de la composición del grupo desde el punto de vista de la raza y la clase que aseguraba que cuando, "se consiga la victoria final, los gobernantes de la isla serán hombres blancos y otorgarán parte de los frutos de la victoria a sus ayudantes de color, pero manteniendo para sí el dominio de la isla".[3] La Jurídica organizó sus primeras reuniones a principios de noviembre y para finales de diciembre, las tensiones, existentes desde mucho tiempo antes en la coalición separatista en Nueva York, ya habían desencadenado un intenso conflicto político.

El telón de fondo de este conflicto es familiar para los historiadores de la insurrección cubana. Desde dos años antes se peleaba una nueva guerra contra España. El general Antonio Maceo había dirigido a sus tropas hacia el oeste, en dirección a los ricos distritos azucareros de Santa Clara, Matanzas y La Habana, donde reclutaban a campesinos y jornaleros y se aprovisionaban sin reparos en las granjas y las plantaciones. A medida que los soldados y oficiales eran testigos de la explotación extrema que sufrían los libertos a manos de sus antiguos propietarios, comenzaron a ver la destrucción de los ingenios y la redistribución de la tierra entre los soldados insurgentes como uno de los objetivos principales de la revolución y no solo como estrategia para derrotar a los españoles. El ala militar de la revolución, entonces, se tornó cada vez más radical. El gobierno español respondió con la llamada política de "reconcentración", de tan mal recuerdo, obligando a los campesinos a mudarse a pueblos y ciudades para cortar el apoyo que daban a los insurgentes. Esta política provocó una hambruna terrible. Debido a las condiciones extremas en las que vivía la isla, muchos propietarios de plantaciones y miembros del Partido Autonomista se marcharon al exilio y desde allí trataron de ejercer presión para moderar al ala civil del movimiento revolucionario.[4] Martí ya había previsto que esto sucedería y exhortó a sus partidarios a que recibieran con los brazos abiertos a los conversos y al mismo tiempo que rechazaran los "vicios sociales sinuosos, de impotente arruinada oligarquía" que podrían traer con ellos.[5] Pero pocos meses después del comienzo de la guerra, Martí ya había decidido convertirse en soldado. Salió rumbo a Cuba en abril de 1895 y murió en combate antes de que terminara el mes de mayo. En su ausencia, los recién llegados comenzaron a ejercer su influencia, siendo ellos la "mejor clase" de entre los cubanos, como portavoces legítimos de la revolución y de lo que sería el futuro gobierno de la isla.

A medida que se desarrollaban estos sucesos, el Partido Revolucionario Cubano eligió a Tomás Estrada Palma como delegado en sustitución de Martí. Estrada Palma había sido presidente de la república cubana en armas durante la Guerra de los Diez Años. A diferencia de muchos políticos civiles de talla comparable, no había participado en la capitulación de Zanjón y nunca había pertenecido al Partido Autonomista. Se había mudado a un pueblo en el estado de Nueva York donde gestionaba una escuela para niños latinoamericanos acaudalados. También había apoyado desde el principio a Martí y al Partido Revolucionario Cubano y conocía, al menos políticamente, a los organizadores de La Liga.[6] Esto ayudó a convertirlo en el candidato preferido de los clubes revolucionarios. No obstante, defendió políticas que eran mucho más favorables para los recién llegados que para el liderazgo militar en Cuba o los tabaqueros en el exilio. En lugar de trabajar para proporcionar recursos para las tropas en Cuba, lanzó una campaña diplomática y de relaciones públicas con el objetivo de obtener apoyos en Estados Unidos para un acuerdo de paz. En lugar de visitar las fábricas de tabaco o las sociedades de color, trabajó tenazmente para convencer a los políticos en Washington de que reconocieran la beligerancia de los insurgentes cubanos y para persuadir a los inversores de Wall Street para que comprasen bonos cubanos. Al buscar el apoyo de Washington y Wall Street tuvo que mantener un delicado equilibrio. Algunos políticos estadounidenses veían la crisis española como una oportunidad para la expansión del imperialismo angloamericano. No obstante, Estrada y otros exiliados acaudalados veían a Estados Unidos como potencial aliado a la hora de contener la revolución social que habían desatado los insurgentes y que continuaría incluso tras la muerte de Maceo a finales de 1896.[7]

En Nueva York, Rafael Serra, Sotero Figueroa, Pachín Marín y Juan Bonilla trabajaron para mantener su propio equilibrio táctico. Fue complicado. Por un lado, se posicionaron como los mayores defensores de los valores democráticos del movimiento contra las maquinaciones de los recién llegados y como opositores a cualquier compromiso de anexión a Estados Unidos. Advirtieron que enemigos del pueblo cubano conspiraban para debilitar los principios patrióticos y democráticos. "¡Alerta pueblo!", escribió Serra a sus partidarios varios días después del primer encuentro de la Jurídica. "¡Y no desmayes en la lucha emprendida por tus propios esfuerzos contra el yugo extranjero, contra todas las tiranías y contra todos los privilegios!". Había que estar al tanto, insistió, para que "los oportunistas y logreros, con apócrifa excusa de preservar el orden público y de engrandecer el país, no te tomen como base de perfidia del despotismo criollo"[8] Sotero Figueroa afirmó que la guerra contra España sería solo el comienzo. Tras la independencia, escribió, "continuaremos revolucionando no ya contra los españoles, sino para arrojar lejos de nosotros los vicios que pueda habernos inoculado el coloniaje desapoderado y rampante".[9] Juntos trataron de seguir construyendo la amplia red de amigos y partidarios que defendía posiciones similares, y de poner en relieve para el nuevo liderazgo el poder de esta red. Por otro lado, se ofrecían como lugartenientes de Estrada Palma y ponían su amplia base de apoyos al servicio de ese nuevo jefe. A medida que la guerra avanzaba, la poética de su amistad con José Martí se disolvía hacia la prosa seca de las nuevas alianzas tácticas en el entorno de Tomás Estrada Palma.

Ese era el doble objetivo de aquel concierto en el sector oeste de Manhattan el día de Año Nuevo de 1897. Sirvió para unir y movilizar las redes que Serra y sus aliados habían construido a lo largo de dos décadas en combate contra todo tipo de privilegios, y para celebrar, en nombre de la democracia y la unidad patriótica, la lealtad de ese grupo de personas al líder del partido. Estrada Palma asistió a esta velada de canciones y discursos. Fue recibido con un aplauso atronador a su entrada. A cambio, él aplaudió también los poemas de Lola Rodríguez de Tió, el discurso de Sotero Figueroa y la representación de la armonía nacional entre los cubanos blancos y negros. También observó, sin muestra alguna de sorpresa o incomodidad, los dúos entre músicos cubanos y afroamericanos. La guerra seguía desarrollándose en Cuba y los políticos en Washington debatían si invadir la isla y tomarla por la fuerza. Sotero Figueroa y Rafael Serra apostaban por una guerra de posiciones, de batallas cortas, bien elegidas, y que los ubicasen en una posición ventajosa ante los combates que se desatarían después en la nueva república, en defensa de la democracia y por el control de los espacios políticos. Con el apoyo de los hombres y mujeres reunidos en aquel concierto de Año Nuevo, estaban a punto de imponerse victoriosos en una de las pocas maniobras frontales que organizaron durante esta larga guerra de posiciones. Pocos días después, los miembros de la Jurídica se doblegaron ante la presión de Serra y Figueroa y la disolvieron. Como la futura derrota de España, la derrota de la Jurídica fue una victoria que no terminó con la gran desigualdad estructural de la sociedad cubana. Pero el hecho de que Serra y Figueroa pudieran maniobrar de manera efectiva dentro del Partido Revolucionario Cubano, incluso tras la muerte de Martí, arroja luz sobre una de las preguntas más importantes que se hace este libro: ¿qué efecto duradero tuvieron los conflictos y alianzas creadas en el Partido Revolucionario Cubano en Nueva York en la evolución posterior de la política de una Cuba ya independiente? Al derrotar a la Jurídica,

Figueroa y Serra no provocaron cambios sustantivos en las políticas defendidas por Tomás Estrada Palma, pero comenzaron a dar forma a los términos de su relación con él, una relación que se mostraría muy valiosa cuando, cinco años más tarde, se convirtió en el primer presidente de Cuba. El episodio señala también una realidad olvidada. Como gran parte del trabajo político desarrollado por estos hombres y mujeres, Serra y sus aliados mantuvieron su nueva relación con Estrada Palma sin abandonar sus intercambios políticos y sociales con los afroamericanos con quienes vivían en Nueva York.

LA MEMORIA SAGRADA DEL APÓSTOL

El simbolismo, sobre todo a la hora de contar la historia de Cuba y del movimiento, era uno de los campos principales de la guerra de posiciones lanzada por Serra, Marín, los Bonilla y Figueroa tras la salida de Martí de Nueva York. Los estatutos del Partido Revolucionario Cubano, redactados originalmente por José Martí, le otorgaban al delegado un amplio margen de acción independiente y secreta en las cuestiones políticas. Por eso, Estrada Palma no tenía que dar cuentas de sus actividades ante los representantes de los clubes revolucionarios. Tenía que responder, eso sí, a cuestiones simbólicas: ¿cómo representaba el liderazgo del partido, en sus discursos y obras, el "equilibrio" entre los distintos elementos de la sociedad cubana en el movimiento y en la nación? Como llevaba sucediendo durante casi tres décadas, el debate sobre ese equilibrio tuvo lugar ante el telón de fondo de la propaganda española y el imperialismo de Estados Unidos. Los representantes del gobierno español hicieron lo que pudieron para descalificar la revolución, refiriéndose a ella como la obra de un puñado de bandidos negros "invadiendo por completo los distritos occidentales de Cuba, quemando asentamientos, asesinando pacíficos y maltratando a mujeres indefensas".[10] Los revolucionarios cubanos en Estados Unidos, según los representantes españoles, no eran más que charlatanes que "han inventado el asunto de la revuelta en Cuba para darse vida regalada por algunos años", sacándoles dinero a los torcedores de tabaco, y que "arrastraron a unos pocos cubanos de color" a la lucha con "falsas promesas".[11] En un intento de contrarrestar esta propaganda, y para ayudarse a presentar la revolución a un público angloparlante en Estados Unidos, Estrada Palma reclutó a un grupo de médicos y abogados bien vestidos y de buena oratoria, entre los que estaban algunos de los más leales lugartenientes de Martí y algunos recién llegados con antecedentes políticos cuestionables. Convenció a dos importantes periodistas liberales de La Habana, Enrique José Varona y Manuel Sanguily, para que se mudaran a Nueva York y pusiesen su prestigio al servicio de la causa.[12] Este círculo íntimo nuevo dio discursos, organizó manifestaciones y charlas, envió cartas y artículos a la prensa y organizó actos con políticos en Washington para lanzar un mensaje político coherente: Cuba era una nación culta y de mayoría blanca que amaba la libertad y trataba de liberarse de una monarquía opresiva europea para poder así desarrollar lazos políticos y comerciales con su país vecino.[13] Si bien era cierto que en el ejército de liberación había negros y mulatos, la lucha (y la futura república, se entendía) estaba segura en manos de los "cubanos más honorables, hombres de las mejores familias".[14]

La intención de estas representaciones era disminuir el papel jugado en esta lucha por libertos, comandantes negros y mulatos, y trabajadores afrodescendientes en el exilio –los "ayudantes de color" de los cubanos– y no desmentir a la presunción de que la blanquitud era una condición *sine qua non* para el ejercicio de un gobierno responsable. Teniendo en cuenta lo que sabían sobre la opinión pública en Estados Unidos, los tabaqueros podrían aceptar esto como una estrategia sensata, hasta cierto punto. Pero algunos de los aliados más activos de Estrada Palma en estos esfuerzos eran, para comenzar, hombres de dudosas credenciales democráticas. Sanguily había escrito para el público cubano que la "Revolución, en su carácter, su esencia y sus aspiraciones, era trabajo exclusivo de los blancos", que habían, era necesario reconocerlo, convocado a los cubanos de color a que "prestaran importante servicios".[15] Enrique Trujillo, el editor cuyos sistemáticos ataques a Martí habían alentado la creación del periódico *Patria*, asumió un papel importante en las nuevas actividades del partido. Lo hizo también Fidel Pierra, el empresario neoyorquino que había pronunciado un discurso abiertamente racista en defensa del autonomismo tan solo seis años antes. En aquella época, Rafael Serra había criticado a Pierra en las páginas de *La Fraternidad* y otros escritores del periódico habían comenzado a usar el término "otro Pierra" como sinónimo de "otro racista blanco". Estos recién llegados tampoco limitaban sus representaciones de una nación blanca y civilizada a la prensa de habla inglesa. En sus escritos dirigidos a otros cubanos también describieron un movimiento en el que los principales protagonistas eran propietarios de plantaciones ilustrados e intelectuales. Enrique Trujillo, por ejemplo, publicó una historia del movimiento independentista en el exilio, en español, que reducía, casi hasta el punto de obviarlo, el papel de los artesanos y los cubanos afrodescendientes. Representó a los defensores de la democracia popular, entre los que estaba Martí, como demagogos sin principios. Desde su punto de vista, después de luchar con honor en defensa del país dentro del Partido Autonomista, los patriotas auténticos habían regresado a la disciplina separatista y estaban listos para asumir el liderazgo que les correspondía. El relato de Trujillo era especialmente irritante pero no era más que una de las variantes de una pauta muy extendida. Los escritores que rodeaban a Estrada Palma contaron la historia del movimiento de un modo que enfatizaba los sacrificios de los heroicos profesionales blancos y menospreciaba a los artesanos y a los negros, reduciéndolos a una participación pasiva.[16]

Los escritores afrodescendientes habían rebatido esos relatos en sus publicaciones al menos desde comienzos de la década de 1880. Habían argumentado que los negros habían hecho sus propios sacrificios heroicos en defensa de los principios democráticos y del bien común de la nación. Más que personas auxiliares pasivas y agradecidas fueron participantes con total implicación en la lucha y merecían, por tanto, ciudadanía plena.[17] La genialidad particular de Martí (con la ayuda de Sotero Figueroa) había radicado en construir en las páginas de *Patria* un equilibro cuidadoso entre los perfiles de los patriotas blancos y adinerados y los de los ejemplares soldados, poetas y maestros negros. Ahora, cuando el partido se inundaba de conversos tardíos, Serra y sus aliados peleaban por mantenerse en el lugar que les correspondía en la historia oficial del movimiento. Pusieron énfasis en la capitulación deshonrosa de los autonomistas (en la que incluían a hombres como Trujillo y Pierra) al final de la Guerra de los Diez Años. Recordaron la indiferencia y hostilidad que en esos años habían mostrado algunos supuestos aliados blancos hacia las causas de la abolición inmediata, la independencia nacional y los derechos civiles para los afrodescendientes. En sus relatos, esas "divisiones" habían dejado solos, como peregrinos en el desierto, a los pocos patriotas que no flaqueaban. La causa revolucionaria solo había renacido gracias a la figura trascendental de José Martí y al sacrificio y apoyo inquebrantable de los exiliados de la clase trabajadora y de la clase de color.[18]

Así que en lugar de celebrar a los propietarios de las plantaciones y a los intelectuales que habían sido aliados no siempre confiables, uno de los oradores en una reunión del club Las Dos Antillas, declaró: "Al artesano debe levantarse una estatua" porque era él quien había lanzado las dos guerras de liberación nacional. Además, "del artesano ha[n] emanado los principios de libertad y también de donde ha evolucionado las ideas avanzadas, los grandes hombres han brotado del pueblo". Un segundo orador reconoció el papel jugado por la "raza negra, la raza guerrera, la viril, la valiente" no solo en la historia cubana sino en la historia del progreso humano, desde su cuna en el antiguo Egipto. "¡Bravo!" replicó la multitud. "Y hoy, un hombre negro es el primero entre los cubanos, Maceo". "¡Bravo!", de nuevo, cuando terminó de hablar una "lluvia, puede decirse, de aplausos zozobró" por sus elocuentes palabras. Tras las intervenciones de varios oradores más, el secretario del club, un puertorriqueño llamado Arturo Schomburg, que había estado tomando notas sobre los discursos para el libro de actas, proclamó "que los Antillanos respondieran a un viva á la memoria sagrada de nuestro querido José Martí", y ante tan crucial frase los presentes respondieron con un enfático "¡Viva!".[19] Buscando un arma poderosa en las luchas sobre la historia, los artesanos y sus partidarios defendieron con firmeza la idea de que la memoria de Martí era no solo sagrada sino también "nuestr[a]", que les pertenecía sobre todo a ellos. Al erigirlo como una especie de Cristo redentor, se hicieron ellos mismos discípulos presentes en el momento de la revelación. Eso los ubicó como figuras cruciales para la historia sagrada del movimiento. La veneración hacia la "memoria sagrada de nuestro querido José Martí" les otorgaba también un rol privilegiado en cuanto intérpretes de las enseñanzas de Martí. Los escritos y discursos del "Maestro" siempre habían sido actos de un equilibrio cuidadoso, llenos de contradicciones y complejas estructuras sintácticas. Incluso su último gran ensayo, el "Manifiesto de Montecristi", que había firmado junto al general Máximo Gómez, seguía reseñando las acciones de aquellos blancos generosos cuya "sincera estimación por el alma igual" de los cubanos negros había ayudado a crear la "sublime fusión" de las razas. Algunos lectores podrían concluir que creía que el "agradecimiento" de los negros cubanos sería, por tanto, la mejor protección ante cualquier posible conflicto racial en el futuro. Otros podrían seguir leyendo y encontrar que también había señalado que la barrera más importante contra el conflicto racial era "la posesión de todo lo real del derecho humano". Del mismo modo, algunos lectores podrían concluir que creía que el obstáculo más peligroso para la unidad venía "del rencor ofensivo de una minoría de amos caída de sus privilegios" mientras que otros podrían llegar a la conclusión de que se preocupaba más por la "censurable premura con que una minoría aún invisible de libertos descontentos pudiera aspirar [...] al respeto social que solo puede alcanzarse y se alcanzará seguro si se prueban, antes, en asuntos de virtud y talento".[20] Los veteranos de La Liga resolvían esas tensiones al recordar una versión de Martí de instinto demócrata y sin pretensiones que no buscaba ni la adoración ni la adulación ciegas de sus aliados negros sino la honestidad y el amor de los "hombres enteros". Dibujaron contrastes instructivos de cara a una nueva generación de políticos "hinchados y soberbios que quieren que se les ame, y aún no han llegado á comprender porqué el pueblo le tenía tanto amor al Maestro".[21] Los conversos tardíos eran bienvenidos bajo el emblema de la unidad nacional pero solo si reconocían y aceptaban el origen verdadero de la revolución que era "esencial y profundamente popular".[22] Durante los primeros meses tras la muerte de Martí, esta postura disfrutó de un espacio privilegiado en el periódico del partido, *Patria*, publicado y administrado por Sotero Figueroa.

Entonces, ya en el otoño de 1895, Tomás Estrada Palma logró traer a Enrique José Varona a Nueva York y convencer al ilustre filósofo, periodista y antiguo representante autonomista en las Cortes para que declarara su lealtad a la insurgencia. Estrada lo puso en la nómina del partido a cambio de sus "servicios". Después, le encargó que escribiera un panfleto en el que señalaba los motivos de la independencia. Los fondos del partido pagaron su impresión (en el taller de Sotero Figueroa) así como su distribución y traducción. Varona describió la revolución como una campaña dirigida por eminentes políticos criollos que rechazaban su injusta exclusión del gobierno de Cuba. Defendía las libertades públicas, el crecimiento económico y el buen gobierno y denunciaba la corrupción, la manipulación política y la mala gestión del régimen colonial. Pero la abolición de todos los privilegios no podía haber estado más lejos de sus objetivos. La destrucción de la economía azucarera era algo impensable. Incluso evitó el uso de términos relativamente flexibles como "igualdad", "equilibrio" o "democracia", conceptos que no jugaban ningún papel en su forma de entender la revolución.[23]

Estrada Palma también le dio a Varona el puesto de redactor en jefe de *Patria*. Con un editor a jornada completa, *Patria* pasó a publicarse dos veces por semana y cambió de tono. Varona destituyó a Sotero Figueroa de su puesto de administrador del periódico y lo marginó de las cuestiones editoriales, aunque siguió produciendo el periódico en su imprenta.[24] El resultado fue que el ala democrática del movimiento perdió de repente sus dos órganos más fiables. La producción de *La Igualdad* había cesado cuando las autoridades en La Habana arrestaron a Juan Gualberto Gómez y lo enviaron a una colonia penitenciaria en África a comienzos de ese mismo año. Serra, Figueroa y Juan Bonilla respondieron a ese vacío creando, al verano siguiente, su propio periódico para defender las sagradas enseñanzas de Martí. Lo llamaron *La Doctrina de Martí* y añadieron como subtítulo "La república con todos para el bien de todos". Al amparo de la veneración por Martí, afirmaron una vez más que los ideales del movimiento eran sus propios ideales. Fue Martí, sostenían, quien les había enseñado el principio de que la "base de la más inalterable armonía" no era la gratitud ni la lealtad pasiva de los cubanos negros sino la "práctica de la verdadera democracia".[25] Por su parte, Serra añadió: "Perdonar no es abdicar, y el derecho de exponer en términos cordiales los males que se deben remediar para no caer en dificultades ulteriores no es impaciencia peligrosa ni constituye rebeldía. Es honradez".[26]

Pero mientras Serra movilizaba a una amplia red de partidarios alrededor de una defensa inquebrantable a la justicia social, también ponía mucho cuidado en evitar cualquier crítica a Estrada Palma, a quien seguía tratando como amigo y aliado. Antes del comienzo de la guerra, Serra y Estrada Palma habían intercambiado cartas cordiales y este último había escrito una reseña positiva del primer libro de aquel en *Patria*.[27] Serra también debe de haber formado parte del grupo de dirigentes del partido que visitó varios clubes en las semanas previas a las elecciones para hablar con los miembros y asegurar el voto a Estrada Palma.[28] Pero el origen de su relación política, única, parece estar en una carta que Serra escribió a Estrada Palma muy poco después de su elección como delegado. Serra había estado muy inquieto en el periodo previo a la elección, según explicó. Sabía que solo un hombre de "talento" podría representar a la patria en esa posición tan importante pero también creía que era fundamental elegir a un hombre con "gran nobleza de corazón". Por eso, le tranquilizaba que la comunidad de migrantes hubiera estado lo suficientemente "despierta" como para elegir a Estrada Palma y no a los otros candidatos que habían mostrado interés por el puesto. Serra admitió que desde la elección había recibido muchos mensajes de amigos que tenían dudas sobre el nuevo liderazgo y la dirección que tomaría el partido. Pero estaba seguro de que si Estrada Palma no había prestado atención suficiente a algunos miembros de las bases era por "exceso de trabajo". Sabía que el delegado reconocería la importancia de tomar en serio la necesidad de responder a todos, debido "a la previsión política de Vd. y la generosidad de su noble corazón hacia los seres desdeñados por las injusticias de los hombres".[29]

En esto no estaba del todo equivocado. Incluso mientras Estrada dio una serie de pasos muy antidemocráticos, él tuvo la previsión política de responder a las necesidades de algunos de los miembros afrodescendientes más importantes del partido. Juan Latapier, por ejemplo, fue colaborador de *La Igualdad* y uno de los primeros estudiantes de ascendencia africana en la facultad de derecho en la Universidad de La Habana. Sus estudios habían sido interrumpidos por la guerra y, para 1895, vivía en Cayo Hueso trabajando como lector en fábricas de cigarros cuando una laringitis le golpeó con dureza. Desprovisto de un medio de vida, Estrada le dio un empleo como contable en la lotería nacional con un pequeño sueldo que salía de las arcas del partido.[30] Así mismo, Estrada encontró el modo de utilizar fondos del partido para apoyar a la familia de Juan Gualberto Gómez, incluida su esposa y sus ancianos padres, Serafina Ferrer y Fermín Gómez, quienes con el dinero ahorrado tras años de trabajo como lavandera, ella, y vendedor de vegetales, él, pudieron comprar la libertad de Juan y de ellos mismos. Los familiares de Gómez habían llegado sin recursos a Cayo Hueso cuando el periodista fue condenado a prisión y enviado a Ceuta. Las sociedades de color de Florida habían recolectado fondos para apoyarlos, pero Estrada, además, aprobó una petición de una de las organizaciones que controlaba en Tampa para enviar una suma adicional a la familia cada semana.[31]

Pero si Estrada tenía la previsión política para hacer este tipo de favores, aún necesitaba ayuda para manejar sus relaciones con la amplia base del partido. Serra concluía su carta con el punto más importante: "Yo no valgo más", escribió, "que para hacerle justicia á la virtud desconocida sanamente por gran parte de las masas populares, y V. mi querido Palma, será conocido muy pronto por mis amigos que son muchos y utilizables".[32] El verano siguiente, *La Doctrina de Martí* se convertiría en la plataforma con la que cumplir esta promesa, y para Estrada Palma sería la manera de devolver el favor, apoyando públicamente al periódico y ofreciendo una subvención para su publicación. Su primer número salió con una carta en portada en la que Estrada Palma ratificaba el motivo principal de la existencia del periódico: que "las enseñanzas del noble apóstol i mártir sublime" sean la doctrina que gobierne el movimiento, y que esa doctrina dictada por Martí indicaba que había que entrar "en la nueva sociedad francamente por la ancha puerta de la justicia, con derechos por igual para todos i sin privilegios para nadie". Reconocía que Martí era un "demócrata por instinto". Pero enfatizaba las advertencias de su predecesor contra una "censurable premura". Escribió: "seamos a la vez tolerantes i benévolos, fiando más, para llegar á la perfección á que aspiramos, en la influencia de la razón ejercida con moderación discreta, que en fogosa impaciencia cargada siempre de peligros para la comunidad á que pertenecemos".[33] A cambio del apoyo, Serra le ofreció a Estrada Palma –que no mantenía la extenuante agenda viajera de Martí en sus encuentros con la base de clase obrera– una plataforma para comunicarse con su amplia red de amigos.

MUCHOS AMIGOS, Y UTILIZABLES

¿Quiénes eran estos amigos? *La Doctrina de Martí* llegaba a la misma red de lectores afrodescendientes y aliados de las sociedades de color en Cayo Hueso, Tampa, Kingston, Puerto Príncipe, Panamá, Costa Rica y Veracruz, a la que habían llegado *La Igualdad* y *La Fraternidad*. Es casi seguro que se leía en voz alta también en las fábricas de tabaco de las comunidades de exiliados. Es muy probable que la publicación fuera introducida de manera clandestina en La Habana también.[34] Algunos números llegaron a los campamentos insurgentes en la manigua cubana. El general Agustín Cebreco, a quien Serra había servido en la expedición fallida de 1885, recibía el periódico y enviaba algunas cartas desde el frente. El médico Fermín Valdés Domínguez también enviaba despachos desde el cuartel general.[35] Un amigo de la infancia de Martí, Valdés Domínguez, ejercía como jefe de gabinete del general Máximo Gómez. Era un antirracista convencido y uno de los que creía que la destrucción de las plantaciones era vital para el proyecto revolucionario.[36] Pero con todo esto, los amigos sobre los que Serra ejercía más influencia y que apoyaban de manera más activa al periódico eran los migrantes afrodescendientes que habían levantado durante casi tres décadas varias redes sociales e instituciones para lidiar con los desafíos de migrar siendo negro o mixto en la ciudad de Nueva York. Miembros de esta comunidad, organizados en dos logias fraternales, una sociedad de instrucción, varias sociedades de ayuda mutua y dos clubes políticos eran ahora los propagandistas y suscriptores del periódico y serían luego miembros del "Comité Auxiliador de *La Doctrina de Martí*". Estas personas eran los amigos que participaron en la velada de Año Nuevo de 1897. La habían planeado como un acto para recaudar fondos para el periódico de Serra y solo después la transformaron en una manifestación de unidad en respuesta a la Jurídica.

El periódico ofrece muchos bosquejos de esta comunidad. Por ejemplo, estaba a la venta en la calle Sullivan, en la barbería La Matancera de Sixto Pozo, uno de los miembros fundadores de Sol de Cuba, de La Liga y del club Guerrilla de Maceo. Salomé Rencurrel aparecía también en una de las listas de donantes al periódico. Había sido vecino de los Bonilla en Cayo Hueso en 1870 y luego vivió en el apartamento de los Sandoval en la calle Thompson, número 89, donde llegó a dirigir la logia San Manuel. Marcelino Piedra también donaba dinero al periódico. Había partido rumbo a Kingston con Serra a comienzos de la expedición fallida de 1885, después ayudó a crear la Asociación Republicana Cubana y fue uno de los hombres que había ido al juzgado con Serra para que este se hiciera ciudadano de Estados Unidos el 10 de octubre de 1888. Carolina Peñalver también realizó una contribución significativa en efectivo al periódico y le prestó a Serra una fotografía para que fuera publicada. Ella y su marido habían enviado a su hijo Pastor a Nueva York para asistir a la escuela secundaria de Charles Reason dos décadas antes. Después, cuando estaba embarazada de ocho meses, hizo el mismo viaje con el resto de sus hijos. Trabajaba como costurera y tenía ingresos propios para donarlos en su propio nombre. Olayo Miranda y Pedro Calderín, dirigentes del club Guerrilla de Maceo, del comité de apoyo a *La Igualdad* y de La Liga eran presidente y vicepresidente, respectivamente, del comité auxiliador de *La Doctrina de Martí*. Y estos son solo algunos ejemplos.[37]

Pocos miembros de esta comunidad seguían viviendo en Greenwich Village en este momento. Serra abrió las oficinas de su editorial en un edificio de dos plantas en la calle 33 Oeste, en pleno de centro de Tenderloin. Este barrio ya tenía fama de ser el centro de la producción musical y cultural afroamericana pero también sufría las políticas del gobierno local que desplazaban las actividades ilícitas de barrios vecinos a las zonas de asentamiento negro.[38] Gertrudis Heredia y Serra vivían con su hija en este edificio, no muy lejos de las viviendas de cubanos adinerados, muchos de los cuales vivían al otro lado de la Sexta Avenida hacia el este y de la Octava hacia el oeste. El club Guerrilla de Maceo se reunía en la calle 24 oeste, y Juan Bonilla presidía la logia San Manuel en un apartamento en la calle 32 oeste (véase Mapa 5). El apartamento de los Serra era el centro activo de la comunidad a la que servía el periódico. El violinista Alfredo Vialet (que tocaría a dúo con Emilio Agramonte en el concierto de Año Nuevo de 1897 y después se casaría con Harriet Reason, la dueña de la casa de la calle 3 Oeste, número 74, donde La Liga había operado) vivía y ofrecía clases de música allí. Una costurera, Evarista Corrales, y su hijo vivían también con los Serra.[39] El apartamento recibía frecuentes visitas de periodistas, lectores y políticos. Tomás Estrada Palma paró allí por lo menos una vez. Cuando Juan Gualberto Gómez fue liberado de prisión, la fiesta para darle la bienvenida a Nueva York se celebró allí también.[40]

Un anuncio que aparecía con regularidad en *La Doctrina de Martí* ofrece una mirada al interior de la comunidad que creció alrededor del periódico. Gertrudis Heredia, una comadrona "facultativa de la clínica de partos de La Habana", publicitaba sus servicios ofrecidos en el apartamento familiar de la calle 33 Oeste. Quienes visitaron el apartamento en estos años recordarían que Gertrudis colaboraba con su marido, sentada con Consuelo embalando fardos de *La Doctrina de Martí*, mientras Rafael se aventuraba en las "noches de crudo invierno" para llevarlos a la oficina de correos. Consuelo, alumna en la escuela pública en Nueva York, trabajaba con su padre ayudándole a traducir textos del inglés al español. Los anuncios de Gertrudis sugieren que, mientras muchos de los residentes del edificio se ocuparon de la política y otros hacían música, intercambiaban cigarros o cosían, la casa era también un centro de actividades en torno al parto y la salud materna, cuestiones que seguían siendo fundamentales para la formación y mantenimiento de la comunidad. La cercanía física en la que sucedía todo se percibe en una nota en *La Doctrina de Martí* sobre el nacimiento del bebé sano de una pareja identificada como "nuestros estimados amigos" Ana Luisa Valdés y Francisco Zayas. El niño nació en casa de los Serra, donde Valdés y Zayas quizás estaban viviendo en ese momento. Es muy probable que Gertrudis organizara todo lo relativo al parto. Y en algún momento ella o alguno de los hombres en la casa llamó a un médico, Enrique Agramonte (que vivía en uno de los edificios cercanos). Si el doctor realizó una de las pocas intervenciones que los médicos podían hacer en la época (administrar cloroformo o usar el fórceps), lo hizo bajo la atenta mirada de una comadrona experta que probablemente sabía más de obstetricia que él.[41] Tras el parto, Serra y el médico, que era hijo de uno de los grandes héroes de la primera Guerra de Independencia de Cuba, se enredaron en una divertida discusión sobre el nombre del niño. El editor estaba a favor de llamarlo Juan Gualberto. El médico prefería Maceo. Mientras los hombres compartían su intimidad (puede que fumando cigarros cubanos) Gertrudis Heredia, quizás con Consuelo y otras mujeres, habría estado asistiendo a la madre tras el parto y se estaría ocupando del niño.

La otra comadrona cubana importante de Nueva York, Josefa Blanco, vivía en la Tercera Avenida, cerca de la calle 99, con su marido Isidoro Apodaca, en el centro de otro núcleo importante de asentamiento cubano que además estaba recibiendo cada vez más puertorriqueños (véase el Mapa 6). Josefa no solo gestionaba su propio hogar, sino que también jugaba un papel importante en las vidas de otras familias de las calles lindantes, en las que tenían amigos. Ayudaba a traer al mundo a los bebés de las mujeres puertorriqueñas afrodescendientes Pilar Cazuela de Pivaló y Dominga Curet de Muriel, de mujeres cubanas y de al menos una mujer afroamericana casada con un cigarrero cubano. Fue Josefa, probablemente, quien buscó a un médico cuando hubo que firmar el certificado de defunción de la hija de tres años de Dominga. Y pudo ser también ella quien corrió al apartamento de la calle 84 Este, que compartían su hijastra Dionisia y su yerno Juan Bonilla cuando Dionisia comenzó con los dolores de parto en 1897. Probablemente fue Josefa quien atendió a Dionisia cuando comenzó la hemorragia, aunque es probable que Josefa Dorticos e Isabela Acosta también estuvieran allí. Quizás fue Josefa Blanco quien se dio cuenta de que no podía hacerse nada para salvar a Dionisia ni al bebé y la que llamó al médico que, después, firmó el acta de defunción.[42] La reseña breve de este episodio en La Doctrina de Martí ofrece un atisbo de la profunda ola de dolor que este hecho debió provocar en esa comunidad tan unida que se había formado en la parte alta de la Tercera Avenida y en el lado oeste de Manhattan. Serra escribió que el funeral fue la mayor reunión de cubanos que recordaba.[43] También ofrece una ventana al trabajo, remunerado y no remunerado, que realizaron estas mujeres para construir y mantener la comunidad –cuidando bebés, cuidando personas enfermas y compartiendo la alegría, el dolor y los riesgos relacionados con los partos– en los mismos apartamentos en los que hombres de esas familias desarrollaron el trabajo político relacionado con su participación en el Partido Revolucionario Cubano.[44]

Por tanto, es posible que las mujeres fueron testigos del trabajo político que se llevó a cabo en esas viviendas, aunque su presencia no estuviera registrada en las actas escritas. Esto puede ayudar a explicar, por ejemplo, cómo la "Señora Doña Silvestre

Pivaló" apareció de repente en las minutas del club Las Dos Antillas donando un rifle y dos cartucheras. Pilar Cazuela de Pivaló no era miembro del club ni asistía, oficialmente, al encuentro, pero el secretario no vio necesario explicar cómo o por qué se encontraba allí.[45] Es más, queda claro que las mujeres afrodescendientes cubanas y puertorriqueñas, y algunos hombres, entendieron que la igualdad de género, incluyendo el derecho de la mujer a participar en política, era un principio que los elementos populares del movimiento separatista debían defender. Cuando fundó *La Doctrina de Martí*, Serra ya había evolucionado más allá de los mensajes típicos que se dirigían a las mujeres afrodescendientes: advertencias sobre un comportamiento doméstico correcto y el pudor. Algunos hombres, señaló en una ocasión, querían "legalizar los injustos privilegios de sexos igual que legalizan los injustos privilegios de razas". Pero esas "teorías", afirmó, claramente eran "torpes, egoístas y ridículas".[46] En contraste, Serra, quiso "enseñar" a sus lectoras los principios de igualdad y empoderamiento. Carolina Roger de Peñalver, Inocencia Martínez de Figueroa, Pilar Cazuela de Pivaló, Josefa Blanco de Apodaca y Gertrudis Heredia de Serra pudieron no estar de acuerdo en que necesitaban ser enseñadas por sus compañeros hombres (especialmente por aquellos con quienes compartían cama o a quienes habían dado a luz) pero seguro que apreciaron el argumento de que la desigualdad de género, como la de raza, era una construcción social no un objeto natural y, por lo tanto, una injusticia.

Un grupo de mujeres escribió a Serra que apoyaban al periódico por su afirmación de que "la abolición de los privilegios debe ser radical". Probablemente influenciadas por el pensamiento anarquista sobre la familia, entendieron que esta propuesta era aplicable no solo a los privilegios de clase y raza sino también a los de género y edad. "Porque nosotras entendemos" escribieron "que si las mujeres luchan por tener derechos y garantías, no debemos después de conseguirlos, evanecernos, y ejercer despotismo con los niños porque son más débiles, lejos de consagrarnos á educarlos para la libertad".[47] Ya fuera que se percibieran como las alumnas aplicadas de Serra, como igualitaristas radicales al modo de anarquistas como Emma Goldman o Lucy Parsons o como miembros dignas de clubes de mujeres "de color" al modo de la periodista afroamericana Ida B. Wells, está claro que las mujeres cubanas y puertorriqueñas que vivieron en los edificios segregados de Tenderloin y East Harlem se vieron a sí mismas como agentes políticos. En diciembre de 1896, Blanco, Heredia, Cazuela y Curet crearon su propio club político, el club José Maceo. No está clara la frecuencia con la que se reunieron o las actividades en las que se embarcaron. Pero cuando las miembros de este club asistieron al concierto de Año Nuevo de 1897, lo hicieron como sujetos políticos y como miembros del Partido Revolucionario Cubano.[48]

LA LÍNEA DE COLOR

Las estrechas viviendas en las que esta red de amigos desarrolló su trabajo político y doméstico, al igual que sus actividades diarias como dormir, comer o disfrutar de la amistad y de la intimidad, aún seguían estando ubicadas dentro de los relativamente pocos edificios en los que se permitía vivir a neoyorquinos negros. Los cubanos y puertorriqueños continuaron también manteniendo las relaciones con sus vecinos afroamericanos que llegaron mucho más allá de lo que concierne a una cercanía residencial forzada. Cuando Serra mostró su arrepentimiento, en las páginas de *La Doctrina de Martí*, por perderse la boda de Magín González (un miembro de la logia Sol de Cuba) con Mary Ellen Watson (una mujer afroamericana), no mencionó lo que probablemente ya sabía la mayoría de sus lectores: que este tipo de alianzas eran algo habitual en su comunidad.[49] Cuando murió Julio Justiniani, Serra comentó en las páginas de *La Doctrina de Martí* que apenas pasaba una semana sin que se le convocara al funeral de un "compatriota" o "amigo". No dijo dónde tenían lugar la mayor parte de estos funerales y solo les contó a sus lectores que los fraternales miembros de la logia Sol de Cuba se reunieron para despedirle en la iglesia de St. Mark, en la calle 48 Oeste. Un veterano de la logia habló en español y el ministro de la iglesia, el reverendo Ernest Lyons pronunció una elegía en inglés.[50] Serra no mencionó lo que, de nuevo, la mayoría de sus lectores de Nueva York ya sabía, que esta iglesia era una congregación negra. El reverendo Lyons era inmigrante, nacido en la Honduras Británica y una figura importante de la Sección de Color del Partido Republicano.[51]

De hecho, Lyons apareció en las páginas de *La Doctrina de Martí* en múltiples ocasiones. Por ejemplo, se le mencionó en septiembre de 1896 cuando el periódico anunció una "ruidosa fiesta" organizada por un grupo que se llamaba "Amigos de Antonio Maceo" en beneficio de los soldados heridos en el campo de batalla. La "reunión de americanos y cubanos para Cuba" era, de hecho, más o menos, el mismo picnic cubanoamericano anual que Germán Sandoval había organizado durante casi dos décadas para juntar a la "clase de color" cubana con los afroamericanos y recaudar fondos para diversas causas. Sandoval era el presidente del comité organizador. Albert Mando, un compositor afroamericano, donó los servicios de su orquesta de baile, probablemente tocando una mezcla de danzón cubano y las primeras composiciones de *ragtime* por los que comenzaban a darse a conocer las noches en Tenderloin. Quizás el compositor afroamericano William Tyers, que vivía cerca, estuvo entre los presentes. Más o menos en esta época compuso su primer gran éxito, una "danza cubana" sincopada llamada "La trocha" en recuerdo de la invasión del oeste de Cuba por las tropas de Maceo. Pocos años después, cuando las tropas de Estados Unidos ya controlaban Cuba y Puerto Rico, esta canción haría época. La tocaban las orquestas de baile afroamericanas por todo el país.[52]

Pocos meses después de aquella ruidosa fiesta, los partidarios de Serra comenzarían a movilizar al mismo grupo de músicos, oradores y bailarines para participar en eventos de recaudación de fondos para *La Doctrina de Martí*. Los intercambios entre cubanos, puertorriqueños y afroamericanos en los picnics cubanoamericanos y en los conciertos benéficos no se limitaron a lo meramente musical o al baile. A veces, el reverendo Lyon, pastor de la iglesia de St. Mark y líder de su prestigiosa sociedad literaria, el Liceo de St. Mark, se dirigía a todos los presentes. Otras veces lo hacía

T. Thomas Fortune, el editor del *New York Age*, el periódico afroamericano más importante de Estados Unidos. Una vez habló Alexander Walters, obispo de la iglesia episcopal metodista africana y uno de los responsables de intentar crear la Liga Afroamericana, una organización de derechos civiles de ámbito nacional. En otra ocasión, dio un discurso T. McCants Stewart, el abogado que había defendido el caso de Fortune contra el hotel Trainor, miembro del consejo de educación de Brooklyn y del Partido Demócrata.[53]

Tampoco es probable que estos fueran los únicos lugares en los que los cubanos, los puertorriqueños y los afroamericanos compartían sus ideas políticas. En las páginas de *La Doctrina de Martí* Serra señaló que era amigo de un poeta afroamericano llamado R. Plummer, encargado de la barbería "Cosmopolitan" ubicada en la misma manzana de Tenderloin en la que vivía Serra y en la que estaba la sede de la logia San Manuel, justo frente a la estación de tren de la Sexta Avenida. T. Thomas Fortune observó en 1883 que las barberías negras, junto a los periódicos afroamericanos, eran los "grandes dispensarios de noticias". Fortune se lamentaba con ironía que era imposible ser cliente de uno de estos establecimientos sin "verse obligado a sentarse con la mitad de la cara hecha y esperar a que el artista terminara con su argumento o regresara de una visita a la ventana, donde había ido a recrear sus ojos sobre alguna señora conocida que había pasado". Quejas aparte, Fortune, como cualquier buen hombre de prensa, dependía de estos locales (ya fueran el Cosmopolitan o la barbería Thomas en la Tercera Avenida, cerca de la calle 99 Este) para distribuir su periódico y los frecuentaba para recibir noticias, opiniones y cotilleos. Serra, probablemente, hacía lo mismo. Quizás cuando no tenía el tiempo suficiente para ir al local de Sixto Pozo, en la calle Sullivan (donde se vendía *La Doctrina de Martí*), se detenía en el Cosmopolitan para un corte de pelo y un afeitado con un poco de conversación. Como seguían viviendo cerca de los afroamericanos y socializando con ellos, la red de activistas que lideraba el club Las Dos Antillas, el club Guerrilla de Maceo, las dos logias y ahora el Comité Auxiliador de *La Doctrina de Martí*, todos probablemente frecuentaban aquellas barberías y participaban en las discusiones y debates políticos que las caracterizaban. No está claro si el peinado u otros elementos del aseo personal facilitaban el mismo tipo de interacciones entre las mujeres del club José Maceo y sus vecinas afroamericanas.⁵⁴

Las conversaciones con afroamericanos en los apartamentos, logias, reuniones familiares, bodas y funerales, en picnics y bailes o en barberías eran el contexto local en el que Serra y sus aliados desarrollaron su estrategia de transigencias políticas, su guerra de posiciones. Los cubanos y puertorriqueños escucharon las opiniones de predicadores, periodistas y políticos afroamericanos a medida que Estados Unidos descendía en dirección "al nadir de las relaciones entre razas" en su historia posesclavista. Escucharon las reacciones de los neoyorquinos negros en el otoño de 1895 cuando Booker T. Washington pronunció su famoso discurso "La transigencia de Atlanta" y anunció que, a cambio del apoyo al proyecto de educación industrial y "elevación moral", los afroamericanos no presionarían a los miembros del Partido Republicano en defensa de los derechos civiles y no se enfrentarían a la segregación racial. Supieron, en el verano de 1896, que la Corte Suprema había fallado contra la petición de Homer Plessy de suprimir los vagones de tren segregados y así como escucharon relatos sobre los linchamientos en el sur. Mientras peleaban por definir la historia de su propio movimiento, fueron testigos de cómo el relato sobre la Guerra Civil difundido por los blancos del norte cambiaba de forma radical. Los neoyorquinos blancos ya no representaban la guerra entre los estados como una cruzada heroica en defensa de la justicia sino como un enfrentamiento trágico entre hombres de honor a ambos lados de la trinchera. Los cubanos observaron cómo esta revisión histórica –mano a mano con la evolución de la ciencia racial– justificaba una llamada a la reunificación entre blancos norteños y sureños en el que el ideal de la democracia interracial quedaba borrado. Muchos de ellos habían estado en Nueva York cuando dos exoficiales de la rebelión esclavista tuvieron el honor de llevar el ataúd del presidente Ulysses S. Grant (general de la Unión y abolicionista) a su lugar de reposo final. Y sin duda supieron de la protesta organizada por Ida B. Wells y Frederick Douglass, cuando los afroamericanos fueron excluidos de los pabellones de historia de Estados Unidos en la Exposición Universal de Chicago en 1893.[55]

Los cubanos, los puertorriqueños y los afroamericanos midieron los riesgos y las oportunidades que conllevaba la revolución en Cuba –incluida la cuestión de si apoyar o no a Estrada Palma– contra esta corriente de fondo.[56] Que los caudillos del partido y representantes de la nación fueran elegidos de entre los que poseían una buena formación educativa, que pudieran estar poco atentos o torpes en sus convocatorias a las bases, o que estuvieran menos dispuestos a apoyar los derechos civiles de los negros una vez en el cargo que cuando estaban en campaña electoral, no debía sorprender a nadie. Este contexto comparativo fácilmente podía fortalecer una evaluación positiva del Partido Revolucionario Cubano y también favorecía a Estrada Palma, aunque no fuera ningún José Martí. Contemplado frente al mismo telón de fondo, Martí parecía excepcionalmente democrático, aunque no fuera el santo inmaculado que Serra u otros pretendían que fuera.

Estrada Palma siguió un plan diseñado por Martí antes de su muerte: buscaba el apoyo de los propietarios de plantaciones y de los políticos establecidos, hacía propaganda ante la opinión pública en América Latina y Estados Unidos, sin olvidarse de los tabaqueros en Nueva York, Jamaica y Florida –aunque prestara menos atención a este último punto que su predecesor–. Por eso apoyó *La Doctrina de Martí*. Con sus aliados defendió o permitió la defensa de los gestos simbólicos de reconocimiento e inclusión que estaban ya profundamente imbricados en la cultura del partido. Los Cuerpos de Consejo operaban todavía de manera independiente. Los presidentes de los clubes se sentaban en los lugares de honor en los actos del partido. Incluso Fidel Pierra –el racista de recuerdo infausto cuya representación de una Cuba civilizada y culta era tan efectiva en los discursos dirigidos a los norteamericanos blancos– se esforzó por mantener sus vínculos con las bases negras. Aportó dinero y artículos a *La Doctrina de Martí* e invitó a escritores del periódico a asistir a alguno de sus discursos ante audiencias conservadoras.

Pierra invitó también a hombres afrodescendientes de los clubes revolucionarios a crear su propia exhibición para la gran feria cubanoamericana que él organizaba en el Madison Square Garden. El contraste con la exclusión de los afroamericanos de la Exposición Universal de Chicago no podía estar más claro.[57]

Quizás lo más notable de todo era que Estrada Palma, Pierra y otros exiliados blancos importantes asistieron con regularidad a actos públicos organizados por activistas afrodescendientes en Nueva York. El propio delegado hizo una aparición, por ejemplo, en aquella amena y vibrante fiesta de septiembre de 1896. Mientras dedicaba la mayoría de sus esfuerzos a la proyección, ante gran parte de la opinión pública en Estados Unidos, de una imagen de Cuba como un país blanco y civilizado, se sumó a Germán Sandoval y a los Amigos de Maceo en una representación de la unidad racial sin lisonja ni humillación ante otro segmento de su público, los afroamericanos.[58] No sorprende que los políticos y periodistas afroamericanos se llevaran una impresión mayormente positiva de sus encuentros con los cubanos. Poco después de que Estados Unidos invadiera Cuba, el educador e intelectual afroamericano Booker T. Washington planteó una pregunta: "¿Por qué el negro en Cuba nos ha superado al resolver su problema de raza?". La respuesta, según Washington, apoyaba su propia estrategia de transigencia: "El negro en Cuba ha convertido el interés del hombre blanco en el suyo propio". Un redactor del *Washington Bee* no estuvo de acuerdo. "En relación con el curso del negro en Cuba, es necesario señalar que su entorno en bastante diferente del nuestro. Es un factor coordinado reconocido en la isla y no ha sido discriminado por su color. Su derecho a la participación sin trabas en los asuntos públicos nunca ha sido cuestionado". Sostenía que "El negro" era el "líder de las fuerzas cubanas, no su seguidor" y, por tanto, el ejemplo cubano no sugería nada similar al "servilismo" que Washington recomendaba.[59] El *Colored American* adoptó la misma posición. El cubano "no ha sido entrenado para la sumisión y obediencia como sus hermanos americanos". El escritor esperaba que el ejemplo de los cubanos podría "suscitar la hombría latente" de aquellos afroamericanos que tuvieran la suerte de participar en la ocupación de Cuba.[60] De hecho, cuando murió Maceo, el reverendo Lyons celebró una asamblea en el liceo St. Mark en la que prometió reclutar a un millar de soldados afroamericanos si Estados Unidos entraba en Guerra. Cuando, poco después, Estados Unidos invadió Cuba, muchos afroamericanos se presentaron voluntarios y expresaron su simpatía por los cubanos afrodescendientes, esperando que un servicio militar patriótico mejorara su situación de cara a las peticiones de ciudadanía plena en Estados Unidos.[61] Otros, entre los que se incluía el amigo personal de Serra, el reverendo Granville Hunt, llamaron Maceo a sus hijos en recuerdo del general cubano caído en la lucha.[62]

Al mismo tiempo, Tomás Estrada Palma –que había crecido en Cuba durante el periodo de la esclavitud y había sido durante más de una década un inmigrante blanco, de clase media, en una ciudad pequeña del estado de Nueva York educando a los hijos de latinoamericanos adinerados– adquirió práctica en ese tipo de relaciones personales respetuosas con personas de orígenes diversos, lo que acabaría mostrándose como un aspecto fundamental en la política cubana en los años que siguieron a la guerra.

DE UN PÁJARO, LAS DOS ALAS

La cuestión de si apoyar a Tomás Estrada Palma o no era más complicada para Sotero Figueroa, Pachín Marín y los otros puertorriqueños que se habían sumado al Partido Revolucionario Cubano. A medida que avanzaba la guerra en Cuba, los artesanos puertorriqueños que habían creado los clubes Borinquén y Las Dos Antillas se enfrentaron a diversas presiones. Sus camaradas cubanos, que vivían en los mismos edificios, trabajaban en las mismas fábricas y participaban en los mismos clubes y logias, se declararon discípulos de Martí y partidarios del nuevo delegado. Pero Estrada Palma no era un amigo fiable para los puertorriqueños. Era reacio a gastar dinero del partido para extender la lucha a la Antilla más pequeña. Como resultado, se abrió una brecha entre el delegado y un puñado de puertorriqueños de buena situación económica en la ciudad.[63] Ese fue el contexto en el que tuvo lugar una reunión del club Las Dos Antillas en marzo de 1896. Primero, los hombres votaron (como lo hicieron los miembros de todos los clubes en Nueva York, Cayo Hueso y Tampa) para confirmar su apoyo a Estrada Palma. Después, Pachín Marín tomó la palabra. En el acta de la reunión, el secretario del club señaló que Pachín, "tan lleno de fuego y elocuencia como siempre" había expresado las insatisfacciones del momento que vivían. Dijo a los miembros de la asamblea del club que eran "soldados sin gloria, infecundos, y sin tener la satisfacción de ser un soldado que pelea por la desdichada Cuba y mi desgraciado Puerto Rico". También informó que quizás había llegado el momento de la redención. Juan Luis Rivera, un general nacido en Puerto Rico que luchaba en las fuerzas cubanas, había llegado poco antes a Nueva York y estaba negociando con el liderazgo cubano y puertorriqueño sobre la posibilidad de ponerse al frente de una expedición a Puerto Rico.[64]

Pachín dijo a los presentes que se había reunido con Rivera y dio a entender que se sumaría a la expedición. Pero pocas semanas después ya era evidente que era poco probable que estallase una rebelión en Puerto Rico. Rivera no lanzaría una invasión a menos que hubiera un levantamiento local primero. Quienes podrían ser aliados en la isla enviaron el mensaje de que se sumarían a la lucha solo después de que llegara una expedición del exterior. Para los puertorriqueños en Nueva York que estaban dispuestos a alistarse, quedó claro gradualmente que era mejor apostar por la revolución en marcha en Cuba que esperar a que la situación cambiara en Puerto Rico. Las dos Antillas eran "del mismo pájaro, las dos alas". Pero el pájaro, de momento, era una insurrección que solo existía en Cuba. El hermano más joven de Pachín, Wenceslao, se presentó voluntario para ir a Cuba al igual que varios de sus primos de Ponce (los hijos de su tío Ramón Marín). En junio de 1896, los neoyorquinos recibieron la noticia de que Wenceslao había muerto en combate. "No puedo ¡ay de mí! aspirar al título de hermano suyo", escribió Pachín en *Patria*, "mientras no caiga, yo también, inmolado por sus matadores, ó no vengue su muerte contribuyendo á la redención de las dos islas tristes".⁶⁵ Y después, solo unas semanas antes de que sus amigos lanzaran el periódico *La Doctrina de Martí,* Pachín viajó a Cuba. Entre los despachos que envió para que fueran publicados en el periódico, había un poema en el que explicaba su decisión de sumarse a la revolución. No podía ir a Puerto Rico pero,

> [¡]Ah! con qué satisfacción
> Bajo el cubano pendón
> Se saciará mi deseo
> Combatiendo en la legión
> Fantástica de Maceo

Y en la estrofa final vinculaba su sacrificio viril con la memoria de José Martí:

> Abordo el buque mambí
> Con el ansia de alcanzar
> Lo que ante un sagrado altar
> Nos juró José Martí.⁶⁶

Pachín trabajó como corresponsal de guerra para el periódico hasta su muerte, por unas fiebres, en noviembre de 1897. Modesto Tirado, que por entonces era oficial del ejército de liberación, fue quien recuperó sus pertenencias que consistían en un diploma de oficial del Ejército Libertador, un cuaderno de memorias, unas cartas, borradores de poemas, panfletos, recortes de periódicos y una copia del libro de Rafael Serra, *Ensayos políticos.*⁶⁷

Sotero Figueroa se quedó en Nueva York, donde siguió trabajando varios años, sin éxito, para realizar una expedición a Puerto Rico.⁶⁸ En paralelo, se alió con Serra en la batalla para garantizar que los trabajadores, los afrodescendientes y los puertorriqueños fueran factores coordinados reconocidos del movimiento revolucionario. Tras ser separado del comité editorial de *Patria* y perder su posición como miembro y secretario del Cuerpo de Consejo, rechazó el puesto de director de *La Doctrina de Martí*, ofrecido por Serra, pero sí colaboró en su producción. Su contribución más importante fue una serie de artículos dedicados a desmentir la historia que Enrique Trujillo había publicado sobre el movimiento revolucionario en el exilio. El editor, opinó Figueroa, "no ha hecho otra cosa que vaciar en un cuerpo de libro de 223 páginas, toda la bilis que, parcialmente, y durante cinco años, había arrojado sobre" Martí, que ahora se combinaba con una elipsis deshonesta de la participación de las clases populares en la historia de la revolución. No era cuestión, ya, de publicar falsedades en "periódicos, que son pasajeros, sino de un libro que quiere darse por histórico", lo cual hizo necesario una respuesta contundente.[69] Finalmente, Figueroa se esforzó por evitar una ruptura entre los cubanos y los puertorriqueños en Nueva York y se sumó a Serra en la política diaria del partido con lo que ello implicara. Para "alcanzar lo que ante un sagrado altar nos juró José Martí", Figueroa no se incorporó a las legiones de Maceo, como su compañero Pachín Marín, sino que decidió sumarse a la facción política de Tomás Estrada Palma.

PARTICIPACIÓN SIN TRABAS EN LOS ASUNTOS PÚBLICOS

Puede ser difícil, desde la distancia de más de un siglo (y sabiendo lo imperfecto que Estrada Palma se mostró después como presidente de Cuba), ver más allá de las concesiones que tuvieron que aceptar cuando optaron por apoyar al nuevo delegado. Sí, asistía a los actos públicos que organizaban, y envió dinero y cartas de felicitación al periódico. Sí, ayudó a algunos de sus aliados: al lector sin voz, Juan Latapier, a la familia de Juan Gualberto Gómez. Sí, asistió a encuentros con ellos y con las personalidades afroamericanas más activas del momento. Además, estaba dispuesto a apoyar, al menos en teoría, el concepto de que una república "con todos y para todos" como principio sagrado del patriotismo cubano. Pero al mismo tiempo, nombró a sus propios lugartenientes para que supervisaran los Cuerpos de Consejos en cada ciudad. Cuando el gobierno provisional en Cuba canceló la zafra de 1896, autorizando la destrucción de ingenios que seguían moliendo, Estrada Palma pasó por encima de los Cuerpos de Consejo del partido para convocar un "comité de consulta" no oficial formado por propietarios de plantaciones e intelectuales. Este comité decidió no anunciar el decreto del gobierno provisional en el periódico del partido *Patria*, argumentando, en palabras de Enrique José Varona, miembro del comité, que la cancelación de la zafra por fuerza era "inexplicable" según las "normas de los países civilizados". Mientras tanto, Estrada Palma solicitó contribuciones de los propietarios de plantaciones a cambio de permisos para seguir adelante con la cosecha de caña. No hizo caso a las peticiones urgentes de los generales para que dejara de centrarse en la diplomacia y enviara suministros a las tropas de Maceo en el oeste de Cuba. También siguió negociando préstamos en Wall Street, insinuando que Estados Unidos establecería un protectorado sobre una futura Cuba independiente para garantizar los pagos. El gobierno provisional no veía con buenos ojos este tipo de movimientos independientes. Abrieron una investigación y le pidieron cuentas por algunas irregularidades. Una vez que su legitimidad fue cuestionada, Estrada Palma ofreció su dimisión.[70]

¿No era este el tipo de "despotismo criollo" y anexionismo rastrero sobre el que habían advertido Serra y Figueroa? ¿No era extraño que ayudaran a un hombre así a presentarse ante amigos y partidarios como defensor de los principios democráticos? Mientras se preparaban para un futuro conflicto sobre la forma que tomaría la república cubana, ganar el terreno de lo simbólico no era poca cosa. Está claro que la creencia generalizada de que una nación "con todos y para todos" era un principio patriótico sagrado estaba sujeta a interpretaciones muy diversas. De todos modos, la difusión de esta creencia era una victoria significativa que tendría un impacto dramático en la política cubana de las décadas siguientes. Es más, aunque Serra y Figueroa defendían la educación pública y algún tipo de reforma agraria, su imagen de una sociedad justa no dependía de un repertorio concreto de políticas redistributivas. La justicia social, para ellos, dependía de la honestidad y la capacidad de la administración, de la abolición de las distinciones legales y formales de raza y clase, y de la descalificación de las representaciones públicas estereotipadas y burlescas sobre la clase y la raza. Dependía, más que nada, de un sistema político que, a través del sufragio popular y los partidos de masas, respondería más a la gente que al atrincheramiento de monopolios e intereses.[71]

El objetivo de una "participación sin trabas en los asuntos públicos" no era asegurar un sistema impositivo progresivo o lo que más tarde se llamaría acción afirmativa. Tampoco la idea era extender el control unilateral sobre liderazgo del partido y su plataforma política. La intención consistía en prepararse para las batallas que estaban por llegar para defender el principio de inclusión como valor nacional y, al mismo tiempo, garantizar el sufragio universal. Finalmente, y quizás esto era lo más importante, crear la expectativa de que estos nuevos lideres surgidos de la "masa que sufre" compartirían la influencia dentro de las estructuras del partido que gestionase la política democrática. Aquí, el contexto en el que habían vivido gran parte de sus vidas adultas es importante. Como activista político y republicano de larga experiencia, Serra estaba familiarizado con los retos implícitos de apoyar a candidatos imperfectos y con la necesidad de describirlos mientras se hacía campaña como mejores amigos de los ciudadanos afrodescendientes de lo que en realidad eran. Tanto Serra como sus partidarios estaban familiarizados con el modo en que la política de partido integraba a sus diversos elementos, no para crear políticas que se adaptaran a los intereses y creencias de cada elector, sino para distribuir recursos entre los líderes de las distintas facciones de manera proporcional a su capacidad de movilización. De hecho, en el mismo momento en que Estrada Palma se hizo con el liderazgo del Partido Revolucionario Cubano, en Estados Unidos un candidato del Partido Republicano, el de Serra y los Bonilla, logró, finalmente, el control político de la ciudad de Nueva York. Entre otras cosas, esto permitió que un joven comisionado de la policía llamado Theodore Roosevelt ganara relevancia nacional. No tardaría mucho en jugar un papel fundamental en el futuro de la República cubana.[72]

Pero la victoria republicana no significó una mejora significativa de la suerte de los líderes republicanos afroamericanos de Nueva York. Durante el verano de 1896, el reverendo Ernest Lyons (que había presidido funerales de cubanos en su iglesia y que había hablado en bailes y actos políticos cubanos) y el reverendo Granville Hunt (a quien Serra describió como amigo y que después llamaría a su hijo Maceo McKinley Hunt) organizaron protestas contra la exclusión de los afroamericanos de los trabajos municipales.[73] T. Thomas Fortune y McCants Stewart, que habían participado como oradores en actos de apoyo a *La Doctrina de Martí*, adoptaron una posición aún más clara. Argumentaron que ningún partido político nacional había defendido de manera coherente los derechos de los afroamericanos. Además, la lealtad de los votantes negros al Partido Republicano había permitido que este ignorase a los políticos negros a la hora de distribuir los empleos. Proponían que los votantes negros debían independizarse de la estructura de partido y apoyar solo a los candidatos individuales que actuaran con reciprocidad.[74] La política de los partidos nacionales –no solo la del Partido Revolucionario Cubano– exigía un equilibrio delicado. Era importante para los líderes negros no debilitar su capital político, ya fuera mostrando demasiada lealtad a partidos que no respondían a sus intereses, o por descalificarse a sí mismos mostrándose totalmente carentes de lealtad (sobre todo dados los prejuicios generalizados sobre la capacidad de los votantes negros).[75] Dado que Lyons, Hunt, Fortune y Stewart eran exactamente las mismas personas a las que se había invitado a hablar en los mítines políticos, parece imposible que Serra, Bonilla y Figueroa ignoraran este debate. Tampoco tendría que haberles resultado muy difícil ver las similitudes de estos debates entre los neoyorquinos afroamericanos con los debates sobre la participación política negra que se habían dado en Cuba.

Para acercarnos a los modos en que los exiliados cubanos debieron entender estas similitudes es necesario regresar brevemente al momento en que se plantea la controversia en torno a la creación del Directorio de Sociedades de Color unos años antes. Quienes criticaban al Directorio lanzaron todo tipo de acusaciones, pero el incidente que provocó las mayores protestas fue una maniobra de los aliados del Directorio en su búsqueda de influencia dentro del Partido Autonomista en Santiago de Cuba. La limitación del sufragio a aquellos que hubieran pagado una tasa mínima todavía excluía del derecho a voto a la mayor parte de los cubanos afrodescendientes, sobre todo en las elecciones a representantes ante las Cortes en Madrid. Pero en las elecciones municipales, y en las convocadas para las Cortes después de 1893, la cuota quedaba reducida a cinco pesos, lo que abarcaba a un grupo amplio de hombres afrodescendientes, sobre todo en el este de Cuba. Como los republicanos en Estados Unidos, los autonomistas de Oriente se presentaban como el partido de la abolición y afirmaban que se merecían la gratitud y la lealtad absoluta de los votantes negros. El Directorio de Sociedades de Color y el periódico *La Igualdad* señalaban que, pese a su manifestación de amistad, el Partido Autonomista nunca se había declarado a favor de los decretos que instauraban los derechos civiles de los negros.[76] La controversia estalló cuando Manuel Bergues Pruna, un periodista mulato de Santiago, protestó por la exclusión de los hombres de color de los nombramientos para los cargos del partido y las candidaturas.[77]

Durante la campaña electoral que transcurrió a comienzos de 1893, Bergues Pruna pidió a los lectores de su periódico, *La Democracia*, que se abstuvieran de votar hasta que el Partido Autonomista modificara sus planteamientos. Eso provocó las previsibles acusaciones de algunos actores políticos. En Nueva York, Enrique Trujillo (aquel acérrimo enemigo de Martí) alegó que Bergues Pruna ponía "en remate" las opiniones de los hombres afrodescendientes.[78] En La Habana, Morúa siguió atacando al Directorio y a Serra. Manuel Sanguily escribió que era "inconcebible" para él que los cubanos de color "interesados solo por intereses de casta desprecien el sacrificio inestimable y magnífico de dos generaciones de personas blancas" que fueron "los redentores del esclavo durante la guerra y sus defensores en la paz".[79] Sin embargo, el secretario del Partido Autonomista en Santiago, un periodista blanco llamado Eduardo Yero, uno de los que con más vehemencia había atacado a los de La Democracia, rompió la unidad de sus filas y anunció su apoyo a

Bergues Pruna. Yero y Juan Gualberto Gómez luego ayudaron a que las partes en conflicto llegaran a un acuerdo de compromiso. A cambio de hacer regresar al partido a sus partidarios, Manuel Bergues Pruna, que contaba con un título en educación secundaria, tuvo la oportunidad de hacer el examen para el puesto de procurador en la Audiencia de Santiago. Fue el primer hombre de color que desempeñó ese cargo.[80]

Volviendo a lo sucedido en el verano de 1896, la red de apoyos de Serra entendió el reto que planteaba acomodarse al nuevo liderazgo del Partido Revolucionario Cubano no solo en relación con la lucha de los republicanos negros en Nueva York, sino también en relación con los sucesos acaecidos en Santiago tres años antes. Habían participado en los debates sobre la abstención de votantes en Santiago como escritores y agentes de *La Igualdad* en Nueva York. De hecho, Serra había sostenido, en medio de la controversia en Oriente, que el ejemplo de Fortune y su Liga Afroamericana en Estados Unidos probaban la necesidad de una organización como el Directorio.[81] Desde entonces, muchos de los participantes en los conflictos dentro del Partido Autonomista en Santiago habían pasado por Nueva York o se habían instalado allí.[82] El círculo de hombres que rodeaba a Estrada Palma, por ejemplo, incluía a algunos, como Manuel Sanguily y Enrique Trujillo, que habían atacado a Manuel Bergues Pruna con más dureza por sus llamadas a la abstención. Pero Bergues Pruna también había llegado a Nueva York, donde se instaló en un edificio de la Tercera Avenida rodeado de afroamericanos y se sumó al club Las Dos Antillas, actuando como secretario auxiliar del mismo.[83] Eduardo Yero también había llegado a la ciudad (aunque vivía entre los neoyorquinos blancos) y se había hecho un hueco en el círculo personal de Estrada Palma. Se convirtió en su secretario personal a principios de 1896 y lo acompañó en su visita como delegado al picnic cubanoamericano de septiembre de ese año. Los neoyorquinos no solo tenían el recuerdo de esa maniobra exitosa dentro del Partido Autonomista (con la que tal vez gustaran deleitar a sus amigos afroamericanos en las barberías), sino que ahora los actores principales estaban dentro de su red de alianzas.[84]

Este es el telón de fondo que sugiere que Rafael Serra y Sotero Figueroa sabían que ni el apoyo absoluto a los líderes ni un compromiso inflexible con sus propios principios iba a dar resultados dentro del sistema político del partido. La participación en la vida pública nunca estuvo libre de trabas. Uno tenía que encontrar un punto de equilibrio entre la lealtad y la presión. A veces una carta, relatando alguno de los rumores que corrían entre las bases, junto con la promesa de responder a los problemas y resolverlos, era necesaria para recordarle a los líderes del movimiento lo que valían los "muchos y utilizables" amigos que uno pudiera tener. Otras veces, el momento pedía una maniobra política más audaz para presionar a algún cacique político y alinearlo con los intereses de un grupo de militantes olvidados, o para ayudarlo a rechazar la presión de otro grupo. No está claro, en todo caso, si en el otoño de 1896 fue Yero quien decidió que el momento era el idóneo para dar el paso, si la idea fue de Serra o Figueroa, o si quien estaba detrás de todo era el propio Estrada Palma.

LA JURÍDICA

En cualquier caso, la oportunidad para una maniobra abierta llegó en noviembre de 1896, cuando un grupo de exiliados dirigido por Enrique José Varona tomó parte en el que sería el primer encuentro de la Jurídica. Participaron muchas de las figuras que pertenecían a la clase más alta y educada del exilio, Estrada Palma, Pierra, Yero y muchos abogados, médicos, dentistas, dueños de fábricas y plantaciones, personas que, en algunos casos, nunca se habían unido al Partido Revolucionario Cubano. En ese encuentro no participó ninguno de los artesanos intelectuales que habían ayudado a construir el movimiento junto a Martí. Cuando hablaron con la prensa, algunos de los miembros del grupo declararon su intención de crear el borrador de una constitución para el gobierno futuro de Cuba. Los periodistas norteamericanos señalaron con gestos de aprobación que los hombres deseaban una Cuba "que sea una república enteramente de hombres blancos y aun no deseando negar a sus compañeros de color su parte en la victoria que se ha de conseguir no tienen la intención de que haya una dominación negra sobre la isla".[85] La Jurídica representaba el regreso a la tradición de un comité de notables autodesignado como portavoz del movimiento y de la patria, sin autorización conferida por el Gobierno Provisional de la República en armas o por el movimiento democrático de exiliados. El principio de que "los mejores hombres" deben reunirse para volver a asumir el poder que había sido tomado por los partidos corruptos e insalvables, que dependían de la manipulación de los votantes de clase obrera, puede leerse también en referencia a la política de la ciudad de Nueva York de ese momento. Ese mismo espíritu guiaba el movimiento de reforma municipal en ciernes en Nueva York y ayudaba al ascenso político de Theodore Roosevelt.

A su favor, cabe decir que los miembros de la Jurídica reconocieron que las leyes o estructuras que propusieran deberían ser ratificadas por una convención constitucional una vez terminara la guerra. Algunos llegaron a mostrar su apoyo al sufragio popular y al principio de que: "nosotros no tendremos aristocracia en Cuba". Serra escribió en *La Doctrina de Martí* que reconocía esos gestos democráticos. Pero también notó que las "juntas celebradas por la 'Sociedad de Estudios Jurídicos' han sido casi privadas, ó más claro, limitadas".[86] Consciente quizás de esta imagen, Pierra invitó a Serra y a otros activistas a que participaran en el segundo encuentro de la organización en calidad de observadores. Incluso tras asistir a esa reunión, Serra escribió que no tenía la información para juzgar los méritos de "tan inesperada organización". Si aparte de sus "talentos e intereses" estos compatriotas pudieran distinguirse por "su amor á nuestro pueblo, por sus procedimientos de práctica democrática, y por sus derechos y deberes imprescindibles para con la patria", sus aportes serían bienvenidos.[87] Por supuesto, los que leían a Serra entendían que era poco probable que ese grupo demostrara un espíritu tan democrático. Pero Serra fue cauto con sus críticas en público hasta finales de diciembre, cuando sucedió algo que empujó a Eduardo Yero y Benjamín Guerra, el tesorero del Partido Revolucionario Cubano, a presentar su dimisión de la Jurídica. Había llegado el momento de que Serra intensificara su ataque. La Jurídica era una "nota desafinada ó exclusiva en el concierto sabiamente preparado para la resolución del problema cubano". Incluso dejando de lado "ciertas deficiencias democráticas", era inaceptable que la Jurídica no reconociera y aceptara los principios y estatutos del Partido Revolucionario Cubano y que no aportara fondos a la revolución a través de su tesorero. Después de ayudar a garantizar que los "elementos populares" demostraran una disciplina perfecta, según Serra escribió, *La Doctrina de Martí* no podía tolerar que ningún grupo, fueran cuales fueran las virtudes y buenas intenciones de sus miembros, no aceptara, con todo lo que eso implicaba, que el partido fuera el único representante legal del movimiento separatista en el exilio.[88]

Pero, ¿qué fue lo que generó el conflicto entre Varona y sus partidarios y Guerra y Yero? Parece que un miembro de la Jurídica, Héctor de Saavedra (un hombre conocido por su propensión al insulto público) llevó las cosas demasiado lejos y retó a Estrada Palma en un encuentro con el grupo. Los ataques personales eran habituales dentro de la política cubana. Después de todo, los críticos de Martí lo habían acusado incluso de vestir sayas. Morúa Delgado había llamado a Serra "mamífero roedor" y "el chiflado de los desmaños, el difamador de su virtuosísima esposa, el mentecato galanteador". Eduardo Yero y Manuel Sanguily se insultaron tan a menudo en esta época que sus representantes tuvieron que reunirse para negociar y firmar un acuerdo de paz. La animosidad personal y la defensa del honor masculino se mezclaban con la discrepancia política y las batallas por la influencia produciendo alianzas y enemistades surgidas de tortuosas maniobras muchas veces difíciles de desenmarañar. En cuanto a Saavedra, parece que su apuesta por una posición formal en el partido fue rechazada y, quizás, creyó que la investigación que el Gobierno Provisional había lanzado sobre la actuación de Estrada Palma como ministro plenipotenciario le había hecho especialmente vulnerable. Por su parte, los miembros de la Jurídica tenían sus propias razones para tolerar la bofetada (figurada) a Estrada Palma. Esto sugiere que ya se había abierto una grieta entre algunos miembros de la Jurídica y el delegado, una grieta que Yero y Serra ahondaron y explotaron. En sus respectivos relatos, lo sucedido no era una afrenta individual al delegado por parte de un miembro de la Jurídica, sino un ataque generalizado al delegado y al partido por parte del grupo como colectivo.[89]

La respuesta de la Jurídica cuando Yero y Serra presentaron sus quejas reforzaba esta posición. Enrique José Varona pudo haberse distanciado de Saavedra, declarando su fidelidad al partido y haciendo los gestos mínimos de inclusión necesarios, sin cambios significativos en los objetivos o pertenencia al grupo. Prefirió usar las páginas de *Patria* para defender el derecho de los miembros a formar una organización privada con propósitos distintos a los del partido. Afirmó que la democracia requería de respeto a los puntos de vista de las minorías y criticó a quienes se oponían a los derechos de la minoría por "el espíritu de jacobinismo, es decir, el espíritu de intolerancia e intransigencia". Mientras tanto, los miembros la Jurídica añadían leña al fuego. Distribuyeron un manifiesto entre la prensa de Estados Unidos en el que se hacían eco de las quejas y aspiraciones de los cubanos. El panfleto iba firmado por Varona, presidente de la Jurídica, y no por Estrada Palma, representante electo del partido y ministro del Gobierno Provisional de Cuba. Luego, la Jurídica convocó un gran mitin para protestar contra la política diplomática de Estados Unidos, arrogándose el derecho a convocar a la comunidad nacional y a invitar al delegado y a los clubes cubanos para que participaran. Estos actos confirmaron las inquietudes de Serra: la Jurídica estaba, intencionalmente y sin justificación, tratando de convertirse en autoridad capaz de hablar en nombre de la causa cubana. Sus miembros no respetaban los procedimientos democráticos. El grupo estaba erosionando la autoridad legítima del partido e insultaba tanto al delegado como a los clubes que lo habían elegido. La segunda semana de enero, Gonzalo de Quesada y otras autoridades del partido renunciaron su participación en la Jurídica. Varios de los que se quedaron propusieron que el grupo resolviera el conflicto con una votación en la que se aceptaran los estatutos y los principios del partido, pero la mayoría de los miembros de la Jurídica votó a favor de disolver la organización. Esto ofreció más pruebas de que Varona y sus aliados eran, en realidad, enemigos de la revolución. Preferirían disolverse antes que aceptar los principios y la autoridad del Partido Revolucionario Cubano.[90]

En el siguiente número de *La Doctrina de Martí*, Serra pasó al ataque. Ya no se trataba de esperar y ver si se podían corregir algunos pasos dados en falso. La Jurídica era una clara manifestación del despotismo criollo contra el que había estado advirtiendo, una seria amenaza para la democracia. Escribió que podrían aceptar "hasta cierto punto" que los miembros la Jurídica fueran personas distinguidas por grado de educación y cultura, algo sobre lo que "alardean constantemente". Pero los "intereses generales del país" no deberían determinarse por "supremacía intelectual" sino por el "asentimiento de la mayoría del pueblo, capacitada para emitir libremente su voluntad". No somos "intransigentes" escribió, sino defensores de una "unidad que será útil y digna para todos". El jacobinismo, sostenía, es la respuesta "natural y lógica" hacia aquellos que "luchan para mantener" los "mismos privilegios irritantes" otorgados por la monarquía española.[91] Al escribir por primera vez en *La Doctrina de Martí*, Eduardo Yero argumentó lo mismo. Denunció la presencia en la Jurídica de "hombres en el fondo antirrevolucionarios, que acarician la idea de infiltrar en las leyes, en las instituciones, en las costumbres, su espíritu de conservadores" y los hábitos de un régimen caduco que podía influir sobre "las leyes, instituciones y costumbres" de la república.[92] Rechazar la Jurídica era, por tanto, coherente con la idea de que los conversos tardíos solo podían ser bienvenidos si aceptaban los principios democráticos del movimiento y la legitimidad del partido y no lo serían mientras no estuvieran dispuestos a desprenderse de los vicios que habían adquirido durante generaciones de colonialismo y esclavitud.

Héctor de Saavedra se quejó en una carta a un compañero de que en Nueva York había "una lucha intestina tremenda" y que la Jurídica tuvo que "disolverse por patriotismo para no dar pábulo a las hablillas de 'cierto elemento democrático-negro' de aquí que nos llamaban 'los intelectuales'". Según Saavedra, Yero atacaba a Varona porque quería ser editor de *Patria*, y Estrada Palma fue "mangoneado por dos negros Serra y Figueroa, y varios tabaqueros con Yero a la cabeza que dominan a Palma por el terror y hacen o pretenden sentar la doctrina de que ellos, los del populacho, son los únicos con derecho a mandar en las cosas de Cuba. ¡Con que figúrate tú que porvenir!".[93] Pero "mangoneo" y "terror" parecen haber tenido poco que ver con esto. Al contrario. Yero, Serra y Figueroa organizaron con cuidado sus ataques a la Jurídica como una defensa del delegado contra quienes le atacaban desde el exterior. El rumbo de las cosas dio un giro amargo para Saavedra y Varona porque el delegado aceptó la oferta de apoyo de Yero y Serra y pocos días después de que Serra atacara por primera vez a la Jurídica en la prensa, Estrada Palma asistió al concierto benéfico de Año Nuevo organizado por Calderín, Miranda y el resto de los miembros del Comité Auxiliador de *La Doctrina de Martí*. Esto parece haber sido planeado con semanas de antelación como oportunidad para reunirse con sus aliados afroamericanos y escuchar discursos de alguno de los políticos relevantes de ambos grupos. En el contexto de los conflictos en torno a la Jurídica, la velada se convirtió en un acto político. Tanto Estrada Palma como el tesorero del partido, Benjamín Guerra, asistieron y recibieron inmensos aplausos del público presente y –muy importante– Serra escribió para su público sobre este momento de adulación.[94] En el mismo instante en que quienes escribían en *La Doctrina de Martí* denunciaban el autoritarismo y exclusivismo de la Jurídica, presentaban sus propios eventos como muestras de un concierto nacional que sonaba sin notas desafinadas o exclusivas. En vez de criticar a Estrada Palma por su participación inicial en la Jurídica (o en el anterior comité de consulta) presentaban como si el delegado, los clubes y los principios inseparables de unidad y democracia estuvieran perfectamente alineados y ofendidos por igual por los insultos de la Jurídica.

Incluso después de que la Jurídica decidiera disolverse, la maniobra aún estaba incompleta. En *La Doctrina de Martí*, Yero advirtió que los mismos individuos que no habían sido capaces de establecer una autoridad rival al partido, ahora estaban buscando controlarlo. Algunos exiliados con más medios económicos en Nueva York creaban nuevos clubes para controlar la mayoría de los escaños en el Cuerpo de Consejo. Esto les daría una posición fuerte en cuestiones de procedimiento dentro de la organización, aunque la usaran de modo que debilitaba los objetivos democráticos de la revolución. La advertencia de Yero inspiró una eclosión de militancia por parte de los partidarios de *La Doctrina de Martí*. Durante la tercera semana de enero, un grupo de estos activistas se reunió en la casa de Silvestre Pivaló y Pilar Cazuela en la Tercera Avenida para crear un club y "con su presidente, reforzar el Cuerpo de Consejo de la localidad". Llamaron a la nueva organización el club Manuel Bergues Pruna, en honor al héroe de la confrontación anterior con la dirigencia del Partido Autonomista (que acababa de morir en combate en Cuba) y haciendo un guiño a Eduardo Yero que primero había atacado a Bergues Pruna, luego lo había defendido y que ahora estaba con ellos. Serra y Figueroa hicieron campaña entre sus partidarios para que crearan nuevos clubes y defendieran al Cuerpo Consejo y al delegado de las "maquinaciones de un cierto elemento recién llegado".[95] Gertrudis Heredia y Josefa Blanco crearon el club José Maceo durante esta movilización partidaria. Inocencia Martínez relanzó el durmiente club Mercedes Varona. No está claro, sin embargo, si alguna de las presidentas de estos grupos ocupó, alguna vez, un lugar en el Cuerpo de Consejo. En cualquier caso, cuando se celebró la reunión del Cuerpo de Consejo del 20 de enero de 1897, Serra, Figueroa y Yero ya controlaban la mayoría de sus votos. En aquella reunión, el Cuerpo de Consejo dio un voto de confianza a Estrada Palma. Los Cuerpos de Consejo de Tampa y Cayo Hueso apoyaron de inmediato ese voto. Poco después, el Gobierno Provisional de Cuba abandonaría la investigación y rechazaría la dimisión de Estrada Palma, confirmándolo como ministro plenipotenciario.[96]

La maniobra había tenido un éxito claro. Era un triunfo para Estrada Palma. No se puede determinar, a ciencia cierta, si los retos de la Jurídica o el Gobierno Provisional realmente habían puesto la posición de Estrada en peligro. Pero sí parece claro que con la ayuda de un puñado de intermediarios bien situados, el partido seguía siendo una base de apoyo formidable. También era un gran triunfo para Yero, que había demostrado resultar de gran utilidad en su papel de intermediario. Una semana después del voto de confianza a Estrada Palma, el Cuerpo de Consejo de Nueva York se reunió de nuevo para pedirle que revocara a Enrique José Varona de su puesto como editor de *Patria*. Esto pasó a ser tema de conversación en los clubes durante varios meses, mientras Estrada Palma daba largas en el asunto de entregarle, finalmente, el periódico (y probablemente el salario) a Yero. Con este nuevo editor hubo todavía espacio abundante en *Patria* para los escritos de Varona y otros hombres cuya educación formal y recursos económicos les hicieron participantes privilegiados en los tejemanejes políticos del momento. Pero esos "intelectuales" tenían que adaptarse a compartir las páginas con aquellos hombres que sabían ejercer el control del partido en el contexto de un sufragio popular amplio.[97] El conflicto con la Jurídica fue también una victoria clara para Serra, que consolidaba su estatus como portavoz del ala democrática del movimiento y especialmente de la clase de color. Los lectores escribieron numerosas cartas desde diversos lugares para felicitar por la victoria sobre la Jurídica, las cuales fueron republicadas en *La Doctrina de Martí*. En Tampa, las conversaciones entre los clientes habituales de la barbería de Manuel Granados sobre los números de enero de 1897 del periódico acabaron por llevar a la creación de un comité auxiliador de *La Doctrina de Martí* en aquella ciudad. Pronto se formaría un comité similar en Cayo Hueso.[98]

La ofensiva audaz contra una facción rival levantó murmullos de entusiasmo a lo largo de la amplia esfera pública que Serra había contribuido a crear, pero no terminó con la necesidad de cultivar y gestionar la lealtad de sus partidarios con cuidado. En la época del conflicto con la Jurídica, en Cayo Hueso dos facciones disputaban agriamente el liderazgo de las instituciones más importantes de las personas afrodescendientes. Tras la maniobra contra la Jurídica, uno de esos grupos –en el que se incluía Miguel Gualba, a cuyo bebé

Gertrudis Heredia había ayudado a traer al mundo en La Habana en 1888, y Carlos Borrego, uno de los autores de la "Protesta de los emigrados de color" en Cayo Hueso en 1881– había firmado una carta de apoyo a *La Doctrina* sin invitar a sus rivales a que se sumaran a ese texto. Serra escribió a los hombres cuyos nombres no estaban en la lista –un grupo que incluía a Enrique Medín Arango, el hijo de la viuda de Plácido y su segundo marido, Juan Latapier, aquel hombre que tras estudiar en la facultad de Derecho se había convertido en lector y empleado de la lotería nacional– diciéndoles que no podía publicar una lista parcial. Les imploró que asistieran a una nueva reunión en la que expresaran su apoyo unánime. Adoptó la postura del pretendiente político (lo que recuerda de las cartas que Martí le había escrito años antes). Les transmitió que el frío papel no era suficiente para expresar "lo mucho que hablaría con Uds. si estuviésemos en contacto verbal, y lo seguro que estoy que me habrían de querer sin recelo alguno". Les pedía perdón si no había sido capaz de prestarles suficiente atención y lo atribuía a la situación de "estrechez en que vivimos y a las inmensas labores que ya me enferman de cuerpo y alma". Pero, aseguraba, los quería a ellos "como carne de mi carne". Esperaba que no imaginaran que trataba de "tomar una jefatura sin merecimiento y sin ser conferida por la espontanea voluntad de mis hermanos". Y les imploraba, en nombre de José Martí y Juan Gualberto Gómez, dejar de lado "para siempre las tonterías pasadas" para mantener la altitud de miras. Si "nuestros propios elementos" no eran capaces de dejar a un lado tales desacuerdos en nombre de la armonía patriótica, "¿con qué derecho exigiremos unidad de otros?".[99]

Una victoria de este calibre para los principios de democracia y unidad requería un nivel de transigencia muy alto también. A cambio del apoyo de los Cuerpos de Consejo, Estrada Palma modificó sus políticas muy poco. Casi nada. Serra y Figueroa se mantuvieron en silencio cuando Estrada Palma firmó un contrato con un grupo de inversores de Wall Street para emitir un préstamo destinado a comprarle Cuba a España. Serra sostuvo que los trabajadores tenían que seguir en el partido. Era importante, decía, seguir exigiendo derechos y dignidad para los trabajadores y enfrentarse a las maquinaciones del capital. Pero el argumento –de los anarquistas– de que los trabajadores se abstuvieran de la política estaba equivocado. La política, explicaba, significaba "distribuir equitativamente entre los moradores de un país lo que la naturaleza y la justicia prodiga para todos". Por tanto, "no debe ser indiferente para los trabajadores que tanto tienen que esperar y exigir de los representantes políticos que no son amos, sino convencionales servidores".[100] Entonces, Estrada Palma apoyó una propuesta para extender el derecho al voto a los exiliados en las elecciones para elegir nuevos representantes en el Gobierno Provisional, pero limitarlo al mismo tiempo a los hombres que hacían contribuciones de determinada cuantía al partido. En una carta privada a un aliado en Tampa, Yero calificó este impuesto electoral de "iniquidad", una "mistificación del liberalismo", el "sistema español puro" contra el que "tronábamos en Cuba". Prometió "sublevarse" contra esos "manejos". Pero en lugar de rebelarse, los Cuerpos de Consejo en Nueva York, Florida y Jamaica (controlados todavía por el "elemento democrático-negro" aliado con los trabajadores blancos) votaron a favor de la abstención electoral. Al explicar la decisión de abstenerse, Serra fue muy diplomático. Don Tomás había tratado de extender el sufragio a las comunidades migrantes motivado por un espíritu de unidad, escribió, pero se había arriesgado, sin quererlo, a crear "divisiones".[101] Las consecuencias de esta abstención fueron, sobre todo, simbólicas. El Gobierno Provisional era aún muy débil y, en general, incapaz de imponer su voluntad sobre su ministro plenipotenciario ante Estados Unidos o los comandantes del Ejército de Liberación. Pero el simbolismo de esta abstención no fue un detalle menor. Los miembros del partido votaron no ceder, ni siquiera temporalmente, en su defensa del principio de sufragio universal. Aun si esa posición implicaba no participar en una elección, no aceptarían que algunos tuvieran el derecho al voto y otros no. Al mismo tiempo, defendieron el poder de los Cuerpos de Consejo, y se reservaron para ellos mismos la decisión de cuándo y cómo votarían.

EL MOMENTO IMPERIAL

Esta decisión de trabajar dentro del terreno, muy deficiente, de la política de partido, y de aliarse con Tomás Estrada Palma, tuvo que adaptarse a un nuevo contexto con el asesinato del primer ministro conservador de España en agosto de 1897. A finales de año, los liberales resurgían en Madrid y bajo una importante presión ejercida por la administración McKinley, que quería que la guerra se resolviese con un acuerdo de paz, el gobierno en Madrid otorgó nuevos poderes a las asambleas provinciales en Cuba y Puerto Rico y decretó el sufragio universal masculino para los habitantes de las islas. En Puerto Rico, donde pese al profundo resentimiento anticolonial, los intereses de los profesionales, los propietarios y los campesinos nunca se habían alineado lo suficiente como para producir un levantamiento sostenido contra España, los autonomistas declararon su victoria. E inmediatamente se pusieron a trabajar en una política de partido de masas, con dos facciones liberales las cuales, y cada una por su lado, reclutaban a campesinos, jornaleros y artesanos para sus organizaciones. Ambos grupos –liderado uno por el hombre que se había casado con la prima de Pachín Marín y heredado la imprenta de su tío Ramón, y el otro por un médico negro proveniente de una familia de artesanos de Bayamón– afirmaban ser los herederos de la rama democrática y radical del autonomismo, la de Baldorioty de Castro. Esto puso el punto final a cualquier esperanza de que la guerra se extendiese a Puerto Rico. En respuesta, varios exiliados puertorriqueños ricos comenzaron a ejercer presión para garantizar que Estados Unidos incluyera a Puerto Rico en cualquier plan que se desarrollara para intervenir en Cuba.[102] Ni el autonomismo victorioso ni el anexionismo renaciente eran del agrado de Sotero Figueroa.

En Cuba, el plan de autonomía no funcionaba de manera tan fluida. En el campo, los insurgentes tomaron las reformas como una evidencia aún más clara de que la victoria ya estaba a la vista. A pesar de su estado harapiento y hambriento, no dudaron en seguir insistiendo en la independencia absoluta. En las ciudades, quienes todavía defendían al gobierno español, propietarios y comerciantes, políticos conservadores y militares, se sentían desmoralizados y traicionados por las reformas. Temerosos de que las concesiones marcaran una inevitable victoria insurgente y amenazaran su posición económica y social, algunos modificaron sus lealtades y se convirtieron en defensores públicos de la anexión a Estados Unidos. Otros pasaron al bando separatista formando una nueva ola de recién llegados que trataban de moderar al movimiento independentista y posicionarse de manera ventajosa ante una victoria insurgente. Otros organizaron disturbios en las calles de Cuba o rechazaron combatir en defensa de un gobierno autonomista. Pero si las reformas de último minuto hicieron poco por salvar la esperanza del colonialismo español en Cuba, sí señalaron un punto de inflexión importante en la lucha por los derechos civiles y políticos. Incluso mientras Serra y sus aliados elevaban el tono de las denuncias contra el Partido Autonomista como institución del despotismo criollo también celebraron una victoria. Ahora, instaurado el sufragio universal masculino en las provincias de ultramar, no podía haber marcha atrás. Una república cubana independiente, afirmaban, aunque fuera quizás un aviso a algunos miembros de su propio movimiento, no podía ser menos democrática que la monarquía española.[103]

En cualquier caso, pronto fue claro y palmario que la amenaza que representaba Estados Unidos para la independencia de Cuba era mucho más seria que el riesgo de que las reformas españolas tuvieran éxito en el debilitamiento de la revolución. Por un lado, los periódicos en inglés contaban las brutalidades generalizadas contra los civiles cometidas por las autoridades españolas y eso había granjeado un amplio apoyo a la causa cubana en Estados Unidos, que se entendía –gracias a innumerables cartas al editor, discursos y manifestaciones organizadas por Estrada Palma y sus colegas– como la lucha de unos patriotas blancos, prósperos y cultos, un movimiento similar a la Revolución Americana. Basándose en esta corriente de opinión popular, los congresistas de ambos partidos tradicionales habían pedido en varias ocasiones que la Casa

Blanca organizara una intervención militar. Al mismo tiempo, un grupo de imperialistas que no se preocupaban por disimular sus intenciones –y entre los que se encontraba el subsecretario de Guerra, Theodore Roosevelt– veían la expansión del poder estadounidense allende el mar como un proyecto de especial urgencia, necesario para controlar las rutas navales, abrir mercados, reforzar la masculinidad del ciudadano estadounidense, cumplir el destino racial angloamericano y hacer valer el lugar de Estados Unidos en el concierto de las potencias mundiales. Veían, además, en la crisis de la administración española una oportunidad para adquirir Cuba y Filipinas para Estados Unidos a un coste relativamente bajo.[104]

Por su parte, el presidente McKinley, como muchos de sus partidarios, dudaba que una Cuba independiente protegiera de manera adecuada los intereses de los inversores en Estados Unidos. Presionó a España para que aceptara reformas que pudieran ayudar a controlar la rebelión y cuando estas fracasaron, ofreció comprar la isla. A comienzos de 1898 decidió ir a la guerra para capitalizar la simpatía hacia los cubanos entre la ciudadanía estadounidense. Justificó la invasión en términos humanitarios, como una expresión del carácter democrático de Estados Unidos y no como lo que era: una iniciativa imperialista. El Congreso autorizó la guerra pero le ató las manos al presidente aprobando una enmienda especificando que Estados Unidos prometía retirarse después de la guerra y no intentaría incorporar a su territorio la isla de Cuba. No obstante, la administración se mantuvo firmemente opuesta a cualquier movimiento que implicara la posibilidad de dejar a Cuba en manos de los rebeldes. Estados Unidos entró oficialmente en Cuba como una parte neutral que buscaba la pacificación de la isla y su regreso a un gobierno "civilizado". Las fuerzas invasoras no aceptaron la obligación de considerar la voluntad del Gobierno Provisional, del Ejército de Liberación o de ningún representante de los cubanos. Los representantes de Estados Unidos se atribuyeron a sí mismos toda la autoridad de negociar los términos de la capitulación española y de decidir el sistema político a establecer en Cuba, Puerto Rico y Filipinas.[105]

Por primera vez en la historia, el gobierno de Estados Unidos asumía la tarea de levantar una administración en un territorio extranjero con el objetivo aparente de preparar a la población para el autogobierno. El reto radicaba en garantizar un resultado favorable para Estados Unidos sin renegar de la promesa de retirarse o quebrantar, de manera abierta, los valores humanitarios y democráticos que McKinley había expresado cuando comenzó la invasión. En palabras del secretario de la Guerra, Elihu Root, "[e]s mejor tener los favores de una dama con su consentimiento, tras juicioso cortejo, que violarla".[106] Tomás Estrada Palma y Gonzalo de Quesada se convirtieron en las cabezas visibles de una situación política cambiante. Disolvieron el Partido Revolucionario Cubano y se presentaron como colaboradores voluntarios de la invasión, ayudando a encontrar y recomendando a los "mejores hombres" para las posiciones de gobierno. Pronto, los más conservadores de entre los emigrados en Nueva York –los mismos hombres a los que Figueroa y Serra habían mantenido a raya– se presentaron como los funcionarios civiles dispuestos a colaborar con el gobierno militar. Enrique José Varona se convirtió en secretario de Finanzas y luego de Instrucción Pública. Casi todos los miembros importantes de la Jurídica recibieron también puestos en la universidad o en otras instituciones de gobierno. Al mismo tiempo, Estrada Palma y de Quesada pidieron a sus contactos en Washington que buscaran la concertación y que ofrecieran cargos a los nacionalistas más intransigentes. Algunos oficiales del Ejército de Liberación y algunos civiles del campo separatista recibieron cargos oficiales en el ámbito municipal y local. Rafael Serra, por ejemplo, fue nombrado para el Consejo Municipal de Santiago (un organismo con poca autonomía administrativa). Parece que no asumió el puesto y prefirió quedarse en Nueva York. En Cuba, la ocupación y sus colaboradores nativos lanzaron una serie de proyectos: higiene, educación, infraestructura. Los productos de consumo comenzaron a inundar la isla. Presentaron estos cambios como un proceso de modernización, una profunda limpieza de las estructuras de una colonia decrépita.[107]

A medida que se desarrollaba este proceso, Sotero Figueroa hizo visitas frecuentes a Estrada Palma y Gonzalo de Quesada en sus oficinas de la calle New para mantenerse al tanto de la situación y comunicarse con sus aliados en Cuba. También contactó con ellos y con sus amigos en la isla para que lo ayudaran a conseguir un puesto en el gobierno y a trasladar a La Habana su imprenta y los tipos que habían sido "santificados" por las "luminosas ideas del maestro". Aunque no tuvo éxito en la búsqueda de un cargo oficial, tras meses de espera logró recursos para salir rumbo a Cuba con su imprenta donde ayudó a crear un partido político en torno al general Máximo Gómez, que había renunciado a su puesto militar para reincorporarse a la vida civil. Figueroa fue elegido secretario del recién creado Partido Nacional de Cuba y se convirtió en el editor del órgano del partido, publicación que no gozó de larga vida.[108] Comenzó el trabajo de construir una nueva coalición política en espera de las elecciones municipales que el gobierno invasor había anunciado para la primavera de 1900.

Las nuevas estructuras políticas del momento se formaban, en la mayoría de los casos, en torno a líderes individuales y no de programas políticos amplios y concretos. Esto creaba muchas alianzas tácticas entre políticos de agendas claramente divergentes. Comandantes insurgentes comenzaron a transformar las estructuras de mando dentro del Ejército Libertador en organizaciones políticas regionales bien disciplinadas.[109] En Oriente, en particular, estas nuevas estructuras políticas se apoyaron mucho en la influencia y popularidad de comandantes afrodescendientes como los generales Quintín Banderas y Agustín Cebreco. Por todo el país, en el campo y en los pueblos pequeños, oficiales afrodescendientes de menor rango también jugaron un papel clave en el reclutamiento y movilización de apoyos para caciques políticos locales. Y en La Habana, un puñado de veteranos afrodescendientes del ala civil del movimiento separatista, los pocos que tenían buena reputación a nivel nacional, se asociaron con cada una de las diferentes facciones políticas emergentes. Contribuyeron a la formación de partidos con la publicación de artículos y periódicos dirigidos a la población afrodescendiente, por medio de sus vínculos con las sociedades de color, ayudando a formar nuevos clubes para veteranos del ejército y para emigrantes. A la vez, trataron de presionar a los dirigentes de los nuevos partidos para que adoptaran principios democráticos y antirracistas. Figueroa participó en este proceso. Junto con un grupo multirracial de veteranos del Partido Revolucionario Cubano, viajó por la isla asistiendo a mítines y veladas patrióticas, buscando apoyo popular para el Partido Nacional y tratando de asegurar "las conquistas de la Revolución Redentora". Ayudó también a crear varias organizaciones: una para trabajadores de la emigración que ahora habían vuelto a Cuba, otra para reunir donaciones para colocar una lápida en la casa donde había nacido Martí y una última para erigir un monumento a Maceo.[110]

Por esta fecha los líderes de las fuerzas de ocupación ya estaban convencidos de que los exinsurgentes, con su retórica antiamericana y sus convocatorias democráticas, eran más una traba que una ayuda. Convencidos de que el sacrificio y el esfuerzo "americanos" habían rescatado a los cubanos de la opresión, y de que no podrían haberlo logrado por sí mismos, a los representantes de Estados Unidos les irritaba sobremanera la desconfianza con la que muchos separatistas cubanos los miraban. Nombraron solo a hombres que consideraban favorables a los propósitos de Estados Unidos para el comité que iba a establecer las reglas electorales, un grupo que incluía a Fidel Pierra, Enrique José Varona, Manuel Sanguily y otros miembros de la Jurídica junto a algunos dirigentes autonomistas. Estos hombres acordaron con los invasores que el sufragio debía ser restringido, y así limitar el poder de los que buscaban apoyo entre los sectores populares y asegurarse la influencia de los "mejores hombres". Determinaron que los votantes debían saber leer y escribir, y si no podían hacerlo, debían demostrar que poseían al menos 250 dólares. Estas restricciones daban al traste con el principio del sufragio universal, que había sido una de las piedras angulares del movimiento separatista y que incluso habían adoptado, en el último momento, los autonomistas y la administración española. Los límites al sufragio provocaron una reacción de rechazo generalizada a la que se sumó la prensa afroamericana en Estados Unidos. Martín Morúa Delgado, el único hombre afrodescendiente en la Comisión Electoral, dimitió por este motivo. Como concesión al sentimiento popular, la Comisión decidió extender el sufragio a todos los veteranos de las fuerzas armadas revolucionarias sin aplicarles los requisitos de propiedad y alfabetización.[111]

Desde Nueva York, Serra escribió un artículo de gran difusión en Cuba en la que afirmaba que "vicios familiares heredados del antiguo régimen" han hecho causa común con los "nuevos vicios, las injusticias importadas que los *filántropos yankis* han traído en las puntas de sus bayonetas".[112] Quienes colaboraban con los interventores eran enemigos del proyecto de reforma democrática, lo cual confirmaba que la idea de una república "con todos y para todos" necesitaba de la elección de candidatos nacionalistas y el fin inmediato de la ocupación. No eran solo los derechos electorales los que estaban en peligro sino todos los avances en materia de derechos civiles de la década anterior. Con este tipo de mensaje las facciones nacionalistas, lideradas por los excomandantes del Ejército de Liberación que supieron movilizar a los exsoldados, blancos y negros, superaron con facilidad al grupo que tenía el apoyo de los estadounidenses. El Partido Nacional, en el que participó Sotero Figueroa, ganó en la mayoría de los municipios en el occidente de Cuba. El Partido Republicano, en el que participó Juan Gualberto Gómez, ganó en la mayoría de los municipios en Oriente. Algunos candidatos afrodescendientes de ambos partidos tuvieron éxito sus campañas para las alcaldías o los consejos municipales.[113]

Varios meses después de las elecciones municipales, Estados Unidos organizó una segunda ronda electoral para nombrar delegados para la Asamblea Constituyente. Este sería, finalmente, el órgano que decidiría sobre la cuestión que la Jurídica había tratado de arrogarse: la forma de gobierno de una Cuba independiente. El gobernador, el general Leonard Wood, mantuvo la restricción del sufragio y alentó a los cubanos que enviaran a sus "mejores hombres", los que fueran capaces de redactar un documento legal, a esta asamblea. Advirtió de que solo aceptaría una constitución que garantizara "un gobierno estable", y prometió que usaría su autoridad para garantizar que Cuba no se convertiría en "un segundo Haití".[114] Para su disgusto, los dos partidos nacionales, liderados por hombres que Wood tenía por "pícaros", "aventureros" y "radicales", vencieron por segunda vez al partido de los "más inteligentes y previsores hacendados".[115] Las dos coaliciones nacionalistas ayudaron a elegir a Juan Gualberto Gómez y Martín Morúa Delgado como delegados y a Agustín Cebreco y Eduardo Yero como suplentes. En su conjunto, la Asamblea fue controlada por políticos blancos de partidos que dependían de apoyos multirraciales, y que defendían posiciones "patrióticas" que, por lo menos en la retórica, incluían los principios igualitarios y democráticos del movimiento separatista.[116]

Rafael Serra participó en estas campañas y en los debates constitucionales desde un punto de vista singular. Mientras los colegios locales organizaban los censos electorales en Cuba, y mientras amigos y enemigos hacían campaña para lograr un puesto en la Asamblea, un grupo de policías junto a una turba de ciudadanos blancos perpetró el peor disturbio racial en la ciudad de Nueva York desde la Guerra Civil. Enojados por la muerte de un policía blanco durante un altercado con un hombre afroamericano, la multitud atacó indiscriminadamente y golpeó con brutalidad a hombres y mujeres negros durante varios días en Tenderloin, el barrio que rodeaba la vivienda de la calle 33 Oeste en la que todavía vivían Serra, Gertrudis Heredia y su hija Consuelo. A principios de septiembre, mientras se iba calentando la campaña de la Asamblea Constituyente cubana, T. Thomas Fortune y otros activistas afroamericanos convocaron una reunión masiva en la iglesia de St. Mark para la creación de una Liga de Protección Ciudadana y para que se investigara la participación de la policía en los disturbios.[117] Ninguno de los escritos de Serra menciona esta ola de terror racial. Pero para finales de año, la familia se había mudado a un apartamento en un pequeño enclave donde se alquilaba a personas negras en la calle 75 Este, fuera del alcance de la violencia que asolaba Tenderloin. Allí, los Serra se convirtieron en vecinos inmediatos de muchos de sus antiguos camaradas: Gerónimo e Isabel Bonilla, Marcelino y Hannah Piedra y Germán y Floretta Sandoval (véase Mapa 6).

Desde este nuevo apartamento, Serra participó en la campaña para defender el proyecto de democracia popular y criticó a los jefes de todas las facciones políticas que nacían. A principios de enero de 1901, escribió al periódico *El Pueblo Libre*, publicado en La Habana, que ninguno de los partidos principales había promovido la igualdad racial como parte central de su programa. Algunos "escalan a la tribuna y declaran que el problema de las razas en Cuba, está resuelto desde que la bandera de la Estrella Solitaria se enarbolara en Yara, y que lo prueba el hecho de que en Cuba se venera el glorioso recuerdo de Martí y Maceo". Pero los "cubanos negros" serían "desgraciados" si lo único que lograban "como justa remuneración de sus sacrificios" era la satisfacción de conmemorar a "nuestros mártires gloriosos" y cantar el himno nacional. Al mismo tiempo que celebraban a Martí, los políticos cubanos ya habían comenzado a romper el "pacto" alcanzado al amparo del patriotismo. En particular, señalaba Serra, políticos de diferente pelaje coincidían en la propuesta de "blanqueamiento" de la población de la isla subsidiando a la inmigración europea, otros proponían la anexión a Estados Unidos y otros expresaban preocupación por la influencia contundente de los votantes negros en Oriente. "No, hermanos míos, nosotros merecemos justicia, y no debemos por más tiempo seguir alentando un patriotismo humillante y ridículo". Convocó a la clase de color a que se organizara para ejercer presión de manera más efectiva. Esto no era, como algunos cubanos seguían argumentando, una forma de "racismo". Aunque todos hablasen de unidad, en realidad, todos los sectores de la sociedad estaban ocupados organizándose para competir en las urnas. ¿Por qué entonces debían ser los ciudadanos negros los únicos a los que se les impidiera la autoafirmación a través de organizaciones independientes?[118] Pero Serra no convocó a los cubanos negros a que se abstuvieran de la competición política que estaba teniendo lugar. Continuó, como haría el resto de su vida, defendiendo lo que denominó "eclecticismo", el equilibrio entre una crítica lúcida y la acomodación pragmática, entre la organización independiente y la lealtad al partido.[119]

Esta estrategia adquirió mucha más relevancia pocos días después de la publicación del ensayo de Serra, cuando los representantes a la Asamblea Constituyente, a pesar de las exhortaciones de los interventores, emitieron veinticinco votos a favor del sufragio universal masculino sin requisitos de alfabetismo o propiedad, y solo tres en contra. En parte, este resultado reflejaba el éxito que habían tenido los radicales dentro del movimiento al establecer la idea de una nación "con todos y para todos" como principio nacionalista sagrado, lo que Serra llamó el "pacto de afectos" forjado en el marco del patriotismo. Fue también prueba del éxito de los políticos afrodescendientes al posicionarse en las redes políticas multirraciales: las maniobras en Santiago, en 1893, y en Nueva York, en 1896, y la movilización que había comenzado en los pueblos y ciudades de Cuba bajo la ocupación de Estados Unidos. La mayoría de los delegados eran hombres blancos que habían buscado y recibido el apoyo de las bases afrodescendientes. No era difícil, para la mayoría de los delegados, imaginar una república futura en la que el acercamiento a los votantes afrodescendientes y las denuncias contra el racismo serían mecanismos usados por todos los políticos blancos en sus contiendas, incluso por los que ni siquiera apoyaban la igualdad racial.[120]

La restauración del sufragio universal masculino generó una crisis para los representantes de Estados Unidos en Cuba, que reconocían que era poco probable que un electorado tan inclusivo eligiera un gobierno que les fuera favorable. Poco después del voto sobre el sufragio, los interventores exigieron que la Asamblea Constituyente aceptara el establecimiento de un protectorado de Estados Unidos como condición para la retirada de tropas. Estalló otra ronda de debates políticos. Juan Gualberto Gómez y sus aliados se opusieron con vehemencia a una condición que consideraban humillante y contraria al principio de la independencia absoluta. Otros afirmaron que no había manera de evitar concesiones y que había que centrarse en lo más importante, la retirada de Estados Unidos.

La Asamblea llegó a aprobar la Enmienda Platt que impedía que el gobierno cubano desarrollara una política exterior independiente de Estados Unidos, le otorgaba una base militar permanente en la isla y confirmaba que Estados Unidos tenía el derecho a intervenir en Cuba en defensa de sus propios intereses. Aun así, no estaba claro si el gobierno de Estados Unidos aceptaría los resultados de las primeras elecciones nacionales en Cuba si los votantes elegían a un candidato que fuera considerado demasiado radical o demasiado antiestadounidense. Lejos de la arena política cubana, Tomás Estrada Palma se benefició de nuevo de su posición en el centro del espectro político. Gracias a su participación en las dos guerras de independencia tenía la confianza de algunos nacionalistas. Como defensor de un vínculo fuerte con Estados Unidos, contaba con la confianza de los invasores, que coparon la nueva comisión electoral de personas que le apoyaban. En el último minuto, y bajo presión para alcanzar un acuerdo y garantizar la salida de las fuerzas norteamericanas, el candidato del Partido Republicano se retiró de la contienda. En diciembre de 1901, y como candidato aceptado por todos los partidos y por la fuerza ocupante, Estrada Palma pudo ganar sin hacer campaña y sin regresar a Cuba.[121]

Esto dejó a Serra en una posición interesante. Pese a su intensa crítica de la clase política cubana en su conjunto, Serra había mantenido sus vínculos con el hombre que ahora era presidente electo.[122] Varias semanas después de la elección presidencial, Serra envió una carta de felicitación a Estrada Palma en la que le recordaba otra carta que había enviado cuando, siete años antes, había sido elegido delegado del partido por primera vez. En ella se declaraba como "un amigo fiel [q]ue no le abandonará ni traicionará ni abusará de su generosa protección". Le dijo a Estrada Palma que lo reconocía como el heredero de Martí y como el candidato idóneo para transformar Cuba, la persona capaz de llevar la justicia y la unidad a una población dividida por generaciones de gobierno colonial. Por esa razón, "gran parte de la clase de color que me favorece con su confianza, ha vuelto la espalda a sus falsos apóstoles" para apoyar a Estrada Palma.[123] En una segunda carta enviada varias semanas después agregó: "Pues desearía más acercamiento hacia a Ud.".". Desde las elecciones, Serra escribió, había estado sorprendido por la llegada de un "mundo de cartas" que mostraban su fe en la "paternidad" de Estrada y confiaban en "la ayuda que suponen pudiera yo prestarle, dado el sentimiento de justicia y de concordia que he manifestado en todas mis exposiciones públicas". Advirtió de la creciente influencia que ejercía Martín Morúa Delgado, que había sido elegido para el Senado. Y esto no sucedió porque Morúa tuviera un gran apoyo de la "clase de color", afirmaba, sino porque tenía la protección de una importante figura política blanca. Los elementos populares solo seguían a Morúa porque "no hay otro hombre de color protegido por autoridades legítimas".[124] El presidente entrante, por ejemplo, no trató de favorecer a ningún líder veterano en la lucha por los derechos civiles o del movimiento separatista. Pero, sugirió, ese era un problema de fácil solución.

Puntos finales

I

El 17 de abril de 1902, el presidente electo, Tomás Estrada Palma, reunió a su comitiva en el hotel Munro, en la calle 14 de Manhattan. Después de saludar a un grupo de admiradores y reporteros, el grupo abordó un vapor en dirección a Cuba donde, una vez en tierra, comenzaron un gran y, deliberadamente, pausado "desfile cívico". Al desembarcar en el este de la isla, visitaron las lomas de San Juan, donde tuvo lugar una ceremonia de arriado de la bandera estadounidense y de izado de la bandera cubana. Después, el grupo viajó en tren durante casi un mes en dirección oeste, de pueblo en pueblo y de ciudad en ciudad, hacia La Habana. En cada parada, comités locales asumieron la organización de los actos, construyeron arcos de triunfo y prepararon banquetes. Grandes multitudes saludaban al nuevo jefe de estado mientras las orquestas tocaban canciones populares e himnos patrióticos. Dejando de lado las amargas divisiones resultantes de la guerra y la posguerra, la nación dio paso a una celebración de la transferencia de soberanía y a una cuidada representación de una república "con todos y para todos". En cada localidad, Estrada Palma se reunió con los líderes militares, con los miembros del antiguo Gobierno Provisional, con quienes habían sido funcionarios españoles, con los clubes y con las organizaciones de artesanos. El nuevo presidente, que llevaba diecisiete años sin pisar Cuba, se mezcló con todo el mundo, estrechó manos "al estilo americano" y habló, de manera esmerada, con ciudadanos de toda clase y condición sobre los temas que les preocupaban. Pero esta representación de la unidad también sentó las bases para las tensas batallas electorales que estaban por reanudarse. Quienes tenían la capacidad de recolectar fondos, organizar banquetes o movilizar a la gente en pueblos y ciudades a lo largo de la isla tuvieron un primer encuentro con el hombre que iba a ocupar el palacio presidencial y con el grupo de hombres que lo rodeaba.[1]

Esta estampa es un punto final apropiado, si bien no completamente heroico, para nuestra historia. Tres "caballeros de color" se sumaron a la comitiva en el hotel Munro y aparecieron con Estrada Palma en cada parada a lo largo del camino. Uno de ellos era Rafael Serra, nacido en La Habana en 1858. Hijo de una pareja de "morenos" libres y sobrino de una costurera y maestra de escuela primaria de "muy humilde cuna", Serra aprendió las reglas básicas de la lectura, la escritura, la geometría y la aritmética de niño. Después, mientras trabajaba en una tabacalera, se convirtió en escritor y maestro "por sus propios medios". Se casó con la nieta de unos ancianos lucumíes de Matanzas y se forjó una reputación como austero y digno moralista que rechazaba la cultura afrocubana en defensa del elevamiento de la raza. Se fue al exilio en el tiempo de la Guerra Chiquita y varios años después se sumó a una expedición militar dirigida por Antonio Maceo, deseoso de "pulsar su lira en el campo de batalla". Se convirtió en "cantor" de la revolución, luego pasó a la política del Partido Republicano, más tarde se convirtió en aliado cercano de José Martí llegando a ser el abanderado del ala radical del movimiento separatista en su conflicto con los recién llegados tras la muerte de Martí. Otro de esos tres caballeros era Juan Bonilla. Nacido en Cayo Hueso, Bonilla fue miembro de una de las primeras familias cubanas afrodescendientes que se asentaron en Florida durante la Guerra de los Diez Años. Creció en Estados Unidos durante la Reconstrucción y hablaba español e inglés. Su padre y su hermano mayor se naturalizaron poco después de que la ley permitiera que lo hicieran los hombres de nacimiento o ascendencia africana. Fueron dos de los primeros cubanos afrodescendientes que ejercieron el derecho al sufragio en una democracia interracial. Juan se mudó a Nueva York cuando era adolescente y se convirtió en líder de la logia Odd Fellows, colaborador en periódicos cubanos y afroamericanos y firme defensor de Serra y Martí. Se casó con la hija de una comadrona cubana. Ella murió durante el parto de su bebé. Ahora viajaba con Estrada Palma "de regreso" a un país en el que nunca había vivido. El tercer caballero era Manuel de Jesús González, un tabaquero de Oriente. González no ha aparecido tanto en estas páginas como Bonilla y Serra pero fue su amigo y aliado, el tercero de los más conocidos "discípulos" de Martí. González era autor de los recuentos más detallados de las actividades de La Liga, incluido el encuentro en el apartamento de la calle 3 Oeste, en el que Martí quedó pasmado cuando le hicieron aquella pregunta sobre la imposibilidad de una amistad sincera entre hombres de distinto estatus.

Los tres neoyorquinos contaron sus historias a las multitudes que los recibían en el este de Cuba. Incluso mientras ayudaban a Estrada a asumir el manto democrático de la revolución, se sirvieron de su cercanía a él para presentarse a los jefes políticos locales de la isla, a los veteranos del ejército y los periodistas, y para volver a conectar con antiguos camaradas del exilio. Cuando la comitiva llegó a La Habana, contactaron con la mayoría de los políticos afrodescendientes de la ciudad, algunos recién llegados de las filas del Ejército de Liberación, otros de regreso de Florida, Jamaica o Haití y otros que habían vivido en, o pasado a través de, Nueva York. Entre ellos estaba su camarada desde hacía tiempo, Sotero Figueroa. Hijo de una pareja de "pardos" en San Juan, Puerto Rico, Figueroa había asistido a la escuela caritativa del Maestro Rafael Cordero y después había aprendido la profesión de tipógrafo en la imprenta del abolicionista liberal José Julián Acosta. Se casó con una costurera que era hija "natural" de un político local y se convirtió en escritor, periodista y político en Ponce, Puerto Rico. Cuando se mudó a Nueva York, encontró espacio profesional en el entorno de producción literario hispanoamericano para la exportación y se convirtió en aliado de Martí y Serra en el Partido Revolucionario Cubano. En

La Habana, Serra, Bonilla y González también renovaron sus lazos con Juan Gualberto Gómez, hijo de una pareja esclavizada en una plantación de Matanzas cuyos padres habían comprado su libertad, lo habían educado y lo habían enviado a Francia, donde se convirtió en periodista, activista por los derechos civiles y, en 1900, delegado a la Asamblea Constituyente.²

Con la economía cada vez más bajo control de capitales foráneos, la política se convertiría en el ámbito desde el cual diseñar oportunidades de crecimiento individual para los cubanos durante la Primera República (1902-1933). Incluso los antiguos terratenientes criollos se sumaron a la competencia por los cargos públicos. Del mismo modo, y porque la soberanía cubana estaba severamente limitada por la supervisión del gobierno de Estados Unidos, la política cubana sería confinada en gran medida a las batallas sobre quiénes controlarían la distribución de los recursos caciquiles más que sobre las agendas políticas a confrontar. La actividad política de personas afrodescendientes no sería una excepción. Serra y los demás continuarían elaborando críticas devastadoras del racismo cubano. Pero como ya habían hecho en su calidad de miembros del Partido Revolucionario Cubano, del Republicano y del Autonomista, trabajaron también para garantizar su propio acceso al mismo sistema de favores políticos que todas las instituciones políticas cubanas trataban de controlar.³

Dada su larga relación con Estrada Palma, los hombres que regresaban de Nueva York disfrutaban de una posición relativamente buena cuando se sumaron a esta competencia. Pero incluso contando con esta ventaja, necesitaban negociar. Varias semanas después de que Gómez se reuniera con Estrada Palma, Serra escribió al presidente y le explicó que, tras no haber recibido ayuda en su búsqueda de un medio de subsistencia decente, se sentía "hondamente lastimado por el ilustre amigo". Le aseguró a su antiguo aliado que no albergaba ninguna aspiración exagerada a puestos de alto rango administrativo o desempeño intelectual pero la cuestión de un trabajo en el sector público, insistió, iba más allá de una cuestión personal dolorosa entre dos amigos. Era un problema político.

En Santiago y Nueva York, advirtió, las bases hablaban de la ruptura entre Estrada Palma y Serra, imaginando que se debía a las preocupaciones raciales del presidente. Los enemigos políticos se servían de esos rumores. Como resultado, argumentaba Serra, "lo que ganó Ud. en favor de su noble sentimiento democrático con el hecho de habernos traído [a la marcha cívica por la isla], lo ha ido perdiendo por la situación casi ridícula en que hoy nos encontramos el bueno de mi amigo Manuel, y yo".[4] Parece que la carta surtió efecto. Ese verano, Serra recibió un puesto en la Oficina de Correos. Juan Bonilla aceptó un puesto en el Departamento de Instrucción Pública, Manuel de Jesús González en Aduanas.[5] Sotero Figueroa lo logró en el Departamento de Gobernación, y después de reclamar que la recompensa no era suficiente en función de los servicios prestados, fue ascendido a otro puesto en la Imprenta del Gobierno.[6]

Con el sustento asegurado, Serra comenzó a articular su popularidad en el este de Cuba hacia una organización política. Con la ayuda de algunos aliados llegados desde Nueva York, apeló a las sociedades de color, a los cigarreros, a los carpinteros y a otras organizaciones de trabajadores en Santiago. Sus amigos y camaradas viajaron por las zonas rurales cercanas a Santiago, donde los votantes afrodescendientes constituían mayoría en muchos distritos y allí contaron los triunfos de Serra durante sus décadas de exilio, publicitando su relación con Martí, sus batallas con La Jurídica y su afecto por el presidente Estrada Palma. Serra escribió y publicó sobre los mismos temas. También defendió el acceso de las personas afrodescendientes a los empleos públicos, y que se extendiera la educación pública, la protección de los menores ante el abuso, los derechos de los trabajadores cubanos, los derechos de los inquilinos y la reforma del sistema de justicia criminal. Los políticos cubanos, dijo, creían que los pobres "no tenemos sentido común, no tenemos corazón, no tenemos gusto, no tenemos necesidades imperiosas y legítimas que satisfacer, ni intereses que salvar". Es por eso que "se nos halaga, se nos besa y abraza próximo al período electoral" solo para abandonarnos en "nuestros húmedos y lóbregos tugurios" una vez que llegan al poder.[7] Pero él también era un político cubano. En relación con la política local, se afilió al Partido Nacional de Oriente y alineó a sus partidarios tras un abogado blanco de Santiago llamado Antonio Bravo Correoso. En relación con la política nacional, siguió dando apoyo al Partido Moderado de Tomás Estrada Palma.[8] En 1904 logró que los moderados de Oriente le nominaran para un escaño en la Cámara de Representantes. Así venció a su antiguo aliado Juan Gualberto Gómez, que se presentaba como candidato de un partido opositor.[9] Ese mismo año fundó un nuevo periódico, *El Nuevo Criollo*, en el que continuó combinando su filosofía de ciudadanía igualitaria y elevamiento de la raza negra con su apoyo (y cada vez más, sus excusas) a Estrada Palma, hasta que en 1906, el intento por parte del Partido Moderado de asegurarse la reelección a través del fraude electoral provocó un levantamiento de la oposición liberal, una crisis constitucional y una segunda ocupación de Estados Unidos.[10]

Serra había advertido en 1899 que las transformaciones a las que se llegaba a través de la guerra no garantizaban que se avanzase hacia una república para todos. Por suerte, opinó, los cubanos blancos, eran "más susceptible[s] á ceder en el sentido de suavizar la dureza de las preocupaciones que todos los otros blancos de donde quiera que haya sentado sus plantas el cautiverio". No obstante, la clase blanca únicamente aceptaría la creación de una republica igualitaria en el caso de verse presionada por una clase de color bien organizada y disciplinada.[11] En 1907, había llegado el momento oportuno para una nueva ronda de organización con el objetivo de ejercer esa presión. En el centro y occidente de Cuba, la mayor parte de este trabajo organizativo tuvo lugar dentro de las dos facciones principales del Partido Liberal. Juan Gualberto Gómez lideraba una y Martín Morúa Delgado la otra. Otra facción disidente del Partido Liberal, liderado por un ingeniero civil y oficial del ejército llamado Evaristo Estenoz, creó la Agrupación Independiente de Color para poner presión en los partidos y lograr más nombramientos de hombres de color. Serra expresó su admiración por Estenoz. Pero en vez de participar en la Agrupación, apoyó la convocatoria de una convención nacional de la clase de color, una reunión de todos los antiguos aliados que ahora se organizaban los unos contra los otros en campos políticos opuestos para "definir nuestras aspiraciones y luchar sin descanso hasta satisfacerlas".[12] Ayudó a reconstruir el Directorio de Sociedades de Color para coordinar los esfuerzos de políticos afrodescendientes de diferentes partidos. Y mientras Estenoz y sus aliados creaban su propio partido y lanzaban candidatos para las elecciones de 1908, Serra (junto a Cebreco y otros líderes afrodescendientes de Oriente) trabajó para vincular los sindicatos, los clubes y las asociaciones de veteranos entre las que tenía influencia con un partido político nuevo, el Partido Conservador.[13]

En 1908, los liberales ganaron la presidencia y el año siguiente Estados Unidos se retiró de nuevo de Cuba. La victoria liberal dio lugar a una serie de sucesos escalofriantes. De cara a las elecciones intermedias de 1910, Estenoz y su grupo, que ahora se llamaba Partido Independiente de Color, organizaron comités electorales y reclutaron candidatos. Se separaron de los liberales en un intento de lograr, a cambio de una conciliación, concesiones en cuestiones de nombramientos y candidaturas. Pero en vez de negociar, los liberales arrestaron a Estenoz y prohibieron todos los partidos políticos cuyos miembros pertenecieran a una sola raza y persiguieran "objetivos racistas". Dos años después, antes de las elecciones presidenciales, los independientes lanzaron un levantamiento no muy diferente del que los liberales habían organizado en 1906 y que tenía por objetivo forzar al gobierno a negociar o enfrentar una nueva intervención de Estados Unidos. El presidente José Miguel Gómez acusó a los independientes de comenzar una "guerra de razas" y ordenó una sangrienta represión en nombre de la unidad patriótica. Los investigadores han señalado, con toda justicia, que este episodio sirve de prueba de las severas limitaciones que el régimen político cubano impuso sobre la participación afrodescendiente, con la justificación de que Cuba era una sociedad que no reconocía la diferencia racial. Pero la confrontación creciente entre los independientes y los liberales era solo una parte de la política en la Cuba de ese momento en relación con el plano racial. La extensa movilización de votantes de origen africano en los dos partidos más importantes durante la campaña de 1908 sirvió para elegir a catorce legisladores identificados como negros o mulatos, el triple que en ocasiones anteriores. Entre ellos estaban Serra y Cebreco, que se convirtieron en diputados. Según los cálculos de un aliado de Serra, casi la mitad de los escaños de los Consejos Provinciales y el 40% de los Consejos Municipales fueron a parar a candidatos afrodescendientes en aquellas elecciones.[14]

Para mejor o para peor, esta era la victoria que los participantes en tres guerras de independencia habían logrado: una Cuba en la que la concentración de la propiedad de la tierra en manos de empresas azucareras extranjeras excluía en la práctica a la mayor parte de la población rural de cualquier participación en la prosperidad nacional; una Cuba en la que un proyecto oficial de atraer trabajadores inmigrantes blancos hacía caer los sueldos de los trabajadores cubanos, blancos y afrodescendientes; una Cuba en la que las luchas laborales continuaban uniendo a los trabajadores más allá de las líneas de color; una Cuba en la que los hombres de color tenían derecho a voto, pero el sistema político estaba dominado por el clientelismo y el fulanismo; una Cuba en la que todos los políticos de éxito se declaraban defensores de los ideales de José Martí, incluidos aquellos que usaban la memoria de Martí para justificar la represión de las organizaciones políticas negras y la instauración del terror racial. Esta era la Cuba que generaciones de visitantes afroamericanos saludarían como ejemplo de democracia en acción y que otros tratarían de desentrañar para desmentir la imagen de una sociedad sin razas, el país con la "línea de color más zigzagueante del mundo".[15]

En este libro he tratado de demostrar que esa victoria, con todas sus promesas, todas sus transigencias y todas sus limitaciones fue modelada por una generación de políticos e intelectuales que intervinieron en la lucha cubana y dieron forma a la política de la república desde su punto de vista singular como migrantes afrodescendientes en el gran Caribe y como personas instaladas en las viviendas hacinadas de la Nueva York de la Gilded Age.[16]

Estos migrantes no solo ayudaron a dar forma a los ideales que se convertirían en los mitos que guiarían la política republicana, sino que también participaron en las luchas para conseguir el sufragio universal masculino y aquellos que regresaron a Cuba tras la guerra jugaron un papel crucial en cada una de las principales formaciones políticas de la isla. Las líneas radiales que habían tenido su origen en las más humildes cunas de San Juan, Matanzas, Cayo Hueso y La Habana, habían trazado "irresistibles corrientes de febril entusiasmo" hacia las manifestaciones de la plaza pública en las imprentas de Puerto Rico y los clubes de artesanos de Cuba y Cayo Hueso, y habían convergido de manera heroica alrededor de José Martí en Nueva York, volvieron a cruzarse en el mundo de la política cubana bajo protectorado de Estados Unidos, una situación en la que pocos, si es que alguno, logró desempeñarse de una manera irreprochable.[17]

II

Quizás un punto final más adecuado para esta historia sea el del verano de 1905, cuando Rafael Serra, de 47 años pero con graves problemas de salud, editor, miembro de la Cámara de Representantes y empleado del correo cubano, bajó por la rampa del S.S. Vigilancia en la ciudad de Nueva York. Las autoridades del puerto ya habían dejado de permitir que viajeros como Serra desembarcaran directamente en las calles de la ciudad y se dirigieran a las tabacaleras, restaurantes e imprentas cubanas, como habían hecho en décadas anteriores. Desde 1892, el gobierno de Estados Unidos exigía que todos los pasajeros que llegaban desde el extranjero pasaran una inspección en una nueva instalación en la isla de Ellis. En 1905, el político cubano experimentó en su propia piel la evolución del régimen migratorio mientras los empleados del servicio de inmigración lo inspeccionaban y registraban una serie de detalles que, según el Congreso, eran importantes para su estatus de visitante en Estados Unidos: ¿cuál era su "raza o pueblo"? ¿Había estado alguna vez en un asilo de indigentes? ¿Era polígamo, jornalero de contrato, "deforme o lisiado"? Es probable que esta inspección reforzara contrastes a los que ya estaba acostumbrado –entre la evolución del régimen de examen y clasificación en Estados Unidos y los esfuerzos de los activistas afrodescendientes en Cuba, que trataban de eliminar el uso de términos raciales y de color de todos los documentos públicos para poder ser cubanos, sin adjetivos–. Era también un recordatorio de lo resbaladizos que eran los conceptos de raza y nacionalidad en Estados Unidos, sobre todo con respecto a los latinoamericanos. Serra probablemente se dio cuenta de que el inspector registró su raza como "cubano".[18]

El paso por la isla de Ellis marcaba el regreso a casa de un hombre que había pasado gran parte de su vida adulta en Nueva York. Aprovechó el viaje para reunirse con su esposa Gertrudis Heredia, la hija mayor de la primogénita de dos ancianos lucumíes en Matanzas y una de las primeras mujeres cubanas de ascendencia africana que completó el programa de certificación para comadronas en la Universidad de La Habana. Ella había permanecido en Nueva York con su hija Consuelo cuando Rafael regresó a La Habana en 1902. Consuelo se había graduado en la Facultad de Maestros de Nueva York (ahora Hunter College) con un título de lengua inglesa y trabajaba en una escuela en la iglesia católica "de color" San Benito el Moro, situada en el lado oeste de Manhattan.[19] En las calles cercanas al apartamento de la familia en la calle 59 Oeste, Serra debió haber visto el creciente impacto del flujo constante de afroamericanos desde el Sur que, a lo largo de varias décadas, convertiría la ciudad en una metrópolis negra. Lo que había sido una línea de color de retazos dentro de barrios con un 5% o 10% de habitantes negros, estaba dando lugar a barrios negros más populosos y concentrados en los que podría ser fácil pasar por alto a esos cientos de revolucionarios de habla hispana que habían jugado un papel tan activo en la vida de la comunidad afroamericana a finales del siglo XIX. Del mismo modo, si visitó la barbería de Sixto Pozo, que seguía funcionado en la calle Sullivan, no habría encontrado apenas trazas de una época anterior, la de los afroamericanos de Greenwich Village. "La Pequeña África" había dado paso a "La Pequeña Italia" hacía ya una década. El edificio de la antigua iglesia Bethel AME, al lado de la barbería de Pozo, albergaba ahora una congregación italiana. La casa adosada de la calle 3 Oeste, número 74, que había pertenecido a Charles y Hattie Reason y en la que Juan y Gerónimo Bonilla habían alquilado habitaciones, aquella vivienda que se había convertido en el punto central de la esfera donde convergieron todos los radios de un patriotismo renaciente, había sido derribada en 1903. En su lugar se erigía uno de los nuevos edificios, mucho más grandes, que se levantaban por todo el vecindario para inquilinos blancos.[20]

Pero la comunidad en la que Serra había levantado su carrera política y en la que había ayudado a José Martí a apuntalar la suya, no se había desvanecido. Germán Sandoval y Gerónimo Bonilla aún vivían junto a sus familias en la calle 75 Este, donde seguían siendo miembros activos de la Gran Orden Unida de los Odd Fellows. Isidro Apodaca y Josefa Blanco vivían todavía en su apartamento en la Tercera Avenida. Pilar Cazuela y Silvestre Pivaló se habían mudado al otro lado del río, vivían en el Bronx. Pastor Peñalver, que había viajado de niño desde La Habana para asistir al instituto público para estudiantes afrodescendientes, seguía en la ciudad, y continuaba tocando allí donde se cruzaban las tradiciones musicales cubana y afroamericana. No pasaría mucho tiempo antes de que los directores de orquesta de la escena jazzística de la ciudad empezaran a buscar e incorporar más músicos afrodescendientes de Cuba y Puerto Rico.[21] En la política, como en la música, los cubanos y los afroamericanos continuaban implicados en lo que el historiador Frank Guridy ha llamado "abundantes relaciones transnacionales" durante la Primera República y los años siguientes.[22] Juan Gualberto Gómez envió a su hijo a estudiar en el Instituto Tuskegee, un colegio industrial para afroamericanos dirigido por Booker T. Washington, y cuando Rafael Serra regresó a Cuba de esa visita a Nueva York, llevaba consigo una colección de recortes de la prensa afroamericana, fotografías de las unidades militares afroamericanas que habían luchado en Cuba, informes de puestos dados por la administración del presidente Roosevelt a sus partidarios afroamericanos e historias del Instituto Tuskegee. Tradujo y publicó estas últimas en su periódico de La Habana y en un libro de ensayos que produjo en el momento en que realizó su transición del Partido Moderado al Partido Conservador.²³

En Nueva York, para aquellos que sabían verlo, el legado de la comunidad que Serra había encabezado a finales del siglo XIX era aún visible. El hotel Maceo, uno de los más elegantes de la comunidad afroamericana, lugar de encuentro para líderes religiosos, intelectuales y políticos, daba testimonio de la memoria de la lucha por la independencia de Cuba en la ciudad. En 1905 estaba apenas a diez cuadras del apartamento de San Juan Hill donde vivía el Teniente Coronel Tomás Maceo (el hermano menor de Antonio y José). Llevaba alrededor de cinco años en la ciudad y trabajaba como tabaquero.²⁴ Por supuesto, muchos neoyorquinos no reconocían estos vestigios. Pero las relaciones entre afroamericanos y cubanos de ascendencia africana que se desarrollaron durante el siglo XX crecieron desde los cimientos levantados por las generaciones de migrantes cuyas historias contamos en este libro.

III

Quizás, lo mejor sea terminar esta historia en el elegante hotel Maceo, donde, en el otoño de 1905, poco después de que Serra abandonara Nueva York, el joven intelectual puertorriqueño Arturo Schomburg organizó una fiesta de cumpleaños para un periodista afroamericano de edad avanzada llamado John Edward Bruce. Schomburg era 20 años más joven que Sotero Figueroa, pero los dos escritores habían crecido en el mismo mundo. Schomburg era el estudiante de un maestro afrodescendiente y autodidacta en una escuela primaria de San Juan. Pasó a ser aprendiz de un taller de imprenta (a pocos pasos, literalmente, de donde Figueroa había aprendido a enfilar tipos). Asistió a clases nocturnas impartidas en un club de artesanos por quien había sido mentor de Figueroa, José Julián Acosta. Llegó a Nueva York en 1891 para instalarse con su madre (una mujer originaria de St. Croix que pudo ser comadrona) en el edificio de la calle 62 Oeste donde vivían, en ese momento, Juan

Bonilla y Dionisia Apodaca. Encontró trabajo como ascensorista y asumió el puesto de secretario del club Las Dos Antillas. Desde ese cargo informó sobre las actividades del club para el periódico *Patria* durante la década de 1890 y redactó las actas, meticulosamente anotadas, de las reuniones del club que han aparecido tantas veces en las notas al pie de página de este libro. Tras la guerra, se quedó en Nueva York, donde comenzó a llenar el vacío dejado por la partida de Marín, Bonilla, Figueroa y Serra. Dio un salto audaz y comenzó a participar en los debates en la opinión pública, enviando al menos once cartas al director del *New York Times* entre septiembre de 1901 y el final de 1903 sobre temas relacionados con la expansión imperial de Estados Unidos, los linchamientos o la política negra. Comenzó a ganar peso dentro de la logia Sol de Cuba, de la que llegaría a ser líder. Y continuó tejiendo alianzas con políticos, periodistas y predicadores afroamericanos, sobre todo con el grupo al que invitó al hotel Maceo para celebrar a su amigo Bruce. Asistió un antiguo camarada del club Las Dos Antillas. Desde La Habana, el Honorable Rafael Serra envió su excusa.[25]

La sociedad entre Bruce y Schomburg florecería a lo largo de los años siguientes hacia un proyecto compartido de investigación, colección y recopilación histórica. Editaron juntos una *Antología de poetas negros* y recopilaron más de 150 libros hasta 1911 cuando fundaron la Sociedad Negra para la Investigación Histórica. Esta sociedad, pensada como una red internacional de intelectuales que se dedicarían a recopilar y compartir documentos, imágenes, manuscritos y publicaciones de personas de ascendencia africana, y los pondrían a disposición de "miembros de la raza que están interesados en saber qué negros escribieron libros hace cincuenta o cien años, lo que tenían que decir y cómo lo dijeron". Cuando fundaron la sociedad en 1911, Serra ya había muerto pero la primera lista de libros había reservado un lugar importante para sus *Ensayos políticos* junto a libros de poemas de Plácido y Pachín Marín. La colección privada de Schomburg incluía el libro de actas del club Las Dos Antillas. Su red de corresponsales en el extranjero incluía a Evaristo Estenoz, el ingeniero civil y antiguo oficial del Ejército Libertador que lideraba por aquel entonces el Partido Independiente de Color en Cuba. Bruce, como muchos de sus contemporáneos en Estados Unidos, veía la lucha contra el racismo a través de la lente del destino racial, un destino inseparable de la biología. Argumentaba que los "negros" estaban "indisolublemente unidos para el bien o para el dolor, allá donde bajo el sol del cielo se encuentre uno de nuestra raza y sangre".[26] Schomburg parece no haber adoptado en su totalidad la visión biológica de la unidad racial de Bruce pero los dos hombres coincidían en que la unidad racial podía construirse a través del trabajo cultural, especialmente a través de la producción de una memoria histórica compartida.[27] Schomburg explicaba que los negros debían seguir el ejemplo de los judíos, que permanecían conectados los unos con los otros aunque vivían desperdigados por diversas naciones que los despreciaban. No usaba la palabra "diáspora" pero esbozaba un proyecto que investigadores posteriores describirían como la Diáspora Africana. Lo que Schomburg definió como "integridad racial" no se lograría a través de la "higiene" racial o la eugenesia sino a través de la investigación histórica. En 1913 escribió: "Necesitamos una colección o lista de libros escritos por nuestros hombres y mujeres. Necesitamos al historiador o filósofo que nos dé con pluma incisiva, la historia de nuestros antepasados y permita que nuestra alma y cuerpo, con luz fosforescente, alumbre el abismo que nos separa".[28] Schomburg se convirtió en ese historiador, reuniendo una cantidad asombrosa de documentos y libros en su casa de Brooklyn y llegando a ocupar un puesto relevante entre los intelectuales afroamericanos del llamado Renacimiento de Harlem.

De todas las líneas que se cruzaron en La Liga, la trayectoria de Schomburg podría ser la que vincula con más claridad estas historias con la historia de la raza y la etnicidad en Nueva York en el siglo que siguió, una historia en la que los puertorriqueños figurarían con un papel más importante que los cubanos. Tras la derrota de España, el congreso estadounidense decidió no retirar sus tropas de Puerto Rico. En lugar de eso, Estados Unidos declaró la isla como "territorio no incorporado" de Estados Unidos. En el verano de 1902, mientras Estrada Palma asumía el poder en La Habana, el gobierno de Estados Unidos decidió que los puertorriqueños, ahora súbditos de Estados Unidos, serían tratados como extranjeros por un sistema migratorio cada vez más rígido. Schomburg escribió una carta al *Times* protestando por esta decisión.[29] Pocos días antes de que se publicara, uno de los inspectores en la isla de Ellis detuvo a una mujer puertorriqueña llamada Isabela González al descubrir que estaba embarazada. Según la lógica de las autoridades migratorias, una madre soltera llegada de la colonia era moralmente sospechosa, una extranjera a la que se podía excluir a partir de la premisa de que "era probable que se convirtiera en una carga para el erario público". Isabela González era la sobrina de Domingo Collazo, un hombre a quien Schomburg conocía bien, un tipógrafo puertorriqueño, miembro del club Las Dos Antillas que había ayudado a producir y administrar *La Doctrina de Martí*.[30]

Collazo y un grupo de políticos puertorriqueños con los que estaba aliado ayudaron a Isabela González a llevar su caso ante la justicia para probar la aplicabilidad de las leyes migratorias a los puertorriqueños. No rebatieron la idea de que era probable que se convirtiera en carga para el erario público sino la idea de que fuera extranjera. Si Estados Unidos iba a retener el territorio de Puerto Rico, sostenían, debía reconocer a las personas nacidas en Puerto Rico como ciudadanos de Estados Unidos y gobernar la isla con arreglo a su Constitución. En 1904 la Corte Suprema mostró su desacuerdo con este razonamiento y falló en una serie de casos que el Congreso podía establecer una colonia permanente en Puerto Rico, podía restringir el acceso de los puertorriqueños al autogobierno, y no les tenía que garantizar la misma protección ante la ley que a los ciudadanos estadounidenses. El Congreso y la justicia siguieron denegando la misma protección y el derecho al voto en igualdad de condiciones incluso después de darles la ciudadanía a los puertorriqueños en 1917 y permitir la creación de un Estado Libre Asociado en 1952. Aún hoy, el Congreso continúa denegando esos derechos a los puertorriqueños (por ejemplo, niega que el gobierno de Puerto Rico pueda declararse en quiebra y renegociar la deuda pública). En un detalle menor, sin embargo, la justicia falló a favor de Isabela González. En lo que se refiere a la regulación migratoria, los puertorriqueños no podían ser considerados extranjeros.[31]

El impacto de esta decisión y el experimento de colonialismo formal que ayudó a justificar no habría sido visible en Nueva York cuando Serra visitó la ciudad en 1905, ni varios meses más tarde, cuando Schomburg organizó la fiesta para John Edward Bruce. Pero las autoridades de Estados Unidos ya formulaban un proyecto de transferencia de una gran cantidad de puertorriqueños a otros territorios de Estados Unidos como mano de obra. Durante la Primera Guerra Mundial, cuando la migración desde Europa cayó en picado, y después de la Guerra cuando el Congreso levantó medidas cada vez más restrictivas para evitar la entrada de italianos y judíos, los puertorriqueños se convirtieron en una fuente de mano de obra crucial para el Departamento de Guerra y para las empresas privadas en Nueva York. En las tres décadas que siguieron a la Segunda Guerra Mundial, a medida que el gobierno colonial creaba serios desajustes en la economía puertorriqueña y las aerolíneas comerciales comenzaban a ofrecer vuelos directos y baratos desde San Juan a Nueva York, la migración al norte explotó. Por eso al mismo tiempo que Nueva York se convirtió en la metrópolis negra más grande de Estados Unidos, también llegó a ser la ciudad puertorriqueña más grande de la masa continental, en una importante metrópolis latina.[32] Para la época de la muerte de Schomburg, en 1938, los académicos y los políticos ya habían comenzado a tratar de ordenar el rompecabezas de las relaciones entre las dos minorías raciales más importantes de la ciudad y sus divisiones. A finales del siglo XX, la historia del propio Schomburg había capturado la imaginación de los investigadores lidiando con la complejidad de las relaciones entre los puertorriqueños y los afroamericanos que habitaban la ciudad. A algunos Schomburg les parecía una anomalía. Un puertorriqueño que se identificara como "negro" y que participaba en la vida social e intelectual afroamericana era la excepción que confirmaba la regla de que los puertorriqueños y los afroamericanos organizaban sus identidades raciales de modo mutuamente incompatible. Para otros, sus migraciones servían para explorar las fronteras porosas entre las dos comunidades y para imaginar de nuevo tanto las cruces potenciales como las fricciones generadas por sus experiencias con la raza. Para algunos, enfatizaba la importancia de los migrantes que vivían en el continente dentro de las letras puertorriqueñas. Y para otros, se convirtió en una imagen referente para el proyecto de dar visibilidad a la compleja experiencia de los afrolatinos en las narrativas estandarizadas de la historia afroamericana y puertorriqueña y dentro de las narrativas dominantes que cuentan la historia de Nueva York.[33]

Pero sea cual sea el modo en que se recuerde a Arturo Schomburg, las historias contadas en este libro muestran la importante influencia que tuvieron sobre sus proyectos intelectuales y políticos las experiencias de los migrantes y exiliados quienes lo recibieron cuando llegó a Nueva York por primera vez. Su amistad con Bruce no habría sorprendido a nadie que hubiera participado en el club Las Dos Antillas o en la logia Sol de Cuba como tampoco lo habrían hecho sus diferencias con Bruce sobre la base biológica de la integridad racial. La presencia de un hispanohablante erudito en sus reuniones no habría sorprendido a ninguno de los afroamericanos que habían participado en la política del Partido Republicano o de La Liga Afroamericana de décadas previas. Pero, sobre todo, el *proyecto histórico* de Schomburg y su decisión de trabajar junto a Bruce para desarrollarlo derivaba directamente de las prácticas comunes entre la red de revolucionarios antillanos que se habían asentado en la ciudad en décadas previas. Schomburg había leído los bosquejos biográficos producidos por los intelectuales del movimiento, comenzando por las semblanzas escritas por Figueroa sobre José Campeche y Rafael Cordero que se publicaron cuando era un cajista de quince años en San Juan. Había participado en las batallas en torno a la historia que tuvieron lugar tras la muerte de José Martí. Es más, fue el secretario de actas de la velada en la que los oradores del club Las Dos Antillas debatieron sobre las contribuciones del "negro" a la civilización mundial. Había sido testigo del incremento de publicaciones de exiliados afrodescendientes al final de la guerra entre las que estaban los *Ensayos políticos* de Serra, *Figuras y figuritas* de Teófilo Domínguez y el volumen *Rectificaciones*, escrito por Juan Felipe Risquet en Cayo Hueso y publicado por Sotero Figueroa poco después de mudarse a Cuba. Sabiendo que era probable que los archivos y bibliotecas establecidos en la nueva república minusvaloraran sus contribuciones o las borraran de un plumazo de la memoria nacional, estos autores dejaron a la vista un rastro impreso de lo sucedido. Sus libros detallaron la historia de la lucha por los derechos civiles en Cuba y el trabajo de los exiliados afrodescendientes por la causa de la independencia nacional. Lo hicieron a través de las semblanzas y fotografías de hombres y mujeres afrodescendientes de actividad notable.[34]

Siguiendo esta línea, Bruce y Schomburg comenzaron a imaginar un proyecto para recopilar las pistas que los intelectuales de ascendencia africana habían dejado diseminadas por los estrechos confines de todas las bibliografías y bibliotecas nacionales de América, Europa y África. Trataron de compilar estas fuentes primarias en un nuevo archivo que expresaría la unidad de las personas negras a través de fronteras nacionales. Esa era una idea que tenía algo de nuevo, pero, al mismo tiempo, reflejaba una pauta desarrollada tiempo atrás por la comunidad de migrantes cubanos. Durante años, Bonilla y Serra habían hecho de traductores y habían enviado informes de las actividades, combates y triunfos de los afroamericanos con el objetivo de edificar a los lectores cubanos. Risquet había llevado este proyecto un paso más allá, publicando en su libro sobre cubanos "de color" una lista de personas "de color" notables de Puerto Rico y otros países entre los que estaban Estados Unidos, Venezuela, Francia o incluso Rusia. La experiencia de "migrar siendo negros" ayudó a crear las condiciones para imaginar la unidad racial a través de las líneas nacionales. Y las mismas redes necesarias para apoyar la migración –las que apoyaban además el trabajo intelectual del activismo por los derechos civiles y el nacionalismo radical– hicieron posible también el trabajo intelectual implícito a la forja de las ideas y prácticas de la diáspora negra. El genio de Schomburg estaba en imaginar esta red de corresponsales y viajeros por el mundo como algo que podía transformarse en la membresía internacional de la Sociedad Negra para la Investigación Histórica. Se dedicó a convencerlos para que compartieran libros, documentos y semblanzas biográficas para incluirlas en su colección. A cambio, pensó, la colección construiría un sentimiento de orgullo y solidaridad que serviría para el progreso de los afrodescendientes en todo el planeta.

Hace tiempo que no existe aquella modesta casa adosada de la calle 3 Oeste en la que se reunieron una fría noche de enero de 1890 un grupo de cubanos y puertorriqueños de color para crear La Liga, la institución que les ayudaría a convertirse en intelectuales y revolucionarios, desde la que ayudaron a cambiar el curso de la historia de Cuba. El edificio que la sustituyó en 1903, mucho más grande, aún sigue en pie. Está al otro lado de la calle, justo en el borde sur, de la Universidad de Nueva York. El local comercial en la planta baja del número 74, donde tenía su sede La Liga, acoge hoy un *pub* en el que se sirven cervezas artesanales de barril. En la puerta de al lado, un Dunkin Donuts. No hay placa ni recordatorio alguno, ninguna seña que permita recordar las extraordinarias vidas que cruzaron sus caminos en este lugar hace más de un siglo. No hay nada que permita que los neoyorquinos de hoy sepan de la política de armonía racial que trataron de construir las personas que frecuentaron ese edificio. No hay nada que permita que los habitantes del barrio o quienes lo visitan sepan que aquella idea, que tantos imaginan como propia del campo de batalla en Cuba o nacida ya en su forma final de la mente de José Martí fue, en gran medida, producto del encuentro de un grupo extraordinario de migrantes afrodescendientes con la ciudad de Nueva York. Tampoco queda hoy nada que permita a los miles de personas que doblan esa esquina todos los días imaginar que las reuniones celebradas en ese lugar ofrecen un punto de partida indispensable para comprender las fronteras, en evolución permanente, entre las comunidades latina y afroamericana en Nueva York, y entre sus culturas y políticas. Pero apenas a 30 minutos de metro en dirección norte, cualquier visitante puede encontrarse con un monumento impresionante a las vidas y obras de estos migrantes. En 1926, Arturo Schomburg vendió su colección de libros y documentos a la Biblioteca Pública de Nueva York. Esos materiales sentaron las bases de lo que hoy es el Centro para la Investigación de la Cultura Negra Arturo A. Schomburg. El Centro Schomburg se ha convertido en una de las instituciones más importantes en el ámbito de los estudios afroamericanos y sobre todo de los estudios de la Diáspora Africana durante el último siglo. Es el legado más apropiado para aquellas historias de Nueva York que comenzaron en las "humildes cunas" de La Habana, Matanzas, San Juan, Cayo Hueso y Arecibo tanto tiempo atrás. Es un buen recordatorio de la profundidad, casi totalmente silenciada, con la que estas historias continúan dando forma hoy a nuestro mundo.

Agradecimientos

Quisiera ofrecer mi más profunda gratitud a Alberto Arce por su excelente trabajo de traducción y a Lea Geler, Vicent Sanz Rosalén, y Laura Salguero Esteban por sus generosas lecturas de la versión en español y por sus comentarios imprescindibles sobre ella. Si el texto final tiene palabras o frases que puedan parecer torpes para un lector hispanoparlante, o que manifiesten un tono u ordenamiento más propio de la expresión en inglés, la culpa es solo mía. También quisiera agradecer a las tres organizaciones que patrocinaron esta traducción y su publicación: el Centro de Estudios Latinoamericanos y Caribeños de la Universidad de Michigan, el proyecto TOME y MaizeBooks.

Quiero extender también un sentido agradecimiento a los colegas que leyeron este libro en inglés cuando aún era manuscrito y que me ofrecieron tanto su apoyo como sus comentarios, sugerencias y críticas: Jeremy Adelman, Paulina Alberto, Nicholas Bagley, Sam Erman, John Mack Faragher, Ada Ferrer, Alejandro de la Fuente, Michele Hoffnung, Danielle LaVaque-Manty, Matthew Lassiter y Rebecca Scott.

Así mismo me he beneficiado de los comentarios y sugerencias que ofrecieron, en el contexto de presentaciones o talleres, María del Carmen Baerga, Andrew Cohen, Astrid Cubano, Arcadio Díaz-Quiñones, John French, Lea Geler, Julie Greene, Miriam Jiménez-Román, Eileen Suárez Findlay y Lorrin Thomas, a quienes estoy profundamente agradecido. Christopher Schmidt-Nowara y Juan Flores, a quienes recuerdo y echo mucho de menos, fueron fuentes de inspiración y brillante guía. Gracias también a un grupo de colegas más amplio que participaron en talleres y presentaciones del Grupo de Estudios Afro-Latinoamericanos en Buenos Aires, y las universidades de Yale, California-Los Angeles, Maryland, Chicago, Northwestern, Syracuse, Duke y Rutgers.

El proyecto nunca habría fructificado sin la ayuda, generosidad y las interesantes ideas de Aisnara Perera Díaz y María de los Ángeles Meriño Fuentes. Estoy en deuda con muchos otros colegas que pródigamente me ayudaron a localizar materiales de investigación y compartieron ideas y materiales propios: Adriana Chira, Marie Cruz Soto, Lillian Guerra, Antonio Hernández Matos, Marial Iglesias Utset, John Logan, Carla Peterson, Matthew Smith y Asiel Sepúlveda. Me gustaría agradecer especialmente a Enrique López Mesa y Félix Ojeda Reyes su innovador trabajo y su generosidad a la hora de compartir materiales a distancia.

Debo mencionar, sin duda, también a los compañeros que organizaron y celebraron simposios conjuntos en la Universidad de Michigan y la Universidad de Puerto Rico en 2008 y 2009 y que además me dieron una acogedora bienvenida a la vida intelectual de la UPR: Juan Hernández, Marie Cruz Soto, Lenny Ureña, Maritza Maymi, Carlos Pabón, Manuel Rodríguez, Sam Erman, Isabel Córdova, Lanny Thompson, Astrid Cubano, María del Carmen Baerga y, especialmente, Carmen Suárez. El mismo agradecimiento va dirigido a los organizadores y participantes del *practicum* de investigación en el Centro Juan Marinello de La Habana: los miembros del equipo del Marinello, los compañeros de la Fundación Antonio Núñez Jiménez y el Archivo Nacional de Cuba, al igual que a Natalie Zemon Davis, Ada Ferrer, Alejandro de la Fuente, Reinaldo Funes Monzote, Orlando García Martínez, Jean Hébrard, Oilda Hevia Lanier, Marial Iglesias Utset, Jean-Frederíc Schaub, Rebecca Scott, Ibrahima Thioub y Michael Zeuske.

También quiero dar las gracias a los estudiantes que me ayudaron en varios aspectos de este proyecto a lo largo de los años: Simren Atal, Ashleigh Begres, Meghan Berry, Simone González-Nagy,

Chiara Kalogjera-Sackellares, Jacob Sigman, Alexandrea Sommers y Yuting Sun. A los expertos en datos Justin Jocque, Alexa Pierce y Nicole Scholtz que me ayudaron a recopilar y procesar el censo, las coordenadas y los análisis en red y el cartógrafo Adrian Kitzinger que convirtió ese trabajo en bellos mapas. Gracias también a mis colegas del proyecto *Mapping Migrant Stories*, Sigrid Anderson y Joshua Miller, y a June Howard, por ayudarnos a poner el proyecto en marcha y financiarlo.

Los diez años que he pasado trabajando en este libro han estado repletos de sucesos que cambian la vida y que le dan sentido: la pérdida de mi padre, el amor profundo e inquebrantable de mi madre y de mi padrastro, el apoyo de mi madrastra y suegros, el placer de pasar a la mediana edad con mis hermanos, hermanas, cuñadas y cuñados, el tiempo que he disfrutado de mis sobrinos y sobrina, los amigos nuevos y los antiguos. Pero, sobre todo, dos factores han marcado este periodo de mi vida más que cualquier otra cosa: la llegada de dos personas curiosas, divertidas y hermosas, Lalo y Pía y el milagro de compartir sus vidas y la mía, con Paulina. A ella le dedico este libro.

Una nota sobre las fuentes

Un colega que leyó un manuscrito de este libro señaló, con generosidad, que me había planteado el reto de contar historias basadas en fuentes que eran escasas como "la sopa de un convicto". Es cierto que recopilar materia prima para este proyecto no ha sido fácil. Pero si uno lo compara con los individuos cuyas vidas fueron trazadas por Natalie Zemon Davis en *The Return of Martin Guerre*, por Tiya Miles en *Ties that Bind*, o por Rebecca Scott y Jean Hébrard en *Freedom Papers*, las figuras más importantes de *Migraciones raciales* aparecen en un gran número de fuentes. Este es, en gran medida, el resultado del esfuerzo asumido por ellos mismos para publicar sus propios pensamientos e historias en periódicos, panfletos, poemas y ensayos biográficos. Y gracias a sus relaciones con José Martí y Tomás Estrada Palma se ha conservado también parte de su correspondencia. El hecho de que vivieran en Estados Unidos a finales del siglo XIX ha ayudado bastante. Varias agencias de un estado administrativo cada vez más desarrollado registraron y conservaron detalles sobre sus movimientos y actividades, conservaron listas de pasajeros en los puertos, peticiones de nacionalidad, censos, certificados de nacimiento y matrimonio, solicitudes de pasaportes y otros documentos similares. La dificultad ha consistido no tanto en recabar las fuentes sino en encontrar y desarrollar instrumentos y métodos para sacar provecho de las ya existentes y, más que nada, en aprovechar las nuevas herramientas disponibles gracias a que vivimos en la "era digital".

Para comenzar, la búsqueda digital de textos; una técnica sobre la que algunos investigadores han planteado una preocupación razonable, pero que los historiadores usan a menudo, lo reconozcamos o no. Yo la he utilizado mucho. Mientras leía los trabajos publicados, documentos archivados y periódicos conservados en hemerotecas, fui recopilando nombres y direcciones y me centré especialmente en las listas de miembros de clubes y logias. Gracias a eso pude buscar esos nombres a través de una serie de plataformas digitales como Google Books, Hathi Trust o Worldcat, así como en los archivos digitales de periódicos para seguir pistas. Por ejemplo, una búsqueda especializada en Worldcat sobre el nombre de una imprenta mencionado en *La Doctrina de Martí* me llevó a un manifiesto, publicado en la misma imprenta, firmado por 112 "emigrados de color" en Nueva York en 1899 que nunca había visto citado antes. Después hice una búsqueda en varias bases de datos con los nombres de cada uno de esos emigrados. Las bases de datos con los textos completos de publicaciones periódicas afroamericanas fueron de especial ayuda a la hora de trazar las conexiones existentes a través de divisiones lingüísticas. Así es como localicé a Serra y otros cubanos en el *New York Age*. Y así es como encontré los detalles sobre Charles y Hattie Reason, los caseros de los Bonilla, que vivían en el piso de arriba de la casa en la calle 3 Oeste, número 74.

En segundo lugar, hice amplio uso, probablemente obsesivo, de dos páginas de internet de genealogía, FamilySearch.org y Ancestry.com en las que busqué los nombres de los individuos que había reunido en las listas de miembros de clubes y logias. Estos sitios permiten búsquedas por nombre y apellido en las recopilaciones del censo, los registros de nacionalización, las solicitudes de pasaportes, las listas de pasajeros y los directorios de las ciudades. Buscar allí me permitió, por ejemplo, trazar quiénes habían vivido en casa de la familia Sandoval en la calle Thompson, número 89 y reconocer entre ellos a muchos de los miembros fundadores de la logia San Manuel. Del mismo modo, y porque había buscado el registro de nacionalización de Germán Sandoval, supe que Cándido Olivo había sido su testigo. De ese modo fui capaz de reconocer a Olivo como pasajero cuando encontré la lista de pasajeros del barco que había traído a Pastor Peñalver a la ciudad. Por casualidad, busqué la casa de Philip White y Elizabeth Guignon en el censo de 1880. Con enorme sorpresa descubrí que Carlos y Sarah Crespo también vivían allí. Este tipo de búsquedas también me permitió conseguir información sobre la ocupación, dirección, fecha de nacimiento, edades, composición del núcleo familiar y adscripción racial de muchos individuos que de otro modo habrían aparecido solo en una lista de los miembros de un club o una logia.

Finalmente, y gracias al generoso apoyo de la Universidad de Michigan, experimenté con instrumentos informáticos que me permitieron procesar los abundantes datos disponibles en las páginas de internet dedicadas a la genealogía e incorporarlos a una historia social. Los mapas de este libro muestran pautas de segregación residencial en edificios individuales y la distribución de cubanos y puertorriqueños a lo largo de esas líneas de color, dibujadas a partir de los datos del censo descargados del North Atlantic Population Project. Completé estos datos con resultados del censo de 1880 y de 1900 disponibles en los manuscritos digitalizados en FamilySearch.org y con coordenadas geoespaciales que me facilitó el equipo de John Logan en la Universidad de Brown. Situé todos estos datos en capas sobre mapas producidos por empresas de seguros de la ciudad de Nueva York de la época. Del mismo modo, al recopilar y analizar los 2056 registros relacionados con cubanos en el índice de naturalizaciones en la ciudad de Nueva York entre 1872 y 1888 y procesarlos con una herramienta de visualización en red, fui capaz de identificar pautas de actividad política entre los cubanos exiliados. Solo un puñado de personas ejercieron como testigos en los procesos de naturalización de cientos de cubanos en las semanas que precedieron a las elecciones. Gracias a que pude hacer referencias cruzadas de estos registros con otras fuentes, pude localizar a los miembros de las logias Sol de Cuba y San Manuel y de La Liga en esas redes políticas y sociales. Los lectores pueden encontrar una discusión más profunda sobre el uso de métodos digitales en mi ensayo "Cuban Racial Politics in 19th-Century New York: A Critical Digital Approach", en *American Historical Review* (de próxima publicación).

Notas

PRÓLOGO: LÍNEAS RADIALES

1   La descripción del apartamento es de González, "Una clase en La Liga". El reglamento de La Liga se encuentra en Serra, *Ensayos políticos*, 145–52. El discurso de Serra en la inauguración de La Liga se encuentra en Serra, *Ensayos políticos*, 43–60. Sobre la vida de Serra, las fuentes más importantes son: Despradel, *Rafael Serra*; González Veranes, *La personalidad de Rafael Serra*; Deschamps Chapeaux, *Rafael Serra*. Véase también Bronfman, *Measures of Equality*; Guerra, *The Myth of José Martí*; Pappademos, *Black Political Activism*; Mirabal, *Suspect Freedoms*; Fusté, "Translating Negroes into Negros".
2   Sobre el concepto de afrolatino véase Dzidzienyo y Oboler, *Neither Enemies nor Friends*; Jiménez Román y Flores, *Afro-Latin@s in the United States: A Reader*; Rivera-Rideau, Jones y Paschel, *Afro-Latin@s in Movement*. En la versión de este libro en inglés, uso los términos "people of color", "black", y a veces "black and brown". En Estados Unidos, donde vivo, todos estos términos son de uso común tanto académicamente como en el ámbito social, aunque algunos optan por el término "Black", con mayúsculas. Entiendo, no obstante, que el término "de color" puede tener una connotación diferente en América Latina y que no es el que muchos activistas prefieren usar. Por otra parte, considero que es necesario usar la expresión "de color", al igual que "pardo", "negro" y "mulato", entre comillas o sin ellas, para poder trazar conversaciones y dinámicas históricas importantes. Para esta traducción, he priorizado el uso del término afrodescendiente, cuando ha sido posible. Sobre el término afrodescendiente véase Rodríguez,

"Entramos negros y salimos afrodescendientes"; Lao-Montes, "Cartografías del campo político afrodescendiente en América Latina".

3 Sobre la memoria póstuma de Martí como venerado héroe nacional véase Iglesias Utset, "José Martí: mito, legitimación y símbolo"; Guerra, *The Myth of José Martí*. Acerca de los extensos debates sobre el legado de Martí, véase Ripoll, "The Falsification of José Martí in Cuba"; Estrade, *Martí en su siglo y en el nuestro*.

4 Acerca de los dos retratos, véase González, "Una clase en La Liga". Sobre las tres guerras de independencia y la lucha contra la esclavitud, Ferrer, *Insurgent Cuba*; Scott, *Slave Emancipation in Cuba*. Sobre las divisiones entre emigrados, Poyo, *With All, and for the Good of All*; Pérez, *Sugar, Cigars, and Revolution*.

5 Sobre las vidas de Figueroa y Marín, Esteves, véase *Estudio biográfico del poeta arecibeño*; Toledo, *Sotero Figueroa*; Ojeda Reyes, *Peregrinos de la libertad*; Hoffnung-Garskof, "To Abolish the Law of Castes".

6 Martí, *Obras completas*, 4:279; "Mi raza", en *Patria*, 16 de abril, 1893.

7 Wade, "Images of Latin American Mestizaje and the Politics of Comparison"; de la Fuente, "Myths of Racial Democracy"; Alberto y Hoffnung-Garskof, "'Racial Democracy' and Racial Inclusion: Hemispheric Histories".

8 Despradel, *Rafael Serra*, 4.

9 Scott y Hébrard hablan de "microhistoria en movimiento" en Scott y Hébrard, *Freedom Papers*; Scott, "Microhistory Set in Motion".

10 Véase, por ejemplo, Torres-Saillant, "The Tribulations of Blackness"; Duany, "Reconstructing Racial Identity"; Itzigsohn, Giorguli y Vazquez, "Immigrant Incorporation and Racial Identity: Racial Self-Identification among Dominican Immigrants"; Ramos-Zayas, *Street Therapists*; Carlo-Becerra, "Which Is 'White' and Which 'Colored'?"

11 Para otros ejemplos de estudios comparativos sobre la raza que dan atención a los procesos de movimiento y contacto transnacional, véase Scott, *Degrees of Freedom*, 4; Putnam, *Radical Moves*; Hoffnung-Garskof, *A Tale of Two Cities*. En *Uneven Encounters*, Micol Seigel ofrece otro modelo importante, sosteniendo que un enfoque trasnacional debe servir como rechazo (en vez de complemento) al modelo comparativo.

12 Deschamps Chapeaux, *Rafael Serra*, 148.

13 Sobre los encuentros e intercambios entre norteamericanos y cubanos afrodescendientes en el siglo XX, véase Guridy, *Forging Diaspora*.

Acerca de la definición de una diáspora (o múltiples diásporas) africanas, véase Patterson y Kelley, "Unfinished Migrations"; Palmer, "Defining and Studying the Modern African Diaspora". Sobre la construcción de coaliciones entre afronorteamericanos y puertorriqueños, véase Flores, "Que Assimilated, Brother, Yo Soy Asimilao"; Thomas, "Resisting the Racial Binary?"; Lee, *Building a Latino Civil Rights Movement*.

14 Por supuesto, la historia narrativa no es, de por sí, novedosa. Al contrario, ha sido criticada como un género tradicional y conservador. James Goodman, que fue mi profesor hace más de 25 años, explica las controversias sobre la narrativa que se han desarrollado en el campo de la historia en Estados Unidos, en "For the Love of Stories". Mientras yo escribía el presente libro, tuve la suerte de poder conversar con dos colegas, Tiya Miles and Paulina Alberto, mientras daban un seminario de postgrado sobre historia y narrativa.

15 Dos modelos importantes son Davis, *The Return of Martin Guerre*; y Miles, *Ties That Bind*. LaKisha Simmons, citando a Paula Fass, llama a este método el uso de la "imaginación disciplinada". Simmons, *Crescent City Girls*, 10–11.

CAPÍTULO UNO: LOS COMIENZOS

1 Despradel, *Rafael Serra*, 4.

2 Domínguez, *Figuras y figuritas*, xiv. La escasez de detalles se reproduce en la breve reseña biográfica que el yerno de Serra, Pedro González Veranes, pronunció durante una conferencia que ofreció en el prestigioso club "Atenas" en 1942. González Veranes, *La personalidad de Rafael Serra y sus relaciones con Martí*, 12–13.

3 La expresión más interesante de esta tendencia aparece en una biografía del compositor Juan Morel Campos, hombre de ascendencia africana y europea, que escribió su hermano, el tipógrafo y periodista Ramón Morel Campos. Ramón notó que a su hermano se le describía a menudo como persona "humilde", en referencia a su carácter modesto. Pero, señalaba el biógrafo, a veces esa "humildad se interpreta de otra manera" y permite que el lector imagine a una persona "nacida fuera de los límites de la ciudad, en una plantación o colonia y bajo el latigazo sin piedad de algún capataz, etc." Morel Campos, "Biografía del malogrado compositor puertorriqueño", en Aronja Siaca, Ernesto, *Juan Morel Campos*.

4 "La Liga Antillana", *Patria*, 28 de enero de 1893.
5 Toledo, *Sotero Figueroa*.
6 Acta de bautismo de María Gertrudis Heredia, 16 de febrero de 1856, Matanzas, Parroquia de San Carlos, Libro 23 de bautismos de pardos y morenos, Folio 246 vuelto, número 1072. Colección personal de Aisnara Perera y María de los Ángeles Meriño.
7 Certificación literal de partida de bautismo de José Rafael Simón Agapito Serra, 3 de abril de 1858, La Habana, Parroquia Nuestra Señora de Monserrate, Libro 4 de bautismos de pardos y morenos, Folio 226 vuelto, número 858.
8 Martínez Alier, *Marriage, Class, and Colour*, 11–14.
9 Martínez, Nirenberg y Hering Torres, *Race and Blood in the Iberian World*. "Decreto derogando cuantas disposiciones".
10 Acta de Bautismo de José Julián Martí Pérez, 28 de enero de 1853. La Habana, Iglesia de Santo Ángel Custodio, Libro 18 de bautismos de blancos, Folio 61 vuelto. Reimpreso en Roig de Leuchsenring, *Martí en España*, 6.
11 Para el decreto del obispo, véase "Santa visita de la Catedral y Parroquia de Puerto Rico", Julio de 1852, Parroquia de Nuestra Señora de los Remedios, Libro 27 de bautismos de pardos y morenos, Folio 238. Esta decisión pudo nacer como parte de una campaña para incrementar el profesionalismo y mejorar el comportamiento moral de los sacerdotes, y también de la campaña para desincentivar el amancebamiento que imperaban en la isla. Véase Esteve, *Pastoral*. Chirinos, "Los límites del poder disciplinario".
12 Acta de bautismo de Francisca Figueroa Fernández, 22 de enero de 1848, Libro 27 de bautismos de pardos y morenos Folio 9; Acta de bautismo de Jesús María Figueroa Fernández, 15 de octubre de 1851, Folio 198, Libro 27 de bautismos de pardos y morenos; Acta de bautismo, Sotero Figueroa Fernández, 28 de junio de 1853, Libro 18 de bautismos, Folio 65. Los tres son de San Juan, Parroquia de Nuestra Señora de los Remedios, PRCCR.
13 Barcia Zequeira, *Los ilustres apellidos*; López Valdés y Alegría, *Pardos y morenos*; Deschamps Chapeaux, *El negro en la economía*; Sartorius, "My Vassals".
14 Kinsbruner, *Not of Pure Blood*, 30–32.
15 Ferrer, *Freedom's Mirror*; Fradera, *Colonias para después de un imperio*.

16 US War Department, *Report on the Census of Porto Rico*, 33; US War Department, *Report on the Census of Cuba*, 710–12; Sobre la concentración de las exportaciones en el oeste de Cuba Pérez de la Riva, *El barracón*, 175–76; Sobre la geografía de la esclavitud, Bergad, Iglesias García y Barcia Zequeira, *The Cuban Slave Market*, 32; Scarano, *Sugar and Slavery in Puerto Rico*.
17 Ferrer, *Freedom's Mirror*, especialmente páginas 38–43. Reid-Vazquez, *The Year of the Lash*, 26–41; Sartorius, *Ever Faithful*, 40–46.
18 Enrique Medín Arango, que se convertiría en activista sindical, orador y lector en las fábricas de tabaco, fue el hijo de Secundino Arango y María Gil Morales, la viuda de Plácido. Risquet, *Rectificaciones*, 145–46. Sobre lo sucedido en 1844 véase Finch, *Rethinking Slave Rebellion*; Reid-Vazquez, *The Year of the Lash*; Paquette, *Sugar Is Made with Blood*; Pletch, "Isle of Exceptions".
19 La segregación de los libros sacramentales en Cuba terminó entre 1899 y 1904. Logan, "Each Sheep with Its Mate".
20 Abbad y Lassiera, *Historia geográfica*, 399.
21 Baerga, *Negociaciones de sangre*, 101–32.
22 "Bando contra la raza africana, 31 de mayo de 1848". un *Boletín histórico de Puerto Rico* (San Juan: Editorial LEA, 2004), 1–2:122–26; Baralt, *Esclavos rebeldes*, 127–34; Díaz Soler, *Historia de la esclavitud negra en Puerto Rico*.
23 Esta descripción es coherente con la ofrecida por Tapia y Rivera, *Mis memorias*, 148.
24 Acta de bautismo de Francisca Figueroa Fernández, 22 de enero de 1848, Libro 27 de bautismos de pardos y morenos, folio 9; Acta de bautismo de Jesús María Figueroa Fernández, 15 de octubre de 1851, folio 198, Libro 27 de bautismos de pardos y morenos; Acta de bautismo de Sotero Figueroa Fernández, 28 de junio de 1853, Libro 18 de bautismos, folio 65. Todos de la parroquia de Nuestra Señora de los Remedios, PRCCR.
25 Baerga, *Negociaciones de sangre*; Twinam, *Purchasing Whiteness*; Chira, "Uneasy Intimacies". Es interesante comparar esta situación con trabajos etnográficos que destacan la "inconsistencia lingüística en la clasificación racial" a finales del siglo XX en Puerto Rico, Godreau, "Slippery Semantics". Gravlee, al contrario, encuentra un grado alto de consistencia semántica en el Puerto Rico contemporáneo, "Ethnic

Classification in Southeastern Puerto Rico: The Cultural Model of 'Color'", utilizando los instrumentos que diseñó Harris. Harris, "Referential Ambiguity in the Calculus of Brazilian Racial Identity".

26 *Resumen del censo de población de la isla de Cuba a fin del año de 1841*; Sagra, *Cuba en 1860*, 21. Para el censo de Puerto Rico de 1846, véase Abbad y Lassiera y Acosta y Calbo, *Historia geográfica*, 302. Para Puerto Rico en 1860, Bona, *Cuba, Santo Domingo y Puerto-Rico*, 84. Los autores de un informe sobre el censo en Puerto Rico en 1899 ofrecen un comentario interesante: "Si esta línea de separación entre los blancos y los mestizos ha sido hecha en el censo con gran cuidado, se presta a discusión, pero no hemos encontrado pruebas en el asunto". Sanger, Gannett y Willcox, *Informe sobre el censo de Puerto Rico*, 1899, 89.

27 Para los censos de 1841 y 1861 las autoridades recopilaron los datos del número de pardos y morenos, pero no incluyeron una tabulación de esos resultados en su publicación. Otros censos hechos después no recogieron estos datos. Instituto Geográfico y Estadístico, *Censo de la población de España*, xxxii–xxxiii.

28 Helg, *Our Rightful Share*, 3, 40.

29 Roig de Leuchsenring, *Martí en España*, 8–9.

30 Grandío Moráguez, "The African Origins"; Hall, *Slavery and African Ethnicities*, 132–43.

31 Smallwood, *Saltwater Slavery*; Van Norman, "The Process of Cultural Change".

32 Miller, *Voice of the Leopard*.

33 Rafael Serra, "Soneto", *El Pueblo*, 13 de junio de 1880.

34 Rafael Serra, "En defensa propia II", *La Igualdad*, 30 de marzo de 1893.

35 Rafael Serra, "Nadie lo sabe", *La Igualdad*, 8 de marzo de 1894.

36 Lucena Salmoral, "El derecho de coartación"; de la Fuente, "Slaves and the Creation"; Bergad, Iglesias García y Barcia Zequeira, *The Cuban Slave Market*, 122–42; Perera Díaz y Meriño Fuentes, *Para librarse de lazos*.

37 Partida de bautismo reproducida en Cabrera, *La Juventud de Juan Gualberto Gómez*, 21–22; Horrego Estuch, *Juan Gualberto Gómez*, 4–5.

38 Lucena Salmoral, "El derecho de coartación"; de la Fuente, "Slaves and the Creation"; Bergad, Iglesias García y Barcia Zequeira, *The Cuban Slave Market*, 122–42.

39 Este detalle viene del certificado de defunción de la hermana de Sotero Figueroa, Certificado de defunción de Francisca Figueroa y

Fernández, San Juan: Departamento de Sanidad de Puerto Rico, 24 de abril de 1935, PRCCR.
40 Lovejoy, "Old Oyo Influences"; Law, "Ethnicity and the Slave Trade".
41 Me siento en deuda con Aisnara Perera y María de los Ángeles Meriño por compartir conmigo su base de datos sobre bautizos en la catedral de Matanzas, de donde sale toda esta información. Adriana Chira ha destacado casos de mujeres que, tras asegurar su propia libertad, fueron tanto madrinas como dueñas de otras personas esclavizadas. Chira, "Uneasy Intimacies".
42 Moliner Castañeda, *Los cabildos afrocubanos en Matanzas*. Este autor identifica a Campos como capataz del cabildo Fernando VII, en el 157 de la calle Daoíz, entre 1840 y 1866. Después el líder del cabildo pasó a ser un hombre llamado Luis Campos. Moliner también señala que la tradición oral sugiere que el Cabildo se identificaba con Oyo y que en 1864 el cabildo organizó 45 bailes. Marta Silvia Escalona ofrece detalles sobre la festividad del Rosario en Escalona, *Los cabildos de africanos*, 165–66.
43 Valdés Domínguez, "Ofrenda de hermano".
44 Sobre las interacciones entre los cabildos y los celadores véase Moliner Castañeda, *Los cabildos afrocubanos en Matanzas*, 35–36. Sobre el papel del liderazgo masculino y femenino en los cabildos, Barcia Zequeira, *Los ilustres apellidos*, 84–112. Sobre las prácticas espirituales lucumíes en Matanzas, Brown, *Santería Enthroned*.
45 Martínez-Fernández, *Protestantism*, 30–34.
46 Twinam argumenta que los prejuicios y la discriminación de color aumentaron en el imperio español a finales del siglo XVIII, particularmente en el Caribe. Twinam, *Public Lives, Private Secrets*, 196, 208–15.
47 Acta de bautismo de Manuela Aguayo Pulido, 26 de octubre de 1855, Toa Baja, Parroquia del Apóstol. Libro 10 de bautismos, folio 100. PRCCR.
48 Acta de bautismo de María Eustaquia Cabrera, 13 de noviembre de 1830, San Juan, Parroquia de Nuestra Señora de los Remedios, Libro 22 de bautismos de pardos, folio 174, identifica a la madre de Ezequiela, Juana Gregoria Cabrera, como parda. O esta es la partida de bautismo de Ezequiela (y su nombre se escribió mal) o el de una hermana. Los hijos nacidos más tarde de Juana Gregoria Cabrera y "Don" Andrés Pulido, fueron inscritos como hijos naturales en el libro de blancos.

Por ejemplo: "Acta de bautismo, Manuela Pulido y Cabrera", 12 de enero de 1835, San Juan, Parroquia de Nuestra Señora de los Remedios, Libro 14 de bautismos de blancos, Folio 27. PRCCR.

49 "Acta de matrimonio, Manuel Aguayo y Matilde Hernández", 2 de abril de 1856, Toa Baja, Parroquia del Apóstol. Libro de matrimonios, 1815-1863, Folio 138; "Acta de bautismo, Josefa Aguayo Hernández", 11 de abril de 1859, Toa Baja, Parroquia del Apóstol. Libro 11 de bautismos, Folio 6. PRCCR.

50 Como prueba de este segundo hijo, ver "Acta de matrimonio, José Rudolfo Pulido y Josefa Felicita Miró", 25 de julio de 1887, San Juan, Parroquia Nuestra Señora de los Remedios, Libro 12 de Matrimonios, Folio 77. Para el bautizo del hijo de Manuela y Sotero, "Acta de bautismo, Francisco Figueroa Aguayo", 6 de Junio de 1880, San Juan, Parroquia Nuestra Señora de los Remedios, Libro 26 de bautismos, Folio 294. PRCCR. Sobre la relación entre legitimidad, honor y raza, Baerga, *Negociaciones de sangre*; Twinam, *Public Lives, Private Secrets*; Martínez Alier, *Marriage, Class, and Colour*.

51 Barcia Zequeira, *Los ilustres apellidos*, 327-72.

52 Rodríguez San Pedro, *Legislación ultramarina*, 45-104.

53 Fernando Picó, *Educación y sociedad en el Puerto Rico*.

54 Para una descripción detallada de este sistema, ver Davis, *Report of the Military Governor of Puerto Rico on Civil Affairs*, 120-22.

55 Ver las tablas recopiladas por Coll y Toste y republicadas en Special Commissioner for the United States to Puerto Rico, *Report on Puerto Rico*, 200.

56 El censo de Puerto Rico de 1860 registró 15 maestros que eran personas de color, US War Department, *Report on the Census of Porto Rico*, 34; Podemos identificar, por ejemplo, a Eleuterio Derkes, el hijo de un zapatero de Curazao educado en Guayama por un sacerdote antes de convertirse en maestro, Ramos-Perea, *Literatura puertorriqueña negra*, 19-40; para los casos de Ramón Marín y Pascasio Sancerrit, Hoffnung-Garskof, "To Abolish the Law of Castes"; sobre Benigno López-Castro, Risquet, *Rectificaciones*, 162.

57 Citado en Figueroa, *Ensayo biográfico*, 182-83.

58 Ibíd., 147.

59 Álvarez Curbelo, Silvia, *Un país del porvenir*, 52.

60 Hostos, *Ciudad murada*; Matos Rodríguez, "Spatial and Demographic Change"; Kinsbruner, *Not of Pure Blood*; Suárez Findlay, *Imposing Decency*; Martínez Vergne, *Shaping the Discourse*.
61 Coll y Toste, *Historia de la instrucción pública*; Acosta y Calbo, "Discurso pronunciado".
62 Picó, *Educación y sociedad en el Puerto Rico*.
63 Tapia y Rivera, *El bardo de Guamaní*, 6.
64 Pezuela, *Diccionario geográfico*, 3:8.
65 Risquet, *Rectificaciones*, 137–41; Barcia Zequeira, *Los ilustres apellidos*, 341.
66 Bachiller y Morales, *Apuntes para la historia de las letras*, 7–9; Risquet, *Rectificaciones*, 104–5, 100–115.
67 Valdés Domínguez, "Ofrenda de hermano"; López, *José Martí*, 29–36.
68 Esto incluye a todas las niñas entre 1 y 15 años. La edad escolar habría sido entre los 7 y los 12. Pezuela, *Diccionario geográfico*, 4:25, 28.
69 Más de la mitad de las mujeres blancas en Matanzas informaron que se ocupaban de las tareas domésticas de sus propios hogares. Menos del 10% de las mujeres afrodescendientes podían decir lo mismo. *Ibíd*.
70 Deschamps Chapeaux, *Rafael Serra*, 23. González Veranes, *La personalidad de Rafael Serra*.
71 Pezuela, *Diccionario geográfico*, 1863, III:14–18.
72 Horrego Estuch, *Juan Gualberto Gómez*, 4.
73 Barcia Zequeira, *Los ilustres apellidos*, 367; Risquet, *Rectificaciones*, 147.
74 De más de tres mil estudiantes que recibieron educación gratuita en La Habana, menos de 75 fueron identificados como no blancos.
75 Reid-Vazquez, *The Year of the Lash*, 108–9.
76 Reid-Vazquez, "Tensions of Race, Gender, and Midwifery in Colonial Cuba".
77 "Expediente para la expedición del título de comadrona a la morena María Gertrudis Heredia", 24 de mayo de 1890, Fondo Instrucción Pública, legajo 570, número 34 762, ANC; *Legislación de instrucción pública*; "Profilaxia de la fiebre puerperal. Reglamento para las comadronas".
78 Acta de bautismo de María Justa Rufina de la Merced, 26 de julio de 1881, La Habana, Parroquia de Nuestra Señora de Monserrate, Libro de bautismos de pardos y morenos, Folio 200, número 593. Sobre

los nombres y apellidos como marcadores raciales, Zeuske, "Hidden Markers, Open Secrets".
79 Céspedes, *La prostitución*, 171. Giralt, *El amor y la prostitución, réplica a un libro del Dr. Céspedes*; Lagardere, *Blancos y negros*; "Odiosa injusticia", *La Fraternidad*, 21 de agosto de 1888; "La raza negra cubana ante la ciencia, la experiencia, la justicia y la conciencia", *La Fraternidad*, 10 de octubre de 1888.
80 Sippial, *Prostitution*, 88–89; Fraunhar, "Marquillas Cigarreras Cubanas".
81 Céspedes, *La prostitución*, 177.
82 "Expediente promovido por Dña. Estefanía Barrera de Meireles solicitando simultanear el segundo con el tercer año de práctica de comadrona", 31 de octubre de 1883, Fondo Instrucción Pública, legajo 457, número 27 280, Archivo Nacional de Cuba. Es interesante resaltar que Barrera de Meireles se anunció después en el periódico *La Igualdad*, sugiriendo que tenía una relación duradera con los escritores y editores de la "clase de color".
83 "Mosaico", *La Fraternidad*, 12 de marzo de 1889.
84 González Font, *Tratadito de tipografía*.
85 Coronel, *Un peregrino*, 27.
86 González Font, *Tratadito de tipografía*, 44–47. Este texto, pese a su énfasis en la corrección, incluyó una lista de errata en la página 104.
87 Coronel, *Un peregrino*, 29.
88 Véase el prólogo de Acosta a Figueroa, *Ensayo biográfico*, 17; Sobre el mismo fenómeno en Europa, Darnton, *The Great Cat Massacre*.
89 Véanse las biografías de Aguayo, González y Sancerrit en Figueroa, *Ensayo biográfico*. Véase también, Acta de bautismo de Pascacio Sancerrit, 3 de marzo de 1833, San Juan, Parroquia de Nuestra Señora de los Remedios, Libro 22 de bautismos de pardos, folio 355. PRCCR.
90 Figueroa, *Ensayo biográfico*, 207–14.
91 Cabrera Salcedo, *De la pluma a la imprenta*.
92 Por ejemplo, Eleuterio Derkes y Eleuterio Lugo (maestros) Jorge Alonso Fernández, José Ramos Brans, Alonso Pizarro y Juan Morel Campos (tipógrafos) Ramos-Perea, *Literatura puertorriqueña negra*, 77–127; Risquet, *Rectificaciones*, 161–65.
93 Sobre el sindicato de tipógrafos solo para blancos véase Casanovas, *Bread or Bullets*, 180–82, que también examina el crecimiento de la industria tabaquera, 24–32. Véase también Stubbs, *Tobacco on the Periphery*.

94 Araceli Tinajero ofrece una excelente panorámica sobre este proceso de trabajo en *El Lector*, 14–19.
95 Rivero Muñiz, "La lectura en las tabaquerías, monografía histórica"; Tinajero, *El Lector*; Tinajero, "El Siglo, La Aurora y la lectura".
96 Véanse, por ejemplo, las caricaturas publicadas por Víctor Patricio Landaluz en *Don Junípero* en 1866, reproducidas en Casanovas, *Bread or Bullets*, 86–87.
97 La reproducción de esta cobertura está incluida en Rivero Muñiz, "La lectura en las tabaquerías, monografía histórica".
98 Casanova, *Bread or Bullets*, 34–36; Rivero Muñiz, "La lectura en las tabaquerías", 216.
99 *Información sobre reformas*; Schmidt-Nowara, *Empire and Antislavery*; Álvarez Curbelo, Silvia, *Un país del porvenir*, 123–39; Figueroa, *Sugar, Slavery, and Freedom in Nineteenth-Century Puerto Rico*, 109–11.
100 Morales, *Misceláneas*, 199.
101 *Información sobre reformas*, 124, 180.
102 *Ibíd*., 252, 174–175.   Pozos Dulces fue la excepción. Para él, no había duda sobre la capacidad de asimilación de la gente libre de color. *Ibíd*., 133.
103 Casanovas, *Bread or Bullets*, 35–38; Daniel, "Rolling for the Revolution", 53, 85.
104 Tapia y Rivera, *La cuarterona*.

CAPÍTULO DOS: LA PLAZA PÚBLICA

1 Serra, *Ensayos políticos*, 22.
2 El documento fundacional de La Liga fue reimpreso en Serra, *Ensayos políticos*, 145.
3 Manuel de Jesús González, "El Maestro", *Patria*, 2 de julio de 1895; "En casa", *Patria*, 14 de mayo de 1892.
4 González, "Una clase en La Liga", 183.
5 *Ibíd*.
6 *Ibíd*. Las preguntas sobre el papel del Senado en una república y la religión son de "Noche hermosa en 'La Liga'", *Patria*, 4 de noviembre de 1893.
7 "Tres notas", *Patria*, 14 de marzo de 1892. Es un recuento de la segunda sección de La Liga, creada en Tampa en 1892.
8 "Noche hermosa en 'La Liga'", *Patria*, 4 de noviembre de 1893.

9 González, "Una carta del Maestro".
10 Sotero Figueroa y Ramón de Armas, "El Club 'Los Independientes' a José Martí", *Patria*, 20 de julio de 1895.
11 Manuel de Jesús González, "El Maestro", *Patria*, 2 de julio de 1895.
12 Juan Bonilla, "La política yankee", *Patria*, 13 de noviembre de 1893.
13 Stubbs, "Social and Political Motherhood of Cuba"; Brown, "Negotiating and Transforming the Public Sphere"; Glymph, "Rose's War".
14 Bergad, "Toward Puerto Rico's Grito de Lares"; Jiménez de Wagenheim, *El grito de Lares*; Pérez Moris y Cueto y González Quijano, *Historia de la insurrección de Lares*.
15 Pérez, *Cuba: Between Reform and Revolution*, 90–93; Ferrer, *Insurgent Cuba*, 15–22.
16 Mata, *Conspirações da raça de cor*; Chira, "Uneasy Intimacies".
17 Ferrer, *Insurgent Cuba*, 56–60; Portuondo Zúñiga, "El padre de Antonio Maceo"; Ferrer Cuevas, *José Maceo*; Padrón Valdés, *El general Flor Crombet*.
18 Rebecca Scott señala que los líderes civiles que estaban a favor de la anexión evolucionaron hacia el abolicionismo después de la aprobación de la decimotercera enmienda de la Constitución de Estados Unidos y que el liderazgo de Puerto Príncipe ayudó a presionar a los representantes de Manzanillo y Bayamo en lo referente a la emancipación de la esclavitud. Scott, *Slave Emancipation in Cuba*, 45–62; Ferrer, *Insurgent Cuba*, 44–69; Pérez, *Cuba: Between Reform and Revolution*, 92–96.
19 García Muñoz, "La documentación electoral"; Cabrera Salcedo, *De la pluma a la imprenta*. Para una excelente síntesis de las variantes del liberalismo en España en este periodo, véase Schmidt-Nowara, *Empire and Antislavery*, 73–99. Para saber más sobre este momento de la historia de España, véase Navarro, "De la esperanza a la frustración"; Serrano García, *España, 1868–1874*.
20 Ramos-Perea, *Literatura puertorriqueña negra*, 12–39.
21 "Suplemento, Censo Electoral para Diputados a Cortes Constituyentes", *Gaceta de Puerto-Rico*, 20 de enero de 1869; García Muñoz, "La documentación electoral".
22 Díaz Soler, *Historia de la esclavitud negra en Puerto Rico*, 299, 304–5.
23 "Decreto derogando cuantas disposiciones".
24 "Circular número 20", *Gaceta de Puerto-Rico*, 18 de marzo de 1871.

25 Figueroa, *Ensayo biográfico*, 171–76.
26 Pérez Moris y Cueto y González Quijano, *Historia de la insurrección de Lares*, 83.
27 Figueroa y Morel Campos, *Don Mamerto*, 20.
28 "Cuban Affairs: The Troubles at Porto Rico", *New York Times*, 11 de agosto de 1871.
29 Pérez Moris y Cueto y González Quijano, *Historia de la insurrección de Lares*, 311–12; Brincau, *Bosquejo histórico de la Institución de Voluntarios en Puerto Rico*, 29–33.
30 "Cuban Affairs: The Troubles at Porto Rico", *New York Times*, 11 de agosto de 1871.
31 Sotero Figueroa, F. Gonzalo Marín y Antonio Vélez Alvarado, "La dominación y la independencia," *Patria*, 16 de julio de 1892.
32 Cruz Monclova, *Historia de Puerto Rico (1868–1885)*, 874, 921.
33 En 1877 "Don Facundo Peña" (afrodescendiente) era presidente del Casino de Artesanos de San Juan. Juan Loredo, Simplicio Angulo, Pío Bacener y José Landor, afrodescendientes, ocupaban cargos en la institución. José Chavarría y Jiménez, tipógrafo afrodescendiente empleado por el editor conservador José Pérez Moris, tenían un cargo en la directiva del Círculo de Recreo de Amigos. Para las directivas de estas asociaciones véase Pérez Moris, *Guía general de la isla*, 118. Tanto Bacener como Chavarría y Jiménez aparecen como puertorriqueños "de color" en Risquet, *Rectificaciones*, 164–65. Peña, Angulo, Loredo y Landor fueron identificados como no blancos en los registros civiles puertorriqueños o en censos posteriores a la invasión de Puerto Rico por Estados Unidos.
34 Peris Mencheta, *De Madrid a Panamá*, 76.
35 Sobre la visita de Eleuterio Derkes al Gabinete de Lectura de Ponce, véase Ramos-Perea, *Literatura puertorriqueña negra*, 288–292. Sobre la elección de Figueroa al puesto de secretario, "El 22 de marzo de 1873", *Patria*, 1 de abril de 1893.
36 "El 22 de marzo de 1873", *Patria*, 1 de abril de 1893.
37 Las citas son de Figueroa, *Ensayo biográfico*, 258. Las cifras son de Cruz Monclova, *Historia de Puerto Rico (1868–1885)*, II: 472–74. En la ciudad de Ponce, el número de personas con derecho a voto en las elecciones a las Cortes cayó de 3.433 en 1873 a 1.624 en 1875, y a tan solo 278 en 1881. En ese momento solo 79 hombres fueron incluidos en el censo

electoral como "capacidades". Véase "Censo electoral para Diputado á Cortes, distrito de Ponce", 1873, S-604-2, AHMP; "Censo electoral formado, distrito de Ponce", 1875, S-604-6, AHMP; "Listas electorales", 1881, 6-606-(5,11), AHMP.

38 Figueroa, *Ensayo biográfico*, 261; Coll y Toste, *Puertorriqueños ilustres*, 92-93.

39 Secretaría, Gobierno General de Puerto Rico, "Carta sobre publicación de 'El Eco de Ponce'", 9 de junio de 1880, Correspondencia del Ayuntamiento de Ponce, G-8-4-1, AHMP.

40 Baerga, *Negociaciones de sangre*, 189-203; Twinam, "The Etiology of Racial Passing".

41 Sobre la carrera política del padre de Manuela en estos años, ver *Gaceta de Puerto-Rico*, 23 de febrero de 1856, 14 de mayo de 1857, 16 de octubre de 1860, 19 de julio de 1870, 9 de agosto de 1879, 11 de noviembre de 1879 y 1 de julio de 1890.

42 Gallart Folch, *Mis memorias*, 40. Este partido fue conocido también como el Partido Español o el Partido Español sin Condiciones.

43 Ciudad de Ponce, "Listas electorales", 1881, 6-606-(5,11), AHMP.

44 Quintero Rivera, *Patricios y plebeyos*, 23-98; Schmidt-Nowara, *Empire and Antislavery*, 165-66.

45 Rodríguez-Silva, *Silencing Race*, 91-102; Suárez Findlay, *Imposing Decency*.

46 Quintero Rivera, *Workers' Struggle in Puerto Rico*; Dávila Santiago, *Teatro obrero*, 37-47; Ramos-Perea, *Literatura puertorriqueña negra*, 86-109.

47 *El Eco de Ponce*, 19 de julio de 1880.

48 *Ibíd*.

49 Cruz Monclova, *Historia de Puerto Rico (1868-1885)*, 551; Coll y Toste, *Puertorriqueños ilustres*, 157-58. Para Marín, véanse las cartas de 14 de octubre de 1881, 28 de julio de 1885 y 7 de agosto de 1885. Correspondencia del Ayuntamiento de Ponce, G-10-2 (14), G-12-16 (6), G-12-17 (11), G-18-3 (4). AHMP.

50 *El Eco de Ponce*, 19 de julio de 1880.

51 Figueroa, *Ensayo biográfico*, 174.

52 *El Eco de Ponce*, 19 de julio de 1880.

53 Lane, *Blackface Cuba*; Leal, *La selva oscura*, 48, 295; Rivero, *Tuning out Blackness*, 22-65. La primera compañía cubana de bufos visitó Puerto

Rico en 1879 y puede que fuera la compañía que Figueroa vio actuar en Ponce en 1880. Para una respuesta más crítica a los bufos, como una invención "con la intención de ridiculizar a una porción importante de nuestra población", véase "Los negros catedráticos", *El Buscapié*, 20 de mayo de 1887, reproducido en Ramos-Perea, *Literatura puertorriqueña negra*, 429.

54 Figueroa y Morel Campos, *Don Mamerto*, 6, 10, 11.
55 Marín, *Las fiestas populares de Ponce*, 101–5, 111–13.
56 Tapia y Rivera, *Mis memorias*, 128.
57 Brau, *Disquisiciones sociológicas*, 206; Quintero Rivera, "The Somatology of Manners".
58 Toledo, *Sotero Figueroa*, 25–26. La correspondencia del Ayuntamiento de Ponce muestra que *El Eco de Ponce* aún se publicaba el 20 de agosto de 1880, G-8–18 (7) y que *La Avispa* comenzó a publicarse el 5 de abril de 1881, G-9–24 (2), AHMP.
59 Toledo, *Sotero Figueroa*, 25–26.
60 "Noticias", *La Iberia*, 24 de febrero de 1897.
61 *The Internal Revenue Record and Customs Journal*, 69; Pérez, *On Becoming Cuban*, 3–31, 49–50.
62 Bureau of Statistics, *Statistical Abstract of the United States*, 359; González-Ripoll Navarro, "La emigración cubana de Cayo Hueso".
63 "Classified Advertisements", *New York Age*, 27 de febrero de 1892.
64 Sobre los Bonilla, 1870 Census, NARA M593, roll 132, page 361B, image 211663. Sobre el número de los cubanos en el Condado de Monroe, véanse los datos de 1870 del Minnesota Population Center. *National Historical Geographic Information System: Version 2.0*. Minneapolis, MN: University of Minnesota 2011. Las adscripciones raciales de los cubanos en Cayo Hueso vienen del índice del censo de 1870 en Ancestry.com. Es importante tener en cuenta que esas adscripciones son producto de un levantamiento de censo y pueden no ser siempre indicadores confiables de las identidades raciales de carácter permanente.
65 1870 Census, NARA M593, roll 132, page 342B, image 692.
66 Sobre la fundación del San Carlos y las alianzas entre nacionalistas y trabajadores, véase Casanovas, "El movimiento obrero" véase también, Poyo, *With All, and for the Good of All*, 71–73.
67 Poyo, "Cuban Revolutionaries and Monroe County Reconstruction".
68 Xi, *The Trial of Democracy*, 68–78.

69 Declaraciones de intención respecto a la ciudadanía de Francisco Bonilla, Salomé Rencurrel y José Perdomo, United States District Court for the Southern District of Florida, Key West, 1 de octubre de 1870, Florida Naturalization Records, NAA, 21. Resulta interesante observar que Perdomo sería luego miembro del comité electo para elaborar, en 1881, la "Protesta de los cubanos de color de Key West".
70 Browne, *Key West*, 134.
71 Castellanos, *Motivos de Cayo Hueso*, 159, 343.
72 Shofner, "Cuban Revolutionaries and the 1876 Election Dispute"; Poyo, "Cuban Revolutionaries and Monroe County Reconstruction"; Ortiz, *Emancipation Betrayed*.
73 Aguilera, *Epistolario*, 143.
74 Ferrer, *Insurgent Cuba*, 38.
75 Solicitud de nacionalidad de Gerónimo Bonilla, United States District Court for the Southern District of Florida, Key West, 2 de octubre 1875. Florida Naturalization Records, NAA, 21. En este documento, Gerónimo juró que tenía veintiún años, pero otras fuentes dicen que tenía diecisiete. Eso sugiere que el motivo para pedir la nacionalidad era poder votar.
76 Shofner, "Cuban Revolutionaries and the 1876 Election Dispute"; Poyo, "Cuban Revolutionaries and Monroe County Reconstruction"; Ortiz, *Emancipation Betrayed*.
77 L.W. Livingston, "Freest Town in the South", *New York Age*, 11 de diciembre de 1888.
   Jonatás [Emilio Planas], "De Cayo Hueso", La Fraternidad, 22 de enero de 1889; Risquet, *Rectificaciones*, 168; Gutiérrez, *Páginas para la historia*, 11. Sobre los políticos afroamericanos en Cayo Hueso, véase Brown, *Florida's Black Public Officials*; Rivers y Brown Jr, "African Americans in South Florida".
78 Véanse los anuncios de escuelas abiertas a alumnos cubanos en *El Republicano*, 26 de marzo, 3 de abril y 3 de septiembre de 1870; Maloney, *A Sketch*, 39–41.
79 "The Key West Cigars", *New York Times*, 27 de octubre de 1889.
80 Brooks, *The Official History*, 134; Maloney, *A Sketch*, 38; Brown, *Florida's Black Public Officials*.
81 Véanse las solicitudes de pasaportes de Estados Unidos de Carlos Borrego (28 de junio de 1878), José Florencio Villavicensio (31 de

diciembre de 1878) y Guillermo Sorondo (9 de diciembre de 1878), NARA, M1372, rolls 224-01 y 226-01. Los tres eran líderes entre los cigarreros afrodescendientes de Cayo Hueso y autores de la "Protesta de los cubanos de color de Key West".

82 Deschamps Chapeaux, *Rafael Serra*, 24–25.
83 Tinajero, *El Lector*, 61–77; Fernández y Shofner, "Martyrs All"; Valdés Domínguez, *Tragedy in Havana*; Roig de Leuchsenring, *Martí en España*; Paz, *Martí en España, España en Martí*.
84 Trujillo y Monagas, *Los criminales de Cuba y d. José Trujillo*, 162.
85 Mercadal, "Ciudadanos o súbditos"; Tarragó, "La lucha en las Cortes de España por el sufragio universal en Cuba".
86 Sobre el panorama más amplio de los partidos políticos, véase Pérez, *Cuba: Between Reform and Revolution*, 105–8; Roldán de Montaud, *La Restauración en Cuba*, 122–64. Juan Gualberto Gómez ofreció una excelente descripción de la evolución de estos partidos hasta 1884, cuando aún apoyaba a los autonomistas. Gómez, *La cuestión de Cuba en 1884*. A finales de siglo, Serra y otros exiliados publicaron un recuento muy interesante de las fechorías, según ellos, del Partido Autonomista en las décadas precedentes, véase *Contestación a dos desdichados autonomistas de la raza de color*.
87 Schmidt-Nowara, "From Slaves to Spaniards".
88 Casanovas, *Bread or Bullets*, 129–34.
89 En 1900, Saturnino Martínez escribió a Serra y se dirigió a él como "viejo compañero del taller". Carta de Martínez a Serra, La Habana, 30 de marzo de 1900, reimpresa en Despradel, *Rafael Serra*, 16–17. Sobre la participación de cubanos afrodescendientes en la escena política de esta época, véase Sartorius, *Ever Faithful*, 131–78.
90 Risquet, *Rectificaciones*, 97–106 ofrece un recuento excelente sobre este movimiento por los derechos civiles.; Sartorius, *Ever Faithful*, 132–53 describe la creación de casinos y las sociedades; véase también Barcia Zequeira, "Casinos españoles ¿de color?"
91 Horrego Estuch, *Juan Gualberto Gómez*, 18–24. Sobre la experiencia del exilio en México, Muller, *Cuban Émigrés and Independence in the Nineteenth Century Gulf World*.
92 González Veranes, *La personalidad de Rafael Serra*, 13; Deschamps Chapeaux, *Rafael Serra*, 26–28; Figarola y Caneda, *Guía oficial de la Exposición de Matanzas*, 159.

93 Sobre los vínculos entre Bernardo Costales y Sotolongo (uno de los fundadores de La Armonía), Azcárate y Martí, véase, de Armas y Costales y Sotolongo, *El museo*. Para la lista de los miembros fundadores de La Armonía, véase Deschamps Chapeaux, *Rafael Serra*, 28. Muchos de los miembros fundadores de dicha sociedad aparecen como periodistas o educadores en Figarola y Caneda, *Guía oficial de la Exposición de Matanzas*. David Sartorius señala que "a menos que las nuevas publicaciones –periódicos negros en concreto– tuvieran vínculos claros con los partidos políticos o instituciones públicas, su duración era limitada". Sartorius, *Ever Faithful*, 149.

94 Montoro, *Discursos políticos*, 24, 27. Ambas citas pertenecen a un discurso en una reunión del Partido Autonomista en 1882.

95 Esta cita aparece, en su traducción al inglés, en Schmidt-Nowara, "From Slaves to Spaniards", 185. Para más detalles sobre el patronato, véase Scott, *Slave Emancipation in Cuba*, 127–200".

96 Moliner Castañeda, *Los cabildos afrocubanos en Matanzas*, 91. La Armonía se ubicaba en la calle Daoíz número 187 y ffl. En 1878, existían por lo menos cinco cabildos de nación en las cuadras entre el número 114 and el número 217 de la calle Daoíz, entre ellos un cabildo lucumí (el cabildo San Carlos) en el número 187. El cabildo Fernando VII también tenía su sede en la Calle Daoíz, pero no se sabe en que número. Puede ser que el aula de La Armonía estuviera en la misma casa que el cabildo Fernando VII, la casa de los abuelos de Gertrudis.

97 "Cinco monografías sobre la Asociación Unión Fraternal, presentadas a un concurso por la misma", 1918, Fondo de Adquisiciones, caja 75, número 4317, pieza 2, ANC.

98 Jonatás [Emilio Planas], "De Cayo Hueso".

99 Helg, *Our Rightful Share*, 132.

100 Ferrer, *Insurgent Cuba*, 70–89; Sobre la prohibición de entrada de "individuos de color ó de raza negra africana", véase Francisco García Morales, *Guía de gobierno y policía de la isla de Cuba*, 64. Para un ejemplo de rechazo de la rebelión por parte de un político liberal, véase Trujillo, *Apuntes para una historia*, 6–7.

101 Sobre las actividades clandestinas de Serra, Joaquín Granados, "Un saludo y un reproche a Rafael Serra", *Patria*, 28 de mayo de 1892.

102 Reimpreso por Serra en "Nos quedamos solos", *El Pueblo*, 11 de julio de 1880; Sartorius, *Ever Faithful* ofrece un excelente análisis de la re-

tórica de lealtad y civilización expresada por los periodistas afrodescendientes de esta época.

103 Schmidt-Nowara, *Empire and Antislavery*, 74–88; Horrego Estuch, *Juan Gualberto Gómez*, 9.
104 "Nos quedamos solos", *El Pueblo*, 11 de julio de 1880.
105 Véase Serra, *Ecos del alma, ensayo literario*, un texto analizado ampliamente en el Capítulo Cuatro.
106 "Miscelánea", *El Pueblo*, 14 de marzo de 1880.
107 Rafael Serra, "En defensa propia II", *La Igualdad*, 30 de marzo de 1893.
108 Martín Morúa Delgado, "Avisos", *El Pueblo*, 25 de julio de 1880.
109 Según Deschamps Chapeux, la aprobación otorgada a Juan Gualberto Gómez y a Manuel García Albuquerque para publicar los primeros periódicos para la clase de color en La Habana identificó a esos hombres como "moreno ingenuo" y "pardo ingenuo". Compárese esto con la autorización otorgada a Sotero Figueroa por el gobierno de Puerto Rico identificándolo como "D. Sotero Figueroa, vecino de esta capital". Deschamps Chapeux, *El negro en el periodismo cubano*, 31, 53–54.
110 Martín Morúa Delgado, "Las sociedades", *El Pueblo*, 18 de julio de 1880; Martín Morúa Delgado, "Estamos Acordes", *El Pueblo*, 18 de julio de 1880; Rafael Serra, "Quisieramos callar", *El Pueblo*, 15 de agosto de 1880.
111 Lane, *Blackface Cuba*, 60–105.
112 Perfecto Ponce de León, "Discurso", *El Pueblo*, 13 de junio de 1880.
113 Serra, "Quisieramos callar", *El Pueblo*, 15 de agosto de 1880.
114 Rafael Serra, "En defensa propia II", *La Igualdad*, 30 de marzo de 1893. Para esta época, Serra y Morúa ya eran enemigos.
115 Miguel Failde y Raimundo Valenzuela, "Complacidos", *La Fraternidad*, 31 de julio de 1888.
116 "Misceláneas", *El Pueblo*, 21 de marzo 1880.
117 Castellanos, *Motivos de Cayo Hueso*, 118.
118 Era un mundo reducido, un miembro de la familia de Failde asistió a la escuela de Serra. "Alumnos aventajados del Colejio 'La Armonía' Gacetillas," *El Pueblo*, 13 de junio de 1880. Otro pariente colocó un anuncio sobre su boda, "Gacetillas," *El Pueblo*, 14 de marzo de 1880. Failde también ofrecía suscripciones al periódico en su sastrería, "Puntos de suscrición", *El Pueblo*, 21 de marzo 1880.

119 "Misceláneas", *El Pueblo*, 21 de marzo 1880; Martín Morúa Delgado, "Una junta", *El Pueblo*, 15 de agosto de 1880.
120 Rafael Serra, "Quisieramos callar", *El Pueblo*, 15 de agosto 1880.
121 Martín Morúa Delgado, "Las sociedades", *El Pueblo*, 18 de julio de 1880.
122 Rafael Serra, "La moral", *El Pueblo*, 21 de marzo de 1880.
123 Rafael Serra, "Nos quedamos solos", *El Pueblo*, 11 de julio de 1880. Sobre el cargo de maestro inspector, Serra, *Ensayos políticos*, 152.
124 José Martí, "Rafael Serra: para un libro", *Patria*, 26 de marzo 1892; "Ensayos políticos", *Patria*, 16 de abril de 1892; González Veranes, *La personalidad de Rafael Serra*, 14–15. Para comprender lo generalizado de las escuelas mixtas gestionadas por las sociedades de color véase Casanovas, *Bread or Bullets*, 132–33.
125 Rafael Serra, "En defensa propia II", *La Igualdad*, 30 de marzo de 1893; Pérez y Sarracino, *La Guerra Chiquita, una experiencia necesaria*; Ferrer, *Insurgent Cuba*, 70–92; Foner, *Antonio Maceo*, 95–106.
126 Borrego et al., "Protesta de los cubanos de color de Key West"; "Acta del meeting general de los emigrados de la clase de color cubanos, Key West".
127 Serra, *Lamentos de un desterrado: ensayo poético*, canto 1°, 1, 8, 14.
128 Ibid., canto 2°.
129 Domínguez, *Figuras y figuritas*, 15.

CAPÍTULO TRES: COMUNIDAD

1 Esta sección nace de múltiples versiones de las actividades de los lunes en La Liga, especialmente de "Los lunes en La Liga", *Patria*, 26 de marzo de 1892; "Los lunes en La Liga", *Patria*, 23 de abril de 1892.
2 Serra, *Ensayos políticos*, sociales y económicos, 145.
3 Ibíd., 145–51.
4 De un discurso de La Liga, reimpreso en Serra, *Ensayos políticos*, 20.
5 Martí, *Obras completas*, 20:406.
6 "En casa", *Patria*, 21 de mayo de 1892.
7 "Los lunes en La Liga", *Patria*, 26 de marzo de 1892.
8 Martí, *Obras completas*, 26:248–49.
9 Serra, *Ensayos políticos*, 147.

10. En este caso no se trata de una suposición. Una noticia publicada en el *New York Freeman* señalaba que un policía había "hecho todo lo que podía para matar a un cubano" añadiendo que "un oficial desafió a la multitud que le había rodeado mientras su compañero golpeaba una y otra vez la cabeza del cubano con su porra. Ya es hora de que la policía de esta ciudad se discipline y actúe con humanidad en lugar de con brutalidad. Los hombres de color son golpeados a la mínima provocación". "Local Gossip", *New York Freeman*, 31 de julio de 1886. Para un debate sobre las experiencias de discriminación de los afroamericanos en el Nueva York del siglo XIX, descritas a menudo como el resultado de unas normas más "arbitrarias" que claras, véase Peterson, *Black Gotham*, 191–206. Sobre un caso importante a finales de siglo, véase T. Thomas Fortune, "A Brutal Police Outrage", *New York Age*, 7 de junio de 1890; Sobre el libre movimiento de las mujeres y niñas en el espacio urbano, véase Simmons, *Crescent City Girls*.

11. Para un análisis sobre los problemas del uso de la clasificación racial en los censos de Estados Unidos como evidencia de identidades raciales, véase Hoffnung-Garskof, "The World of Arturo Schomburg".

12. Este término se deriva de la conocida frase en inglés *driving while black* (conducir siendo negro) que se refiere a la práctica de detener a automovilistas e interrogarlos por ser afrodescendientes y no porque hayan cometido una infracción.

13. Marín, "Nueva York por dentro", en Kanellos, *En otra voz*, 198–201.

14. Lorenza Geli aparece en dos ocasiones en el registro de dos barcos. Viajó como como criada de la familia Brooks el 13 de mayo de 1874, NARA RG 36, M237 roll 389; line 26; number 454 y el 15 de junio de 1876, NARA RG 36, M237 roll 404; line 32; 520. Aún vivía en su casa en 1880, véase 1880 Census, NARA T9, roll 880, Enumeration District 292, 330D. La empresa anglocubana Brooks and Co. era una casa comercial importante en el este de Cuba, sobre todo en la provincia de Guantánamo. Henry Brooks lucharía del lado de la insurgencia cubana. Véase Carlson, "The First of Earlier Revolutions".

15. Véase el manifiesto del *SS Morning Star* on May 23, 1870, NARA 36, M237, roll 328, line 7, number 423, para la entrada de Coroneau como sirviente de Julia y Lilia de Mensigniac. Véase también Julia de Mensigniac y otros residentes en su alojamiento de la calle 24 Este, número

120, 1880 Census, NARA T9, roll 880, Enumeration District 277, 75C; Certificado de matrimonio de Magin Coroneau y Lorenza Geli, 10 de diciembre de 1878, MACNY.

16 El censo federal de 1870 de Estados Unidos informó sobre 1824 personas nacidas en Cuba en el estado de Nueva York, de las cuales 135 eran "de color". Minnesota Population Center. *National Historical Geographic Information System.*

17 Pérez, *On Becoming Cuban*, 32–43; Abad, "Las emigraciones cubanas en la Guerra de los Diez Años. Apuntes", 8; Pérez, *Sugar, Cigars, and Revolution*, 124–84.

18 Los índices disponibles en Ancestry.com me han permitido identificar a 183 cubanos viviendo en Nueva York en 1870 que fueron identificados como blancos o mulatos. Al consultar los manuscritos para cada una de estas personas, he podido determinar que 83 de ellas (el 44%) vivían como sirvientes o hijos de sirvientes en viviendas a cuyo frente estaban personas registradas como blancas.

19 Véase, por ejemplo, la solicitud de pasaporte de Félix Govín (13 de diciembre de 1883) que especifica que "cuando marido, esposa, niños menores y sirvientes viajan juntos, un solo pasaporte para todos será suficiente". NARA, M1372, roll 260-01.

20 Sobre las actividades de este grupo, véase Casasús, *La emigración cubana*, 69–147. Hilario Cisneros un abogado acomodado, miembro de la Junta Cubana, estaba a la cabeza de una casa en la que trabajaban dos criados negros (uno cubano y otro francés) y tres personas irlandesas, véase 1870 Census, NARA M593, roll 996, Ward 16, District 13, 556B. Félix Govín, abogado y empresario, figura importante de la política separatista y las campañas políticas de los republicanos en Florida mantenía también una casa con varias sirvientas irlandesas y un cochero cubano negro, véase 1880 Census, NARA T9, roll 881, Enumeration District 297, 426C. La familia de Gonzalo de Quesada, uno de los líderes del Partido Revolucionario Cubano, tenía empleados a dos cubanos en su casa de Nueva York. Una de ellas, Cristina, usaba el apellido de la familia. El otro, Faustino Socarras, usaba el apellido de la familia en cuya casa había servido cuando se realizó el censo de 1870. Eso sugiere que en algún momento antes de llegar a Nueva York, estas personas, o sus padres, habían sido esclavizados por estas familias, véase 1880 Census, NARA T9, roll 888, Enumeration District 437,

514D; 1870 Census, NARA M593, roll 993, Ward 15, District 4, 494B. Véase también, Pérez, *Sugar, Cigars, and Revolution*, 165-8.

21 Solicitud de naturalización de Magin Carauneau, 28 de mayo de 1877, Superior Court of the City of New York, NANYC, RG 21/85; "Last Will and Testament of Magin Corrouneau", November 6, 1909, "New York Probate Records, 1629-1971", 897:6-8.

22 En 1870, la pareja formada por los esposos Joaquín Toscano, un hombre nacido en China, y Dolores Toscano, una mujer cubana de ascendencia africana, que trabajaba como servicio doméstico en la casa de un cubano adinerado, llamado también Toscano (véase 1870 Census, NARA M593, roll 1045, Ward 19, District 27, 509A. Una década más tarde, la pareja ya vivía en su propio apartamento con sus hijos. Joaquín trabajaba como portero y Dolores en la casa (véase 1880 Census, NARA T9, roll 875, Enumeration District 193, 383A. La hija de los Toscano, Valentina, sería después miembro de los grupos de mujeres de La Liga, véase "Liga Antillana", *Patria*, 17 de septiembre de 1892. Cristina Quesada y Faustino Socarras, sirvientes ambos en la casa de infancia de Gonzalo Quesada (ver la nota previa) se casaron y establecieron en su propia casa en 1880. Certificado de matrimonio de Faustin Socarrias y Cristina Quesada, 2 de Julio de 1881. MACNY.

23 Cuando Coroneau solicitó un pasaporte, señaló su intención de viajar con su propio sirviente. Solicitud de pasaporte de Magín Carauneau, 2 de marzo de 1881, NARA, M1372, roll 260-01. Esto pudo ser una manera de conseguir el documento de viaje que necesitaba su hermana para viajar con él de regreso a Nueva York. Véase el manifiesto del *SS Santiago*, 19 de abril de 1881, NARA 36, M237, roll 435, line 40, list number 422. Cuando solicitó la ciudadanía estadounidense, un hombre que vivía en casa de la familia Brooks (donde trabajaba Lorenza) ejerció como testigo, véase Solicitud de naturalización de Magin Carauneau, 28 de mayo de 1877, Superior Court of the City of New York, NANYC, RG 21/85. Cuando la pareja se casó, una modista llamada Magdalena Hernández fue su testigo. Incluso los cubanos afrodescendientes que estaban al servicio de familias blancas adineradas dependían de este tipo de redes horizontales para gestionar los retos que suponía instalarse en la ciudad. En 1870, de los noventa y ocho cubanos afrodescendientes que no vivían en casas donde ejercían como servicio doméstico, dieciséis estaban casados con otros

cubanos afrodescendientes. Otros treinta y uno estaban solteros pero vivían junto a, o cerca de, otros cubanos afrodescendientes con los que no necesariamente tenían relación familiar. NARA, M1372, roll 260-01.

24 Aunque Marcus aparece en los censos de Estados Unidos como nacido en Cuba, una solicitud de naturalización de 1882 y un registro de su llegada de Panamá en 1888 lo identifican como súbdito del Rey de Portugal. Es posible que hubiera dos hombres llamados del mismo modo en Nueva York o que su identidad nacional y trayectoria antes de llegar a Nueva York fuera más complicada de lo que parece. En el *New York City Directory*, de 1872 Marcus figura como "camarero" viviendo en el 138 de la calle Thompson. En 1875, *Goulding´s Manual of New York and General Statistical Guide* lo describe como marinero viviendo en el 21 Minetta Lane. Un año después, el *City Directory* volvió a inscribirlo como camarero en el 21 Minetta Lane. En 1877 vuelve a ser marinero, todavía en el 21 de Minetta Lane. En 1886 trabajaba como proveedor de catering y vivía en el número 16 de Cornelia Street. Véase US City Directories, 1822–1995. Para una descripción de los alojamientos en estos barcos, véase Collins, *Guide to Nassau, Cuba and Mexico*; Scott, *Journal of the New York & Cuba Mail Steamship Company*. También es interesante señalar que John Benjamin, un hombre negro nacido en Cuba, aparece como "cocinero en un vapor" en el 1880 Census (NYC), NARA T9, roll 877, Enumeration District 234, 560C.

25 1870 Census, NARA M593, roll 102, Ward 8, District 18, 370B. La sospecha de que fueran familiares se basa en el hecho de que todas las mujeres registradas en la vivienda habían nacido en Connecticut como Fredericka.

26 Véanse los anuncios de las empresas de transporte marítimo y sus horarios en Disturnell, *New York as It Was and as It Is*. Casanovas, *Bread or Bullets*, 125.

27 Riis, *How the Other Half Lives*, 148–53 (la cita directa proviene de la página 149).

28 Logan, Zhang y Chunyu, "Emergent Ghettos".

29 De los 2159 cubanos identificados como blancos y viviendo en Manhattan en el censo de 1880, 1788 vivían en 621 edificios donde solo habitaban personas inscritas como blancas. Otros 268 cubanos blancos vivían en sesenta y nueve edificios, donde las únicas personas

que figuraban como negras o mulatas fueron inscritas como sirvientes. Solo veintiséis cubanos inscritos como blancos (1,2%) vivían en edificios en los que hubiera alguna persona inscrita como no blanca viviendo allí de manera independiente (edificios en los que al menos un cabeza de familia o cónyuge del cabeza de familia estaba inscrito como negro o mulato). Pero quizás este recuento sea excesivo ya que varios de aquellos que aparecen como cubanos blancos viviendo en edificios mixtos en 1880 aparecen como no blancos en otros documentos. En contraste, de los 320 cubanos que figuraban como negros o mulatos, 273 (85,3%) vivían en 111 edificios donde también vivían no cubanos registrados como negros o mulatos. Solo trece cubanos que figuraban como negros o mulatos y que no eran criados vivían en edificios donde ninguna persona no cubana figurara como negro o mulato (un total de solo cuatro edificios). He tabulado estos resultados utilizando censos de lectura automatizada disponibles gracias al Minnesota Population Center, National Historical Geographic Information System y las imágenes digitales de los censos manuscritos en Ancestry.com.

30 Deschamps Chapeaux, *Rafael Serra*, 147.
31 Véanse las entradas en esa dirección para Ramón Fernández, Domingo Hernández, tabaquero, Margaret viuda de Rodrígue[z], Anselmo Olivarez, tabaquero, Francis Berdai, tabaquero Abraham Seino, tabaquero, Helman Sanders, Pantaleón Pons, Salome Rencurrel, Francis Bonell [Bonilla?], Antonio García, tabaquero (entre 1874 y 1886) en US City Directories, 1822–1995. Véase también la solicitud de ciudadanía de Gerónimo Bonilla, 22 de octubre de 1884, NANYC, RG 21/85.
32 1880 Census, NARA T9, roll 872, Enumeration District 118, 232B. Para Charles Tilman (peluquero) ver el 1876 *New York City Directory*. Para Charles Tilman (músico) ver el 1877 *New York City Directory*, US City Directories, 1822–1995.
33 Logan, Zhang y Chunyu, "Emergent Ghettos".
34 Para los dos casos citados, véase "A Savage Negro: He Stabs His Paramour and His Rival", *New York Times*, 17 de enero de 1876 y; "A Cuban Negro's Crime: Assaulting a Woman for Refusing to Leave Her Husband", *New York Times*, 3 de agosto de 1883. Véase también, "The Cuban Murderer: Captured on a Roof by Detective Price After a Desperate Fight", *New York Times*, 22 de junio de 1884; "His Scar Betrayed Him: A Boy Who Saw the Murder of Antonio Soloa", *New York Times*,

21 de noviembre de 1885; "New York's Jack the Ripper: Proves to Be a Cuban Negro Who Lived With Mary Martin", *St. Louis Post-Dispatch*, 4 de abril de 1895. Un tabaquero y miembro de la comunidad que se formó con los Sandoval aparece en este tipo de reportaje, "Both Loved Same Girl", *The Morning Telegraph*, 10 de octubre de 1898. Olave fue preso en Sing Sing como resultado del incidente. 1900 Census, NARA T623, Enumeration District 107, 10A.

35 Riis, *How the Other Half Lives*, 156.
36 Crane, "Minetta Lane, New York", 155.
37 Deschamps Chapeaux, *Rafael Serra*, 148.
38 Sobre los Crespo véase el 1880 Census (Brooklyn), NARA T9, roll 841, Enumeration District 25, 589B. Véase el listín de Nueva York 1876-1881, entradas en *New York City Directories* de 1876 a 1881 y US City Directories, 1822-1995. Sobre White, Guinion y la élite afroamericana en New York en estos años, véase Peterson, *Black Gotham*, 310-44; Gatewood, *Aristocrats of Color*, 105-6.
39 *Ibíd.*; Charles A. and Hattie Reason en 1880 Census, NARA T9, roll 874, Enumeration District 159, Page 468D; "A 'Son of New York'", *New York Age*, 20 de agosto de 1887; "Mrs. Maria E. Pratt", *New York Age*, 27 de febrero de 1892. Ya para 1900, Harriet Reason figura en el censo como viuda, dueña de un hospedaje en el número 80 de la calle 3 Oeste donde vivían siete tabaqueros cubanos, todos afrodescendientes, según el censo. Uno de ellos pudo haber sido Salomé Recurrel (Salomon Ranko), véase 1900 Census, NARA T623, Enumeration District 51, 8B. El número 80 de la calle 3 Oeste también era el local de la Sociedad los Treinta, liderado por hombres afrodescendientes, véase *La Doctrina de Martí*, 25 de julio de 1896. Los Bonilla ya vivían en el número 74 de la calle 3 Oeste cuando Gerónimo fue testigo en la Petición de ciudadanía de Rafael Serra, 10 de octubre de 1888, Superior Court, New York County, NANYC, RG 21/85.
40 Certificate of Marriage, Alfred Vialet and Harriet Reason, 11 de septiembre de 1899, MACNY; para los encuentros entre Martí y los Reason en los que Martí daba dulces a uno los hijos de la familia, véase Plochet y Plochet Lardoeyt, *El capitán Plochet recuerda a José Martí*, 19.
41 "Newark Notes", *New York Globe*, 18 de agosto de 1883; "New York City News", *New York Age*, 11 de mayo de 1889. Serra, *Ensayos políticos, sociales y económicos*, 148.

42 Por ejemplo, una reunión organizada por Peter Ray, feligrés de St. Philip y tío de Elizabeth Guignon, véase "The Cuban Negroes. An Enthusiastic Meeting of the Cubans Last Night", *New York Times*, 14 de diciembre de 1872; Véase también "The Freedom of Cuba: Enthusiastic Meeting in Cooper Institute", *New York Times*, 25 de octubre de 1877, una nota sobre una actividad organizada por la Sociedad contra la esclavitud de Nueva York en la que hablaron Henry Highland Garnet y, en español, Lorenzo Portela, un cigarrero mulato. Véase también, Boutelle, "Manifest Diaspora".

43 Foner, *Antonio Maceo*, 88; 1878 *New York City Directory*, US City Directories, 1822–1995.

44 "The Colored Schools", *New York Age*, 17 de febrero de 1883; "The Governor Signs the New York City School Bill", *New York Age*, 10 de mayo de 1884; *Annual Report of the Board of Education*, 1885, 52–53.

45 "La música no reconoce colores", *La Fraternidad*, 10 de noviembre de 1888. Este bosquejo biográfico sugiere que continuó sus estudios en el City College. Su hermano menor, Francisco, sería un estudiante modelo en el instituto de Reason. Francisco fue uno de los pocos egresados del instituto que asistió al City College. "Grammar School No. 80", *New York Age*, 25 de junio de 1887.

46 *Annual Report of the Board of Education*, 1876, 31–32, 148–49.

47 Manifiesto del *SS Crescent City* del 8 de noviembre de 1876. NARA 36, M237, roll 406,
   line 8, list number 1054. La única información que pude encontrar sobre la identidad racial de Olivo está en sus solicitudes de pasaporte (10 de junio de 1875 y 30 de julio de 1877) en las que se describe de pelo lanudo (*wooly*) y complexión "de color (negro)" NARA, M1372, rolls 209, 218.

48 Entre sus fundadores estaban Philip White y Patrick Reason, hermano del educador Charles L. Reason y tío del grabador Charles A. Reason (isí, era un mundo pequeño!). Brooks, *The Official History*, 12–14, 51, 142; Serra identifica a Sandoval y Recurrell como el "alma" de la logia San Manuel en *Ensayos políticos, sociales y económicos*, 148

49 Summers, *Manliness and Its Discontents*; Muraskin, *Middle-Class Blacks*.

50 Véase 1880 Census, NARA T9, roll 884, Enumeration District 351, 210B (Abraham y Emma Seino); 1880 Census, NARA T9, roll 877, Enumeration District 223, 384A (Amalio y Wilhelmina Roche); 1880 Census,

NARA T9, roll 889, Enumeration District 471, 590A (Ramón y Sarah Romay); 1880 Census, NARA T9, roll 848, Enumeration District 128, 490B (Ramón y Delilda Angulo).
51 Petición de autorización para una nueva logia llamada Sol de Cuba, entregada "al M.W. Gran Maestro de la H.F. de F.A.M. del Estado de Nueva York" en Nueva York, 26 de junio de 1880 por P.M. Lafayette Marcus, Manuel Coronado, Abraham Seino, Sixto Pozo, John Johnson, Andrew N. Postro y Abony Brown. En este documento Marcus aparece como P.M. lo que significa que antes había sido "Maestro" de la Logia Monte Olivo; "Report of the Sol de Cuba Lodge No. 38 F. and A. M. to the Grand Lodge of for the State of New York", 5 de junio de 1901 (en la que se incluye lista de miembros); "The History of Prince Hall Lodge No. 38", todos en Harry Albro Williamson Papers, SSRBC.
52 "G.U.O. of O.F.", *People's Advocate*, 27 de marzo de 1880.
53 "Masonic" *New York Globe*, 12 de enero de 1884.
54 "Masonry", *New York Freeman*, 3 de octubre de 1885.
55 Anuncios clasificados en el *New York Age*, 25 de julio de 1885. Otros miembros del comité organizador fueron José Alonzo, Ruperto (Roberto) Bravo, Domingo Álvarez, Amalio Roche y Ramón Romay.
56 Por ejemplo, "Five Nights' Celebration at Bethel", *New York Globe*, 6 de octubre de 1883; "Local Gossip", *New York Freeman*, 31 de enero de 1885.
57 Roberts, *The Latin Tinge*, 38–50; Washburne, "The Clave of Jazz".
58 En el directorio *The Trow City Directory of New York City*, 64 se encuentra registrado "Federico Knudsen & Co. (Germain Sandoval, Salome Rencurrel, and Pantaleon Pons)". J.P. Roig publicitó en el periódico *Patria* en varias ocasiones un taller sito en esta dirección en la década de 1890. Daniel también ubica al taller de Roig, García, and Llano and Co. en esta dirección en 1883, así como a F. Kunder (que puede ser un error tipográfico de F. Knudsen). Daniel, "Rolling for the Revolution", 281.
59 Schneider, "The New York Cigarmakers Strike of 1877".
60 "New York City Cigarmakers", *Weekly Graphic*, 28 de octubre de 1887.
61 Daniel, "Rolling for the Revolution", 146–49, 281.
62 El salario semanal promedio en la industria tabaquera para el trabajo manual era de 10,76 dólares en 1884, véase Daniel, "Rolling for the Revolution", 266. Los trabajadores de la fábrica de Knudsen ganaban

12 dólares a la semana, según 1880 US Census Non-Population Schedule, NYSL, roll 88, 73, line 35.
63 Por ejemplo, Rafael Delgado, que aparece en el censo de 1900 Census, NARA T623, roll 1124, 6A y en anuncios en el periódico de Serra, *La Doctrina de Martí*, 22 de agosto de 1896. Tiburcio Aguilar es mencionado como cubano negro y manufacturero de cigarros en "Seeking Information", *New York Freeman*, 30 de abril de 1887.
64 "El Coronel José C. López", *La Doctrina de Martí*, 31 de agosto de 1897.
65 "His Scar Betrayed Him: A Boy Who Saw the Murder of Antonio Soloa", *New York Times*, 21 de noviembre de 1885.
66 Para una excelente referencia sobre esta ribera portuaria, incluidos los muelles, véase Porter, *Panorama Water Front and Brooklyn Bridge from East River*, en especial 1:51–2:15.
67 Véanse los listados para Antonio Llerena & Co. Cigars, Davy and McCabe Druggists, Louis Salomon, Wholesale Paints, and W. Graney House Painting, and Jeremiah Kennedy Liquors, todos ubicados en el Maiden Lane, número 105, *New York City Directory*, 1875–1877, US City Directories, 1822–1995.
68 "Will You Dine Here, Senor? Among the Gourmet Cigareros Down in Maiden Lane", *New York Times*, 25 de febrero de 1894.
69 Chang Ong (también conocido como Antonio Soloa), un hombre nacido en China que había vivido largos años en Cuba era el propietario de uno de estos establecimientos, véase "His Scar Betrayed Him: A Boy Who Saw the Murder of Antonio Soloa", *New York Times*, 21 de noviembre de 1885. Dos de las personas que participaron en las redes sociales establecidas por Sandoval (José Chacón y Pedro Calderín) tenían comedores localizados en Greenwich Village, véase Petición de ciudadanía de José Chacón, diciembre 4, 1875, Common Pleas Court of New York City, NANYC, RG 21/85; New York City Directory 1877, US City Directories, 1822–1995. Chacón se anunciaría después en el periódico de Serra, *La Doctrina de Martí*, 25 de julio de 1896. Las solicitudes de pasaporte de Chacón el 4 de octubre de 1879 y el 8 de abril de 1885 no lo identifican como "de color" o "negro" como sucedía con otros, pero describen su nariz como "plana" y su pelo como "rizado" y su complexión como "oscura". NARA, M1372, rolls 231, 271. Calderín fue un aliado cercano de Serra a principios de la década de 1890 y fue Presidente de La Liga. Véase Serra, *Ensayos políticos, sociales y económicos*,

157. Su restaurante en Sullivan Street aparece en múltiples ocasiones en *Patria*.
70 "Will You Dine Here, Senor? Among the Gourmet Cigareros Down in Maiden Lane", *New York Times*, 25 de febrero de 1894.
71 La mejor muestra de la integración de cubanos afrodescendientes en el movimiento sindical en Nueva York es el caso de Margarito Gutiérrez, el autor principal de la declaración de protesta emitida por los emigrantes cubanos de color en Cayo Hueso, en enero de 1881. Se mudó a Nueva York a finales de ese mismo año y una vez allí tuvo la posibilidad, casi inmediata, de "mostrar sus facultades como organizador" al ayudar a resolver un conflicto entre cigarreros cubanos y españoles y sentar las bases para una huelga, en 1883, en la que tanto cubanos como españoles abandonaron los talleres de las calles Maiden y Pearl. En 1884, Gutiérrez fue elegido delegado de los trabajadores cubanos en una gran reunión de cigarreros con presencia de españoles, alemanes, bohemios y chinos en la que se protestaba contra un tratado que reducía tarifas de importación para los productos cubanos. Después fue miembro del comité de propaganda y traducciones. Domínguez, *Figuras y figuritas*, 44-45; Daniel, "Rolling for the Revolution", 21-22, 258-61, 279-86; Casanovas, *Bread or Bullets*, 113, 146-77. J. S. Moore, "Cigarmakers and the Treaty", *New York Times*, 17 de diciembre de 1884.
72 Esto resulta evidente en las listas de negocios y profesionales cubanos publicadas en *Patria* a comienzos de la década de 1890.
73 Poyo, *With All, and for the Good of All*, 83; Abad, "Las emigraciones cubanas en la Guerra de los Diez Años. Apuntes". Franco, *Antonio Maceo*, 100-101, 161-214; Ferrer, *Insurgent Cuba*, 59-60.
74 Poyo, *With All, and for the Good of All*, 35-51; Pérez, *Sugar, Cigars and Revolution*, 185-247.
75 "Aguilera's Burial", *New York Herald*, 27 de febrero de 1877.
76 Carta y clave de Mr. Du-Defair, referente a La Liga Antillana", 10 de diciembre de 1880. Archivo de Camilo García de Polavieja, legajo 8, ramo 1, número 68, Archivo General de Indias. Gracias a Adriana Chira por compartir su transcripción de este documento.
77 Logia la Luz, "Libro de actas", vol. 1, acta 24, septiembre 3, 1873, Historical Society of Pennsylvania (HSP); Gran Logia Caballeros de la Luz, "Libro de actas", acta 22, febrero 11, 1878, HSP (Carta de quince

miembros de la Orden Caballeros de la Luz viviendo en la ciudad de Nueva York que piden fundar una logia y en la que notifican que han encontrado un lugar en el que celebrar sus reuniones, Military Hall, en el número 193 de la calle llamada "el Bowery"); Gran Logia Caballeros de la Luz, "Libro de actas", acta 23, abril 11, 1878, HSP.

78 Orden Caballeros de la Luz, *Liturgia*, 26–27. HSP.
79 Logia la Luz, "Libro de actas", vol. 1, acta 67, 26 de junio de 1874, HSP.
80 Logia la Luz, "Libro de actas", vol. 1, acta 219, 21 de septiembre de 1877, HSP.
81 Para el uso que hace Hartman de *mesalina*, véase logia la Luz, "Libro de actas", vol. 2, acta 293, 21 de marzo 1877, HSP y para la objeción de Manuel Suárez a la fraternidad y la igualdad, logia la Luz, "Libro de actas", vol. 2, acta 291, 7 de marzo de 1879. HSP.
82 Ferrer, *Insurgent Cuba*, 23.
83 Para la referencia de la discusión entre Martí y los hombres de La Liga sobre quién debía pasar primero por la puerta, véase González, "Una clase en La Liga".
84 Quigley, *Second Founding*. Después de conceder su derrota en estas elecciones, Tilden apoyó un plan en la Asamblea del Estado de Nueva York para limitar el sufragio en el estado y minimizar el poder electoral de los recintos populares urbanos. Las elecciones en el estado de Nueva York en 1877 se convirtieron en un referéndum sobre esta propuesta.
85 Margarito Gutiérrez, autor de la declaración de protesta de los emigrados de color en Cayo Hueso en 1881 y el militante afrodescendiente más conocido del movimiento sindical cubano en Nueva York a inicios de la década de 1880 (y, años después, un candidato del Partido Independiente de Color en Cuba) fue a nacionalizarse con Yorca poco después de llegar a la ciudad. Véase Juramento de Margarito Gutiérrez, 29 de agosto de 1881. District Court of the Southern District of New York, NANYC, RG 21/85.
86 En 1876, Yorca fue testigo de Ramón Angulo, Raymundo Virloche, Ruperto Bravo, Mariano Estrada. Todos eran o serían miembros de la logia San Manuel o la logia Sol de Cuba. Entre 1872 y 1888 Yorca fue testigo de un total de 187 hombres, de los cuales treinta y siete vivían en edificios donde, en 1880 por lo menos, no residía ninguna persona blanca.

87 Muchos figuran en el *List of Registered Voters in the City of New York, for the Year 1880*.
88 Uno de los mejores relatos de las jornadas electorales en Nueva York de esos años viene, nada menos que de José Martí, "Letter to the editor", *La Nación* (Buenos Aires), 7 de enero de 1885 en Martí, *Obras completas*, 10:101–7.
89 Quigley, *Second Founding*, 71–90; Field, *The Politics of Race in New York*, 188–218; Czitrom, *New York Exposed*, 76–101.
90 Los censos de las décadas de 1880 y 1890 confirman esta pauta. Las fábricas de cigarros cubanas no informaban de casi ninguna mujer trabajando. Según el censo de población de 1880 en Nueva York vivían más de 600 mujeres cubanas, pero solo ocho (seis blancas y dos no blancas) figuran en los listados como cigarreras. Sobre Magdalena Sandoval y el resto de residentes de la calle Thompson, número 89, véase el 1880 Census, NARA T9, roll 872, Enumeration District 118, 232B.
91 Sobre este concepto, véase Gardner, *Qualities of a Citizen*, en especial las páginas 13–14.
92 Simmons, *Crescent City Girls*, 7–9, 58–59, 68–78.
93 "Will You Dine Here, Senor? Among the Gourmet Cigareros Down in Maiden Lane", *New York Times*, February 25, 1894.
94 Lista de pasajeros del vapor "City of Washington", 4 de junio de 1879, NARA 36, M237, roll 418, list number 560.
95 Lista de pasajeros del S.S. Saratoga, 25 de septiembre de 1879, NARA 36, M237, roll 420, list number 1090.
96 Certificado de nacimiento de Lucas Peñalver, 18 de octubre de 1879. MACNY.
97 Esto es difícil de reconstruir. Véase Fraser, *African American Midwifery*; Hernández Sainz y Martel Martínez, "La práctica social de las comadronas"; Jimeno Herld, "De Cienfuegos", La Fraternidad, 31 de enero de 1889. Sobre las relaciones entre las "recibidoras", las "comadronas" autorizadas y los médicos en Cuba, véase varias entradas en *Anales de la Academia de Ciencias Médicas*, 1895; Valdés, *Memoria oficial*, 292–94.
98 Certificado de nacimiento de Lucas Peñalver, 18 de octubre 1879. MACNY. Todd, *José Julio Henna, 1848–1924*.

99 Podemos considerar también el caso de Margarita, una mujer joven de Matanzas que vivió con Germán y Magdalena Sandoval en la calle Thompson, número 89, después de la muerte de su primer marido, véase *New York City Directory*, 1876, US City Directories, 1822–1995. En octubre de 1876 y mientras Agustín Yorca estaba ocupado reclutando cigarreros y llevándolos a jurar fidelidad a la Constitución de Estados Unidos ante un juzgado federal, Margarita dio a luz a un niño en un apartamento que compartía con un cigarrero llamado Felipe Olave, futuro miembro de la logia Sol de Cuba. El certificado de nacimiento del bebé dice que nació con la ayuda de un médico cubano blanco llamado José E. Ramos véase Certificado de nacimiento de 'Felipe Guadalupe Olabe', 12 de octubre de 1876, MACNY. Ramos regresaría a La Habana tras la guerra y sería profesor en la Facultad de Medicina y miembro de la Academia de Ciencias Médicas. *Anales de la Academia de Ciencias Médicas*, 1893, 12–13. Esto es solo uno de muchos casos parecidos. Otros médicos que aparecen en los certificados de nacimiento de bebés de familias de emigrados afrodescendientes son los cubanos Enrique Agramonte, J.A. Álvarez, E.J. Sarlabous y un chileno llamado J. Hermida. Álvarez también aparece en varios certificados de fallecimiento de niños pertenecientes a esa comunidad.

100 Crowell, "The Midwives of New York"; Leavitt, *Brought to Bed*; Dye, "Modern Obstetrics and Working-Class Women".

101 Cowling, *Conceiving Freedom*, especialmente las páginas 151–173. Podemos echar un vistazo al tipo de expresiones de la comunidad, que quizás pasaron entre Henna y la familia Peñalver en el relato posterior. "Gacetillas", *Doctrina de Marti*, 15 de julio, 1897; Certificado de nacimiento de Francisco G. Zayas, 12 de julio de 1897. MACNY.

102 Véase la entrada de G. Heredia, Lista de pasajeros del *SS Newport*, 3 de septiembre de 1883. NARA 36, M237, roll 469, line 18, list number 1128. Según el Censo de 1900, NARA T623, Enumeration District 0677,5A, la hija de la pareja, Consuelo Serra, nació en julio de 1884, lo que podría explicarse si Heredia llegó a Nueva York en septiembre de 1883 y permaneció allí durante varios meses. El censo de Nueva York de 1905, Assembly District 17, Election District 20, 27, NYSA, sugiere que la niña nació en 1886. Eso solo sería posible si Heredia se hubiera

quedado en Nueva York hasta que Rafael se fue a Kingston en junio de 1885. Pero la copia certificada de su acta de matrimonio, que aparece en el expediente universitario de Heredia, tiene fecha de enero de 1884. Si asumimos que fue ella quien pidió esa copia, debió de concebir a Consuelo antes de enero de 1884, lo que sugiere que nació en 1884, o en caso contrario, hubo otro viaje donde fue concebida, de manera que pudo haber nacido en 1886. Expediente para la expedición del título de comadrona a la morena María Gertrudis Heredia. (1890) Fondo Instrucción Pública, legajo 570, número 34-762, ANC.

103 Rafael Serra, "En defensa propia II", *La Igualdad*, 30 de marzo de 1893.

104 Esto aparece en "The Cuban Revolutionists", *New York Times*, 20 de agosto de 1883. Más visible que Serra en estos hechos fue Martín Morúa Delgado, el hombre que había sido su mentor en Matanzas, pero con quien había discutido en Cayo Hueso. Morúa se alió con varios de los veteranos más importantes de la Guerra de los Diez Años y trabajó como periodista en los principales periódicos nacionalistas de Nueva York. Martín Morúa Delgado, "Ideas sobre la política del último movimiento" (Publicado originalmente en *El Separatista*, New York, 5 de marzo- 25 de junio de 1887), en *Vida pública de Martín Morúa Delgado*, 62-72; Trujillo, *Apuntes históricos*, 8-10; Tinajero, *El Lector*, 64.

105 Rafael Serra en "En defensa propia II", *La Igualdad*, 30 de marzo de 1893 explica que fue citado al Griffou en una carta de Flor Crombet. Padrón Valdés, *El general Flor Crombet* incluye la descripción de un intercambio entre el cigarrero y Crombet que sugiere que los generales se reunían con trabajadores y voluntarios en su hotel. Hernández, "El periodo revolucionario de 1879 a 1895", 32, reproduce la carta de Ramón Rubiera de Armas a Hernández con los nombres de un grupo de hombres embarcados hacia Jamaica entre los que están Serra y Marcelino Piedra (futuro miembro de la logia Sol de Cuba y La Liga). El hotel aparece en el censo de 1880 Census, NARA T9, roll 874, Enumeration District 174, 52B.

106 Hernández, "El periodo revolucionario de 1879 a 1895".

107 Ramírez, "El vínculo de Martí con el Plan Gómez-Maceo"; Hernández, "El periodo revolucionario de 1879 a 1895", 26-30; Sobre el episodio de los calzones, Lomas, *Translating Empire*, 242-43; de Quesada y Miranda, *Así fue Martí*, 26-27; Plochet and Plochet Lardoeyt, *El capitán Plochet recuerda a José Martí*, 16.

108 Hernández, "El periodo revolucionario de 1879 a 1895", 30–34.
109 Ferrer Cuevas, *José Maceo*, 41.
110 Figueroa, Sotero, "Calle la pasión y hable la sinceridad III", *La Doctrina de Martí*, 10 de noviembre de 1896. Figueroa rechazó esa acusación y una acusación similar lanzada por Enrique Trujillo, *Apuntes históricos*, 18–20.
111 Holt, *Children of Fire*, 177–81.
112 Sobre su residencia en esta dirección, véase la Solicitud de admisión de Gerónimo Bonilla, 22 de octubre de 1884. NANYC, RG 21/85. Para esa época, Juan era adolescente y probablemente viviera con su hermano mayor y su madre. Sobre su relación previa con Rencurrel, véase 1870 Census, NARA M593, roll 132, 361B. Sobre su rol en la San Manuel, véase "Local Gossip", *New York Age*, 21 de enero de 1888. *La Doctrina de Martí*, 31 de agosto de 1897. Sobre la logia Sol de Cuba, "Masonic Elections", *New York Age*, 24 de diciembre de 1887. Certificado de matrimonio de John Bonilla y Dionisia Apodaca, 18 de noviembre de 1889, MACNY. Certificado de fallecimiento de Mrs. Apodaca Bonilla, 9 de abril de 1897, MACNY; "Dionisia Apodaca de Bonilla", *La Doctrina de Martí*, 15 de abril de 1897; Certificado de matrimonio de Geronimo Bonilla y Isabel de Acosta, 8 de agosto de 1889, MACNY.

CAPÍTULO CUATRO: CONVERGENCIA

1 Declaraciones de Rafael Serra, Gregorio Graupera Portillo, Dionicio Borrón y Severino Cortés, 10 de octubre de 1888, Superior Court of the County of New York, NANYC, RG 21/85. Puede que hubiera dos hombres más con ellos. Véase la declaración de Pablo Beato, miembro de la logia Sol de Cuba ese mismo día. El testigo de Beato, Marcelino Piedra también tenía un cargo en Sol de Cuba y había sido miembro, con Serra, de la expedición de 1885, además de participar en el club que dirigían Serra y Bonilla. Véase "De Nueva York", *La Fraternidad*, 10 de octubre de 1888.
2 "De New York", *La Fraternidad*, 20 de noviembre de 1888; Eneerg, "Political Pointers", *New York Age*, 8 de septiembre de 1888; Eneerg, "Political Pointers", *New York Age*, 25 de agosto de 1888; "Correspondencia, Nueva York", *La Fraternidad*, 9 de julio de 1888. "Eneerg" debe

de ser un seudónimo, posiblemente de William C. Greene (Eneerg escrito al revés), un feligrés de la Iglesia St. Philip y militante en el Partido Republicano. Véase Eneerg, "Political Pointers", *New York Age*, 13 de octubre de 1888; "St. Philip's Sunday School", *New York Age*, 20 de junio de 1891. Sobre la organización republicana negra en Nueva York, véase Peterson, *Black Gotham*, 363-73. Sobre el mismo tipo de organización política en las ciudades del norte del país, véase Bergeson-Lockwood, *Race over Party*.

3   Una explicación completa de este programa puede consultarse en José Martí "Carta al General Máximo Gómez, 16 de diciembre, 1887", Martí, *Obras completas*, 1:216-22. Sobre la cita de amasar la levadura de la república, véase el texto del discurso de Martí en el Templo Masónico el 10 de octubre de 1887 en Martí, *Obras completas*, 4:220.

4   Esta carta aparece en Martí, *Obras completas*, 1:226. Sobre la conmemoración del aniversario de 1888, véase Trujillo, *Apuntes históricos*, 34.

5   Martí, "Rafael Serra: Para un libro", *Patria*, 26 de marzo de 1892.

6   Pérez, *To Die in Cuba*, 75-76. Serra escribió que los hombres que siguieron a Maceo a Kingston sabían que sufrirían penurias a causa del hambre, el mal tiempo, las escarpadas rutas, la prisión o, incluso, podrían morir. Aun así, "como el hierro", esperaban "con valor el sacrificio". Serra, *Ecos del alma*, 5.

7   Deschamps Chapeaux, *Rafael Serra*, 42.

8   En particular, Serra era crítico con su antiguo mentor, Martín Morúa Delgado, a quien acusó de ese tipo de "amor a sí mismo" y "vanidad" a la hora de vincularse a los oficiales de más alto rango. Véase Rafael Serra, "En defensa propia III", *La Igualdad*, 1 de abril de 1893.

9   Deschamps Chapeaux, *Rafael Serra*, 43.

10 La cita es de Morúa Delgado, "Ideas sobre la política del último movimiento", *El Separatista*, 5 de marzo - 25 de junio de 1887, reimpreso en *Vida pública de Martín Morúa Delgado*, 101-5; sobre la importancia y significado de los poetas que "pulsaron sus liras" en el campo de batalla y el vínculo directo con el poeta griego Píndaro, véase José Martí, "Heredia", *El Economista Americano*, julio de 1888, reimpreso en Martí, *Obras completas*, 5:133-39; para más ejemplos sobre el concepto de "pulsar su lira" en la poesía nacionalista, véase "La estación del norte" y "Niágara" en Heredia, *Poesías de José María Heredia*, 53, 104; de Olmedo, *La Victoria de Junín*.

11 Despradel, *Rafael Serra*, 41–42.
12 Serra, *Ecos del alma*, 4, 5.
13 Ibíd., 13, 18.
14 Ibíd., 8, 19–20.
15 Ibíd., 11.
16 Ibíd., 6, 8, 10–11.
17 Franco, *Antonio Maceo*, 245–90; Cordero Michel, "La prisión de Máximo Gómez". Sobre Maceo y Gómez en Nueva Orleans, véase Scott, *Degrees of Freedom*, 76.
18 Hernández, "El período revolucionario de 1879 a 1895", 40–41; Morúa, *Vida pública de Martín Morúa Delgado*, 103–5; Franco, *Antonio Maceo*, 288–91.
19 Poyo, *With All, and for the Good of All*, 70–94.
20 Senior, *Dying to Better Themselves*, 63–81.
21 "Special", *Daily Gleaner*, 9 de marzo de 1885. También sabemos que cuando un grupo de cubanos trató, sin éxito, de secuestrar el vapor San Jacinto en el Puerto de Colón en 1884 con la intención de forzar al capitán para que los llevara con sus armas a Cuba, convirtieron a los pasajeros "la mayor parte jamaicanos" en rehenes por un periodo breve de tiempo. Morúa, *Vida pública de Martín Morúa Delgado*, 78–80.
22 Entre estos pequeños productores se encontraban la esposa de Antonio Maceo (de quien Serra fue aparentemente, amigo) su madre y las familias de varios de sus hermanos. Véase Franco, *Antonio Maceo*, 268. Sobre la comunidad de exiliados haitianos, la política racial de la reforma colonial y el *affaire Florence* véase Smith, *Liberty, Fraternity, Exile*, 185–89, 229. Sobre los contactos entre los partidarios de Maceo y los exiliados haitianos, véase Zacaïr, "Haiti on his mind".
23 Martín Morúa Delgado, "Reminiscencia", *Cuba y América* 6, no. 5 (12 de enero de 1902): 62, 67.
24 El relato escrito por Morúa de los contratiempos del grupo en Panamá se encuentra en Morúa, *Vida pública de Martín Morúa Delgado*, 107–112 y la cita en la página 109; Peris Mencheta, *De Madrid a Panamá*, 132–49; Nelson, *Five Years at Panama*, 7, 136–42.
25 Hernández, "El período revolucionario de 1879 a 1895", 43–44.
26 Ibíd., 46; Morúa, *Vida pública de Martín Morúa Delgado*, 119–20.
27 Padrón Valdés, *El general Flor Crombet*, 133–53; Foner, *Antonio Maceo*, 128–32. El 25 de febrero de 1887, Crombet (por ese entonces en Bohío,

Panamá) envió una carta a Serra en Bas Obispo, reimpresa en Despradel, *Rafael Serra*, 39-40.

28 También deberían poder ver en la pieza de Serra "Ideas and pensamientos", publicada en Kingston en 1886, citada en Trelles, "Bibliografía de autores de la raza de color de Cuba". No me ha sido posible conseguir copia de este libro.

29 Deschamps Chapeaux, *Rafael Serra*, 43.

30 Casanovas, *Bread or Bullets*, 168-69; Poyo, *With All, and for the Good of All*, 74-94.

31 Avrich, *The Haymarket Tragedy*.

32 Daniel, "Rolling for the Revolution", 253; Casanovas, *Bread or Bullets*, 178-202.

33 "Local Gossip", *New York Freeman*, 21 de agosto de 1886; "Grammar School No. 80", *New York Age*, 25 de junio de 1887; "Local Gossip", *New York Freeman*, 6 de agosto de 1887.

34 "The West Indian Abroad", *New York Globe*, 2 de febrero de 1884. Con esto probablemente quisiera decir, al menos en parte, que los líderes afroamericanos deberían desarrollar sus vínculos con hombres afrodescendientes importantes en las islas y así prepararse para servir como representantes diplomáticos en Santo Domingo o Haití, los cargos más importantes disponibles para hombres negros en esa época. Derrick parece haber visto a los cubanos que vivían cerca de su iglesia como recurso para construir sus propios lazos con los líderes militares afrodescendientes en Cuba y Santo Domingo, y crear contactos así con sus contrapartes en el Caribe. Sabemos, por ejemplo, que reclutó a Margarito Gutiérrez, un cigarrero negro, activista sindical y periodista para que le ayudara a traducir su correspondencia con el general dominicano Gregorio Luperón. "Personal and General Notes", *The Daily Picayune*, 10 de mayo de 1887; y Domínguez, *Figuras y figuritas*, 43.

35 "Local Gossip." *New York Freeman*, December 18, 1886; "Funerals at Bethel Church", *New York Freeman*, 25 de diciembre de 1886.

36 Julian Ralph, "New York Notes", *The Milwaukee Sentinel*, 21 de noviembre de 1886.

37 "Local Gossip", *New York Freeman*, 25 de diciembre de 1886.

38 "Local Gossip", *New York Freeman*, 12 de febrero de 1887; "Grand Army Notes", *New York Freeman*, 19 de febrero de 1887.

39 "Odd Fellows' Celebration, Forty-Fifth Anniversary of the Order", *New York Age*, 10 de marzo de 1888; "Masonic Elections", *New York Age*, 24 de diciembre de 1887; "Local Gossip", *New York Age*, 21 de enero de 1888.
40 Horrego Estuch, *Juan Gualberto Gómez*, 8–19.
41 *Ibíd.*, 29–37; Risquet, *Rectificaciones*, 106–9. En la *Gaceta de La Habana*, el 19 de noviembre de 1887 aparecen los detalles de un caso planteado por José Beltrán contra el dueño de una plantación de café en Pinar del Río en 1885.
42 El director del periódico, Santiago Pérez, fue presidente del Directorio, fundado en 1885. Un "directorio" o listín con los nombres y direcciones de los líderes de cada club era una sección fija del periódico.
43 Deschamps Chapeaux, *El negro en el periodismo*, 52–62.
44 La logística de la recaudación de fondos y la distribución de los ejemplares no eran fáciles. En el periódico aparecían con frecuencia informes sobre la frustración con quienes ofrecían fondos pero no los enviaban. No era su tarea, decían los editores, "poner a nadie en evidencia" pero pronto harían pública la lista de donantes y recomendarían que quienes habían anunciado el envío de dinero lo remetieran para "evitar heridas". Véase "Para la imprenta", *La Fraternidad*, 1 de agosto de 1888. La correspondencia privada entre Serra y Gómez muestra que el comité de Nueva York se vio frustrado porque no llegaban con regularidad los ejemplares. Véase la carta de Juan Gualberto Gómez a Rafael Serra del 18 de enero de 1891 reimpresa en Despradel, *Rafael Serra*, 32–36.
45 "Correspondencia", *La Fraternidad*, 20 de septiembre de 1888; *La Fraternidad*, 30 de octubre de 1888; Otro ejemplo en "Mosaico", *La Fraternidad*, 22 de enero de 1889.
46 "De New York", *La Fraternidad*, 20 de noviembre de 1888.
47 "Mosaico", *La Fraternidad*, 12 de marzo de 1889.
48 "Correspondencia", *La Fraternidad*, 20 de septiembre de 1888; Queda claro en varios de los despachos de Serra que seguía el debate en curso entre *La Fraternidad* y los autonomistas sobre el legado de la Guerra de los Diez Años y sus consecuencias para la ciudadanía y la lealtad política de las personas afrodescendientes. Véanse, por ejemplo, sus comentarios respecto a la polémica entre *La Fraternidad* y un periódico rival llamado *La Lealtad*, "De Nueva York", *La Fraternidad*, 10 de

octubre de 1888; "Nunca es tarde", *La Fraternidad*, 20 de octubre de 1888. Quizás esta clase de refutación se dirigía primariamente a los cubanos que podían leer el periódico en Nueva York y que conocían a Pierra o quizás se dirigía a aquellos que vivían en la isla y en otros lugares y no lo conocían. De cualquier forma, la denuncia en *La Fraternidad* no era de poca importancia para los intelectuales blancos. Quizás tratando de enmendar su relación con los lectores del periódico, Enrique Trujillo envió un recado a *La Fraternidad* en el que avisaba que cuando publicara la conferencia de Pierra en un panfleto, donaría los beneficios a las escuelas para niños de color en Cuba.

49 "Correspondencia, Nueva York", *La Fraternidad*, 10 de agosto de 1888.
50 "De New York", *La Fraternidad*, 22 de febrero de 1889.
51 Rafael Serra, "Herrar o quitar el banco", *La Fraternidad*, 12 de marzo de1889.
52 "Correspondencia, Nueva York". *La Fraternidad*,10 de agosto de 1888.
53 "Correspondencia, Nueva York", *La Fraternidad*, 30 de marzo de 1888; "De New York", *La Fraternidad*, 20 de noviembre de 1888; "Frederick Douglass", *La Fraternidad*, 22 de febrero de 1889; "Correspondencia, Nueva York", *La Fraternidad*, 9 de julio de 1888; Gran parte de estos reportajes parece haber salido del *New York Age*, por ejemplo, la cobertura de la estrategia legal de Stewart, "In the Lion's Den", *New York Age*, 23 de junio de 1888. Los escritos de Serra sobre la exclusión de los chinos vienen de, "A Chinese Lawyer: Hong Yen Chang and a Colored Student Admitted to the Bar", *New York Times*, 18 de mayo de 1888.
54 Eneerg, "Political Pointers", *New York Age*, 29 de septiembre de 1888; Eneerg, "Political Pointers", *New York Age*, 8 de septiembre de 1888; Eneerg, "Political Pointers", 29 de septiembre de 1888.
55 "Se acerca el momento I", *La Fraternidad*, 30 de noviembre de 1888; "Se acerca el momento II", *La Fraternidad*, 30 de diciembre de 1888; "Se acerca el momento III", *La Fraternidad*, 22 de enero de 1889; "Se acerca el momento IV", *La Fraternidad*, 11 de febrero de 1889. Sobre los debates de la ley electoral española y en sus provincias de ultramar, véase, Andrés, *La reforma electoral en nuestras Antillas*; Tarragó, "La lucha en las Cortes de España por el sufragio universal en Cuba"; Mercadal, "Ciudadanos o súbditos". Las reglas para las elecciones locales citadas por *La Fraternidad* pueden consultarse en Guerrero, *Leyes electoral, municipal y provincial del 20 de agosto de 1870*, 2–4.

56 "De New York", *La Fraternidad*, 20 de noviembre de 1888.
57 Serra, *Ensayos políticos*, 53.
58 *Ibíd.*, 18, 19, 22. Estos argumentos serían familiares para los lectores de *La Fraternidad*, que servía como órgano extraoficial de las sociedades de color en la isla. A menudo, los debates de las sociedades en el periódico reflejaban una desilusión amarga con el comportamiento de la clase de color, especialmente con "la febril ansiedad que en lo referente al baile domina á la juventud de color" y otras muestras del deplorable estado moral de la clase de color. Los escritores enfatizaban en la necesidad desesperada de "mejorar las costumbres, elevar el concepto de la verdadera dignidad, crear, en una palabra, el hogar, el sagrado y verdadero hogar del hombre moderno rodeado de consideraciones y respeto, y en cuyo umbral, como ante inexpugnable y granítica muralla, se estrelle la infame asechanza y en cuyo augusto recinto no penetre jamás el hálito venenoso de la concupiscencia y el deshonor". Esta tarea fundamental y elevada sería posible, en opinión de quienes escribían en *La Fraternidad*, si el gobierno cumpliera con su obligación de instrucción pública y las sociedades asumieran la responsabilidad de educar y elevar a su clase, las propuestas "para las que fueron creadas" y no se centraran solo en la recreación. B.F., véase "¡Alerta! ¡Alerta!", *La Fraternidad*, 10 de noviembre de 1888; Miguel Failde y Raimundo Valenzuela, "Complacidos", *La Fraternidad*, 31 de julio de 1888; Cosme Castaño, "Correspondencia, de Regla", *La Fraternidad*, 10 de octubre de 1888; Gimeno Herld, "De Cienfuegos", *La Fraternidad*, 20 de noviembre de 1888; "El hogar", *La Fraternidad*, 10 de septiembre de 1888; "Inexplicable conducta", *La Fraternidad*, 10 de noviembre de 1888; "Mal camino", *La Fraternidad*, 1 de agosto de 1888; "Pan y baile", *La Fraternidad*, 10 de diciembre de 1888.
59 T. Thomas Fortune, "The Afro-American League", *New York Freeman*, 4 de junio de 1887. Thornbrough, "The National Afro-American League, 1887–1908"; Alexander, *An Army of Lions*.
60 José Martí, "Lectura en Steck Hall", 24 de enero de 1880", *Obras completas*, 4:201–4.
61 La cena de cumpleaños de Martí en Delmonico's en 1895, organizada por expatriados cubanos de buena posición es parte de la leyenda nacionalista, aunque los cuadernos de los detectives privados contratados para

seguir sus movimientos en 1889 muestran varias comidas en el restaurante. Estrade, *Martí en su siglo y en el nuestro*, 65–66.

62 Casasús, *La emigración cubana*, 200; Pérez, *Cuba Between Empires, 1878-1902*, 15. La figura que se alineó más claramente con esta clase de nacionalismo popular en Nueva York (contraparte de Juan María Reyes en Cayo Hueso) fue Ramón Rubiera de Armas, periodista y lector de fábricas que había sido uno de los principales apoyos de la expedición de Maceo-Gómez. Véase, "Has Become Very Devout", *New York Times*, 8 de julio de1886.

63 Véase el relato de Martí del día del trabajo en Nueva York, publicado en *La Nación*, 5 de septiembre de 1884, en *Obras completas*, 10:77–92.

64 Martí, "La revolución del trabajo", en *Ibíd.*, 10:393–99.

65 *Ibíd.*, 313–17. Quizás lo único que pudo haber señalado su posterior alianza con Serra fue el firme apoyo de Martí al sufragio universal masculino. Creía que la solución a este problema era la educación y no la privación de derechos.

66 *Ibíd.*, 10:411–17, 445–59; Conway, "The Limits of Analogy".

67 Martí, *Obras completas*, 11:96.

68 Ibarra, "Martí and Socialism"; Conway, "The Limits of Analogy"; Martí, *Obras completas*, 11:237, 262–64, 436–37.

69 Serra, *Ensayos políticos*, 34–35.

70 *Ibíd.*, 40.

71 *Ibíd.*, 41–42.

72 José Martí, "Mi amigo Serra", marzo de 1889, en *Obras completas*, 20:345–46.

73 *Ibíd.*

74 José Martí, "Mi amigo querido" (Juan Bonilla), 21 de noviembre de 1889, en *Obras completas*, 20:359.

75 Manuel de Jesús González, "El Maestro", *Patria*, 2 de julio de 1895.

76 José Martí, "Mi amigo Serra", julio de1889, en *Obras completas*, 20:350–51.

77 José Martí, "Mi señor Serra", agosto de 1890, en *Obras completas*, 20:370.

78 José Martí, "Mi querido Juan", 12 de junio de 1890, en *Obras completas*, 20:368–69.

79 José Martí, "Mi amigo Serra", julio de 1889, en *Obras completas*, 20:350–51.

80 José Martí, "Amigo mío", 15 de agosto de 1889, en *Obras completas*, 20:351–52.
81 Serra, *Ensayos políticos*, 53, 32–33.
82 José Martí, "A Manuel de Jesús González", 17 de mayo de 1890, en *Obras completas*, 20:366–67. José Martí, "Mi querido amigo Juan", 1890, en *Obras completas* 20:365.
83 González, "Una carta del Maestro".
84 José Martí, "Mi muy querido Serra", septiembre de 1890, en *Obras completas*, 20:372.
85 González, "Una carta del Maestro".
86 José Martí, "Mi querido González", septiembre de 1890, en *Obras completas*, 20:374.
87 Sobre las diferencias entre hombría y virilidad en la cultura americana de este periodo, véase Bederman, *Manliness and Civilization*; Helg, "Black Men, Racial Stereotyping".
88 José Martí, "Mi muy querido Serra", septiembre de 1890, en *Obras completas*, 20:372–73. Sobre este tema, ver también un ensayo entregado a Martí en una de las clases de los jueves y que fue publicado después en *Patria*, donde el autor preguntaba si La Liga debería adoptar una actitud más combativa una vez comenzara la guerra: "Se ha llamado á 'La Liga' casa de cariño, casa de amor. Pero como las circunstancias suelen dar nuevo giro á las cosas; como la vida es un flujo y reflujo de lo que viene y va, ¿no será llegado el día en que 'La Liga' sea asilo de heridos y mástil de bandera?", véase "Otra vez en 'La Liga,'" *Patria*, 21 de noviembre de 1893.
89 José Martí, "Mi querido González", septiembre de 1890, en *Obras Completas*, 20:374.
90 José Martí, "Mi muy querido Serra", septiembre de 1890, en *Obras Completas*, 20:372–73.
91 Los lectores que lideraban los dos clubes revolucionarios eran Ramón Rivero y Néstor Carbonell. Carbonell escribía para *El Porvenir*. Bruno Roig, un pequeño empresario que había recaudado fondos para *La Fraternidad*, pagó los gastos de viaje de Martí. Emilio Planas, que había sido corresponsal de *La Fraternidad*, y Joaquín Granados, que había ayudado a Serra a fundar "La Armonía" en Matanzas en 1878, también estuvieron implicados. Véase Rivero Muñiz, "Los cubanos en Tampa"; Poyo, *With All, and for the Good of All*, 87.

92 Poyo, With All, and for the Good of All, 87. 97–99; Rivero Muñiz, "Los cubanos en Tampa", 48–58; Mañach, *Martí, el apóstol*, 216.
93 José Martí, "Discurso en el Liceo Cubano, Tampa", 26 de noviembre de 1891, en *Obras completas,* 4:269–79.
94 Como, por ejemplo, en José Martí, "Discurso en el Masonic Temple", 10 de octubre de 1888, en *Obras completas,* 4:231–32.
95 José Martí, "Discurso en el Liceo Cubano, Tampa", 26 de noviembre de 1891, en *Obras completas,* 4:276–77, 279.
96 Rivero Muñiz, "Los cubanos en Tampa", 58.
97 *Ibíd.,* 58–62.
98 Sobre la relación de Martí con Paulina y Ruperto Pedroso, véase Greenbaum, "Afro-Cubans in Tampa", 53–54.
99 Ronning, *José Martí and the Émigré Colony,* 40–65; Peláez, *Primera jornada de José Martí en Cayo Hueso*; Estrade, *Martí en su siglo y en el nuestro,* 71–88; Abad Muñoz, *De la guerra grande al Partido Revolucionario Cubano,* 194–209.
100 Martí, *Obras completas,* 1:279–80.
101 Entre ellos, Carlos Borrego y Guillermo Sorondo.
102 Peláez, *Primera jornada de José Martí en Cayo Hueso*; Ronning, *José Martí and the Émigré Colony*.
103 Martí, *Obras completas,* 1:281–84.
104 La frustración de quienes se oponían a Martí se expresa claramente en la obra de Trujillo, *Apuntes históricos,* 95–104; Sotero Figueroa rebatió el relato de Trujillo en "Calle la pasión y hable la sinceridad I", *Doctrina de Martí,* 2 de octubre de 1896; Ronning, *José Martí and the Émigré Colony,* 65–82.
105 Serra, *Ensayos políticos,* 29.
106 Rodríguez, *Estudio histórico sobre el origen,* 280–82.
107 "El periódico Patria", *Doctrina de Martí,* 15 de enero de 1897. Sobre la actividad del Partido Revolucionario Cubano en Veracruz, véase Muller, *Cuban Émigrés and Independence in the Nineteenth Century Gulf World*. Para una actividad similar en Nueva Orleans, véase Scott, *Degrees of Freedom*.
108 Martí, *Obras completas,* 2:72.
109 Serra, *Ensayos políticos,* 12.
110 Rafael Serra, "Gonzalo de Quesada y Aróstegui", *Patria,* 11 de marzo de 1895.

CAPÍTULO CINCO: CRUZAMIENTO

1. Club Las Dos Antillas, "Libro de Actas", 3 de abril de 1892.
2. Club Las Dos Antillas, "Libro de Actas", 3 de abril de 1892. El editor Antonio Vélez Alvarado asistió a la primera reunión. Manuel Barranco, propietario de una fábrica, y el doctor Buenaventura H. Portuondo (ambos partidarios de La Liga) también aparecen entre los miembros del club, aunque no asistieron a la primera reunión.
3. Club Las Dos Antillas, "Libro de Actas", 9 de abril y 24 de julio de 1892. Véase también "Los clubs", *Patria*, 10 de abril de 1892. Para explicar mi conclusión respecto a los importantes vínculos de este club con La Liga: el presidente de Las Dos Antillas era Rosendo Rodríguez, un cigarrero puertorriqueño que también era vicepresidente de La Liga. Otras figuras importantes del club eran Silvestre Pivaló, veterano de la Guerra de los Diez Años y miembro del comité de apoyo a *La Igualdad*, e Isidoro Apodaca, miembro de La Liga y suegro de Juan Bonilla. Las esposas de ambos hombres, Pilar Pivaló y Josefa Blanco de Apodaca, lideraban el grupo de mujeres, La Liga Antillana. "La Liga Antillana", *Patria*, 28 de enero de 1893. El secretario y miembro fundador de Las Dos Antillas era Augusto Benech, un hombre mencionado a menudo en descripciones de actividades de La Liga como "Los lunes en La Liga", *Patria*, 26 de marzo de 1892.
4. Club Guerrilla de Antonio Maceo, "Libro de Actas", 29 de agosto de 1892, Fondo Partido Revolucionario Cubano, legajo 44 B 1, ANC. Entre los fundadores de este nuevo club había miembros de La Liga, varios hombres que habían participado en la expedición en 1885 y casi toda la directiva del Club Republicano Cubano.
5. Hevia Lanier, *El directorio central*; Risquet, *Rectificaciones*, 112–36; Deschamps Chapeaux, *El negro en el periodismo*, 75–80.
6. Manuel de Jesús González, "Al Sr. Juan Gualberto Gómez", 26 de marzo de 1891, Fondo Adquisiciones, caja 23, número 1862, ANC; Juan Bonilla, "Al Sr. Juan Gualberto Gómez", 28 de septiembre de 1890, Fondo Adquisiciones, caja 13, número 575, ANC.
7. Juan Bonilla, "Asamblea de sociedades de color", *Patria*, 10 de septiembre de 1892.
8. La mejor prueba de esto viene de Tampa, donde un grupo de hombres se reunió en los salones de La Liga para formar una sociedad de color y unirse al Directorio, véase "Desde Ibor City", *La Igualdad*, 4 de mayo

de 1893. En Nueva York, miembros de La Liga, la logia Sol de Cuba y la logia San Manuel también formaron nuevas sociedades en esta época. No es posible confirmar su adhesión al Directorio, pero los nombres que adoptaron: La Igualdad, La Fraternidad, La Equidad y Los Treinta, sugieren vínculos con Gómez. Véase "Presidentes de sociedades cubanas y puertorriqueñas", *Patria*, 19 de marzo de 1892; "En casa", *Patria*, 25 de junio de 1892.

9 Juan Bonilla identifica a Silvestre Pivaló y Olayo Miranda como miembros del comité en "A Sr. Enrique Cos", 25 de enero de 1891, Fondo Adquisiciones, caja 45, número 3579, ANC. En "Advertencia", *La Igualdad*, 4 de febrero de 1893, se identifica a Pedro Calderín como agente del periódico. Calderín fue también presidente de la Sociedad de Socorros Mutuos Los Treinta, que pudo haber sido una sociedad de color, alineada con el Directorio. Véase "Presidentes de sociedades cubanas y puertorriqueñas", *Patria*, 19 de marzo de 1892; "Presidentes", *Patria*, 25 de junio de 1895.

10 Junta del Directorio de Sociedades de Color, "Acta", 14 de mayo de 1892, Fondo Adquisiciones, caja 75, número 4310, ANC; Hevia Lanier, *El directorio central*, 43–64; Deschamps Chapeaux, *El negro en el periodismo*, 75–80, 86–88. "Cuestión mal planteada", *La Igualdad*, 16 de febrero de 1893; "Labor patriótico", *La Igualdad*, 21 de marzo de 1893; "Directores y dirigidos", *La Igualdad*, 21 de abril de 1893. Bergues Pruna llegaría a un acuerdo con el liderazgo autonomista y se convertiría en el primer hombre afrodescendiente que ejerció como procurador en Santiago, "Nuevo procurador", *La Igualdad*, 22 de septiembre de 1893.

11 Rafael Serra, "Al Sr. Francisco Giralt", *La Igualdad*, 7 de marzo de 1893.

12 Rafael Serra, "En defensa propia", *La Igualdad*, 28 de marzo de 1893; Rafael Serra, "En defensa propia II", *La Igualdad*, 30 de marzo de 1893; Rafael Serra, "En defensa propia III", *La Igualdad*, 1 de abril de 1893; José Margarito Gutiérrez, "Una carta", *La Igualdad*, 6 de abril de 1893; "Aplazado o suprimido", *La Igualdad*, 29 de abril de 1893.

13 José Martí, "Mi raza", *Patria*, 16 de abril de 1893, reeditado en *La Igualdad*, 27 de abril de 1893.

14 *Ibíd*. Sobre la participación de Martí en el comité de apoyo a *La Fraternidad*, véase Rafael Serra, "A Sr. Enrique Cos", 9 de junio de 1891, Adquisiciones, caja 45, número 3579, ANC. Él no figura en el comité reconstituido para apoyar a *La Igualdad*, véase Juan Bonilla, "A Sr.

Enrique Cos", 25 de enero de 1891, Fondo Adquisiciones, caja 45, número 3579, ANC. Sobre la nota a los Bonilla, véase Martí, *Obras completas*, 2:166.

15 "La Igualdad", *Patria*, 16 de abril de 1892.
16 "Los lunes en La Liga", *Patria*, 26 de marzo de 1892.
17 Además de unos de los hombres del círculo más próximo a Martí, Las Dos Antillas contaba con algunos miembros cigarreros, que según el censo de Estados Unidos eran blancos, como por ejemplo, el vicepresidente del club Leopoldo Acosta, véase 1900 Census, NARA T623 (New York City), Enumeration District 0909, roll 1121, 11A. Esto podría significar una voluntad por parte de algunos cubanos blancos y, en especial, de algunos puertorriqueños, de apoyar a los líderes negros y podría reflejar los lazos duraderos, y no tan habituales, que algunos exiliados habían creado a través de las líneas de la raza. O podría reflejar también las contingencias impredecibles de la clasificación racial en el censo de hombres que, en las islas, ocupaban un estatus intermedio.
18 Por ejemplo, véase "Cuerpos de consejo", *Patria*, 23 de julio de 1892. En esa época, Joaquín Granados, presidente de La Liga en Tampa, era secretario del Cuerpo de Consejo de Tampa. Después, Guillermo Sorondo actuaría como presidente del Cuerpo de Consejo de Ocala y Simón Poveda Ferrer se convertiría en secretario del Cuerpo de Consejo de Puerto Príncipe. Juan Prego, barbero que además era, probablemente, afrodescendiente, era el secretario del Cuerpo de Consejo de Kingston. "Cuestión mal planteada", *La Igualdad*, 16 de febrero de 1893; "Saludo y despedida", *La Igualdad*, 3, de junio de 1893; "En La Liga", *Patria*, 1 de julio de 1893. En Veracruz, el sastre y periodista afrodescendiente Nicolás Valverde, aliado cercano de Gómez y Serra, tenía un puesto de responsabilidad en uno de los clubs revolucionarios dirigidos por profesionales blancos, aunque acabarían emergiendo profundas diferencias entre Valverde y el liderazgo blanco en 1896 y 1897. Valverde y Bascó, *Páginas de mi vida en la emigración*. Muller, *Cuban Émigrés and Independence*, 61–73.
19 "La sesión del Club 'Borinquén,'" *Patria*, 14 de marzo de 1892; Trujillo, *Apuntes históricos*. Sobre el papel de mentores que ejercieron, véase Club Las Dos Antillas, "Actas,' 2 y 9 de abril de 1892. Sobre la fama de Marín, Francisco Gonzalo Marín, "Mi hermano ha muerto", véase *Patria*, 13 de junio de 1896.

20 Quintero Rivera, *Patricios y plebeyos*, 41; US War Department, *Report on the Census of Porto Rico*, 153. *El Pueblo*, 3 de julio de 1883; O'Neill, "National Register of Historic Places".

21 Véase, por ejemplo, el periódico *El Popular*, producido en el Establecimiento Tipográfico el Vapor a finales de la década de 1880. Para comparar, véase Caimari, "News from Around the World".

22 Entre 1878 y 1890, el derecho de voto a las Cortes de la España peninsular estaba limitado a los hombres mayores de veinticinco años que pagaran, al menos, veinticinco pesetas en impuestos a la propiedad rural o cincuenta en el caso de propiedad urbana o industrial. En las provincias de ultramar los electores debían ser libres por ley (en Cuba) y pagar al menos 125 pesetas en impuestos, fueran sus propiedades urbanas o rurales. Los gobernadores generales también tenían amplios poderes de control sobre las listas, los candidatos y las líneas de demarcación de distritos, poderes que usaban para garantizar victorias conservadoras. Véase *Ley electoral de 28 de diciembre de 1878 para diputados a Cortes*. Para una estimación de la proporción de la población que podía votar, véase Andrés, *La reforma electoral en nuestras Antillas*. Sobre la política de sufragio en las colonias y en Madrid, Mercadal, "Ciudadanos o súbditos". Para el censo electoral de Ponce, Ciudad de Ponce, "Listas electorales", 1881, 6–606-(5,11), AHMP.

23 Sobre los puntos de vista compartidos por liberales y conservadores, véase Picó, *Al filo del poder*, 43; también Quintero Rivera, *Patricios y plebeyos*; Suárez Findlay, *Imposing Decency*; Rodríguez-Silva, *Silencing Race*.

24 Campos, *Guía local*.

25 Taller Benéfico de Artesanos, *Reglamento*. En 1890, el tipógrafo mulato Ramón Morel Campos era secretario del Taller Benéfico, véanse sus cartas en la Correspondencia del Ayuntamiento de Ponce, C-15-4, C-15-8, C-15-9, AHMP.

26 Dos Aguayo (cuya relación con Manuela no he podido confirmar) fueron escritores y ciudadanos relevantes de Ponce, así como miembros importantes del círculo profesional de Figueroa. Manuel Mayoral Barnes señala que Don Ricardo y Don Antonio Aguayo, "fueron caballeros que gozaron de gran predicamento en esta", véase Mayoral Barnes, *Ponce*, 97. Ricardo fue especialmente relevante en la naciente industria tabaquera, Abad, *La exposición agrícola*, 9, 12, 31–32, 66, 75. Su

hermano Nicolás fue coeditor del periódico *El Derecho*, junto a Baldorioty, Acosta y Morales. Pedreira, *El periodismo*, 374.

27 "Padrón de Almas y Riqueza. Bo. Rosario. Lista de individuos que poseen bienes", 1847, Fondo Municipal de Arecibo, caja 68, AGPR.

28 Hoffnung-Garskof, "To Abolish the Law of Castes". A Marín lo contaban como blanco en el "Censo, barrio la Cantera", 1875, S-551-5, Archivo Histórico Municipal de Ponce. Es interesante que este documento atribuye su apellido a la madre y sugiere que quienes levantaron el censo pensaban que Vicente no lo había reconocido oficialmente. Reportar que había recibido su apellido materno era una artimaña en todo caso, porque el apellido de Rosa era, según la mayoría de los documentos, Solá.

29 Cruz Monclova, *Historia de Puerto Rico (1868–1885)*, 551.

30 Rodríguez-Silva, *Silencing Race*, 59–128.

31 Antonio Salvador Pedreira identifica a Figueroa como director de *El Eco de Ponce* en 1880 y de *La Avispa* durante 1881 –durante unos meses en ambos casos–, editor y colaborador en el periódico de Ponce *La Civilización*, colaborador en el periódico de Marín, *El Pueblo* (1881–1887), y colaborador, editor y director de *El Popular* (1887–1889). Véase Pedreira, *El periodismo*, 354, 364, 382, 432, 440.

32 Secretaría, Gobierno General de Puerto Rico, "Carta Sobre Publicación de 'El Eco de Ponce'", 9 de junio de 1880, Correspondencia del Ayuntamiento de Ponce, G-8-4-1, AHMP; "Certificado de defunción de Manuela Aguayo y Pulido", 3 de junio de 1886, PRCR.

33 "Así se hace", *La Igualdad*, 18 de enero de 1894; Lane, *Blackface Cuba*, 133–41.

34 Jay Kinsbruner argumenta que en San Juan, los honoríficos se usaban "de manera tan indiscriminada por quienes levantaban censos que no son una fuente confiable para conocer la raza". Quizás ese uso del honorífico no era *indiscriminado* sino parte de un sistema generalizado de demarcación social que no se corresponde exactamente con las definiciones de raza que emplea Kinsbruner, véase *Not of Pure Blood*, 53. Astrid Cubano señala que los registros oficiales eran más escrupulosos a la hora de atribuir Don y Doña en Arecibo, sin cambios hasta que la ley los extendió en 1893 a las personas que no eran blancas. Cubano Iguina, *Rituals of Violence*, 41. Adriana Chira muestra que el uso de Don era más flexible en el oriente que en el occidente de Cuba. Chira, "Uneasy Intimacies".

35 Partido Liberal Reformista, *Plan de Ponce*.
36 Véase la entrada de la familia Marín en 1910 Census NARA T624 (Arecibo), Enumeration District 184, 4B.
37 Francisco Gonzalo Marín, "Wenceslao Tomás Marín. "Mi hermano ha muerto", *Patria*, 13 de junio de 1896; Cubano Iguina, *Rituals of Violence*, 82–104; Para una particularmente elocuente anécdota relacionada con este tipo de cuestiones, véase Suárez Findlay, *Imposing Decency*, 39.
38 Marín, *Mi óbolo*.
39 Sobre la práctica del *racial passing* en Estados Unidos, véase Hobbs, *A Chosen Exile*; y en el imperio español, Twinam, "The Etiology of Racial Passing". Sobre la obra de teatro de Marín, Hoffnung-Garskof, "To Abolish the Law of Castes". Sobre los secretos públicos, Twinam, *Public Lives, Private Secrets*.
40 Sotero Figueroa et al., "Al pueblo puertorriqueño", *Patria*, 14 de marzo de 1892.
41 Cruz Monclova, *Historia del año 1887*, 221.
42 Sotero Figueroa et al., "Al pueblo puertorriqueño", *Patria*, 14 de marzo de 1892. Un tal Rosendo Rodríguez aparece como participante en una competición de torcer cigarros organizada como parte de la Feria Agrícola e Industrial celebrada en Ponce en 1883. Abad, *La exposición agrícola*, 65. Rosendo Rodríguez y Rivera nació en San Juan alrededor de 1856. "Certificado de defunción de Rosendo Rodríguez y Rivera", 18 de noviembre de 1913, PRCR.
43 Partido Liberal Reformista, *Plan de Ponce*. Hombres que no podían votar podían formar parte de los comités de partido, pero las reglas del partido exigían que todos los comités tuviesen una mayoría de hombres que pudieran votar.
44 Picó, *1898, la guerra después de la guerra*.
45 La cita es de Cruz Monclova, *Historia del año 1887*, 222. Varias fuentes señalan la implicación de Pachín en estas actividades. Un testigo, "el paisano Don Julián Figueroa" llegó ante las autoridades para añadir detalles a su declaración porque "recordó que uno de los que participaron en la reunión la noche que juró se llamaba Francisco Marín, Pachín". Audiencia Territorial Criminal, "Componte", 1887, Pieza 6, 48–49, AGPR; Cayetano Coll y Toste también recordaba el entusiasmo de Pachín por el boicot, Coll y Toste, "Francisco Gonzalo Marín".

46 Publicado originalmente en "La Unidad Nacional", citado en Cruz Monclova, *Historia del año 1887*, 245.
47 Cruz Monclova, *Historia del año 1887*, 252-63.
48 El testimonio escrito por Víctor Honoré da fe de ese tipo de sentimiento. Véase Audiencia Territorial Criminal, "Componte", caja 107, pieza 8, AGPR. Sobre la información que estima que fueron arrestados 197 artesanos pardos y morenos, de los cuales 130 fueron torturados, véase *La Revista de Puerto Rico,* 18 de junio de 1890, citado en Rodríguez-Silva, *Silencing Race*, 2012, 124-25. Esto parece reflejar la racialización de la categoría artesano por el autor en *La Revista de Puerto Rico* más que un proyecto por parte de estados para arrestar específicamente a hombres de color. Los registros judiciales del componte suelen describir testigos en términos de clase como "jornalero" o "paisano" pero en muy pocos casos, usaban términos de color como "moreno". Estos registros también tratan a muchos artesanos y "paisanos" con el honorífico "Don", incluidas ciertas personas a quienes el escritor de *La revista de Puerto Rico* probablemente habría identificado como pardos. En otras palabras, la ola de represión, aunque estaba cargada de significados racializados para muchos de quienes la presenciaron, no tenía en origen una intención explícita e intencional de racializar, por ejemplo, la represión de la escalera en Cuba en 1844 o más tarde la represión de la Guerra Chiquita en 1879 y 1880. Sobre el uso de la terminología de color en los registros criminales de Puerto Rico, véase Cubano Iguina, *Rituals of Violence*, 41. Sobre la ilegalidad de la tortura durante el interrogatorio en la ley española, véase Pletch, "Isle of Exceptions".
49 En el caso de bofetada propinada a Francisco Cepeda, el oficial pidió perdón por su comportamiento y reconoció que tal afrenta a un caballero, rodeado por guardias armados y sin posibilidad de defenderse, no era un comportamiento propio de un hombre de honor. Ofreció reunirse con Cepeda y resarcirle una vez que la investigación hubiese terminado. Véase Cruz Monclova, *Historia del año 1887*, 288-90. Neumann Gandía recordaba la indignación por el tratamiento a Cepeda, que consistió en un insulto a su honor como caballero. Esto fue, según el escritor, una excepción ya que los prisioneros de alto rango enviados a la prisión de Morro, en San Juan, fueron tratados con "perfecta caballerosidad". *Verdadera y auténtica historia*, 233-36.

50 Cruz Monclova, *Historia del año 1887*, 282–97.
51 Audiencia Territorial Criminal, "Componte", caja 107, pieza 8, AGPR.
52 Coronel, *Un peregrino*, 147–48.
53 Tirado García, "Los que conocieron a Martí".
54 Gobierno Político Superior de Puerto Rico, "Solicitud de pasaporte de Silvestre Pivaló", 22 de marzo de 1888, Puerto Rico, Pasaportes, 1795–1889, FRC; "Registro civil de nacimiento de Pilar Pivaló y Cazuela", 17 de septiembre de 1888, PRCR. Sobre Pilar Pivaló en años posteriores, véase Vega, *Memorias*, 111.
55 Cubano Iguina, *Rituals of Violence*, 82.
56 Ramón Emeterio Betances to Ramón Marín, 5 de junio de 1888, in Bonafoux y Quintero, *Betances*, 128–32.
57 Sociedad del Parque Abolición, *Libres*; Schmidt-Nowara, *Empire and Antislavery*, 165–67; Rodríguez-Silva, *Silencing Race*, 112–22.
58 Brau, *Rafael Cordero*.
59 Véanse los ensayos sobre Rafael Cordero, José Campeche y Segundo Ruiz Belvís, Figueroa, *Ensayo biográfico*. Figueroa también menciona a Wendell Phillips en su ensayo sobre Cordero y sugiere que conocía la biografía de Toussaint escrita por Phillips y traducida por el abolicionista y separatista Betances en 1852. Sobre Betances y Haití, Chaar-Pérez, "A Revolution of Love". Arroyo, *Writing Secrecy*, 93–99.
60 Sobre estos ataques y los contra-compontes, véase Cruz Monclova, *Historia de Puerto Rico (1885–1898)*, 188, 204–5. Sobre el rol de Américo Marín en los contra-compontes, Neumann Gandía, *Verdadera y auténtica historia*, 186–87. Sobre el ataque a Pachín, Luis Muñoz Rivera "La caída de 'El Postillón'" publicado originalmente en *La Democracia*, reimpreso en Coronel, *Un viaje por cuenta del estado*, 48–52.
61 Coronel, *Un peregrino*, 74–102; Quintana, "La expulsión de Venezuela de Francisco Gonzalo Marín".
62 Luis Muñoz-Rivera, citado en Delgado Pasapera, *Puerto Rico*, 413–14. Aquí hablaba en concreto del movimiento en defensa del boicot.
63 Rodríguez-Silva, *Silencing Race*, 125.
64 "Discípulos contra maestros", *Boletín mercantil*, 21 de junio de 1890. Este artículo respondía al conflicto entre otro periódico de artesanos, *El Obrero*, y el periódico autonomista *Revista de Puerto Rico*.
65 "Providencias judiciales", *Gaceta de Puerto Rico*, 15 de septiembre de 1891.

66 Hochschild and Powell, "Racial Reorganization".
67 Friss, "Blacks, Jews, and Civil Rights Law in New York, 1895–1913". Sobre el incidente en el hotel Trainor, véase "Justice: Suit Against Hotel-Keeper Trainor Won", *New York Age*, 14 de noviembre de 1891; Juan Bonilla, "Carta al Sr. Juan Gualberto Gómez", *La Igualdad*, 14 de abril de 1894; Sobre las tensiones acerca del color entre los escritores afroamericanos y el uso del término "negro blanco" para referirse a Fortune, véase Crowder, *John Edward Bruce*, 187; Moses, *Alexander Crummell*, 256. Sobre el caso, más famoso, de Homer Plessy, un hombre cuya apariencia no señalaba de inmediato herencia africana, Scott, "Public Rights, Social Equality, and the Conceptual Roots of the Plessy Challenge".
68 "Manifiesto del Directorio del Partido Autonomista portorriqueño", 19 de diciembre de 1891 reproducido en *La autonomía colonial en España: discursos*, 304–14.
69 Sotero Figueroa et al., "Al pueblo puertorriqueño", *Patria*, 14 de marzo de 1892.
70 "Discursos pronunciados en la confirmación de la proclamación del Partido Revolucionario Cubano, Hardman Hall, 17 de abril de 1892", *Patria*, 23 de abril de 1892.
71 Francisco Gonzalo Marín, "La bofetada", *Patria*, 26 de marzo de 1892.
72 Sotero Figueroa et al., "Al pueblo puertorriqueño". Parece que se referían al tratamiento de los pueblos originarios en la parte occidental de los Estados Unidos y a que sus ideas sobre este tratamiento estaban formadas en gran parte por el "Wild West Show" de Buffalo Bill, presentado en Nueva York todos los años entre 1886 y 1888, y que en la primavera de 1892 realizaba una gira europea cubierta ampliamente por los periódicos de Estados Unidos. Warren, *Buffalo Bill's America*, 344–56. Martí había escrito una larga crónica describiendo el espectáculo, que claramente tuvo una marcada influencia en su pensamiento sobre las civilizaciones anglosajona y latinoamericana. José Martí, "Magnífico espectáculo", en *Obras completas*, 11:31–43.
73 Lista de pasajeros del *S.S. Knickerbocker*, 8 de julio de 1889, NARA 36, M237, roll 535, list number, 902; "Despedida", *El Popular*, 5 de marzo de 1889; "Movimiento de pasajeros", *El Popular*, 29 de junio de 1889.
74 Martí, *Obras completas*, 10:82–86; *The Sun's Guide to New York*, 240–241; Wallace, "A Height Deemed Appalling".

75 Chamberlain and Schulman, *La Revista Ilustrada*; Kanellos, "Hispanic American Intellectuals". Trujillo publicaba en una imprenta que pertenecía a "El Sr. Probst" en el número 36 de la calle Vesey, véase Figueroa, Sotero, "Calle la pasión y hable la sinceridad II", *La Doctrina de Martí*, 10 de octubre de 1896. Modesto Tirado, el tipógrafo que se ocupaba de la producción de las publicaciones de Trujillo, usó la calle Vesey, número 36 como su dirección, véase "Presidentes", *Patria*, 25 de junio de 1895; "Ensayos políticos", *Patria*, 16 de abril de 1892. Vélez Alvarado utilizó una imprenta de Park Row, propiedad de Louis Weiss, Roca, "La Emulsión de Scott en la cultura hispanoamericana", 500. Sobre la relación entre Vélez Alvarado y Pachín Marín véase "Palabra generosa", *Patria*, 10 de abril de 1892. Los primeros números de *Patria* fueron impresos por los tipógrafos italianos Frugone, Balleto y Gardella en un taller de Park Row, *Patria*, 10 de abril de 1892 y "Los viernes en Patria", *Patria*, 10 de septiembre de 1892. P. J. Díaz, el tipógrafo puertorriqueño que compuso el periódico de Serra *La Doctrina de Martí*, tuvo acceso a un taller en el 115 de Park Row, "Gacetillas", *La Doctrina de Martí*, 8 de agosto de 1896. Posiblemente los tipos que usó Díaz pueden haber sido los mismos con que operó, en la misma dirección, Alfred J. Howes, impresor que publicó (posiblemente dependiendo de Díaz como compositor) decenas de textos en español entre los que estaba el libro publicado por Serra en 1899, *Ensayos políticos*.

76 de Armas, *La América Ilustrada*, 16; Kanellos, "Hispanic American Intellectuals".

77 Chamberlain and Schulman, *La Revista Ilustrada*, 1–13.

78 Martí, *La edad de oro*; Agramonte, *Las doctrinas educativas y políticas de Martí*; Belnap y Fernández, *José Martí's "Our America"*.

79 José Martí, "Al secretario de la Sociedad Literaria Hispano-Americana", 30 de octubre de 1891, *Obras completas*, 20:392–93.

80 "Will You Dine Here, Senor? Among the Gourmet Cigareros Down in Maiden Lane", *New York Times*, 25 de febrero de 1894.

81 Martí, *Obras completas*, 21:399. Citado también en Lomas, "El negro es tan capaz".

82 Discurso pronunciado en la velada artístico-literaria de la Sociedad Literaria Hispanoamericana, el 19 de diciembre de 1889, a la que asistieron los delegados de la Conferencia Internacional Americana, *Obras completas*, 6:139–40. Véase también José Martí, "Letter to the Editor, On the Character of the Cuban People", *New York Evening Post*, 25 de marzo de 1889.

83 Trujillo, *Album de "El Porvenir"*, 113; Chamberlain and Schulman, *La Revista Ilustrada*, 200. Figueroa, Sotero, "Calle la pasión y hable la sinceridad VI", *La Doctrina de Martí*, 15 de febrero de 1897.

84 José Martí, "Sotero Figueroa", *La Doctrina de Martí*, 2 de marzo 1897.

85 Este ensayo también fue publicado en *El Partido Liberal*, en Ciudad de México. Aquella es la versión reproducida en Martí, *Obras completas*, 6:15–23.

86 Francisco Gonzalo Marín, "Nueva York por dentro", Kanellos, *En otra voz*, 181–201.

87 José Martí, "Nuestra América" *Obras completas*, 6:22.

88 José Martí, *Obras Completas*, 6:18. Este punto de vista debe mucho al discurso de Ernest Renan, "What is a Nation" (1882), en el que rechaza la noción alemana de que la raza compartida es la base fundamental sobre la que se asienta la nación. Novoa, "José Martí and Evolution"; Rojas y Fiol-Matta, "The Moral Frontier".

89 José Martí, "Discurso pronunciado en la velada artístico-literaria de la Sociedad Literaria Hispanoamericana, el 19 de diciembre de 1889, a la que asistieron los delegados a la Conferencia Internacional Americana", en *Obras completas*, 6:140.

90 José Martí, *Obras Completas*, 6:17.

91 José Martí a José Ignacio Rodríguez, 10 de enero de 1890, en José Martí, *Obras completas*, 20:366.

92 "The 'Evening Telegraph' de Filadelfia", *Patria*, 13 de agosto de 1892.

93 "Ensayos políticos", *Patria*, 16 de abril de 1892.

94 José Martí a Sotero Figueroa, 12 de diciembre de 1890, en José Martí, *Obras completas*, 20:376–77.

95 Sotero Figueroa, "Calle la pasión y hable la sinceridad, VII", *La Doctrina de Martí*, 2 de marzo de 1897. Martí y sus aliados parecen haber intentado algo similar con la decididamente elitista Sociedad de Beneficencia Hispano-Americana. A principios de 1893, *Patria* señaló que Gerónimo Bonilla había sido el primer cubano negro en solicitar su ingreso en la Sociedad y celebró la inclusión de ricos y pobres, y negros y blancos en un acto organizado por la Sociedad. "En casa", *Patria*, 14 de febrero de 1893. La cuota de socio (sesenta céntimos al mes, pagados por adelantado) redujo muy probablemente la presión para democratizar la organización durante la profunda recesión de 1894. "Sociedad de Beneficencia Hispano-Americana", *Patria*, 24 de octubre de 1894.

96 "El periódico Patria", *La Doctrina de Martí*, 15 de enero de 1897.

97 El taller estaba en el Park Row, número 178. *Phillips' Business Directory*, 735.
98 "Los viernes en Patria", *Patria*, 10 de septiembre de 1892.
99 Ibíd. Es notable que Serra y Figueroa trataron de preservar (o quizás construir) la memoria de la primera época, radical y democrática, de la producción de *Patria* en el periodo que siguió a la muerte de Martí. Véase, "El periódico Patria", *La Doctrina de Martí*, 15 de enero de 1897.
100 "Cuba y Puerto Rico. Vengo a darte patria", *Patria*, 14 de marzo de 1893.
101 "La Imprenta de Figueroa", *Patria*, 8 de septiembre de 1894.
102 Ibíd.
103 José Martí, "Sotero Figueroa", *La Doctrina de Martí*, 2 de marzo de 1897. Es interesante ver cómo se cumplió lo contrario cuando Pachín Marín apareció por primera vez en la *La Igualdad*. Envió saludos Juan Gualberto Gómez en nombre de la hermandad de periodistas, pero también "haciéndome eco de mi raza y de mi pueblo". Los editores, sin embargo, (quizás cuidadosos a la hora de inferir el significado de este "mi raza") se refirieron a él solo como el "brillante periodista de Puerto Rico). Francisco Gonzalo Marín, "De Nueva-York a Cuba", *La Igualdad*, 18 de julio de 1893.
104 Sotero Figueroa, "Declaraciones", *Patria*, 30 de junio de 1894. Martí parecía sugerir que Figueroa estaba a cargo del contenido editorial y no solo de la producción cuando escribió "*Patria* en manos de Ud. está segura, y en su corazón limpio, y en su alto juicio". José Martí a Sotero Figueroa, Cap-Haïtien, 9 de junio de 1893, en José Martí, *Obras completas*, 2:353–54.
105 "10 de octubre", *Patria*, 15 de octubre de 1892.
106 Ibíd.; "El meeting de Hardman Hall", *Patria*, 8 de mayo de 1893; "Lunes en La Liga", *Patria*, 23 de abril de 1892; "Noche hermosa en 'La Liga'", *Patria*, 4 de noviembre de 1893; "Club Rifleros de La Habana No. 2. La fiesta campestre", *Patria*, 27 de agosto de 1892.
107 "El Postillón", *Patria*, 22 de octubre de 1892.
108 Véase, por ejemplo, el testimonio del liberal cubano Pozos Dulces, como parte de la Comisión para la Reforma Colonial en Madrid en 1866. Allí celebró la capacidad, según su criterio, de la "raza latina" de civilizar por medio de la absorción y predijo un lento proceso de

blanqueamiento en Cuba a través de la migración y el mestizaje. *Información sobre reformas*, 223. Stepan, *The Hour of Eugenics*; Novoa, "José Martí and Evolution". Para un ejemplo más claro de esto, véase el comentario referente a un artículo en la *Revista de Puerto Rico*, que veía "la vigorización de la raza caucásica a través de la inmigración y los cruces" como símbolo de la harmonía que reinaba en la isla y de la capacidad de los puertorriqueños para el gobierno autónomo. Sotero Figueroa, Francisco Gonzalo Marín, and Antonio V. Alvarado, "La dominación y la independencia III", *Patria*, 24 de septiembre de 1892.

109   Godreau, "Slippery Semantics".
110   Hodes, *White Women, Black Men*; Pascoe, *What Comes Naturally*; Hochschild and Powell, "Racial Reorganization".
111   Mitchell, *Righteous Propagation*, 197–212.
112   Grimké, "The Second Marriage of Frederick Douglass"; Blissit, "The Amalgamation of the Personal and the Political".
113   Véase, por ejemplo, dos estudios sobre la década de 1940, Rogler, "The Morality of Race Mixing in Puerto Rico"; Colomban Rosario y Carrión, *El negro*.
114   Registro civil del matrimonio entre Sotero Figueroa Fernández e Inocencia Martínez Santaella, 28 de junio de 1889, PRCR.
115   Figueroa, *Ensayo biográfico*, 23.
116   Marín, *Romances*, 101–16.
117   *Ibíd.*, 106.
118   "Justice: Suit Against Hotel-Keeper Trainor Won", *New York Age*, 14 de noviembre de 1891.
119   Vega, *Memorias*, 109.
120   Certificado de nacimiento de Julia Figueroa, 15 de julio de 1891. MACNY. El médico se llamaba Joseph L. de Victoria.
121   Certificado de defunción de Julia Figueroa, 5 de septiembre de 1893, MACNY. El médico que registró el fallecimiento fue J.A. Álvarez. Su esposa era miembro del club Mercedes Varona. Inocencia era la presidenta de dicho club. Véase "Los clubs", *Patria*, 10 de abril de 1892.
122   Por ejemplo: Damaso Callard, Marecelino Piedra, Abraham Seino y Rosendo Rodríguez.
123   Logan, Zhang y Chunyu, "Emergent Ghettos".
124   Este punto se discute ampliamente en el próximo capítulo.

125 Certificado de matrimonio de Cayetano Alfonso y Elisa Baer, 16 de febrero de 1899, MACNY; Certificado de nacimiento de Adel Conde, 22 de agosto de 1893, MACNY.

126 "Married a Negro instead of a Cuban", *New York Times*, 28 de septiembre de 1888. Del mismo modo, William Ellis un afroamericano adinerado de Texas que vivía en Nueva York se reinventó como Guillermo Eliseo, un revolucionario cubano. Jacoby, *The Strange Career of William Ellis*. El escritor afroamericano James Weldon Johnson recordaba una ocasión en la que, tras ser identificado equivocadamente como cubano, pudo viajar en un vagón de tren reservado para personas blancas y fue tratado con amabilidad por el resto de pasajeros. Johnson, *Along This Way*, 87–89.

127 Marín, *Romances*, 16, 45.

128 *La Igualdad* citado en Helg, *Our Rightful Share*, 39. Manuel Sanguily citado en Ferrer, *Insurgent Cuba*, 121.

129 Véase por ejemplo, Juan Bonilla, "Sombras y luces", *La Igualdad*, 28 de septiembre de 1893.

130 Marín, *Romances*, 40.

131 "El poeta Marín", *Patria*, 23 de abril de 1892.

132 "Mr. Douglass' Marriage", *New York Globe*, 9 de febrero de 1884.

133 Blissit, "The Amalgamation of the Personal and the Political". Rooks, *Hair Raising*; Lindsey, "Black No More".

134 Carlson, "The Panic of 1893"; Waugh, "Give This Man Work!"; Painter, *Standing at Armageddon*, 110–40.

135 Gabriel P. López et al., "A los cubanos y puertorriqueños residentes en New York", *Patria*, 19 de agosto de 1893.

136 "La crisis y el Partido Revolucionario Cubano", *Patria*, 19 de agosto de 1893; véase también, "Pobreza y patria", *Patria*, 19 de agosto de 1893.

137 "El conflicto en Cayo", *Patria*, 6 de enero de 1894; véase también, "Los sucesos del Cayo", *Patria*, 31 de marzo de 1894; "Opinión imparcial", *Patria*, 6 de enero de 1894.

138 Club Guerrilla de Maceo, "Libro de Actas", 8 de agosto de 1893; Club Guerrilla de Maceo, "Libro de Actas", 4 de noviembre de 1893; Club Guerrilla de Maceo, "Libro de Actas", 30 de marzo de 1894.

139 Hevia Lanier, *El directorio central*, 57–60; Helg, *Our Rightful Share*, 42–47.

140   Rafael Serra, "Mi querido Juan", *La Igualdad*, 21 de febrero de 1894.
141   Rafael Serra, "Al Sr. Francisco Giralt", *La Igualdad*, 7 de marzo de 1893; Juan Bonilla, "Carta al Sr. Juan Gualberto Gómez", *La Igualdad*, 14 de abril de 1894; Juan Bonilla, "Cartas americanas", *La Igualdad*, 14 de octubre de 1894; "Justice: Suit Against Hotel-Keeper Trainor Won", *New York Age*, 14 de noviembre de 1891.
142   Juan Bonilla, "Una carta", *Patria*, 12 de noviembre de 1892.
143   Rafael Serra, "Sin desengaño", *La Igualdad*, 5 de abril de 1894.
144   Club Las Dos Antillas, "Libro de Actas", especialmente diciembre de 1893-julio de 1895; Club Guerrilla de Maceo, "Libro de Actas", 2 de febrero de 1894, 30 de marzo de 1894; 7 de junio de 1894.

CAPÍTULO SEIS: ¿VICTORIA?

1   "Gacetillas", *La Doctrina de Martí*, 30 de diciembre de 1896; "Gracias a todos", *La Doctrina de Martí*, 15 de enero de 1897.
2   "Sociedad de Estudios Jurídicos y Económicos", *La Doctrina de Martí*, 30 de noviembre de 1896; "La Sociedad Jurídica y 'La Doctrina de Martí,'" *La Doctrina de Martí*, 15 de enero de 1897; Hidalgo Paz, *Cuba, 1895-1898*, 123-24; Rodríguez, *Estudio histórico sobre el origen*, 280-82.
3   "Spain Losing Grip", *Boston Daily Globe*, 9 de noviembre de 1896. El encuentro tuvo lugar en la casa de Emilio del Junco, en el número 141 de la calle 14 Oeste. Véase New York City Directory, 1898, US City Directories, 1822-1995.
4   Ferrer, *Insurgent Cuba*, 141-47; Pérez, *Cuba between Empires*, 119-34.
5   "José Martí a Gonzalo de Quesada y Benjamín Guerra, 26 de febrero de 1895", reimpreso en Martí, *Obras completas*, 4:73-74.
6   "Un padre de la patria", *Patria*, 10 de abril de 1892; "El colegio de Tomás Estrada Palma en Central Valley", *Patria*, 2 de julio de 1892; Véase, por ejemplo, "Sobre los *Ensayos políticos*", *Patria*, 28 de mayo de 1892.
7   Sobre las ideas generalizadas de que la adquisición de Cuba sería necesaria e inevitable, véase Pérez, *Cuba in the American Imagination*. Sobre el ascenso del imperialismo y el antiimperialismo, véase Kinzer, *The True Flag*. Sobre la actitud de la administración McKinley, Pérez ve pruebas suficientes de que había personas en el gobierno partidarias de la anexión. Pérez, *Cuba between Empires*, 110-17. Offner sugiere que McKinley y su predecesor Cleveland buscaban, sobre

todo, una resolución rápida al conflicto. Habrían aceptado un acuerdo con España y la continuidad del gobierno español. Lo que trataban de evitar era la independencia de Cuba o la intervención de una potencia europea, Offner, *An Unwanted War*.
8 Rafael Serra, "Alerta pueblo", *La Doctrina de Martí*, 10 de noviembre de 1896.
9 Sotero Figueroa, "Por la revolución", *La Doctrina de Martí*, 25 de julio de 1896.
10 "Knife and Torch: Maceo's Negro Bands Overrunning Western Cuba", *Los Angeles Times*, 23 de septiembre de 1896.
11 Enrique Dupuy de Lome, "The Spanish Minister in the Cuban Insurrection", *Harper's Weekly*, 31 de agosto de 1895; "Comunicado interesante", *La Vanguardia*, 13 de junio de 1895.
12 El presidente provisional Salvador Cisneros Betancourt y el general Máximo Gómez animaron a Estrada Palma (pese a su recelo) a que reclutara a Sanguily para la causa. Cisneros también sugirió entregarle la dirección de *Patria* al gran rival de Martí, Enrique Trujillo. El reclutamiento de Varona fue iniciativa de Estrada Palma. Véase Partido Revolucionario Cubano, *La revolución del 95*, 1:246–47, 269, 347–51.
13 Guerra, *The Myth of José Martí*, 62–88; Hidalgo Paz, *Cuba, 1895–1898*, 5–82.
14 "Senor de Lome Refuted," *New York Times*, 28 de agosto 1895.
15 Ferrer, *Insurgent Cuba*, 120–27.
16 Trujillo, *Apuntes históricos*.
17 Ferrer, *Insurgent Cuba*, 125–27.
18 "Pobres y ricos", *Patria*, 17 de agosto de 1895.
19 Club Las Dos Antillas, "Libro de Actas", 6 de octubre de 1895.
20 José Martí y Máximo Gómez, "Manifiesto de Montecristi", 25 de marzo de 1895, en Martí, *Obras completas*, 4:93–104.
21 González, "Una carta del Maestro". Véase también Sotero Figueroa, "Inmortal", *Patria*, 25 de junio de 1895; Gerónimo Bonilla, "José Martí", *Patria*, 2 de julio de 1895; Manuel de Jesús González, "El Maestro", *Patria*, 2 de julio de 1895; Juan Bonilla, "Martí", *Patria*, 8 de julio de 1895; "Discurso del Señor Serra", *Patria*, 23 de octubre de 1895; Rafael Serra, "Condolencias", *Patria*, 25 de junio de 1895.
22 "Pobres y ricos", *Patria*, 17 de agosto de 1895.

23 Varona, *Cuba contra España*. Sobre las negociaciones del salario de Varona antes de su traslado a Nueva York, véase Partido Revolucionario Cubano, *La revolución del 95*, 1932, 1:347–51.
24 "Administración de 'Patria'", *Patria*, 10 de agosto de 1895; "De administración", *Patria*, 9 de octubre de 1895; Enrique José Varona, "Administración", *Patria*, 18 de diciembre de 1895; Toledo, *Sotero Figueroa*, 69–70.
25 Serra, Rafael, "Nuestra labor", *La Doctrina de Martí*, 25 de julio de 1896.
26 Serra, Rafael, "Práctica", *La Doctrina de Martí*, 25 de julio de 1896.
27 Despradel, *Rafael Serra*, 22–23, 38–39; Deschamps Chapeaux, *Rafael Serra*, 147–48. "Sobre los Ensayos políticos", *Patria*, 28 de mayo 1892.
28 El hecho de que Juan Fraga, el tabaquero blanco que presidía el Cuerpo de Consejo en Nueva York, asistiera a la reunión del club Guerrilla de Maceo en la que los miembros votaron unánimemente a Estrada Palma indica que los líderes que disfrutaban de la confianza de los miembros de los clubes intervinieron a favor de ese candidato. Véase Club Guerrilla de Maceo, "Libro de Actas", 8 de julio de 1895.
29 Rafael Serra, "Al Sr. Delegado del P.R.C.", 23 de julio de 1895, Fondo Partido Revolucionario Cubano, caja 21, número 3235, ANC.
30 Partido Revolucionario Cubano, *La revolución del 95*, 2:172–73.
31 *Ibíd.*, 1:214–15.
32 Rafael Serra, "Al Sr. Delegado del P.R.C.", 23 de julio de 1895, Fondo Partido Revolucionario Cubano, caja 21, número 3235, ANC.
33 "Abrumadora deferencia", *La Doctrina de Martí*, 25 de julio de 1896. Para un recuento de los diarios que recibían subvenciones de Estrada Palma en Estados Unidos, véase Héctor de Saavedra, "A Domingo Figarola y Caneda", 9 de febrero de 1897; Fondo Academia de la Historia Cubana, caja 167, signatura 557, ANC.
34 Sobre el modo de contrabandear materiales impresos "a través de Ibern, cuyo hermano tiene en el correo de La Habana a un amigo fiel", Martí, *Obras completas*, 4:113. Ibern compraba anuncios en *La Doctrina de Martí y* pudo haber ayudado a Serra con la entrega de ejemplares a contactos en Cuba.
35 Agustín Cebreco, "Carta de Cuba Libre", *La Doctrina de Martí*, 30 de junio de 1897; Agustín Cebreco, "De Cuba Libre", *La Doctrina de Martí*, 10 de octubre 1896; Fermín Valdés Domínguez, "24 de febrero", *La Doctrina de Martí*, 20 de abril de 1898.

36 Helg, *Our Rightful Share*, 60; Pérez, *Cuba between Empires*, 133–35.
37 Véanse más detalles sobre cada una de estas historias en el capítulo tres de este libro.
38 Gilbert, *The Product of Our Souls*, 99–135.
39 1900 Census, NARA T623 (Manhattan), roll 1111, Enumeration District 677, 5A. Su apellido de soltera, Granados, sugiere que podría haber estado relacionada con un camarada de Serra de Matanzas (que ahora era uno de los líderes de La Liga en Tampa) Joaquín Granados. Certificado de nacimiento de [Albert] Corrales, 13 de agosto de 1882, MACNY. Para Vialet, véanse los anuncios de *La Doctrina de Martí*, 8 de agosto de 1896.
40 "En casa", *Patria*, 8 de abril de 1895; "Gacetillas", *La Doctrina de Martí*, 8 de agosto de 1896; "Gacetillas", *La Doctrina de Martí*, 2 de septiembre de 1896; "Gacetillas", *La Doctrina de Martí*, 30 de junio de 1897. Sobre Calderín y Miranda, "Gacetillas", *La Doctrina de Martí*, 20 de abril de 1897 y anunciarse en *La Doctrina de Martí*, 15 de julio de 1897. Sobre la logia San Manuel, *La Doctrina de Martí* 15 de abril de 1897. El Club Guerrilla de Maceo empezó a reunirse en la calle 24 Oeste en 1895 y en la calle 33 Oeste, número 132, frente a la casa de los Serra, unos años más tarde. Club Guerrilla de Maceo, "Libro de Actas", 29 de agosto de 1892.
41 "Gacetillas", *La Doctrina de Martí*, 15 de julio de 1897. Certificado de nacimiento de Francisco G. Zayas, 12 de julio de 1897, MACNY. Sobre el papel de los médicos en los partos véase Leavitt, *Brought to Bed*; Dye, "Modern Obstetrics and Working-Class Women". Los relatos de Consuelo y Gertrudis trabajando junto a Rafael vienen de Asociación Nacional de los Emigrados Revolucionarios, "Expediente personal de Consuelo Serra de G. Veranes", 10 de febrero de 1936, Fondo Donativos y Remisiones, caja 589, número 136, ANC.
42 Por ejemplo, Certificado de nacimiento de María Isidora Gomero, 4 de abril de 1893, MACNY; Certificado de nacimiento de Juan Gualberto Pivaló, 12 de julio de 1893, *MACNY*; Certificado de nacimiento de Isidoro Muriel, 4 de abril de 1897, MACNY; Certificado de nacimiento de Miguel Olave, 10 de abril de 1899, MACNY; Certificado de nacimiento de Atney Antonio González, 26 de septiembre de 1899, MACNY. Véase también Certificado de defunción de Francisca Muriel, 10 de diciembre de 1895, MACNY y Certificado de defunción de la señora Apodaca Bonilla, 9 de abril de 1897, MACNY.

43 "Dionisia Apodaca de Bonilla", *La Doctrina de Martí*, 15 de abril de 1897.
44 Hay indicadores de que se celebraron reuniones en las casas de Francisco Acosta, Francisco Araujo y Rosendo Rodríguez. También se discutió sobre la inconveniencia de organizar reuniones en los apartamentos y el gasto extraordinario que implicaba el alquiler de locales públicos, Club Las Dos Antillas, "Libro de Actas", especialmente el acta de 29 de agosto de 1895. Sobre las reuniones celebradas en las casas de Pilar Cazuela y Silvestre y Pivaló e Isidoro Apodaca y Josefa Blanco, "Club Bergues Pruna", *La Doctrina de Martí*, 15 de febrero de 1897. Las reuniones del club Guerrilla de Maceo se celebraron en apartamentos cerca de la vivienda de Serra en el lado oeste de Manhattan. Por supuesto, a veces, los hombres de estas casas también desempeñaron alguna tarea doméstica. Cuando Pilar Cazuela se enfermó, su marido Silvestre se vio incapacitado para seguir adelante con las tareas de tesorero del club Las Dos Antillas. Esto debe de haber sucedido porque asumió la tarea de cuidar a Pilar, porque asumió el trabajo doméstico que ella realizaba, o porque hizo ambas cosas. Club Las Dos Antillas, "Libro de Actas", 27 y 29 de agosto y 3 y 28 de septiembre de 1895.
45 Club Las Dos Antillas, "Libro de Actas", 26 de julio de 1896.
46 "A nuestras damas", *La Doctrina de Martí*, 10 de octubre de 1896. Véase también Rafael Serra, "Buen viaje", *El Nuevo Criollo*, 29 de julio de 1905. En contraste, ver los llamamientos a "elevar la familia" en *Minerva*, la revista para mujeres de la clase de color, publicada por Miguel Gualba y Enrique Cos a finales de la década de 1880. Deschamps Chapeaux, *El negro en el periodismo*, 85–86; Montejo Arrechea, "Minerva"; Barcia Zequeira, "Mujeres en torno a Minerva". Sobre el encuentro de Martí con la feminista anarquista Lucy Parsons, Lomas, "El negro es tan capaz".
47 Inocencia Araujo, Antonia Fernández y Julia Guerra, "De nuestras heroínas del destierro", *La Doctrina de Martí*, 6 de mayo de 1898. Un grupo de mujeres de Puerto Príncipe, que habían oído hablar sobre una nueva logia llamada Orden de Martí escribió: "Pueden las señoras solas, o caballeros con señoras unidos, formar una Logia?", "Gacetillas", *La Doctrina de Martí*, 15 de julio de 1897.
48 "Gacetillas", *La Doctrina de Martí*, 1 de enero de 1897. Parece que otras mujeres asociadas a La Liga (Petrona Calderín y Juana Rosario)

crearon la logia Céspedes-Martí en marzo del año anterior. Partido Revolucionario Cubano, *La revolución del 95*, 1932, 2:383.

49 "Gacetillas", *La Doctrina de Martí*, 10 de noviembre de 1896. Véase también la noticia del enlace entre el "Señor H. Rowlett y la señorita Julia Díaz", "Gacetillas", *La Doctrina de Martí*, 2 de septiembre de 1896; y "Señor G. J. Sneads y Srita. América A. Fernández", en "Gacetillas", *La Doctrina de Martí*, 31 de octubre de 1897. Otros dos ejemplos, pueden verse en el certificado de matrimonio entre Arturo Schomburg y Elizabeth Hatcher, el 19 de agosto de 1896, MACNY. El certificado de nacimiento de 'Working' [Joaquín] Gorozabe, el 12 de abril de 1898, MACNY es el del hijo de Joaquín Gorozabe, presidente del club Guerrilla de Maceo y Maylena Bogart. Los Gorozabe vivían cerca de los Schomburg, en el barrio de San Juan Hill.

50 "Gacetillas", *La Doctrina de Martí*, 15 de diciembre de 1896.

51 "Men of the Month", *Crisis*, noviembre de 1918; *The World Almanac and Book of Facts*, 439.

52 "Gran noche de verano", *La Doctrina de Martí*, 16 de septiembre de 1896. "Musical Notes", *Washington Bee*, 10 de diciembre de 1898. Tyers vivía en la calle 66 oeste cuando se realizó el censo de 1900, véase NARA T623 (Manhattan), Enumeration District 1102, roll 458, 8.

53 "Gran noche de verano", *La Doctrina de Martí*, 16 de septiembre de 1896, "Gacetillas", *La Doctrina de Martí*, 30 de diciembre de 1896; Alexander, *An Army of Lions*.

54 Sobre Plummer, véase "Gacetillas", 15 de julio de 1897; sobre el Cosmopolitan Barbershop, "Multiple Classified Advertisements", *New York Age*, 23 de octubre de 1886; para la cita de Fortune, "The Globe Man about Town", *New York Globe*, 17 de marzo de 1883; "Where the Age Can Be Had", *New York Age*, 19 de noviembre de 1892; Mills, *Cutting Along the Color Line*.

55 Logan, *The Betrayal of the Negro*; Blight, *Race and Reunion*; Wells-Barnett and Rydell, *The Reason Why the Colored American Is Not in the World's Columbian Exposition*. Holt, *Children of Fire*, 185-237.

56 Se puede imaginar este tipo de contacto leyendo el relato ficticio, pero basado en experiencias reales en Jacksonville, de una conversación entre un hombre de color cubano y un hombre afroamericano en Johnson, *Autobiography*, 69-72.

57 Sobre la estrategia de Martí, como lo explicaba a comienzos de 1895, véanse las cartas a Guerra, de Quesada y Estrada Palma en Martí, *Obras completas*, 4:73-150. Sobre la afirmación de que Pierra (entre otros cubanos blancos) apoyaba al periódico, "Para que se sepa", *La Doctrina de Martí*, 15 de julio de 1897; sobre la invitación a participar en la Feria Cubanoamericana, Club Las Dos Antillas, "Libro Actas", 22 de abril de 1896. Más sobre este evento en Guerra, *The Myth of José Martí*, 77.

58 "Gran noche de verano", *La Doctrina de Martí*, 16 de septiembre de 1896.

59 Ambas citas son de "The Last Ditch", *Washington Bee*, 15 de abril de 1899.

60 E.E. Cooper, redactor principal del *Colored American*, citado en Gatewood, "Black Americans and the Quest for Empire", 549.

61 "En Honor de Maceo", *La Doctrina de Martí*, 30 de diciembre de 1896; Scott, *Degrees of Freedom*, 162-75; Gatewood, *Smoked Yankees*; Charleston, "The Fruits of Citizenship".

62 "Gacetillas", *La Doctrina de Martí*, 31 de octubre de 1897. Sobre este fenómeno, de manera más extensa, Gaines, *Uplifting the Race*, 56. Los índices del censo de 1900 y 1910 en Ancestry.com, incluyen a cientos de chicos afroamericanos llamados Maceo.

63 Delgado Pasapera, *Puerto Rico*, 480-94.

64 Club Las Dos Antillas, "Libro de Actas", 18 de marzo de 1896.

65 Francisco Gonzalo Marín, "Wenceslao Tomás Marín. Mi hermano ha muerto", *Patria*, 13 de junio de 1896.

66 Francisco Gonzalo Marín, "Mi madre", *La Doctrina de Martí*, 22 de agosto de 1896. Sobre la salida de Marín con la expedición, Francisco Gonzalo Marín, "De New York a Cuba Libre: impresiones de viaje", *La Doctrina de Martí*, 16 de septiembre de 1896.

67 Esteves, *Estudio biográfico*, 26. Sobre su trabajo como corresponsal, véase el fascinante artículo de Francisco Gonzalo Marín, "Cuba Libre: de nuestro corresponsal en campaña", *La Doctrina de Martí*, 15 de diciembre de 1896.

68 Delgado Pasapera, *Puerto Rico*, 496-580.

69 Sotero Figueroa, "Calle la pasión y hable la sinceridad I", *La Doctrina de Martí*, 2 de octubre de 1896.

70 Hidalgo Paz, *Cuba, 1895-1898*, 13-26, 104-22.

71 Sobre la reforma agraria, Juan Bonilla, "Una carta", *Patria*, 12 de noviembre de 1892. Véase también los ensayos, "Educación y dinero" y "Paciencia y labor", ambos reimpresos en Serra, *Ensayos políticos*.
72 Czitrom, *New York Exposed*.
73 "Colored Republicans Treated Badly: They Demand Recognition", *New York Times*, 31 de julio de 1896.
74 T. McCants Stewart, *The Afro-American in Politics*.
75 Para una exploración de la cultura política de la "fidelidad" en la Cuba colonial y de su importancia en la comprensión de la política racial, véase Sartorius, *Ever Faithful*.
76 Ferrer, *Insurgent Cuba*, 133–35.
77 Es posible que Bergues Pruna conociera a Serra en 1885, cuando Bergues vivía en Panamá y se esforzaba en recaudar fondos a favor de la expedición liderada por Antonio Maceo. Forment, *Crónicas de Santiago*, 38.
78 "Contestación satisfactoria", *La Igualdad*, 9 de febrero de 1893. "Con toda claridad", *La Igualdad*, 11 de febrero de 1893; "Impresiones electorales", *La Igualdad*, 14 de febrero de 1893; "Labor patriótico", *La Igualdad*, 21 de marzo de 1893; "Cuestión mal planteada", *La Igualdad*, 16 de febrero de 1893.
79 Citado en Ferrer, *Insurgent Cuba*, 134–35.
80 "Nuestro triunfo", *La Igualdad*, 18 de abril de 1893; "Nuevo procurador", *La Igualdad*, 22 de septiembre de 1893.
81 "El Radical", *La Igualdad*, 9 de febrero de 1893.
82 En junio de 1893, los neoyorquinos habían leído el artículo de Juan Gualberto Gómez presentando a Simeón Poveda Ferrer y Benito Madariaga, dos hombres de color de Santiago que se habían opuesto a la abstención y después se habían reconciliado con Bergues Pruna y el Directorio. "Saludo y despedida", *La Igualdad*, 3 de junio de 1893. Una semana más tarde, los dos hombres estaban en Nueva York para una fiesta de La Liga. Poveda siguió hasta Chicago, publicó su crónica sobre la Exposición Universal y sus viajes por Estados Unidos y se instaló en Puerto Príncipe, convirtiéndose en secretario del Cuerpo de Consejo del Partido Revolucionario Cubano de aquella ciudad. Madariaga se instaló en Nueva York y se convirtió en dirigente del club Guerrilla de Maceo y miembro del club Las Dos Antillas. "En La Liga", *Patria*, 1 de julio de 1893; club Las Dos Antillas, "Libro de Actas", 27 de

agosto de 1895. Poveda y Magdariaga aparecen como "comerciantes" en "Lista de pasajeros en el *S.S. Panama*", 5 de junio de 1893, NARA 36, M237, roll 610, line 6. Magdariaga también firmó la *Contestación a dos desdichados autonomistas de la raza de color*.

83 "Lista de pasajeros del S.S. Santiago", 9 de marzo de 1895, NARA 36, M 237, roll 637, line 268; club Las Dos Antillas, "Libro de Actas", 11 de junio de 1895.

84 "Izaguirre en Managua, *La revolución del 95*, 3:269–70; "Gran noche de verano", *La Doctrina de Martí*, 16 de septiembre de 1896.

85 "Spain Losing Grip", *Boston Daily Globe*, 9 de noviembre de 1896.

86 "El Señor B. J. Guerra y el 'Journal'", *La Doctrina de Martí*, 30 de diciembre de 1896; "Claridad", *La Doctrina de Martí*, 30 de noviembre de 1896.

87 "Sociedad de Estudios Jurídicos y Económicos", *La Doctrina de Martí*, 30 de noviembre de 1896.

88 "La Sociedad de Estudios Jurídicos y el Partido Revolucionario Cubano", *La Doctrina de Martí*, 30 de diciembre de 1896.

89 Guerra, *The Myth of José Martí*, 68–69; "Copia del Acta levantada con motivo de una cuestión personal entre los Sres. Manuel Sanguily y Eduardo Yero", 9 de julio de 1897, Fondo Academia de la Historia Cubana, caja 61, número 66, ANC. Transcripción disponible en LGP, dLOC.

90 "La Sociedad Jurídica y 'La Doctrina de Martí'", *La Doctrina de Martí*, 15 de enero de 1897; Eduardo Yero, "Vientos de fronda", *La Doctrina de Martí*, 15 de enero de 1897; Sotero Figueroa, "El señor Varona y el periódico Patria", *La Doctrina de Martí*, 30 de enero de 1897. No he encontrado el manifiesto titulado "El mensaje y la opinión cubana: manifiesto que dirige la Sociedad de Estudios Jurídicos al pueblo americano", pero se refiere a este texto en el artículo de Yero y en varias bibliografías. El contenido puede inferirse de "Laid Bare in a Cuban Manifesto", *Chicago Daily Tribune*, 16 de enero de 1897.

91 "La Sociedad Jurídica y 'La Doctrina de Martí,'" *La Doctrina de Martí*, 15 de enero de 1897.

92 Eduardo Yero, "Vientos de fronda", *La Doctrina de Martí*, 15 de enero de 1897.

93 Héctor de Saavedra, "A Domingo Figarola y Caneda", 9 de febrero de 1897. Fondo Academia de la Historia, caja 167, signatura 557, ANC.

94 "Gacetillas", 30 de diciembre de 1896; "Gracias a todos", *La Doctrina de Martí*, 15 de enero de 1897.

95 Eduardo Yero, "Vientos de fronda", *La Doctrina de Martí*, 15 de enero de 1897; "Club Bergues Pruna", *La Doctrina de Martí*, 15 de febrero de 1897; "Gacetillas", *La Doctrina de Martí*, 30 de enero de 1897; "Gacetillas", 30 de diciembre de 1896. Similares conflictos por el liderazgo nacieron dentro de la organización del PRC en Cayo Hueso, Puerto Príncipe y Haití, aunque las dinámicas de alianza y fractura fueron diferentes en cada localidad; Partido Revolucionario Cubano, *La revolución del 95*, 3:277-81; Partido Revolucionario Cubano, *La revolución del 95*, 5:299-301; Valverde y Bascó, *Páginas de mi vida en la emigración*; Muller, *Cuban Émigrés and Independence*.

96 95 Hidalgo Paz, *Cuba, 1895-1898*, 140-41.

97 Llaverías y Martínez, *Los periódicos de Martí*, 88-96; Deschamps Chapeaux, *Rafael Serra*, 133. "Gacetillas", *La Doctrina de Martí*, 31 de agosto de 1898; Club Guerrilla de Maceo, "Libro de Actas", 18 de julio de 1897 and 26 de agosto de 1897; Dámaso Callard, "Al Ciudadano Tomás Estrada Palma", 28 de agosto de 1897, Fondo Partido Revolucionario Cubano, caja 98, número 14 511, ANC.

98 "El decoro popular en acción", *La Doctrina de Martí*, 15 de febrero de 1897; "Cayo en su puesto", *La Doctrina de Martí*, 31 de marzo de 1897; "Gracias", *La Doctrina de Martí*, 30 de noviembre de 1897.

99 Rafael Serra, "A los Señores Medín Arango. Leon Quesada, Enrique Cos y Latapier", 25 de octubre de 1897, Fondo Adquisiciones, caja 59, número 4102, ANC; José Leon Quesada et al., "A R. Serra", 2 de noviembre de 1897, Fondo Adquisiciones, caja 58, número 4049, ANC.

100 Serra, Rafael, "Errores populares", *La Doctrina de Martí*, 31 de marzo de 1897.

101 Eduardo Yero, "A Ramón Rivero", 19 de junio de 1897, Fondo Academia de la Historia Cubana, número 41, caja 61, ANC, transcripción disponible en LGP, dLOC; "Los hechos, el sufragio, las elecciones, los emigrados", *La Doctrina de Martí*, 30 de junio de 1897; Guerra, *The Myth of José Martí*, 72-74. Unos meses antes, algunos militantes del club Guerrilla de Maceo, molestos porque muchos miembros no pagaban sus cuotas mensuales, propusieron una nueva norma que limitara el derecho a votar dentro del club a los miembros que estuvieran al día con sus contribuciones. Pedro Calderín habló en contra de

la propuesta y nunca fue adoptada. Club Guerrilla de Maceo, "Libro de Actas", 28 de marzo de 1897.

102   Cubano Iguina, "Political Culture"; Negron Portillo, *Las turbas republicanas*; Cruz Monclova, *Historia de Puerto Rico (1885-1898)*, III:200-210.

103   Dos manifiestos", *La Doctrina de Martí*, 15 de febrero de 1898; "¿A dónde iremos?", *La Doctrina de Martí*, 9 de julio de 1899, reimpreso en Serra, *Ensayos políticos*; Pérez, *Cuba between Empires*, 144-67; *Contestación a dos desdichados autonomistas de la raza de color*.

104   Sobre la posición de McKinley, véase Offner, *An Unwanted War*; Pérez, *Cuba between Empires*, 180-90. Sobre la ideología de los imperialistas, véase Gerstle, *American Crucible*, 14-65; Kramer, "Empires, Exceptions, and Anglo-Saxons". Para los argumentos antiimperialistas sobre la raza, el trabajo y las tarifas comerciales, véase Love, *Race over Empire*; Merleaux, *Sugar and Civilization*, 28-38.

105   Pérez, *Cuba between Empires*, 200-206.

106

107   Para la perspectiva de Pierra, véase "Cuba Nationalist Party", *New York Times*, 9 de septiembre de 1898. Véase también Pérez, *Cuba and the United States*, 114-18; Wood, *Civil Report, 1899-1900*; Iglesias Utset, *Las metáforas del cambio*. Meriño Fuentes documenta el nombramiento de Serra en Meriño Fuentes, *Gobierno municipal y partidos políticos en Santiago de Cuba (1898-1912)*, 32-36. Sin embargo, no hay pruebas de que regresara a Cuba hasta 1902.

108   Véanse las cartas de Figueroa a Juan Gualberto Gómez escritas entre 1889 y 1900. Fondo Adquisiciones, caja 21, número 1386, ANC. "Proposición de ley concediendo pensión a Sotero Figueroa", 22 de junio de 1921, Fondo Adquisiciones, caja 77, número 4340(3), ANC.

109   Scott, *Degrees of Freedom*, 178-88, 202-9; Zeuske, "Clientelas regionales, alianzas interraciales".

110   "Proposición de ley concediendo pensión a Sotero Figueroa", 22 de junio de 1921, Fondo Adquisiciones, caja 77, número 4340(3), ANC; Toledo, *Sotero Figueroa*, 97-99; Orum, "Politics of Color", 54-74.

111   Sobre la composición del comité, Wood, *Civil Report, 1899-1900*, 92. La comisión también incluía a varios miembros, blancos, del ala militar como, Juan Ruiz Rivera y Eusebio Hernández. Sobre la presión de las fuerzas ocupantes para restringir el sufragio, Orum, "Politics

of Color", 67-70; de la Fuente, "Myths of Racial Democracy", 1999. Sobre las críticas de la prensa afroamericana, "Our Governor General", *Washington Bee*, 13 de enero de 1900.
112 Rafael Serra, "Suplemento: Carta Abierta [al] Coronel José C. López y Teniente Coronel Julián V. Sierra", *La Doctrina de Martí*, abril de 1900.
113 Orum, "Politics of Color", 75-76.
114 "Gen. Wood to the Cubans", *New York Times*, 27 de agosto de 1900.
115 Para la cita describiendo a los delegados como pícaros, aventureros y radicales, Pérez, *Cuba between Empires*, 318. Sobre el lamento de que "los propietarios de plantaciones con más visión de futuro" habían sido derrotados, véase Robert P. Porter, "United States and Cuba", *New York Times*, 11 de febrero de 1901.
116 *Diario de sesiones de la Convención Constituyente de la isla de Cuba*; de la Fuente, "Myths of Racial Democracy".
117 Johnson, *Black Manhattan*, 127-29; Osofsky, "Race Riot, 1900".
118 Carta abierta al Sr. Juan Sardiñas y Villa, 26 de enero de 1901. Impreso originalmente en *El Pueblo Libre*, reimpreso como panfleto e incluido en Serra, *Para blancos y negros*, 84-98.
119 Para este término, véase el ensayo de 1903 "De raíz", reimpreso en Serra, *Para blancos y negros,* 45.
120 Scott, *Degrees of Freedom*, 203-7; de la Fuente, "Myths of Racial Democracy".
121 Pérez, *Cuba between Empires*, 316-26, 368-73.
122 En 1899, publicó el tercero de sus volúmenes titulados *Ensayos políticos,* un ambicioso proyecto documental que trataba de dejar constancia escrita sobre la comunidad exiliada en Nueva York y resaltaba los logros de una generación de activistas y políticos de color a medida que trataban de integrarse en la política cubana. Dedicaba el volumen a Estrada Palma. Serra, *Ensayos políticos, sociales y económicos*. Serra apeló en un inicio, y en busca de ayuda, a Máximo Gómez para que se publicara el libro, confiando en Gonzalo de Quesada y Juan Gualberto Gómez como intermediarios. Rafael Serra, "A Juan Gualberto Gómez", 10 de febrero de 1899, Adquisiciones caja 45, número 3579, ANC. La dedicatoria pudo ofrecer pistas respecto a que el dinero al final vino del delegado.
123 Serra, "Al Sr. Tomás Estrada Palma", 19 de enero de 1902, Fondo Tomás Estrada Palma, ANC. Transcripción disponible en LGP, dLOC.

124 Serra, "Al Sr. Tomás Estrada Palma", 13 de febrero de 1902, Fondo Tomás Estrada Palma, ANC. Transcripción disponible en LGP, dLOC.

PUNTOS FINALES

1 "Palma Begins Trip to Land He'll Rule", *New York Press*, 17 de abril de 1902; Pérez-Stable, "Estrada Palma's Civic March".
2 Orum, "Politics of Color", 93–101. El Coronel José C. López, que había sido uno de los fundadores del club Guerrilla de Maceo y vicepresidente de La Liga en Nueva York y el general Generoso Campos Marquetti, que había pasado parte de la guerra en Nueva York, eran miembros importantes del grupo que restableció lazos en La Habana en 1902. También lo eran Miguel Gualba y Juan Felipe Risquet, que regresaron a Cuba desde Cayo Hueso, donde Gualba había liderado a uno de los dos bandos de revolucionarios afrodescendientes que se enfrentaron con acritud al final de la guerra; Risquet había participado en el otro. También estaban presentes Simeón y Antonio Poveda Ferrer, que se habían opuesto a Manuel Bergues Pruna en Santiago en 1893, habían hecho las paces con los apoyadores del Directorio el verano siguiente y finalmente se habían mudado a Puerto Príncipe, donde se convirtieron en figuras relevantes del Partido Revolucionario Cubano. Poveda y López se comunicaron con Serra, incluso antes de regresar a Cuba. Véase Serra, "Al Sr. Tomás Estrada Palma", 13 de febrero de 1902, Fondo Tomás Estrada Palma, ANC, transcripción disponible en LGP, dLOC.
3 Pappademos, *Black Political Activism*; Fernández Robaina, *El negro en Cuba*. Serra después afirmaría que Tomás Estrada Palma no era consciente de la discriminación en los nombramientos para la policía y el servicio postal y una vez que se enteró de ella se movió rápidamente para remediar la situación. Serra, *Para blancos y negros*, 82.
4 Rafael Serra, "Al Sr. Tomás Estrada Palma", 26 de julio de 1902, Fondo Tomás Estrada Palma, Archivo Nacional de Cuba, transcripción disponible en LGP, dLOC.
5 Rafael Serra, "El problema", *El Nuevo Criollo*, 29 de octubre de 1904. Rafael Serra, "A 'La Antorcha' de Trinidad", *El Nuevo Criollo*, 5 de noviembre de 1904.
6 Toledo, *Sotero Figueroa*, 100–101.

7 Serra, Rafael, "De raíz", *Redención*, 30 de julio de 1903 reimpreso en Serra, *Para blancos y negros*, 43-45.
8 Un recuento de su campaña en Santiago, "No hay tal cosa señor", *El Nuevo Criollo*, 15 de octubre de 1904, señala que estuvo acompañado en sus visitas a los clubes locales y en sus encuentros por Justo Castillo y Hermenegildo Galán, ambos exmiembros del club Guerrilla de Maceo en Nueva York. El relato sobre los discursos de Galán fuera de Santiago y la asunción de que *El Nuevo Criollo* era muy popular en el campo viene de una carta de Pedro Ivonet (leal al partido Moderado por esa época) a Tomás Estrada Palma, citada en Cárdenas, "Pedro Ivonnet: pasión y muerte de un protestante del 12". José C. López, tabaquero, migrante, vicepresidente de La Liga, y coronel en el Ejército Mambí también fue parte de esta formación política como lo fueron Antonio Poveda y Ferrer, Juan Felipe Risquet y Agustín Cebreco. Sobre la evolución del Partido Nacional de Oriente y la coalición moderada en Santiago, véase Meriño Fuentes, *Gobierno municipal y partidos políticos en Santiago de Cuba (1898-1912)*.
9 Orum, "Politics of Color", 101-4. Pappademos, *Black Political Activism*, 60.
10 Sobre la insatisfacción de los agentes electorales leales a Serra en Santiago en 1906 después de una purga de hombres afrodescendientes de la policía e incursiones punitivas de la policía contra las sociedades de color, véase, Serra, *Para blancos y negros*, 204-5. Sobre la rebelión de 1906, Zeuske, "Clientelas regionales, alianzas interraciales"; Ibarra, *Cuba, 1898-1921*; de la Fuente, *A Nation for All: Race, Inequality, and Politics in Twentieth-Century Cuba*, 99-171.
11 Rafael Serra, "Educación y dinero" un *Ensayos políticos*, 172.
12 Rafael Serra, "Resumen", Para blancos y negros, 215.
13 Sobre el nacimiento del Partido Conservador en Santiago, véase Meriño Fuentes, *Gobierno municipal y partidos políticos en Santiago de Cuba (1898-1912)*, 71-85. Sobre la historia, más larga, de la participación negra y mulata en el Partido Conservador, véase Pappademos, *Black Political Activism*.
14 Aunque es necesario, sin duda, mencionar al Partido Independiente de Color para mostrar adecuadamente el contexto de la política cubana de 1908 y aunque parece imposible ignorar la violenta represión de este partido, un análisis detallado de aquellos sucesos tan complejos va más allá del ámbito de este libro. Para una variedad de perspectivas

al respecto, véase Pérez, "Politics, Peasants, and People of Color"; Fernández Robaina, *El negro en Cuba*; Helg, *Our Rightful Share*, 162–284; de la Fuente, *A Nation for All*, 66–91; Scott, *Degrees of Freedom*, 225–52; y los ensayos de Alejandra Bronfman y Jorge Ibarra Cuesta en Martínez Heredia, Scott y García Martínez, *Espacios, silencios y los sentidos de la libertad*, 270–94.

15 Hellwig, "The African-American Press and United States Involvement in Cuba"; Gatewood, "Black Americans and the Quest for Empire". "No Color Line Down in Cuba, Logan Finds", *Afro-American* (1893–1988), 9 de septiembre de 1933; Mercer Cook, "Cuba Has the World's Queerest Color Line", *Baltimore Afro-American*, 19 de julio de 1941.

16 Para un recuento de los modos en los que la migración dio forma a la imaginación política de un grupo de migrantes que siguió trayectorias políticas similares dos décadas después, véase Putnam, *Radical Moves*. La autora concluye que, para este caso, los migrantes que salían de las Indias Occidentales desarrollaron una conciencia aguda de la construcción social de la raza porque se movieron dentro y fuera de varios regímenes de clasificación racial. Esto abrió espacio para el nacimiento de una política del internacionalismo racial. En el caso más temprano de migrantes cubanos y puertorriqueños, el internacionalismo racial fue solo parte de su respuesta política a la migración. Los conocimientos que formaron como migrantes negros también influyeron de manera importante su compromiso con un nacionalismo que prometía un futuro sin razas.

17 La presencia de antiguos emigrados de Nueva York, Haití, Jamaica y Florida en la coalición moderada está clara en *El Nuevo Criollo*. Allí se menciona a los moderados José C. López, Agustin Cebreco, Antonio Poveda y Juan Felipe Risquet. Josefa Dorticos, José Fernandez Mesa, Policarpo Mira, Emilio Planas, Modesto Tirado y Benito Magdariaga también aparecen, unos como agentes o personas que apoyaban la publicación, otros como figuras políticas y otros como escritores. Germán Sandoval aparecía como visitante de Nueva York participando en una reunión de los Odd Fellows organizada por Juan Bonilla y Luis Vialet, líderes de las logias afiliadas en La Habana, véase Rafael Serra, "Los Odd Fellows de Cuba", *El Nuevo Criollo*, 13 de abril de 1905. Gerónimo Bonilla envió al menos una correspondencia desde Nueva York, Gerónimo Bonilla, "Pilar Bravo", *El Nuevo Criollo*, 1 de febrero

1906. Luis Vialet, Margarito Gutiérrez, Policarpo Mira, Tiburcio Aguirre y Emilio Planas (conocido como Jonatás) aparecieron con regularidad en el periódico *Previsión,* órgano del Partido Independiente de Color. Vialet y Gutiérrez fueron candidatos del Partido Independiente de Color en los comicios de 1908. Martín Morúa Delgado, Juan Gualberto Gómez, Generoso Campos Marquetti y Juan Tranquilino Latapier militaban en el Partido Liberal, aunque Morúa y Gómez estaban en facciones enfrentadas del partido.

18 "Lista de pasajeros del vapor *Vigilancia*", 29 de julio de 1905, NARA 36, M237, roll 604, Page 113. Sobre los cambios en el proceso migratorio, véase Lee, "Immigrants and Immigration Law". Sobre la campaña para borrar la nomenclatura racial de todos los documentos oficiales cubanos, véase "Labor de unión y respeto", en Gutiérrez, *Páginas para la historia*, 41–50.

19 Rafael Serra, "Buen viaje", *El Nuevo Criollo*, 29 de junio de 1905; Miguel Gualba, "Consuelo Serra", *El Nuevo Criollo*, 18 de junio de 1905; "Takes Course While On 'Little Vacation': Dr. Consuelo Serra de G. Veranes of Cuba Is Founder of School and Professor", *New York Amsterdam News,* 25 de julio 1936.

20 NYC Department of Buildings, "Actions: Premises 234 La Calle Thompson", consultado 1 de abril de 2014, http://bisweb.nyc.gov/; McFarland, *Inside Greenwich Village*, 24–36; Johnson, *Black Manhattan*, 58–73, 127–29, 145–53.

21 Sobre estas viviendas, New York State Census, 1905, NYSA. Sobre este intercambio musical, véase Washburne, "The Clave of Jazz"; Glasser, *My Music Is My Flag.*

22 Guridy, *Forging Diaspora*, 5; Mirabal, *Suspect Freedoms*; Benson, *Antiracism in Cuba.*

23 Serra, *Para blancos y negros.*

24 New York State Census, 1905, Assembly District 19, Election District 3, 48, NYSA.

25 Sobre este evento en 1905, véase Guarionex [Arturo Schomburg], "Bruce Grit Honored", *The Guardian,* 7 de octubre de 1905; Sobre la vida de Schomburg, Sinnette, *Arthur Alfonso Schomburg*; Hoffnung-Garskof, "The Migrations of Arturo Schomburg"; El detalle sobre su maestro, Benigno López Castro, viene de Risquet, *Rectificaciones,* 162. Para las cartas al director, véase, por ejemplo, Arthur A. Schomburg, "The

Negro and His Rights", *New York Times*, 24 de mayo de 1903; Arthur A. Schomburg, "Questions by a Porto Rican", *New York Times*, 9 de agosto de 1902; Arthur A. Schomburg, "The Roosevelt Doctrine", *New York Times*, 22 de noviembre de 1903.

26 Guarionex (Arturo Schomburg), "Bruce Grit Honored", *The Guardian*, 7 de octubre de 1905.
27 Sobre el pensamiento racial de Schomburg, véase Arroyo, *Writing Secrecy*.
28 Schomburg, *Racial Integrity*.
29 Arthur A. Schomburg, "Questions by a Porto Rican", *New York Times*, 9 de agosto de 1902.
30 Club Las Dos Antillas, "Libro de Actas"; Domingo Collazo, "Deber cumplido", *La Doctrina de Martí*, 25 de julio de 1896.
31 Erman, *Almost Citizens*.
32 Thomas, *Puerto Rican Citizen*; Duany, *The Puerto Rican Nation on the Move*; Sánchez Korrol, *From Colonia to Community*.
33 James, *Holding Aloft the Banner of Ethiopia*; Hoffnung-Garskof, "The Migrations of Arturo Schomburg"; Torres-Saillant, "One and Divisible"; Lee, *Building a Latino Civil Rights Movement*; Sánchez González, *Boricua Literature*; Laurent Perrault, "Invoking Arturo"; Jones, "Afro-Latinos: Speaking through Silences and Rethinking the Geographies of Blackness.
34 Para un excelente análisis de estos escritos históricos, véase Mirabal, *Suspect Freedoms*, 135-8. Un ejemplo conmovedor de los intentos de estos revolucionarios en las instituciones de la memoria nacional se ve en las notas de la última reunión del club Guerrilla de Maceo en enero de 1899. La directiva decidió que donarían los archivos del club, junto a varios utensilios, a los jefes del partido para su inclusión en un futuro museo nacional. Estos papeles están, actualmente, en el ANC. Véase Club Guerrilla de Maceo, "Libro de Actas", 15 de enero de 1899.

Bibliografía

ARCHIVOS TRADICIONALES

Archivo General de Puerto Rico (AGP)
Archivo Histórico Municipal de Ponce (AHMP) Archivo Nacional de Cuba (ANC)
Centro de Investigación Histórica, Universidad de Puerto Rico, Río Piedras (CIH)
Historical Society of Pennsylvania (HSP)
Lillian Guerra Papers, Digital Library of the Caribbean, University of Florida Libraries (LGP, dLOC)
Municipal Archives of the City of New York (MACNY)
Schomburg Center for Research in Black Culture (SCRBC)
Utah Genealogical Society Family Research Center, Saline, MI (FRC)

FONDOS DIGITALES CONSULTADOS EN ANCESTRY.COM

Florida, Naturalization Records, 1847–1995 National Archives in Atlanta, Record Group 21 (NAA, 21)
New York, Index to Petitions for Naturalization Filed in New York City, 1792–1989 Soundex Index, National Archives of New York City (NANYC Soundex)

New York, State and Federal Naturalization Records, 1794-1940 National Archives of New York City Record Groups 21 and 85 (NANYC, RG 21/85)

New York State Census, 1905 Population Schedules New York State Archives (NYSA)

Passenger Lists of Vessels Arriving in New York City, 1820-97 National Archives and Records Administration Record Group 36, M237 (NARA 36, M237)

US City Directories, 1822-1995

US Federal Census Collection
    1870 Federal Population Census (NARA M593)
    1880 Federal Population Census (NARA T9)
    1900 Federal Population Census (NARA T623)
    1910 Federal Population Census (NARA T624)

Federal Non-Population Schedules for New York, New York State Library (NYSL)

US Passport Applications, 1795-1925 National Archives and Records Administration Film M1372 (NARA, M1372)

FONDOS DIGITALES CONSULTADOS EN FAMILYSEARCH.ORG

New York Probate Records, 1629-1971
Puerto Rico, Catholic Church Records, 1645-1969 (PRCCR)
Puerto Rico, Civil Registration, 1805-2001 (PRCR)

PERIÓDICOS

(Colecciones consultadas en su totalidad)
La Doctrina de Martí (Nueva York), 1896-98
El Eco de Ponce (Ponce), 1880
El Nuevo Criollo (La Habana), 1904-6
El Pueblo (Matanzas), 1880
El Popular (Ponce), 1889
La Fraternidad (La Habana), 1888-89

La Igualdad (La Habana), 1893–94
Patria (Nueva York), 1892–96
Previsión (La Habana), 1908–9
(Colecciones consultadas por medio de búsquedas digitales)
Gaceta de Puerto-Rico
New York Age/Freedman/Globe
New York Times

FUENTES PRIMARIAS

Abad, José Ramón. *La exposición agrícola e industrial de tabaco realizada en Ponce, P.R.* Ponce: Tipografía El Vapor, 1884.

Abbad y Lassiera, Iñigo y José Julián Acosta y Calbo. *Historia geográfica, civil y natural de la Isla de San Juan Bautista de Puerto Rico*. Puerto Rico: Imprenta de Acosta, 1866.

Acosta y Calbo, José Julián. "Discurso pronunciado en la inauguración del Instituto Civil de Segunda Enseñanza de Puerto Rico". *Boletín histórico de Puerto Rico*, n°. 9 (1968): 378–82.

"Acta del meeting general de los emigrados de la clase de color cubanos, Key West", 5 de enero de 1881. Fondo Adquisiciones, caja 71, número 4253, ANC.

Aguilera, Francisco Vicente. *Epistolario*. La Habana: Editorial de Ciencias Sociales, 1974.

Anales de la Academia de Ciencias Médicas, Físicas y Naturales de la Habana. Tomo 30. La Habana: Imprenta de A. Álvarez y Compañía, 1893.

Anales de la Academia de Ciencias Médicas, Físicas y Naturales de la Habana. Tomo 32. La Habana: El Fígaro, 1895.

Andrés, S. *La reforma electoral en nuestras Antillas*. Madrid: Imprenta de la "Revista de España", 1889.

Annual Report of the Board of Education of the City and County of New York. Nueva York: Hall of the Board of Education, 1876, 1885.

Armas, Juan Ignacio de. *La América ilustrada*. Tomos 1–2. Nueva York: Imprenta de "La América Ilustrada", 1872.

Armas, Juan Ignacio de y Bernardo Costales y Sotolongo, eds. *El museo: semanario ilustrado de literatura, artes, ciencias y *conocimientos generales*. La Habana: Imprenta "Avisador Comercial", 1882.

La autonomía colonial en España: discursos. Madrid: Los Sucesores de Cuesta, 1892.

Bachiller y Morales, Antonio. *Apuntes para la historia de las letras y de la instrucción pública de la isla de Cuba*. La Habana: P. Massana, 1859.

Blas Guerrero, Andrés de. *Leyes electoral, municipal y provincial de 20 de agosto de 1870: anotadas y concordadas con arreglo a las reformas introducidas en las mismas por la ley de 16 de diciembre de 1876*. Madrid: Oficina Tipográfica del Hospicio, 1877.

Bona, Felix de. *Cuba, Santo Domingo y Puerto-Rico: Historia y estado actual de Santo Domingo*. Madrid: M. Galiano, 1861.

Borrego, Carlos, Manuel Gutiérrez, José Herrera, Guillermo Sorondo, José de Jesús Perdomo y José Margarito Gutiérrez. "Protesta de los cubanos de color de Key West". 5 de enero, 1881, Fondo Adquisiciones, caja 71, número 4253, ANC.

Brau, Salvador. *Disquisiciones sociológicas, y otros ensayos*. Editado por Eugenio Fernández Méndez. Río Piedras: Universidad de Puerto Rico, 1956.

———. *Rafael Cordero: elogio póstumo*. Puerto Rico: Tipografía de Arturo Córdova, 1891.

Brincau, Rafael Rosado. *Bosquejo histórico de la institución de Voluntarios en Puerto Rico*. Puerto Rico: Imprenta del Capitán General, 1888.

Brooks, Charles H. *The Official History and Manual of the Grand United Order of Odd Fellows in America*. Filadelfia: Odd Fellows' Journal Print, 1902.

Browne, Jefferson Beale. *Key West: The Old and the New*. Saint Augustine: Record Company, 1912.

Bureau of Statistics. *Statistical Abstract of the United States*. Tomo 20. Washington, DC: Government Printing Office, 1898.

Campos, Ramón Morel. *Guía local y de comercio de la ciudad de Ponce*. Ponce: Imprenta "El Telégrafo", 1895.

Casasús, Juan José Expósito. *La emigración cubana y la independencia de la patria*. La Habana: Editorial Lex, 1953.

Castellanos, Gerardo. *Motivos de Cayo Hueso (contribución a la historia de las emigraciones revolucionarias cubanas en Estados Unidos)*. La Habana: Ucar, García y Cía., 1935.

Céspedes, Benjamín. *La prostitución en la ciudad de la Habana*. La Habana: O'Reilly, 1888.

Club Guerrilla de Maceo. "Libro de Actas". Fondo Partido Revolucionario Cubano, legajo 44, B1, ANC.

Club Las Dos Antillas. "Libro de Actas". Micro R-2251, Schomburg Center for Research on Black Culture.

Collins, Edmund. *Guide to Nassau, Cuba, and Mexico*. Nueva York: James E. Ward and Co., 1888.

Contestación a dos desdichados autonomistas de la raza de color formulada por la colonia de Nueva York. Nueva York: Imprenta de A. W. Howes, 1898.

Coronel, Juan. *Un peregrino*. Bogotá: Múnera Editores, 2008. Primera edición, 1895.

———. *Un viaje por cuenta del estado*. Ponce: Tipografía El Vapor, 1891.

Crane, Stephen. "Minetta Lane, New York", en *Last Words*, 154–66. Londres: Digby, Long, and Co., 1902. Primera edición, 1896.

Davis, George W. *Report of the Military Governor of Porto Rico on Civil Affairs*. Washington, DC: Government Printing Office, 1902.

"Decreto derogando cuantas disposiciones y prácticas hacen necesaria la llamada información de limpieza de sangre en ultramar, Madrid, Marzo 20 de 1870". *Boletín histórico de Puerto Rico* 9, 384–86. San Juan: Editorial LEA, 2004.

Despradel, Lorenzo. *Rafael Serra: álbum político*. La Habana: Imprenta El Score, 1906.

Diario de sesiones de la Convención Constituyente de la isla de Cuba. La Habana, 1900.

Disturnell, John. *New York as It Was and as It Is*. Nueva York: D. Van Nostrand, 1876.

Domínguez, Teófilo. *Figuras y figuritas: ensayos biográficos*. Tampa: Imprenta Lafayette Street 105, 1899.

Dumás Chancel, Mariano. *Guía del profesorado cubano para 1868: anuario de pedagogía y estadística de la enseñanza*. Matanzas: Imprenta El Ferro-Carril, 1868.

Esteve, Gil. *Pastoral que el Escmo. Sr. Dr. D. Gil Esteve, Obispo de Puerto-Rico, dirige a sus diocesanos al despedirse de ellos*. Barcelona: Imprenta de Pons, 1854.

Esteves, José de Jesús. *Estudio biográfico del poeta arecibeño F. Gonzalo Marín*. Manatí: Manatí Print Co., 1913.

Figarola y Caneda, Domingo. *Guía oficial de la Exposición de Matanzas*. Matanzas: Imprenta La Nacional, 1881.

Figueroa, Sotero. *Ensayo biográfico de los que más han contribuido al progreso de Puerto-Rico*. Ponce: Tipografía El Vapor, 1888.

Figueroa, Sotero y Juan Morel Campos. *Don Mamerto, zarzuela en un acto*. Ponce: Tipografía El Vapor, 1886.

Gallart Folch, José. *Mis memorias*. Barcelona: Elite Gráf, 1971.

García Morales, Francisco. *Guía de gobierno y policía de la isla de Cuba*. La Habana: La Propaganda Literaria, 1881.

Giralt, Pedro. *El amor y la prostitución, replica a un libro del Dr. Céspedes*. La Habana: Ruíz y Hermano, 1889.

Gómez, Juan Gualberto. *La cuestión de Cuba en 1884: historia y soluciones de los partidos cubanos*. Madrid: Imprenta de A. J. Alaria, 1885.

González Font, Carlos. *Tratadito de tipografía*. San Juan: Tipografía "El Comercio" de J. Anfosso, 1887.

Gutiérrez, José Margarito. *Páginas para la historia, recuerdos de un viaje*. La Habana: Tipografía "Los Niños Huérfanos", 1900.

Heredia, José María. *Poesías de José María Heredia*. Nueva York: Librería de Behr y Kahl, 1825.

Hernández, Eusebio. "El período revolucionario de 1879 a 1895". *Revista de la Facultad de Letras y Ciencias* 19, n°. 1 (julio de 1914): 1–58.

"The History of Prince Hall Lodge No. 38", en *Souvenir Program—75th Anniversary*. Nueva York: Prince Hall Lodge No. 38, F. and A. M., 1956.

Información sobre reformas en Cuba y Puerto Rico celebrada en Madrid en 1866 y 67. Nueva York: Imprenta de Hallet y Breen, 1877.

Instituto Geográfico y Estadístico. *Censo de la población de España según el empadronamiento hecho en 31 de diciembre de 1887.* Madrid: Imprenta de la Dirección General del Instituto Geográfico y Estadístico, 1891.

Internal Revenue Record and Customs Journal. Tomo 11. Nueva York: P. Vr. Van Wyck, 1869.

Lagardere, Rodolfo de. *Blancos y negros. Refutación al libro "La Prostitución" del Dr. Céspedes.* La Habana: Imprenta "La Universal", 1889.

Legislación de instrucción pública de la isla de Cuba. La Habana: Imprenta del Gobierno y Capitanía General, 1881. *Ley electoral de 28 de diciembre de 1878 para diputados a Cortes.* San Juan: Tipografía de Acosta, 1879.

List of Registered Voters in the City of New York, for the Year 1880. Nueva York: M. B. Brown, 1881.

Maloney, Walter C. *A Sketch of the History of Key West.* Newark, NJ: Advertiser Printing House, 1876.

Marín, Francisco Gonzalo. *Mi óbolo.* Ponce: Tipografía El Vapor, 1887.

———. *Romances.* Nueva York: Modesto A. Tirado, 1892.

Marín, Ramón. *Las fiestas populares de Ponce.* San Juan: Editorial de la Universidad de Puerto Rico, 1994.

Martí, José. *La edad de oro.* Barcelona: Linkgua Digital, 2017.

———. *Obras completas.* 26 tomos. La Habana: Editorial Ciencias Sociales, 1991.

Mayoral Barnes, Manuel. *Ponce y su historial geopolítico-económico y cultural.* Ponce,1946.

Montoro, Rafael. *Discursos políticos y parlamentarios.* Filadelfia: Levytype Impresores y Grabadores, 1894.

Morales, José Pablo. *Misceláneas.* San Juan: Sucesión de José J. Acosta, 1895.

Morúa Delgado, Martín. *Vida pública de Martín Morúa Delgado.* Editado por Rufino Pérez Landa y María Rosell Pérez. La Habana: Carlos Romero, 1957.

Nelson, Wolfred. *Five Years at Panama: The Trans-Isthmian Canal.* Nueva York: Belford Company Publishers, 1889.

Olmedo, José Joaquín de. *La victoria de Junín: canto a Bolívar.* Londres: Imprenta Española de M. Calero, 1826.

Orden Caballeros de la Luz. *Liturgia.* Nueva York: Imprenta E. Pérez, 1879.

Partido Liberal Reformista. *Plan de Ponce para la reorganización del Partido Liberal de la provincia, y Acta de la Asamblea Constituyente del Partido Autonomista Puertorriqueño.* San Juan: Instituto de Cultura Puertorriqueña, 1991. Primera edición, 1887.

Partido Revolucionario Cubano. *La revolución del 95, según la correspondencia de la Delegación cubana en Nueva York.* Editado por León Primelles. 5 Tomos. La Habana: Editorial Habanera, 1932.

Peláez, Ángel. *Primera jornada de José Martí en Cayo Hueso.* Nueva York: Imprenta "América" de S. Figueroa, 1896.

Pérez Moris, José. *Guía general de la isla de Puerto-Rico, con el almanaque correspondiente al año de 1879.* San Juan: Establecimiento Tipográfico del Boletín, 1879.

Pérez Moris, José, y Luis Cueto y González Quijano. *Historia de la insurrección de Lares: precedida de una reseña de los trabajos separatistas que se vienen haciendo en la isla de Puerto-Rico.* Barcelona: Establecimiento Tipográfico Narciso Ramírez y Compañía, 1872.

Peris Mencheta, F. *De Madrid a Panamá: Vigo, Tug, Tenerife, Puerto Rico, Cuba.* Madrid: Antonio de San Martín, 1886.

Pezuela, Jacobo de la. *Diccionario geográfico, estadístico, histórico, de la isla de Cuba.* Tomo 3. Madrid: Imprenta del Establecimiento de Mellado, 1863.

―――. *Diccionario geográfico, estadístico, histórico, de la isla de Cuba.* Tomo 4. Madrid: Imprenta del Banco Industrial y Mercantil, 1866.

Phillips' Business Directory of New York City. Tomo 19. Nueva York: W. Phillips and Co., 1889.

"Profilaxia de la fiebre puerperal. Reglamento para las comadronas, aprobado por la Real Academia de Ciencias de Habana". *Crónica Médica* 8, n°. 93 (30 de septiembre de 1891): 247–51.

Resumen del censo de población de la isla de Cuba a fin del año de 1841. La Habana: Imprenta del Gobierno, 1842.

Riis, Jacob. *How the Other Half Lives*. Nueva York: Charles Scribner and Sons, 1895. Primera edición, 1890.

Risquet, Juan Felipe. *Rectificaciones: la cuestión político-social en la isla de Cuba*. La Habana: Tipografía "América", 1900.

Rodríguez, José Ignacio. *Estudio histórico sobre el origen, desenvolvimiento y manifestaciones prácticas de la idea de la anexión de la isla de Cuba a los Estados Unidos de América*. La Habana: Imprenta La Propaganda Literaria, 1900.

Rodríguez San Pedro, Joaquín. *Legislación ultramarina*. Madrid: Establecimiento Tipográfico de José Fernández Cancela, 1865.

Sagra, Ramón de la. *Cuba en 1860*. París: L. Hachette y Ca., 1862.

Sanger, Joseph Prentiss, Henry Gannett y Walter Francis Willcox. *Informe sobre el censo de Puerto Rico, 1899*. Traducido por Frank Joannini. Washington, DC: Imprenta del Gobierno, 1900.

Schomburg, Arthur A. "Negro Society for Historical Research as Occasional Paper 3." *Racial Integrity: A Plea for the Establishment of a Chair of Negro History in Our Schools and Colleges, Etc*. Baltimore: Black Classic Press, 1979. Primera edición, 1913.

Scott, Alfred. *Journal of the New York and Cuba Mail Steamship Company*. Nueva York: New York and Cuba Mail Steamboat Company, 1883.

Serra, Rafael. *Ecos del alma, ensayo literario*. Kingston: Mortimer C. DeSouza, 1885.

———. *Ensayos políticos*. Nueva York: Imprenta de "El Porvenir", 1892.

———. *Ensayos políticos. Segunda serie*. Nueva York: P. J. Díaz, 1896.

———. *Ensayos políticos, sociales y económicos*. Nueva York: Imprenta de A. W. Howes, 1899.

———. *Lamentos de un desterrado: ensayo poético, canto 10*. Cayo Hueso: Imprenta "El Obrero", 1881.

———. *Lamentos de un desterrado: ensayo poético, canto 20*. Cayo Hueso: Imprenta "El Obrero", 1882.

———. *Para blancos y negros, ensayos políticos, sociales y económicos.* La Habana: Imprenta El Score, 1907.

Sociedad del Parque Abolición. *Libres.* Ponce: Tipografía La Democracia, 1896.

Special Commissioner for the United States to Puerto Rico. *Report on Puerto Rico.* Washington, DC: Government Printing Office, 1899.

Stewart, T. McCants. *The Afro-American in Politics.* Brooklyn: Brooklyn Citizen Print, 1891.

The Sun's Guide to New York. Jersey City: R. Wayne Wilson and Company, 1892.

Taller Benéfico de Artesanos. *Reglamento para el gobierno del Taller Benéfico de Artesanos de la ciudad de Ponce.* Ponce: Tipografía El Vapor, 1888.

Tapia y Rivera, Alejandro. *El bardo de Guamaní: ensayos literarios.* La Habana: Imprenta del Tiempo, 1862.

———. *La cuarterona, drama original en tres actos.* Madrid: Establecimiento Tipográfico de T. Fortanet, 1867.

———. *Mis memorias o Puerto Rico como lo encontré y como lo dejo.* Río Piedras: Editorial Edil, 1973. Primera edición, 1928.

The Trow City Directory of New York City. Nueva York: Trow, 1878.

Trujillo, Enrique. *Album de "El Porvenir".* Tomo 2. Nueva York: Imprenta de "El Porvenir", 1891.

———. *Apuntes históricos: propaganda y movimientos revolucionarios cubanos en los Estados Unidos desde enero de 1880 hasta febrero de 1895.* Nueva York: Imprenta de "El Porvenir", 1896.

———. *Apuntes para una historia.* Nueva York, 1881.

Trujillo y Monagas, José. *Los criminales de Cuba y d. José Trujillo: narración de los servicios prestados en el cuerpo de policía de la Habana.* Barcelona: Establecimiento Tipográfico de F. Giró, 1882.

US War Department. *Report on the Census of Cuba.* Washington, DC: Government Printing Office, 1900.

———. *Report on the Census of Porto Rico.* Washington, DC: Government Printing Office, 1900.

Valdés, Juan B. *Memoria oficial: Séptima Conferencia Nacional de Beneficencia y Corrección de la Isla de Cuba, celebrada en Cárdenas del 18 al 20 de abril de 1908*. La Habana: Librería "La Moderna Poesía", 1908.

Valdés Domínguez, Fermín. "Ofrenda de hermano". *Opus Habana* 7, n°. 1 (noviembre 30, 2003): 8–11. Primera edición, 1908.

———. *El 27 de noviembre de 1871*. La Habana: Imprenta La Correspondencia de Cuba, 1887.

Valverde y Bascó, Nicolás. *Páginas de mi vida en la emigración*. Cienfuegos: Imprenta de B. Valero, 1900.

Varona, Enrique José. *Cuba contra España: manifiesto del Partido Revolucionario Cubano a los pueblos hispano-americanos*. Nueva York: S. Figueroa, 1895.

Vega, Bernardo. *Memorias de Bernardo Vega, contribución a la historia de la comunidad puertorriqueña en Nueva York*. Editado por César Andreu Iglesias. Río Piedras: Ediciones Huracán, 1977.

Wells-Barnett, Ida B., Frederick Douglass, Irvine Garland Penn y Ferdinand L. Barnett. *The Reason Why the Colored American Is Not in the World's Columbian Exposition*. Editado por Robert W. Rydell. Champaign: University of Illinois Press, 1999. Primera edición, 1893.

Wood, Leonard. *Civil Report, 1899–1900*. 1900.

The World Almanac and Book of Facts. Nueva York: Press Publishing Company, 1894.

FUENTES SECUNDARIAS

Abad, Diana. *De la guerra grande al Partido Revolucionario Cubano*. La Habana: Editorial de Ciencias Sociales, 1995.

———. "Las emigraciones cubanas en la Guerra de los Diez Años. Apuntes". *Santiago* 53 (1984): 143–84.

Agramonte, Roberto D. *Las doctrinas educativas y políticas de Martí*. Río Piedras: Editorial de la Universidad de Puerto Rico, 1991.

Alberto, Paulina L. y Jesse Hoffnung-Garskof. "'Racial Democracy' and Racial Inclusion: Hemispheric Histories", en *Afro-Latin*

America: An Introduction, editado por George Reid Andrews y Alejandro de la Fuente, 264-316. Cambridge: Cambridge University Press, 2018.

Alexander, Shawn Leigh. *An Army of Lions: The Civil Rights Struggle before the NAACP*. Filadelfia: University of Pennsylvania Press, 2012.

Álvarez Curbelo, Silvia. *Un país del porvenir: el afán de la modernidad en Puerto Rico, siglo XIX*. San Juan: Ediciones Callejón, 2001.

Aronja Siaca, Ernesto. *Juan Morel Campos: biografía*. Ponce: Tipografía Morel Campos, 1937.

Arroyo, Jossianna. *Writing Secrecy in Caribbean Freemasonry*. Nueva York: Palgrave Macmillan, 2013.

Avrich, Paul. *The Haymarket Tragedy*. Princeton, NJ: Princeton University Press, 1984.

Baerga, María del Carmen. *Negociaciones de sangre: dinámicas racializantes en el Puerto Rico decimonónico*. San Juan: Iberoamericana Vervuert-Ediciones Callejón, 2015.

Baralt, Guillermo A. *Esclavos rebeldes: conspiraciones y sublevaciones de esclavos en Puerto Rico (1795-1873)*. Río Piedras: Ediciones Huracán, 1982.

Barcia Zequeira, María del Carmen. "Casinos españoles ¿de color?" *Sémata: Ciencias Sociais e Humanidades*, n°. 24 (2012): 351-74.

———. *Los ilustres apellidos: negros en La Habana colonial*. La Habana: Ediciones Boloña, 2009.

———. "Mujeres en torno a Minerva", en *Afrocubanas: historia, pensamiento y prácticas culturales*, editado por Daysi Rubiera Castillo e Inés María Martiatu Terry, 77-92. La Habana: Editorial de Ciencias Sociales, 2011.

Bederman, Gail. *Manliness and Civilization: A Cultural History of Gender and Race in the United States, 1880-1917*. Chicago: University of Chicago Press, 2008.

Belnap, Jeffrey Grant y Raúl A. Fernández. *José Martí's "Our America": From National to Hemispheric Cultural Studies*. Durham, NC: Duke University Press, 1998.

Benson, Devyn Spence. *Antiracism in Cuba: The Unfinished Revolution*. Chapel Hill: University of North Carolina Press, 2016.

Bergad, Laird W. "Toward Puerto Rico's Grito de Lares: Coffee, Social Stratification, and Class Conflicts, 1828-1868". *Hispanic American Historical Review* 60, n°. 4 (noviembre 1980): 617-42.

Bergad, Laird W., Fe Iglesias García y María del Carmen Barcia Zequeira. *The Cuban Slave Market, 1790-1880*. Cambridge: Cambridge University Press, 1995.

Bergeson-Lockwood, Millington W. *Race over Party: Black Politics and Partisanship in Late Nineteenth-Century Boston*. Chapel Hill: University of North Carolina Press, 2018.

Blight, David W. *Race and Reunion: The Civil War in American Memory*. Cambridge, MA: Harvard University Press, 2002.

Blissit, Jessica L. "The Amalgamation of the Personal and the Political: Frederick Douglass and the Debate over Interracial Marriage". Master's thesis, Ohio University, 2013.

Bonafoux y Quintero, Luis. *Betances: biografía del doctor Betances*. San Juan: Instituto de Cultura Puertorriqueña, 1987. Primera edición, 1901.

Boutelle, R. J. "Manifest Diaspora: Black Transamerican Politics and Autoarchiving in *Slavery in Cuba*". *MELUS* 40, n°. 3 (septiembre de 2015): 110-33.

Bronfman, Alejandra. *Measures of Equality: Social Science, Citizenship, and Race in Cuba, 1902-1940*. Chapel Hill: University of North Carolina Press, 2005.

Brown, Canter. *Florida's Black Public Officials, 1867-1924*. Tuscaloosa: University of Alabama Press, 1998.

Brown, David H. *Santería Enthroned: Art, Ritual, and Innovation in an Afro-Cuban Religion*. Chicago: University of Chicago Press, 2003.

Brown, Elsa Barkley. "Negotiating and Transforming the Public Sphere: African American Political Life in the Transition from Slavery to Freedom". *Public Culture* 7, n°. 1 (21 de septiembre 1994): 107-46.

Brunson, Takkara. "'Writing' Black Womanhood in the Early Cuban Republic, 1904-16". *Gender and History* 28, n°. 2 (agosto 2016): 480-500.

Cabrera, José Manuel Pérez. *La juventud de Juan Gualberto Gómez: discurso*. La Habana: Academia de la Historia de Cuba, 1945.

Cabrera Salcedo, Lizette. *De la pluma a la imprenta: la cultura impresa en Puerto Rico, 1806-1906*. San Juan: Museo de Historia, Antropología y Arte, Universidad de Puerto Rico, 2008.

Caimari, Lila. "News from around the World: The Newspapers of Buenos Aires in the Age of the Submarine Cable, 1866-1900". *Hispanic American Historical Review* 96, n°. 4 (2016): 607-40.

Cárdenas, Raúl Ramos. "Pedro Ivonnet: pasión y muerte de un protestante del 12". Manuscrito inédito. 2012. http://www.afrocubaweb.com/ivonet-pasion.pdf.

Carlo-Becerra, Peter L. "Which Is 'White' and Which 'Colored'?: Notes on Race and/or Color among Puerto Ricans in Interwar New York City". (Disertación), State University of New York en Binghamton, 2012. Recuperada de la base de datos ProQuest Dissertations and Theses.

Carlson, David C. "In the First of Earlier Revolutions: Postemancipation Social Control and State Formation in Guantánamo Cuba, 1868-1902". (Disertación), University of North Carolina, 2007. Recuperada de la base de datos ProQuest Dissertations and Theses.

Carlson, Mark. "The Panic of 1893", en *Routledge Handbook of Major Events in Economic History*, editado por Randall E. Parker y Robert Whaples, 40-49. Londres: Routledge, 2012.

Casanovas, Joan. *Bread or Bullets: Urban Labor and Spanish Colonialism in Cuba, 1850-1898*. Pittsburgh: University of Pittsburgh Press, 1998.

———. "El movimiento obrero cubano durante la Guerra de los Diez Años (1868-1878)". *Anuario de Estudios Americanos* 55, n°. 1 (1998): 243-66.

Chaar-Pérez, Kahlil. "'A Revolution of Love': Ramón Emeterio Betances, Anténor Firmin, and Affective Communities in the Caribbean". *Global South* 7, n°. 2 (2013): 11-36.

Chamberlain, Vernon A. e Ivan A. Schulman, eds. *La Revista Ilustrada de Nueva York: History, Anthology, and Index of Literary Selections*. Columbia: University of Missouri Press, 1976.

Charleston, Sherri Ann. "The Fruits of Citizenship: African Americans, Military Service, and the Cause of Cuba Libre, 1868-1920". (Disertación) University of Michigan, 2009. Recuperada de la base de datos Proquest Dissertations and Theses.

Chira, Adriana. "Uneasy Intimacies: Race, Family, and Property in Santiago de Cuba, 1803-1868". (Disertación inédita), University of Michigan, 2016.

Chirinos, César Augusto Salcedo. "Los límites del poder disciplinario: el Seminario Conciliar y la formación del clero en Puerto Rico (1805-1857)". *Caribbean Studies* 41, n°. 2 (2013): 3-30.

Coll y Toste, Cayetano. "Francisco Gonzalo Marín". *Boletín Histórico de Puerto Rico* 12 (1926): 219-25.

———. *Historia de la instrucción pública en Puerto Rico hasta el año de 1898*. San Juan: Real Academia de la Historia, 1910.

———. *Puertorriqueños ilustres, segunda selección*. Río Piedras: Editorial Cultural, 1978.

Colomban Rosario, José y Justina Carrión. *El negro: Haití, Estados Unidos, Puerto Rico*. San Juan: Negociado de Materiales, Imprenta, y Transporte, 1940.

Conway, Christopher. "The Limits of Analogy: José Martí and the Haymarket Martyrs". *A Contracorriente* 2, n°. 1 (2004): 33-56.

Cordero Michel, Emilio. "La prisión de Máximo Gómez en Santo Domingo, 1886", en *Máximo Gómez: a cien años de su fallecimiento*, editado por Emilio Cordero Michel, 379-401. Santo Domingo: Archivo General de la Nación, 2005.

Cowling, Camillia. *Conceiving Freedom: Women of Color, Gender, and the Abolition of Slavery in La Habana and Rio de Janeiro*. Chapel Hill: University of North Carolina Press, 2013.

Crowder, Ralph. *John Edward Bruce: Politician, Journalist, and Self-Trained Historian of the African Diaspora*. Nueva York: NYU Press, 2004.

Crowell, F. Elizabeth. "The Midwives of New York". *Charities and the Commons* 17 (1907): 667-77.

Cruz Monclova, Lidio. *Historia de Puerto Rico (1868-1885)*. Tomo 2. Río Piedras: Editorial de la Universidad de Puerto Rico, 1957.

———. *Historia de Puerto Rico (1885-1898)*. Tomo 3. Río Piedras: Editorial de la Universidad de Puerto Rico, 1962.

———. *Historia del año 1887*. Río Piedras: Editorial de la Universidad de Puerto Rico, 1958.

Cubano Iguina, Astrid. "Political Culture and Male Mass-Party Formation in Late-Nineteenth-Century Puerto Rico". *Hispanic American Historical Review* 78, n°. 4 (noviembre 1998): 631-62.

———. *Rituals of Violence in Nineteenth-Century Puerto Rico: Individual Conflict, Gender, and the Law*. Gainesville: University Press of Florida, 2006.

Czitrom, Daniel. *New York Exposed: The Gilded Age Police Scandal That Launched the Progressive Era*. Oxford: Oxford University Press, 2016.

Daniel, Evan Matthew. "Rolling for the Revolution: A Transnational History of Cuban Cigar Makers in La Habana, Florida, and New York City, 1853-1895". (Disertación), New School University, 2010. Recuperada de la base de datos ProQuest Dissertations and Theses.

Darnton, Robert. *The Great Cat Massacre: And Other Episodes in French Cultural History*. Nueva York: Basic Books, 2010.

Dávila Santiago, Rubén. *Teatro obrero en Puerto Rico*. Río Piedras: Editorial Edil, 1985.

Davis, Natalie Zemon. *The Return of Martin Guerre*. Cambridge, MA: Harvard University Press, 1984.

de la Fuente, Alejandro. "Myths of Racial Democracy: Cuba, 1900-1912". *Latin American Research Review* 34, n°. 3 (1 de enero de 1999): 39-73.

———. *A Nation for All: Race, Inequality, and Politics in Twentieth-Century Cuba*. Chapel Hill: University of North Carolina Press, 2001.

———. "Slaves and the Creation of Legal Rights in Cuba: Coartación and Papel". *Hispanic American Historical Review* 87, n°. 4 (noviembre 1, 2007): 659-92.

Delgado Pasapera, Germán. *Puerto Rico: sus luchas emancipadoras*. Río Piedras: Editorial Cultural, 1984.

Deschamps Chapeaux, Pedro. *El negro en el periodismo cubano en el siglo XIX*. La Habana: Ediciones R[evolución], 1963.

———. *El negro en la economía habanera del siglo XIX*. La Habana: Unión de Escritores y Artistas de Cuba, 1971.

———. *Rafael Serra y Montalvo, obrero incansable de nuestra independencia*. La Habana: Unión de Escritores y Artistas de Cuba, 1975.

Díaz Soler, Luis M. *Historia de la esclavitud negra en Puerto Rico*. San Juan: Editorial de la Universidad de Puerto Rico, 1981. Primera edición, 1953.

Duany, Jorge. *The Puerto Rican Nation on the Move: Identities on the Island and in the United States*. Chapel Hill: University of North Carolina Press, 2002.

———. "Reconstructing Racial Identity: Ethnicity, Color, and Class among Dominicans in the United States and Puerto Rico". *Latin American Perspectives* 25, n°. 3 (1998): 147–72.

Dye, Nancy Schrom. "Modern Obstetrics and Working-Class Women: The New York Midwifery Dispensary, 1890–1920". *Journal of Social History* 20, n°. 3 (Spring 1987): 549–64.

Dzidzienyo, Anani y Suzanne Oboler, eds. *Neither Enemies nor Friends: Latinos, Blacks, Afro- Latinos*. Nueva York: Palgrave Macmillan, 2005.

Erman, Sam. *Almost Citizens: Puerto Rico, the US Constitution, and Empire*. Cambridge: Cambridge University Press, 2018.

Escalona, Martha Silvia. *Los cabildos de africanos y sus descendientes en Matanzas*. Matanzas: Ediciones Matanzas, 2008.

Estrade, Paul. *Martí en su siglo y en el nuestro*. La Habana: Centro de Estudios Martianos, 2008.

Fernández, José B. y Jerrell Shofner. "Martyrs All: The Hero of Key West and the Inocentes". *Tequesta* (1973): 31–39.

Fernández Robaina, Tomás. *El negro en Cuba, 1902–1958: apuntes para la historia de la lucha contra la discriminación racial*. La Habana: Editorial de Ciencias Sociales, 1994.

Ferrer, Ada. *Freedom's Mirror: Cuba and Haiti in the Age of Revolutions*. Cambridge: Cambridge University Press, 2014.

———. *Insurgent Cuba: Race, Nation, and Revolution, 1868–1898*. Chapel Hill: University of North Carolina Press, 1999.

Ferrer Cuevas, Manuel. *José Maceo y Grajales (el León de Oriente)*. La Habana: Editorial "Ros", 1943.

Field, Phyllis F. *The Politics of Race in New York: The Struggle for Black Suffrage in the Civil War Era*. Ithaca, NY: Cornell University Press, 1982.

Figueroa, Luis A. *Sugar, Slavery, and Freedom in Nineteenth-Century Puerto Rico*. Chapel Hill: University of North Carolina Press, 2005.

Finch, Aisha K. *Rethinking Slave Rebellion in Cuba: La Escalera and the Insurgencies of 1841–1844*. Chapel Hill: University of North Carolina Press, 2015.

Flores, Juan. "'Que Assimilated, Brother, Yo Soy Asimilao': The Structuring of Puerto Rican Identity in the U.S". *Journal of Ethnic Studies* 13, n°. 3 (1 de enero de 1985): 1–16.

Foner, Philip S. *Antonio Maceo: The "Bronze Titan" of Cuba's Struggle for Independence*. Nueva York: NYU Press, 1977.

Forment, Carlos E. *Crónicas de Santiago de Cuba*. Santiago de Cuba: Editorial Arroyo, 1953.

Fradera, Josep Maria. *Colonias para después de un imperio*. Barcelona: Edicions Bellaterra, 2005.

Franco, José Luciano. *Antonio Maceo: apuntes para una historia de su vida*. La Habana: Editorial de Ciencias Sociales, 1989.

Fraser, Gertrude Jacinta. *African American Midwifery in the South: Dialogues of Birth, Race, and Memory*. Cambridge, MA: Harvard University Press, 1998.

Fraunhar, Alison. "Marquillas Cigarreras Cubanas: Nation and Desire in the Nineteenth Century". *Hispanic Research Journal* 9, n°. 5 (diciembre 1, 2008): 458–78.

Friss, Evan. "Blacks, Jews, and Civil Rights Law in New York, 1895–1913". *Journal of American Ethnic History* 24, n°. 4 (Summer 2005): 70–99.

Fusté, José I. "Translating Negroes into Negros: Rafael Serra's Transamerican Entanglements between Black Cuban Racial and

Imperial Subalternity, 1895–1909", en *Afro-Latin@s in Movement: Critical Approaches to Blackness and Transnationalism in the Americas*, editado por Petra R. Rivera-Rideau, Jennifer A. Jones y Tianna S. Paschel, 221–45. Nueva York: Palgrave Macmillan, 2016.

Gaines, Kevin K. *Uplifting the Race: Black Leadership, Politics, and Culture in the Twentieth Century*. Chapel Hill: University of North Carolina Press, 2012.

García Muñoz, Montserrat. "La documentación electoral y el fichero histórico de diputados". *Revista General de Información y Documentación* 12, n°. 1 (2002): 93-137.

Gardner, Martha. *The Qualities of a Citizen: Women, Immigration, and Citizenship, 1870–1965*. Princeton, NJ: Princeton University Press, 2009.

Gatewood, Willard B. *Aristocrats of Color: The Black Elite, 1880–1920*. Fayetteville: University of Arkansas Press, 2000.

———. "Black Americans and the Quest for Empire, 1898–1903". *Journal of Southern History* 38, n°. 4 (1972): 545-66.

———. *Smoked Yankees: Letters from Negro Soldiers*. Fayetteville: University of Arkansas Press, 1987. Primera edición, 1971.

Gerstle, Gary. *American Crucible: Race and Nation in the Twentieth Century*. Princeton, NJ: Princeton University Press, 2017.

Gilbert, David. *The Product of Our Souls: Ragtime, Race, and the Birth of the Manhattan Musical Marketplace*. Chapel Hill: University of North Carolina Press, 2015.

Glasser, Ruth. *My Music Is My Flag: Puerto Rican Musicians and Their New York Communities, 1917–1940*. Berkeley: University of California Press, 1997.

Glymph, Thavolia. "Rose's War and the Gendered Politics of a Slave Insurgency in the Civil War". *Journal of the Civil War Era* 3, n°. 4 (2013): 501-32.

Godreau, Isar P. "Slippery Semantics: Race Talk and Everyday Uses of Racial Terminology in Puerto Rico". *Centro Journal* 20, n°. 2 (2008): 5-33.

González Veranes, Pedro N. *La personalidad de Rafael Serra y sus relaciones con Martí*. La Habana: La Verónica, 1943.

González-Ripoll Navarro, María Dolores. "La emigración cubana de Cayo Hueso (1855–1896): independencia, tabaco y revolución". *Revista de Indias* 58, n°. 212 (1998): 237–54.

Goodman, James E. "For the Love of Stories". *Reviews in American History* 26, n°. 1 (1998): 255–74.

Grandío Moráguez, Oscar. "The African Origins of Slaves Arriving in Cuba", en *Extending the Frontiers: Essays on the New Transatlantic Slave Trade Database*, editado por David Eltis y David Richardson, 176–200. New Haven, CT: Yale University Press, 2008.

Gravlee, Clarence C. "Ethnic Classification in Southeastern Puerto Rico: The Cultural Model of 'Color.'" *Social Forces* 83, n°. 3 (marzo de 2005): 949–70.

Greenbaum, Susan. "Afro-Cubans in Tampa", en *Afro-Latin@s in the United States: A Reader*, editado por Miriam Jiménez Román y Juan Flores, 51–61. Durham, NC: Duke University Press, 2010.

Grimké, Francis J. "The Second Marriage of Frederick Douglass". *Journal of Negro History* 19, n°. 3 (1934): 324–29.

Guerra, Lillian. *The Myth of José Martí: Conflicting Nationalisms in Early Twentieth-Century Cuba*. Chapel Hill: University of North Carolina Press, 2005.

Guridy, Frank Andre. *Forging Diaspora: Afro-Cubans and African Americans in a World of Empire and Jim Crow*. Chapel Hill: University of North Carolina Press, 2010.

Hall, Gwendolyn Midlo. *Slavery and African Ethnicities in the Americas: Restoring the Links*. Chapel Hill: University of North Carolina Press, 2005.

Harris, Marvin. "Referential Ambiguity in the Calculus of Brazilian Racial Identity". *Southwestern Journal of Anthropology* 26, n°. 1 (1 de abril de 1970): 1–14.

Helg, Aline. "Black Men, Racial Stereotyping, and Violence in the U.S. South and Cuba at the Turn of the Century". *Comparative Studies in Society and History* 42, n°. 3 (1 de julio de 2000): 576–604.

———. *Our Rightful Share: The Afro-Cuban Struggle for Equality, 1886–1912*. Chapel Hill: University of North Carolina Press, 1995.

Hellwig, David J. "The African-American Press and United States Involvement in Cuba, 1902–1912" en *Between Race and Empire*, editado por Lisa Brock y Digna Castañeda Fuertes, 70–84. Filadelfia: Temple University Press, 1998.

Hernández Sainz, Mariela y Moraima Martel Martínez. "La práctica social de las comadronas en Nuevitas antes del Triunfo de la Revolución". *Humanidades Médicas* 6, n°. 1 (abril de 2006): http://scieloprueba.sld.cu/scielo.php?script=sci_arttext&pid=S1727812020060000100006&lng=es&nrm=iso.

Hevia Lanier, Oilda. *El directorio central de las sociedades negras de Cuba (1886–1894)*. La Habana: Editorial de Ciencias Sociales, 1996.

Hidalgo Paz, Ibrahim. *Cuba, 1895–1898: contradicciones y disoluciones*. La Habana: Centro de Estudios Martianos-Centro Juan Marinello, 1999.

Hobbs, Allyson Vanessa. *A Chosen Exile: A History of Racial Passing in American Life*. Cambridge, MA: Harvard University Press, 2014.

Hochschild, Jennifer y Brenna Powell. "Racial Reorganization and the United States Census 1850–1930: Mulattoes, Half-Breeds, Mixed Parentage, Hindoos, and the Mexican Race". *Studies in American Political Development* 22, n°. 1 (2008): 59–96.

Hodes, Martha. *White Women, Black Men: Illicit Sex in the Nineteenth-Century South*. New Haven, CT: Yale University Press, 1999.

Hoffnung-Garskof, Jesse. "To Abolish the Law of Castes: Merit, Manhood, and the Problem of Colour in the Puerto Rican Liberal Movement, 1873–92". *Social History* 36, n°. 3 (August 1, 2011): 312–42.

———. "The Migrations of Arturo Schomburg: On Being Antillano, Negro, and Puerto Rican in New York, 1891–1917". *Journal of American Ethnic History* 21, n°. 1 (2001): 3–49.

———. *A Tale of Two Cities: Santo Domingo and New York after 1950*. Princeton, NJ: Princeton University Press, 2008.

———. "Cuban Racial Politics in Nineteenth-Century New York: A Critical Digital Approach". *American Historican Review,* de próxima publicación.

———. "The World of Arturo Schomburg: Afro-Latinos, African Americans, and the Antillean Independence Movement, 1879-1914", en *Afro-Latin@s in the United States: A Reader*, editado por Miriam Jiménez Román y Juan Flores, 70-91. Durham, NC: Duke University Press, 2010.

Holt, Thomas C. *Children of Fire: A History of African Americans*. Nueva York: Hill and Wang, 2011.

Horrego Estuch, Leopoldo. *Juan Gualberto Gómez: un gran inconforme*. Editado por Oilda Hevia Lanier. La Habana: Editorial de Ciencias Sociales, 2004. Primera edición, 1948.

Hostos, Adolfo de. *Ciudad murada, ensayo acerca del proceso de la civilización en la ciudad española de San Juan Bautista de Puerto Rico, 1521-1898*. La Habana: Editorial Lex, 1948.

Ibarra, Jorge. *Cuba, 1898-1921: partidos políticos y clases sociales*. La Habana: Editorial de Ciencias Sociales, 1992.

———. "Martí and Socialism", en *José Martí, Revolutionary Democrat*, editado por Christopher Abel y Nissa Torrents, 83-107. Londres: Athlone Press, 1986.

Iglesias Utset, Marial. "José Martí: mito, legitimación y símbolo. La génesis del mito martiano y la emergencia del nacionalismo republicano en Cuba (1895-1920)", en *Diez nuevas miradas de historia de Cuba*, editado por José A. Piqueras Arenas, 201-26. Castelló de la Plana: Universitat Jaume I, 1998.

———. *Las metáforas del cambio en la vida cotidiana: Cuba 1898-1902*. La Habana: Unión Ediciones, 2003.

Itzigsohn, José, Silvia Giorguli y Obed Vázquez. "Immigrant Incorporation and Racial Identity: Racial Self-Identification among Dominican Immigrants". *Ethnic and Racial Studies* 28, n°. 1 (2005): 50-78.

Jacoby, Karl. *The Strange Career of William Ellis: The Texas Slave Who Became a Mexican Millionaire*. Nueva York: W. W. Norton and Company, 2016.

James, Winston. *Holding Aloft the Banner of Ethiopia: Caribbean Radicalism in Early Twentieth-Century America*. Londres: Verso, 1998.

Jiménez de Wagenheim, Olga. *El grito de Lares: sus causas y sus hombres*. Río Piedras: Ediciones Huracán, 2004.

Jiménez Román, Miriam y Juan Flores, eds. *Afro-Latin@s in the United States: A Reader*. Durham, NC: Duke University Press, 2010.

Johnson, James Weldon. *Along This Way: The Autobiography of James Weldon Johnson*. Boston: Da Capo Press, 2000. Primera edición, 1933.

———. *The Autobiography of an Ex-Colored Man*. Boston: Sherman, French, and Co., 1912.

———. *Black Manhattan*. Nueva York: A. A. Knopf, 1930.

Jones, Jennifer A. "Afro-Latinos: Speaking through Silences and Rethinking the Geographies of Blackness", en *Afro-Latin American Studies: An Introduction*, editado por Alejandro de la Fuente y George Reid Andrews, 569–605. Cambridge: Cambridge University Press, 2018.

Kanellos, Nicolás. *En otra voz: antología de la literatura hispana de los Estados Unidos*. Houston: Arte Público Press, 2002.

———. "Hispanic American Intellectuals Publishing in the Nineteenth-Century United States". *Hispania* 88, n°. 4 (2005): 687–92.

Kinsbruner, Jay. *Not of Pure Blood: The Free People of Color and Racial Prejudice in Nineteenth-Century Puerto Rico*. Durham, NC: Duke University Press, 1996.

Kinzer, Stephen. *The True Flag: Theodore Roosevelt, Mark Twain, and the Birth of American Empire*. Nueva York: Macmillan, 2017.

Kramer, Paul A. "Empires, Exceptions, and Anglo-Saxons: Race and Rule between the British and United States Empires, 1880–1910". *Journal of American History* 88, n°. 4 (2002): 1315–53.

Lane, Jill. *Blackface Cuba, 1840–1895*. Philadelphia: University of Pennsylvania Press, 2005.

Lao-Montes, Agustín. "Cartografías del campo político afrodescendiente en América Latina". *Universitas Humanística*, n°. 68 (2009): 207–45.

Laurent Perrault, Evelyn. "Invoking Arturo Schomburg's Legacy in Philadelphia", en *Afro-Latin@s in the United States: A Reader*, editado por Miriam Jiménez Román y Juan Flores, 92–98. Durham, NC: Duke University Press, 2010.

Law, Robin. "Ethnicity and the Slave Trade: 'Lucumi' and 'Nago' as Ethnonyms in West Africa". *History in Africa* 24 (1997): 205-19.

Leal, Rine. *La selva oscura: de los bufos a la neocolonia (historia del teatro cubano de 1868 a 1902)*. La Habana: Editorial Arte y Literatura, 1982.

Leavitt, Judith. *Brought to Bed: Childbearing in America, 1750-1950*. Oxford: Oxford University Press, 1986.

Lee, Erika. "Immigrants and Immigration Law: A State of the Field Assessment". *Journal of American Ethnic History* 18, n°. 4 (1999): 85-114.

Lee, Sonia Song-Ha. *Building a Latino Civil Rights Movement: Puerto Ricans, African Americans, and the Pursuit of Racial Justice in New York City*. Chapel Hill: University of North Carolina Press, 2014.

Lindsey, Treva B. "Black No More: Skin Bleaching and the Emergence of New Negro Womanhood Beauty Culture". *Journal of Pan African Studies* 4, n°. 4 (2011): 97-116.

Llaverías y Martínez, Joaquín. *Los periódicos de Martí*. La Habana: Imprenta Pérez, Sierra y Co., 1929.

Logan, Enid Lynette. "Each Sheep with Its Mate: Marking Race and Legitimacy in Cuban Catholic Parish Archives, 1890-1940". *New West Indian Guide/Nieuwe West-Indische Gids* 84, n°. 1-2 (1 de enero de 2010): 5-39.

Logan, John R., Weiwei Zhang y Miao David Chunyu. "Emergent Ghettos: Black Neighborhoods in New York and Chicago, 1880-1940". *American Journal of Sociology* 120, n°. 4 (enero de 2015): 1055-94.

Logan, Rayford. *The Betrayal of the Negro, from Rutherford B. Hayes to Woodrow Wilson*. Boston: Da Capo Press, 1997. Primera edición, 1954.

Lomas, Laura. "'El negro es tan capaz como el blanco': José Martí, 'Pachín' Marín, Lucy Parsons, and the Politics of Late-Nineteenth-Century Latinidad", en *The Latino Nineteenth Century*, editado por Rodrigo Lazo y Jesse Alemán, 301-22. Nueva York: NYU Press, 2016.

———. *Translating Empire: José Martí, Migrant Latino Subjects, and American Modernities*. Durham, NC: Duke University Press, 2008.

López, Alfred J. *José Martí: A Revolutionary Life*. Austin: University of Texas Press, 2014.

López Mesa, Enrique. *La comunidad cubana de New York: siglo XIX*. La Habana: Centro de Estudios Martianos, 2002.

López Valdés, Rafael L. y Ricardo E. Alegría. *Pardos y morenos esclavos y libres en Cuba y sus instituciones en el caribe hispano*. San Juan: Centro de Estudios Avanzados de Puerto Rico y el Caribe, 2007.

Love, Eric. *Race over Empire: Racism and U.S. Imperialism, 1865–1900*. Chapel Hill: University of North Carolina Press, 2005.

Lovejoy, Henry B. "Old Oyo Influences on the Transformation of Lucumí Identity in Colonial Cuba". (Disertación), University of California en Los Ángeles, 2012. Recuperada de la base de datos ProQuest Dissertations and Theses.

Lucena Salmoral, Manuel. "El derecho de coartación del esclavo en la América española". *Revista de Indias* 59, n°. 216 (1 de mayo de 1999): 357.

Mañach, Jorge. *Martí, el apóstol*. La Habana: Las Américas Publishing Company, 1963.

Martínez, María Elena, David Nirenberg y Max-Sebastián Hering Torres, eds. *Race and Blood in the Iberian World*. Berlin: Lit Verlag, 2012.

Martínez Alier, Verena. *Marriage, Class Colour in Nineteenth Century Cuba*. Cambridge: Cambridge University Press, 1974.

Martínez Heredia, Fernando, Rebecca J. Scott y Orlando García Martínez, eds. *Espacios, silencios y los sentidos de la libertad: Cuba entre 1878 y 1912*. La Habana: Ediciones Unión, 2001.

Martínez Vergne, Teresita. *Shaping the Discourse on Space: Charity and Its Wards in Nineteenth-Century San Juan, Puerto Rico*. Austin: University of Texas Press, 1999.

Martínez-Fernández, Luis. *Protestantism and Political Conflict in the Nineteenth-Century Hispanic Caribbean*. New Brunswick, NJ: Rutgers University Press, 2002.

Mata, Iacy Maia. *Conspirações da raça de cor: escravidão, liberdade e tensões raciais em Santiago de Cuba (1864–1881)*. Campinas: Editora UNICAMP, 2015.

Matos Rodríguez, Félix. "Spatial and Demographic Change in Nineteenth-Century San Juan, Puerto Rico, 1800–1868". *Journal of Urban History* 25, n°. 4 (1 de mayo de 1999): 477–513.

McFarland, Gerald. *Inside Greenwich Village: A New York City Neighborhood, 1898–1918*. Amherst: University of Massachusetts Press, 2001.

Mercadal, Carles. "¿Ciudadanos o súbditos de 'La siempre fiel'? Derechos políticos, derechos civiles y elecciones en Cuba (1878–1895)". *Illes i imperis*, n°. 5 (2001): 81–107.

Meriño Fuentes, María de los Ángeles. *Gobierno municipal y partidos políticos en Santiago de Cuba (1898–1912)*. Santiago de Cuba: Ediciones Santiago, 2001.

Merleaux, April. *Sugar and Civilization: American Empire and the Cultural Politics of Sweetness*. Chapel Hill: University of North Carolina Press, 2015.

Miles, Tiya. *Ties That Bind: The Story of an Afro-Cherokee Family in Slavery and Freedom*. Berkeley: University of California Press, 2005.

Miller, Ivor. *Voice of the Leopard: African Secret Societies and Cuba*. Jackson: University Press of Mississippi, 2010.

Mills, Quincy. *Cutting along the Color Line: Black Barbers and Barber Shops in America*. Filadelfia: University of Pennsylvania Press, 2013.

Minnesota Population Center. *National Historical Geographic Information System: Version 2.0*. Minneapolis: University of Minnesota, 2011.

Mirabal, Nancy Raquel. *Suspect Freedoms: The Racial and Sexual Politics of Cubanidad in New York, 1823–1957*. Nueva York: NYU Press, 2016.

Mitchell, Michele. *Righteous Propagation: African Americans and the Politics of Racial Destiny after Reconstruction*. Chapel Hill: University of North Carolina Press, 2004.

Moliner Castañeda, Israel. *Los cabildos afrocubanos en Matanzas*. Matanzas: Ediciones Matanzas, 2002.

Montejo Arrechea, Cármen. "Minerva: A Magazine for Women (and Men) of Color", en *Between Race and Empire*, editado por

Lisa Brock y Digna Castañeda Fuertes, 33–48. Filadelfia: Temple University Press, 1998.

Moses, Wilson Jeremiah. *Alexander Crummell: A Study of Civilization and Discontent*. Nueva York: Oxford University Press, 1989.

Muller, Dalia Antonia. *Cuban Émigrés and Independence in the Nineteenth Century Gulf World*. Chapel Hill: University of North Carolina Press, 2017.

Muraskin, William. *Middle-Class Blacks in a White Society: Prince Hall Freemasonry in America*. Berkeley: University of California Press, 1975.

Navarro, Miguel Ángel Esteban. "De la esperanza a la frustración: 1868–1873", en *El republicanismo en España (1830–1977)*, editado por Nigel Townson y Alicia Alted Vigil, 87–112. Madrid: Alianza Editorial, 1994.

Negron Portillo, Mariano. *Las turbas republicanas, 1900–1904*. Río Piedras: Ediciones Huracán, 1990.

Nelson, Wolfred. *Five Years at Panama: The Trans-Isthmian Canal*. Nueva York: Belford Company Publishers, 1889.

Neumann Gandía, Eduardo. *Verdadera y auténtica historia de la ciudad de Ponce*. San Juan: Instituto de Cultura Puertorriqueña, 1987.

Novoa, Adriana. "José Martí and Evolution: An Analysis on Nation and Race", en *Interdisciplinary Essays on Darwinism in Hispanic Literature and Film*, editado por Jerry Hoeg y Kevin S. Larsen, 169–204. Lewiston: Edwin Mellen Press, 2009.

Offner, John L. *An Unwanted War: The Diplomacy of the United States and Spain Over Cuba, 1895–1898*. UNC Press Books, 1992.

Ojeda Reyes, Félix. *Peregrinos de la libertad, documentos y fotos de exilados puertorriqueños del siglo XIX localizados en los archivos y bibliotecas de Cuba*. Río Piedras: Editorial de la Universidad de Puerto Rico, 1992.

O'Neill, Luis Pumarada. "National Register of Historic Places, Bridges of Puerto Rico, Land Transportation in Puerto Rico". Washington, DC: US Department of the Interior, marzo de 1992.

Ortiz, Paul. *Emancipation Betrayed: The Hidden History of Black Organizing and White Violence in Florida from Reconstruction to* the Bloody Election of 1920. Berkeley: University of California Press, 2006.

Orum, Thomas T. "The Politics of Color: The Racial Dimension of Cuban Politics during the Early Republican Years, 1900-1912". (Disertación), New York University, 1975. Recuperada de la base de datos ProQuest Dissertations and Theses.

Osofsky, Gilbert. "Race Riot, 1900: A Study of Ethnic Violence". *Journal of Negro Education* 32, n°. 1 (1963): 16-24.

Padrón Valdés, Abelardo. *El general Flor Crombet: el francesito criollo*. La Habana: Editorial de Ciencias Sociales, 2012.

Painter, Nell Irvin. *Standing at Armageddon: The United States, 1877-1919*. Nueva York: W. W. Norton and Company, 1989.

Palmer, Colin A. "Defining and Studying the Modern African Diaspora". *Journal of Negro History* 85, n°. 1-2 (1 enero de 2000): 27-32.

Pappademos, Melina. *Black Political Activism and the Cuban Republic*. Chapel Hill: University of North Carolina Press, 2011.

Paquette, Robert L. *Sugar Is Made with Blood: The Conspiracy of La Escalera and the Conflict between Empires over Slavery in Cuba*. Middletown, CT: Wesleyan University Press, 1990.

Pascoe, Peggy. *What Comes Naturally: Miscegenation Law and the Making of Race in America*. Oxford: Oxford University Press, 2009.

Patterson, Tiffany Ruby y Robin D. G. Kelley. "Unfinished Migrations: Reflections on the African Diaspora and the Making of the Modern World". *African Studies Review* 43, n°. 1 (abril de 2000): 11-45.

Paz, Ibrahím Hidalgo. *Martí en España, España en Martí: 1871-1874*. La Habana: Centro de Estudios Martianos, 2007.

Pedreira, Antonio Salvador. *El periodismo en Puerto Rico*. La Habana: Imprenta Ucar, García y Cía., 1941.

Perera Díaz, Aisnara y María de los Ángeles Meriño Fuentes. *Para librarse de lazos, antes buena familia que buenos brazos: apuntes sobre la manumisión en Cuba (1800-1881)*. Santiago de Cuba: Editorial Oriente, 2009.

Pérez, Francisco y Rodolfo Sarracino. *La Guerra Chiquita, una experiencia necesaria*. La Habana: Editorial Letras Cubanas, 1982.

Pérez, Lisandro. *Sugar, Cigars y Revolution: The Making of Cuban New York*. Nueva York: NYU Press, 2018.

Pérez, Louis A. *On Becoming Cuban: Identity, Nationality, and Culture*. Chapel Hill: University of North Carolina Press, 1999.

———. *Cuba and the United States: Ties of Singular Intimacy*. Athens: University of Georgia Press, 2003. Primera edición, 1988.

———. *Cuba between Empires, 1878–1902*. Pittsburgh: University of Pittsburgh Press, 1983.

———. *Cuba: Between Reform and Revolution*. Oxford: Oxford University Press, 2006.

———. *Cuba in the American Imagination: Metaphor and the Imperial Ethos*. Chapel Hill: University of North Carolina Press, 2008.

———. *To Die in Cuba: Suicide and Society*. Chapel Hill: University of North Carolina Press, 2005.

———. "Politics, Peasants, and People of Color: The 1912 'Race War' in Cuba Reconsidered". *Hispanic American Historical Review* 66, n°. 3 (1986): 509–39.

Pérez de la Riva, Juan. *El barracón: esclavitud y capitalismo en Cuba*. Barcelona: Crítica, 1978.

Pérez-Stable, Marifeli. "Estrada Palma's Civic March: From Oriente to La Habana, April 20–May 11, 1902". *Cuban Studies* 30 (1 de enero de 2000): 113–21.

Peterson, Carla L. *Black Gotham: A Family History of African Americans in Nineteenth-Century New York City*. New Haven, CT: Yale University Press, 2011.

Picó, Fernando. *Al filo del poder: subalternos y dominantes en Puerto Rico, 1739–1910*. Río Piedras: Editorial de la Universidad de Puerto Rico, 1993.

———. *Educación y sociedad en el Puerto Rico del siglo 19: consideraciones en torno a la escolarización primaria y sus limitaciones*. San Juan: Centro de Estudios de la Realidad Puertorriqueña, 1983.

———. *1898 la guerra después de la guerra*. Río Piedras: Ediciones Huracán, 2004. Primera edición, 1987.

Pletch, Andrés. "Isle of Exceptions: Race, Law, and Governance in Cuba, 1825–1856". (Disertación inédita). University of Michigan, 2017.

Plochet, Alberto y David A. Plochet Lardoeyt. *El capitán Plochet recuerda a José Martí*. Santiago de Cuba: Ediciones Santiago, 2003.

Porter, Edwin S. *Panorama Water Front and Brooklyn Bridge from East River*. Nueva York: Thomas A. Edison Inc., 1903. https://www.loc.gov/item/00694364/.

Portuondo Zúñiga, Olga. "El padre de Antonio Maceo, ¿venezolano?" *Del Caribe*, n°. 19 (1993): 93-97.

Poyo, Gerald E. "Cuban Revolutionaries and Monroe County Reconstruction Politics, 1868-1876". *Florida Historical Quarterly* 55, n°. 4 (1 de abril de 1977): 407-22.

———. *With All, and for the Good of All: The Emergence of Popular Nationalism in the Cuban Communities of the United States, 1848-1898*. Durham, NC: Duke University Press, 1989.

Putnam, Lara. *Radical Moves: Caribbean Migrants and the Politics of Race in the Jazz Age*. Chapel Hill: University of North Carolina Press, 2013.

Quesada y Miranda, Gonzalo de. *Así fue Martí*. La Habana: Editorial Gente Nueva, 1977.

Quigley, David. *Second Founding: New York City, Reconstruction and the Making of American Democracy*. Nueva York: Hill and Wang, 2003.

Quintana, Jorge. "La expulsión de Venezuela de Francisco Gonzalo Marín". *Revista del Instituto de Cultura Puertorriqueña* 37 (octubre 1967): 27-32.

Quintero Rivera, Ángel G. *Patricios y plebeyos: burgueses, hacendados, artesanos, obreros*. Río Piedras: Ediciones Huracán, 1988.

———. "The Somatology of Manners: Class, Race, and Gender in the History of Dance Etiquette in the Hispanic Caribbean", en *Ethnicity in the Caribbean*, editado por Gert Oostindie, 152-81. Londres: Macmillan Education Ltd., 1996.

———. *Workers' Struggle in Puerto Rico: A Documentary History*. Nueva York: Monthly Review Press, 1976.

Ramírez, C. Rafael. "El vínculo de Martí con el Plan Gómez-Maceo de 1884". *Eureka* 2, n°. 3 (junio de 2011): 2-10.

Ramos-Perea, Roberto. *Literatura puertorriqueña negra del siglo XIX escrita por negros*. San Juan: Ateneo Puertorriqueño—Editorial LEA—Archivo Nacional de Teatro y Cine, 2009.

Ramos-Zayas, Ana Yolanda. *Street Therapists: Race, Affect, and Neoliberal Personhood in Latino Newark*. Chicago: University of Chicago Press, 2012.

Reid-Vazquez, Michele. "Tensions of Race, Gender, and Midwifery in Colonial Cuba", en *Africans to Spanish America: Expanding the Diaspora*, editado por Sherwin K. Bryant y Rachel Sarah O'Toole, 186–205. Champaign: University of Illinois Press, 2012.

———. *The Year of the Lash: Free People of Color in Cuba and the Nineteenth-Century Atlantic World*. Athens: University of Georgia Press, 2011.

Ripoll, Carlos. "The Falsification of José Martí in Cuba". *Cuban Studies* 24 (1994): 3–38.

Rivera-Rideau, Petra R., Jennifer A. Jones y Tianna S. Paschel, eds. *Afro-Latin@s in Movement: Critical Approaches to Blackness and Transnationalism in the Americas*. Nueva York: Palgrave Macmillan, 2016.

Rivero, Yeidy M. *Tuning out Blackness: Race and Nation in the History of Puerto Rican Television*. Durham, NC: Duke University Press, 2005.

Rivero Muñiz, José. "La lectura en las tabaquerías, monografía histórica". *Separata de la Revista de la Biblioteca Nacional* 2, n°. 4 (diciembre 1951): 190–258.

———. "Los cubanos en Tampa". Enero de 1958. Arte Público Hispanic Historical Collection, EBSCO.

Rivers, L. E. y C. Brown Jr. "African Americans in South Florida: A Home and a Haven for Reconstruction-Era Leaders". *Tequesta* 56 (1996): 5–23.

Roberts, John Storm. *The Latin Tinge: The Impact of Latin American Music on the United States*. Oxford: Oxford University Press, 1998.

Roca, Alfredo Jácome. "La Emulsión de Scott en la cultura hispanoamericana". *Revista Medicina* 27, n°. 2 (2005): 122–27.

Rodríguez, Romero. "Entramos negros y salimos afrodescendientes". *Revista Futuros* 2 (2004):5.

Rodríguez-Silva, Ileana M. *Silencing Race: Disentangling Blackness, Colonialism, and National Identities in Puerto Rico*. Nueva York: Palgrave Macmillan, 2012.

Rogler, Charles. "The Morality of Race Mixing in Puerto Rico". *Social Forces* 25, n°. 1 (octubre 1, 1946): 77–81.

Roig de Leuchsenring, Emilio. *Martí en España*. La Habana: Cultural, S.A., 1938.

Rojas, Rafael y Licia Fiol-Matta. "The Moral Frontier: Cuba, 1898. Discourses at War". *Social Text*, n°. 59 (1999): 145–60.

Roldán de Montaud, Inés. *La Restauración en Cuba: el fracaso de un proceso reformista*. Madrid: Editorial CSIC, 2001.

Ronning, C. Neale. *José Martí and the Emigré Colony in Key West: Leadership and State Formation*. Nueva York: Praeger, 1990.

Rooks, Noliwe M. *Hair Raising: Beauty, Culture, and African American Women*. New Brunswick, NJ: Rutgers University Press, 1996.

Ruggles, Steven, Katie Genadek, Ronald Goeken, Josiah Grover y Matthew Sobek. *Integrated Public Use Microdata Series: Version 6.0* [database]. Minneapolis: University of Minnesota, 2015.

Sánchez González, Lisa. *Boricua Literature: A Literary History of the Puerto Rican Diaspora*. Nueva York: NYU Press, 2001.

Sánchez Korrol, Virginia. *From Colonia to Community: The History of Puerto Ricans in New York City*. Berkeley: University of California Press, 1994.

Sartorius, David A. *Ever Faithful: Race, Loyalty, and the Ends of Empire in Spanish Cuba*. Durham, NC: Duke University Press, 2013.

———. "My Vassals: Free-Colored Militias in Cuba and the Ends of Spanish Empire". *Journal of Colonialism and Colonial History* 5, n°. 2 (23 de septiembre de 2004)

Scarano, Francisco Antonio. *Sugar and Slavery in Puerto Rico: The Plantation Economy of Ponce, 1800–1850*. Madison: University of Wisconsin Press, 1984.

Schmidt-Nowara, Christopher. *Empire and Antislavery: Spain, Cuba, and Puerto Rico, 1833–1874*. Pittsburgh: University of Pittsburgh Press, 1999.

———. "From Slaves to Spaniards: The Failure of Revolutionary Emancipationism in Spain and Cuba, 1868-1895". *Illes i Imperis*, n°. 2 (1999): 177-90.

Schneider, Dorothee. "The New York Cigarmakers Strike of 1877". *Labor History* 26, n°. 3 (Summer 1985): 325-52.

Scott, Rebecca J. *Degrees of Freedom: Louisiana and Cuba after Slavery*. Cambridge, MA: Harvard University Press, 2005.

———. "Microhistory Set in Motion: A Nineteenth-Century Atlantic Creole Itinerary", en *Empirical Futures: Anthropologists and Historians Engage the Work of Sidney W. Mintz*, editado por George Baca, Aisha Khan y Stephan Palmié, 84-111. Chapel Hill: University of North Carolina Press, 2009.

———. "Public Rights, Social Equality, and the Conceptual Roots of the Plessy Challenge". *Michigan Law Review* 106, n°. 5 (2008): 777-804.

———. *Slave Emancipation in Cuba: The Transition to Free Labor, 1860-1899*. Princeton, NJ: Princeton University Press, 1985.

Scott, Rebecca J. y Jean M. Hébrard. *Freedom Papers: An Atlantic Odyssey in the Age of Emancipation*. Cambridge, MA: Harvard University Press, 2012.

Seigel, Micol. *Uneven Encounters: Making Race and Nation in Brazil and the United States*. Durham, NC: Duke University Press, 2009.

Senior, Olive. *Dying to Better Themselves: West Indians and the Building of the Panama Canal*. Kingston: University of the West Indies Press, 2014.

Serrano García, Rafael, ed. *España, 1868-1874: nuevos enfoques sobre el sexenio democrático*. Valladolid: Junta de Castilla y León, Consejería de Educación y Cultura, 2002.

Shofner, Jerrell. "Cuban Revolutionaries and the 1876 Election Dispute". *American Chronicle* 1 (1972): 21-25.

Simmons, LaKisha Michelle. *Crescent City Girls: The Lives of Young Black Women in Segregated New Orleans*. Chapel Hill: University of North Carolina Press, 2015.

Sinnette, Elinor Des Verney. *Arthur Alfonso Schomburg, Black Bibliophile and Collector: A Biography*. Detroit: Wayne State University Press, 1989.

Sippial, Tiffany A. *Prostitution, Modernity, and the Making of the Cuban Republic, 1840-1920*. Chapel Hill: University of North Carolina Press, 2013.

Smallwood, Stephanie E. *Saltwater Slavery: A Middle Passage from Africa to American Diaspora*. Cambridge: Harvard University Press, 2008.

Smith, Matthew J. *Liberty, Fraternity, Exile: Haiti and Jamaica after Emancipation*. Chapel Hill: University of North Carolina Press, 2014.

Stepan, Nancy. *The Hour of Eugenics: Race, Gender, and Nation in Latin America*. Ithaca, NY: Cornell University Press, 1991.

Stubbs, Jean. "Social and Political Motherhood of Cuba", en *Engendering History: Caribbean Women in Historical Perspective*, editado por Verene Shepherd, Bridget Brereton y Barbara Bailey, 296-317. Nueva York: Palgrave Macmillan, 1995.

———. *Tobacco on the Periphery: A Case Study in Cuban Labour History, 1860-1958*. Cambridge: Cambridge University Press, 1985.

Suárez Findlay, Eileen. *Imposing Decency: The Politics of Sexuality and Race in Puerto Rico, 1870-1920*. Durham, NC: Duke University Press, 1999.

Summers, Martin Anthony. *Manliness and Its Discontents: The Black Middle Class and the Transformation of Masculinity, 1900-1930*. Chapel Hill: University of North Carolina Press, 2004.

Tarragó, Rafael E. "La lucha en las Cortes de España por el sufragio universal en Cuba". *Colonial Latin American Review* 18, n°. 3 (diciembre 1, 2009): 383-406.

Thomas, Lorrin. *Puerto Rican Citizen: History and Political Identity in Twentieth-Century New York City*. Chicago: University of Chicago Press, 2010.

———. "Resisting the Racial Binary? Puerto Ricans' Encounter with Race in Depression-Era New York City". *Centro Journal* 21, n°. 1 (2009): 5-35.

Thornbrough, Emma Lou. "The National Afro-American League, 1887–1908". *Journal of Southern History* 27, n°. 4 (noviembre 1961): 494–512.

Tinajero, Araceli. *El Lector: A History of the Cigar Factory Reader*. Traducido por Judith E. Grasberg. Austin: University of Texas Press, 2010.

———. "El Siglo, La Aurora y la lectura en voz alta en Cuba, 1865–1868". *Revista iberoamericana* 72, n°. 214–16 (2006): 171–83.

Tirado García, Modesto. "Los que conocieron a Martí". *Revolución y Cultura*, n°. 33 (mayo de 1975): 26–28.

Todd, Roberto H. *Julio José Henna, 1848–1924*. San Juan: Cantero, Fernández and Co., 1930.

Toledo, Josefina. *Sotero Figueroa, editor de Patria: apuntes para una biografía*. La Habana: Editorial Letras Cubanas, 1985.

Torres-Saillant, Silvio. "One and Divisible: Meditations on Global Blackness". *Small Axe* 13, n°. 2 (2009): 4–25.

———. "The Tribulations of Blackness: Stages in Dominican Racial Identity". *Callaloo* 23, n°. 3 (2000): 1086–111.

Trelles, Carlos M. "Bibliografía de autores de la raza de color de Cuba". *Cuba Contemporánea* 42, n°. 19 (enero de 1927): 30–78.

Twinam, Ann. "The Etiology of Racial Passing: Constructions of Informal and Official 'Whiteness' in Colonial Spanish America", en *New World Orders, Violence, Sanction, and Authority in the Early Modern Americas*, editado por John Smolenski y Thomas J. Humphrey, 249–72. Filadelfia: University of Pennsylvania Press, 2005.

———. *Public Lives, Private Secrets: Gender, Honor, Sexuality, and Illegitimacy in Colonial Spanish America*. Stanford, CA: Stanford University Press, 1999.

———. *Purchasing Whiteness: Pardos, Mulattos, and the Quest for Social Mobility in the Spanish Indies*. Stanford, CA: Stanford University Press, 2015.

Urban Transition Historical GIS Project. Providence: Brown University, 2015.

Valdés, Vanessa Kimberly. *Diasporic Blackness: The Life and Times of Arturo Alfonso Schomburg*. Albany: SUNY Press, 2017.

Van Norman, William C. "The Process of Cultural Change among Cuban Bozales during the Nineteenth Century". *The Americas* 62, n°. 2 (2005): 177-207.

Wade, Peter. "Images of Latin American Mestizaje and the Politics of Comparison". *Bulletin of Latin American Research* 23, n°. 3 (2004): 355-66.

Wallace, Aurora. "A Height Deemed Appalling: Nineteenth-Century New York Newspaper Buildings". *Journalism History* 31, n°. 4 (invierno 2006): 178-89.

Warren, Louis S. *Buffalo Bill's America: William Cody and the Wild West Show*. Nueva York: Vintage Books, 2005.

Washburne, Christopher. "The Clave of Jazz: A Caribbean Contribution to the Rhythmic Foundation of an African-American Music". *Black Music Research Journal* 17, n°. 1 (1997): 59-80.

Waugh, Joan. "'Give This Man Work!': Josephine Shaw Lowell, the Charity Organization Society of the City of New York and the Depression of 1893". *Social Science History* 25, n°. 2 (1 de mayo de 2001): 217-46.

Xi, Wang. *The Trial of Democracy: Black Suffrage and Northern Republicans, 1860-1910*. Athens: University of Georgia Press, 1997.

Zacaïr, Philippe. "Haiti on His Mind: Antonio Maceo and Caribbeanness". *Caribbean Studies* 33, n°. 1 (2005): 47-78.

Zeuske, Michael. "Clientelas regionales, alianzas interraciales y poder nacional en torno a la 'Guerrita de Agosto.'" *Illes i imperis* (1 de enero 1999): 127-56.

———. "Hidden Markers, Open Secrets: On Naming, Race-Marking, and Race-Making in Cuba". *New West Indian Guide* 76, n°. 3-4 (1 de julio de 2002): 211-41.

www.ingramcontent.com/pod-product-compliance
Lightning Source LLC
Chambersburg PA
CBHW061922220426
43662CB00012B/1780